**W9-AUU-958**

**Date: 11/6/18**

**SP 158.1 ORL**
**Orloff, Judith,**
**El éxtasis del fluir : 12 maneras**
**sorprendentes de fortalecer tu**

# EL ÉXTASIS
# DEL FLUIR

· · · · · · · · · · · ·

12 *maneras sorprendentes de fortalecer tu vida*

JUDITH ORLOFF

# EL ÉXTASIS
# DEL FLUIR

· · · · · · · · · · · · · · · ·

12 *maneras sorprendentes de fortalecer tu vida*

EDICIONES OBELISCO

Si este libro le ha interesado y desea que le mantengamos informado de nuestras publicaciones,
escríbanos indicándonos qué temas son de su interés
(Astrología, Autoayuda, Ciencias Ocultas, Artes Marciales, Naturismo,
Espiritualidad, Tradición...) y gustosamente le complaceremos.

Puede consultar nuestro catálogo en www.edicionesobelisco.com

Colección Espiritualidad y Vida interior
EL ÉXTASIS DEL FLUIR

*Judith Orloff*

1.ª edición: febrero de 2016

Título original: *The Ecstasy of Surrender. 12 Surprising Ways Letting Go Can Empower Your Life*

Traducción: *Juan Carlos Ruíz Franco*
Corrección: *Sara Moreno*
Diseño de cubierta: *Enrique Iborra*

© 2014, Judith Orloff M.D.
(Reservados todos los derechos)
Traducción publicada por acuerdo con Harmony Books,
sello editorial de Crown Publishing Group, división de Random House LLC.
© 2016, Ediciones Obelisco, S. L.
(Reservados los derechos para la presente edición)

Edita: Ediciones Obelisco, S. L.
Pere IV, 78 (Edif. Pedro IV) 3.ª planta, 5.ª puerta
08005 Barcelona - España
Tel. 93 309 85 25 - Fax 93 309 85 23
E-mail: info@edicionesobelisco.com

ISBN: 978-84-9111-065-1
Depósito Legal: B-1.359-2016

*Printed in Spain*

Impreso en España en los talleres gráficos de Romanyà/Valls S.A.
Verdaguer, 1 - 08786 Capellades (Barcelona)

*Para mi maestro espiritual*

La gracia está siempre presente. Todo lo que necesitas
es entregarte a ella.

Ramana Maharshi

# MI INICIACIÓN A LA ENTREGA

Mi vida nunca ha sido convencional. Nunca he encajado dentro de lo considerado normal. Me he acostumbrado a ser la excepción a la regla; la persona a la que le suceden cosas que no le ocurren a la mayoría. Cuando era niña, tenía visiones que nadie más podía ver. Podía sentir una energía que nadie más podía sentir: lo irradiaba todo, desde mis amigos hasta la luna, pasando por una solitaria lata arrojada a la papelera. Siempre estoy, y siempre me he encontrado, más a gusto en el mundo de los sueños que despierta. Dado que soy empática, mi cuerpo es extremadamente sensible de un modo que fuerza a reinterpretar lo que la ciencia define como «normal».

Me he acostumbrado a no reaccionar «como se supone que debo hacerlo». Estoy cansada de la gente que trata de etiquetarme en alguna categoría que no tiene nada que ver con quien soy. Tengo superado eso de intentar hacerme pasar por «normal». Me gustaría ser sólo mi yo creativo y extravagante. Tal vez tú también te identifiques con lo que yo siento, porque todos nosotros somos únicos, hermosos, adorables y, lo que es más sorprendente, nos vamos desarrollando espontáneamente a cada momento.

Por eso me sentía emocionada ante el hecho de escribir un libro sobre la entrega. Escribir es mi pasión, una forma de meditación viva, siempre cambiante. Puedo pasarme felizmente varios años escribiendo un libro, así que me pregunté, «¿Cuál es el tema sobre el que más deseo escribir? ¿Qué es aquello sobre lo que más deseo aprender?». Nunca me ha interesado limitarme a contar lo que ya sé. Por el contrario, escribo sobre lo que deseo descubrir. Y lo que me atrajo fue el concepto de entrega: la capacidad de fluir, de doblarme como un sauce, agitado por el viento, ante los buenos y malos momentos de la vida. Quiero ser cada vez más capaz de no estar tensa, de no obsesionarme, de no pensar en exceso, de no querer controlar demasiado, de no luchar con mi vida, y de que mis rasgos de carácter más obstinados no dificulten mi expansión espiritual.

Deseo descubrir los secretos del universo; no sólo con mi mente, sino con mi corazón, mi alma y mi intuición. Quiero volar. Quiero elevarme. ¿Quién dice que no tenemos alas? No me importa que alguien me diga que es imposible.

Por tanto, con estas prioridades en mente, empecé a escribir este libro. La entrega: sonaba bien y me parecía realmente adecuado. Estaba lista para practicar el dejarme llevar a lo más profundo. Sin embargo, no sabía que aquello que estaba decidida a descubrir incluía tanto puntos negativos como positivos. En pleno proceso, la vida me instaba a sortear numerosos obstáculos y a tener fe en que todo iría bien. ¿Por qué ocurrió esto? Ciertos ámbitos estables de mi propio mundo empezaron a modificarse de una forma tan inesperada que me obligaron a cambiar. He tenido que dejarme llevar en gran medida. Por ejemplo, vendí el apartamento donde había escrito todos mis libros anteriores debido a un ruido incesante y a unas obras que se prolongaban demasiado. He pasado de tener una dirección permanente a llevar un estilo de vida nómada, y de momento un apartado de correos. Durante el cambio, decidí deshacerme de la mayor parte de mis posesiones para comenzar de nuevo. Era una labor sólo para pioneros. Después tuve que dejar que se marchara un amor que me abandonó; a un terapeuta; muchas ideas desfasadas sobre la intimidad, incluidas mis inhibiciones sexuales; mi apego obsesivo por determinados hombres y el deseo de que otros diesen el visto bueno a mis novios, a mis exploraciones intuitivas o a cualquier otra cosa. Durante todo esto, entregué mi ego una y otra vez, con la confianza de que una fuerza compasiva superior me guiaba.

¿Por qué entregarse? ¿Cuál es la ventaja de apartarte de lo que te hace estar cómodo? Te entregues poco o mucho, experimentarás más pasión y poder. Igual que hice yo, tú también podrás experimentar un renacimiento en ámbitos en los que tal vez te sientas aburrido o bloqueado. Este flujo del dejarse llevar, sin saber nada con seguridad pero avanzando de todas formas, es un brillante proceso que consiste en mejorar tu cuerpo y tu alma. Yo lo experimenté con miedo, pero también con esperanza. Me he entregado mientras las fuerzas opuestas del temor y de la alegría tiraban de mí simultáneamente. Pero también me integré en la resplandeciente belleza que impulsaba mi vida. Mi intuición me llevó hasta este punto. Confío en ello más que en cualquier otra cosa. Por ello, me dejé conducir por mi voz interior y por el misterio.

En este viaje, he descubierto que hay un extraño y maravilloso éxtasis que nace de la entrega. Te coge desprevenido. Después, un día, te miras a ti mismo y te das cuenta de que desprendes luminosidad. Es posible que no sepas exactamente cómo llegaste a esa situación, pero eres diferente y supone toda una bendición. Entregándome, me he hecho más sana, valiente, intuitiva, fluida, divertida, joven, indómita y espiritualmente flexible. Me he deshecho de capas de miedo y limitaciones que me mantenían sujeta a una vida que ya no era lo bastante grande para mí.

Te cuento todo esto, las partes reveladoras y más desafiantes, con el objetivo de prepararte para la mayor aventura en la que quizás te hayas embarcado nunca. Si eres como yo –alguien que quiere convertirse en todo lo que estaba predestinado a ser, y mucho más–, la entrega es una forma de conseguirlo. Te ofrezco mis servicios como guía. En este libro, quiero compartir contigo lo que he aprendido sobre el acto de la entrega. Quiero confiarte mis secretos. No puedo predecir lo que te sucederá ni de qué tendrás que deshacerte, pero sí sé que el resultado será puro, bueno y correcto, y que superará tus mejores expectativas. Si estás dispuesto, yo estaré ahí, a tu lado, con todo mi amor.

No pierdas detalle y monta sobre el salvaje dragón de la entrega en tu viaje hacia la libertad.

*Dejas de controlar, y después te deslizas*
*en la obra maestra.*

LEONARD COHEN

# UNA INTRODUCCIÓN AL ACTO DE DEJARSE LLEVAR:

*Preparándote para entregarte, confiar y prosperar*

Tengo que hacer una confesión: hoy he perdido el control, pero del modo más maravilloso. Antes de trabajar, antes de las sagradas horas de atender a pacientes, antes de escribir estas páginas, me puse a bailar. Durante ese momento secreto, antes de comenzar el día, mi cuerpo se movió con la canción de Bob Dylan «Sad-Eyed Lady of the Lowlands».[1] Movimientos espontáneos, nada planeado, nada conocido ni predecible. Venus se elevaba en el amanecer del cielo veraniego. Las olas matinales rompían a cierta distancia: el océano Pacífico, con su luz y su oscuridad, mi compañero durante tanto tiempo. No me contuve. No me resistí, discutí, desconfié ni pensé demasiado. Simplemente me dejé llevar. En eso consiste El éxtasis del fluir.

En este libro, te invito a explorar el sublime estado de la entrega: cómo conseguirlo cada vez más, día a día, a fin de mejorar tu calidad de vida, reducir el estrés y divertirte mucho más, deshaciendo la maldición de tomártelo demasiado en serio. Aprenderás a entregarte en un mundo que no deja de conspirar para interrumpir el buen fluir con mensajes de móviles, escritos y correos electrónicos a cada momento. También descubrirás cómo vencer temores y otros obstáculos que te impiden dejarte llevar, o que te mantienen en una dirección equivocada. En sánscrito, «entrega» se dice *samprada:* «detenerse totalmente» o «entregarse por completo». Yo la defino como la virtud de dejarse llevar en el momento

---

1. «La señorita de ojos tristes de las tierras bajas». Canción incluida en el álbum *Blonde on Blonde*, Mayo de 1966. *(N. del T.)*

adecuado, la capacidad de aceptar lo que hay, de expulsar el aire y fluir a favor de la corriente de los ciclos de la vida, en lugar de luchar contra ellos, apegándonos obsesivamente a las personas y a los resultados, y de preocuparnos con nuestras obsesiones.

Me siento atraída por la idea de la entrega, no en el sentido de derrota o pérdida –como normalmente se concibe–, sino como una forma de vida positiva e intuitiva, un poder que crece conforme desarrollas confianza en el momento, así como en la transformación y en lo desconocido. Al contrario de los tópicos tan comunes que identifican la entrega con debilidad, yo la presento como una forma de dominar mejor tu propia vida, no de ceder poder.

Entregarse no significa decir siempre «sí» a todo –esto puede ser peligroso y poco sensato–, sino llevar una decisión hasta sus últimas consecuencias, aunque conlleve alejarte de alguien, o decir «no» al odio y al miedo. Tampoco implica ser un pusilánime ni permitir que se aprovechen de ti. Todo lo contrario. Al saber cuándo debes ser asertivo y cuándo dejarte llevar, en realidad vuelves a tomar el control sobre tu propia vida. Además, satisfaces mejor tus necesidades porque eres un mejor comunicador. A lo largo del libro te mostraré cómo llevar a la práctica este liberador enfoque, para que puedas prosperar.

Aunque la entrega parezca antiintuitiva para conseguir tus objetivos, en realidad puede ser el elemento mágico que lo facilite y que aligere el estancamiento en las relaciones, en el trabajo y en todos los demás ámbitos, especialmente cuando parece que las cosas no pueden ir a peor. La vida se hace más fácil cuando eres capaz de dejarte llevar. Las dificultades desaparecen o disminuyen. Sin que lo queramos, podemos estar demasiado a la defensiva o ser excesivamente controladores, especialmente en lo relativo a nuestros sentimientos. Pero la entrega te libera de esas pesadas cargas, con lo que podrás amar con mayor seguridad. También te ofrecerá alivio cuando estés cansado, estresado, agobiado o cuando simplemente quieras cerrar los ojos y no pensar en nada durante un rato. Me fascina lo difícil que nos resulta a la mayoría dejarnos llevar. La entrega es esencial, por ejemplo, para deleitarnos con el éxtasis de un orgasmo o una risa que surge de lo más profundo, o para relajarnos y poder dormir. Pero también debemos aprender que la entrega es necesaria para experimentar los placeres más sutiles de los otros ámbitos de la vida.

La nueva perspectiva que propongo sobre el acto de la entrega incluye expandir tu conciencia en relación con la mejor manera de abordar el mundo y tu propio yo, de modo que puedas vivir más despreocupada y alegremente. A todos nosotros nos han enseñado las virtudes de ejercer control sobre algo, por lo que, para entregarnos, quizás necesitemos acostumbrarnos. A no ser que hayamos tenido unos padres o unos maestros extraordinarios, la mayoría de nosotros no hemos aprendido los beneficios de dejarnos llevar. Cada día, y durante toda nuestra vida, nos ponemos tensos en tantas ocasiones que acabamos padeciendo tensión crónica. Es difícil ser poderoso y estar tenso al mismo tiempo. A fin de aligerar tu carga, el acto de la entrega incluye reprogramar viejos hábitos y estar dispuesto a abandonar tanto dramatismo.

Tal como sucede con cualquier nueva relación, debes comenzar gradualmente para coger confianza y sentirte seguro. Hay que saber qué se siente con la entrega, ser consciente de las ventajas y no olvidarse de valorar el goce, incluso el éxtasis, a menudo vinculado con la liberación. Empieza bebiendo un vaso de agua muy lentamente, saboreando cada gota. Respira profundamente cuando te encuentres atrapado en un atasco de tráfico (algo necesario en la mayoría de las grandes ciudades modernas, en las que muchas personas cogerían el coche para trasladarse desde el salón hasta la cocina si fuera posible), o cuando tu ordenador funcione mal. Cuando aligeres la presión, observa si te encuentras los semáforos en verde con más frecuencia y si los problemas técnicos se solucionan más rápidamente. La entrega resulta especialmente útil en lo que los astrólogos llaman «Mercurio en fase retrógrada», cuando todo fracasa o sale mal. A medida que ganes confianza en el acto de la entrega, impone a ti mismo retos en otros ámbitos que también explicaremos. Por ejemplo: ¿en qué puede beneficiarte el acto de la entrega cuando estás discutiendo con tu cónyuge? ¿Y cuando tus hijos se van de casa para vivir en una residencia universitaria? ¿Durante los períodos en que la economía va mal? ¿Cuando eres excesivamente posesivo o dependiente de tu pareja, que necesita espacio? ¿Y cuando no puedes perder peso, a pesar de hacer dieta? En cada una de esas situaciones, serás consciente de cómo encaja el acto de la entrega y el modo en que puede aportar grandes avances.

Intenta superar los límites de lo que eres capaz de resistir, llegar a niveles de confianza que nunca has experimentado, alcanzar el grado de serenidad que nunca te has permitido tener. A continuación, intenta conseguir más. Practicar el acto de dejarte llevar te permitirá fortalecerte para superar los períodos difíciles y para celebrar los momentos de alegría, porque en ambas situaciones es necesario saber entregarse. Irónicamente, entregarse para disfrutar –gozar de verdad– puede ser el logro menos familiar de todos.

Trataré el proceso de entrega paso a paso, ofreciendo una serie de estrategias que puedes poner en acción. Por ejemplo, el arte de saber cuándo hay que *hacer* algo y cuándo *no* hay que hacer nada es uno de los principales temas que unifican todo lo dicho en este libro. Entregarse no conlleva ser pasivo, ni impotente. Implica no dejar a un lado ningún recurso a la hora de manifestar tus objetivos o de solucionar un problema; pero también no permitir que el abrazo mortal del sobreesfuerzo o de la obsesión excesiva te impidan conseguirlo, ni impedir que intervenga la magia. Como ya verás, a veces es mejor «ser la montaña», dejar que las cosas vengan hacia ti. Aprenderás a calcular el equilibrio adecuado entre hacer que sucedan cosas y dejarte llevar, entre cargar todo el trabajo sobre tus espaldas y delegar responsabilidades. Y, en el momento apropiado, incluso permitir que el resultado se manifieste por sí mismo puede aumentar la probabilidad de conseguir un objetivo, así como transmitir la piadosa información de que todo está bien aunque no se logre ese objetivo. Por supuesto, a nadie le gusta perder a un amigo o a su pareja, o quedarse sin trabajo, pero serás capaz de aceptar estos cambios con más ecuanimidad, sin torturarte a ti mismo. A medida que aumenta la compasión, la entrega se hace más fácil porque aceptarás mejor tu propio camino y serás menos exigente con los demás. Aun así, lo que más pone a prueba mi corazón son las ocasiones en que, a pesar de la intensidad de mis deseos, algo simplemente no está predestinado que suceda. Entonces y siempre, el fundamento de la entrega es «florecer justo donde somos plantados», como escribió san Francisco de Sales. Debemos hacer todo lo posible por aceptar tanto la satisfacción como la decepción con vistas a nuestro crecimiento.

Lo que me encanta de entregarme es que me ayuda a sintonizar con el ritmo natural de las cosas. Esto es de gran valor, por ejemplo, cuando creo que un proyecto no está avanzando «lo bastante rápido», cuando no tengo nadie que me ame, pero estoy deseando tener una relación, cuando trabajo duramente, o cuando mi creatividad se encuentra bloqueada y necesito un día de «reseteo» para bucear en mi interior y «afilar el hacha», como decía Abraham Lincoln. Cualquier ocasión me sirve para entrenarme en la consecución de una temporización y unos autocuidados adecuados, para dejar de preocuparme y disfrutar lo que cada día tiene de bueno. Alcanzar este estado puede ser más fácil en algunas ocasiones y más difícil en otras, pero es lo que quiero lograr y aquello por lo que me esfuerzo constantemente.

Mi pasión por escribir este libro nace de ser testigo de los efectos transformadores que la entrega tiene sobre la salud y el estado de ánimo de mis pacientes, y sobre los míos propios. Soy profesora clínica asistente de Psiquiatría en la Universidad de California, Los Ángeles, y llevo más de veinte años practicando mi profesión en el ámbito privado. En ese tiempo he visto beneficiarse a muchas clases de personas: cónyuges autoritarios, padres excesivamente estresados, inversores insomnes, adictos al amor y actores en paro. La entrega es uno de los secretos para gozar de salud y belleza. Te permite sentirte bien y tener buen aspecto, en lugar de ser rígido, tenso, obsesivo y estar quemado por la adrenalina y el cortisol, hormonas del estrés que hacen que envejezcas más rápido, que mueras antes y que tengas un riesgo mayor de enfermedad cardíaca, cáncer y procesos inflamatorios. Por el contrario, la relajación propia de la entrega mejora tus endorfinas cerebrales —sustancias analgésicas euforizantes, similares a los opiáceos— y la serotonina, un antidepresivo natural. Piensa en lo impactante que es el hecho de que personas de la misma edad tengan aspectos y actitudes muy diferentes. Nuestra capacidad para ser flexibles con la vida juega un papel muy importante al respecto. Como psiquiatra, he observado las consecuencias cuando los pacientes no se entregan: cómo sus sueños relacionados con sus carreras profesionales se autodestruyen cuando se esfuerzan en exceso, cómo luchan con sus hijos hasta el extremo de enemistarse con ellos, cómo mantienen conflictos puede agravar la depresión y el dolor. Entiendo y siento empatía hacia las personas que se encuentran arrinconadas en esos callejones sin salida en los que nadie desea terminar, pero mi mensaje de esperanza para ti es que hay un mejor modo de ser.

Este libro es importante para mí porque trabajo en un sistema médico convencional que normalmente rinde culto al intelecto, que identifica las estadísticas con la realidad y que considera que entregarse es antiintuitivo porque conlleva dejar de luchar o aceptar el fracaso. Esto puede aplicarse a todo, desde cómo te comunicas con tu madre –que tiene una opinión preformada sobre todos los aspectos de la vida–, hasta cómo manejas el estrés laboral o tomas decisiones relacionadas con el cuidado de la salud. Además, muchos médicos tienen un miedo a la muerte realmente fóbico, aunque inconsciente: temen nuestra entrega final porque son incapaces de sentir que hay algo aparte de este mundo material, y lo compensan siendo excesivamente controladores y técnicos. Esto supone un problema para el cuidado de los pacientes y para el sentimiento de compasión que nosotros, los profesionales médicos, debemos proporcionar. Durante mi período de formación como psiquiatra, me enseñaron a ayudar a los pacientes a controlar sus vidas. Esto es vital, pero no insistían de igual manera en las ventajas compensatorias de dejarse llevar. Aunque siento admiración por las maravillas de la ciencia moderna y estoy orgullosa de ser médico, tengo el propósito de seguir ampliando el paradigma del pensamiento médico convencional, mi misión durante las dos últimas décadas.

Mi trabajo básico como psiquiatra consiste en ayudar a los pacientes a manejar sus problemas, de forma que puedan llevar unas vidas más felices. Sin embargo, mi enfoque combina la medicina convencional con los campos complementarios de la intuición y la medicina energética, así como la espiritualidad, para mostrar cómo la entrega puede aumentar el bienestar y reducir el sufrimiento. Utilizando este conocimiento mixto, he tenido el privilegio de ayudar a mis pacientes a lograr el equilibrio tanto en períodos de abundancia como de pérdida. Mi función no es solucionar su incomodidad ni protegerlos. Por el contrario, consiste en utilizar mi intuición, junto con herramientas psiquiátricas tradicionales, para canalizar los recursos íntimos de cada persona, y con ello ayudarles a vivir su vida con mayor ligereza, instinto y amor. El truco para lograrlo –una habilidad que todos nosotros debemos aprender– es entregarnos a lo que nos ofrece cada día, igual que el surfista se mantiene sobre las olas a la vez que se rinde ante su fuerza. No conviene ir demasiado lento y resistirse a la ola, ni tampoco ir demasiado rápido y hacer fuerza contra ella, ya que ambas cosas sólo causan dolor y confusión. Yo enseño a los pacientes a aprovechar el impulso, a permanecer concentrados, con los ojos y el corazón bien abiertos.

Una de las claves de la entrega es que nace de tu intuición, no sólo de la mente analítica. Cuanto más dispuesto estés a entregarte, más intuitivo y abierto a un flujo más profundo de conocimiento serás. Como verás en capítulos posteriores, la intuición te permite aprovechar tu genio interior, al darte acceso a soluciones que traspasan los límites de la razón ordinaria y dejarte viajar en ámbitos donde no existe el tiempo. Las personas creativas lo saben bien. El legendario músico, compositor y productor Quincy Jones dice en mi libro *Positive Energy:*[2] «La gente del mundo del *jazz* confía de verdad en la intuición. Tienen que hacerlo. Dependen de ella. Ellos existen gracias a la intuición». Mis pacientes que son artistas conocen bien en qué consiste entregarse a la intuición, ya que es central en el proceso creativo. Sin embargo, a muchos de mis pacientes que son abogados de mente analítica, siempre listos para efectuar el siguiente buen movimiento de ajedrez, suele resultarles realmente complicado cambiar su mentalidad, aunque puede lograrse. El camino hacia la entrega no es algo que pueda calcularse.

Te enseñaré a acceder a tu intuición, la voz interna que te dice la verdad sobre todas las cosas sin censura, y que te aporta brillantes ideas tanto cuando estás despierto como cuando estás soñando. La intuición no tiene relación con lo que deseas escuchar, ni es algo políticamente correcto. Simplemente ofrece información; puedes elegir entre actuar de acuerdo con ella o no hacerlo. Cuando bajas el ritmo lo suficiente como para poder escuchar, puedes conectar con tu intuición, lo cual significa hacer caso a tus instintos viscerales y a tus señales corporales cuando debes tomar alguna decisión. Es prestando atención a tus emociones como sabes lo que encaja con tus sentimientos y lo que no. Observando los indicios y las sincronicidades, esos momentos de coordinación temporal perfecta, encuentras la dirección correcta y las situaciones encajan con el conjunto global. Sin embargo, lo que es más importante, la intuición te permite sentir el inmenso dominio de tu espíritu y fundamentarte en él. Podrás permanecer en contacto con esa intuición si te mantienes receptivo y juguetón, no si te esfuerzas mentalmente para averiguar algo. Te in-

---

2. «Energía positiva». No hay versión en castellano. Sí hay edición española de otra obra de la autora de este libro, *Libertad emocional: cómo dejar de ser víctimas de las emociones negativas.* Ediciones Obelisco, Barcelona, 2011. *(N. del T.)*

vito a mantener esa apertura. Las personas de mente cerrada no pueden experimentar estados de conciencia expandidos.

Cuando trabajo con mis pacientes, siempre sintonizo con mi intuición y después tengo en cuenta lo que me aporta mi intelecto. En primer lugar, me pregunto: «¿Cómo siento internamente a esta persona y las decisiones que enfrenta?». También permanezco atenta a las sensaciones y los conocimientos que observo sobre los problemas que plantea el paciente. Después me pregunto: «¿Qué piensa mi mente sobre la situación?». Son especialmente emocionantes los momentos eléctricos en que mi intuición obliga a mi mente a hacer una pregunta específica, y no a seguir una línea de razonamiento distinta sólo porque parece lógico hacerlo. La belleza de un intelecto impulsado por la intuición es que las ideas hacia las que me siento dirigida son ricas y vivas, en comparación con las que obtengo mediante una valoración meramente racional, la cual percibo como más limitada y superficial. Me encanta lo que dijo Albert Einstein: «Debemos tener cuidado de no convertir al intelecto en nuestro dios... No puede dirigir; sólo puede servir».

La mente analítica puede ser un analista muy astuto y un compañero de entrenamiento, pero no puede hacer lo que sí pueden hacer la intuición y el corazón. No puede *sentir* nada, ni tampoco trascender la lógica. No puede conocer por completo el amor, la compasión o el flujo creativo sin limitaciones. No puede experimentar la conexión espiritual que resuena en todas las fibras de nuestro ser. Tampoco puede intuir que la muerte no es el final. La tendencia de nuestra mente consiste en aferrarnos, calcular, proteger, temer lo desconocido y lo que «no está demostrado».

Una influencia muy profunda en mi trabajo sobre la entrega es la de mi maestro de taoísmo, con quien llevo estudiando más de veinte años. Nuestra práctica incluye cultivar el poder del corazón, la intuición y la meditación, con el objetivo de escuchar el silencio interior. Él insiste en la armonía como la base de la entrega: con la naturaleza, contigo mismo y con los demás. Especialmente en los momentos difíciles, la mayoría de las personas espera que te des cabezazos. Pero la fuerza de la armonía consiste en que te sintoniza con la gente. Al ponerte en su misma longitud de onda, puedes estudiarlos intuitivamente, y a continuación tomar decisiones centradas y bien informadas sobre cómo proceder. Es parecido al arte marcial del jiu-jitsu, que utiliza el arte de la ligereza y la flexibilidad (en lugar de la fuerza bruta) para neutralizar al oponente. Describiré cómo estar en armonía es la estrategia definitiva para lograr el éxito, porque eres dueño del momento de una forma apabullante.

En este libro, te pediré que pienses en el acto de la entrega en términos específicos, con el objetivo de que identifiques lo que se siente en diversas circunstancias, desde vecinos cotillas hasta vuelos que se retrasan, tener una buena relación con la familia y brillar en tu carrera profesional. A lo largo de los años he observado que hay cuatro tipos de entrega: intelectual, emocional, física/sensual y espiritual. Conforme vayamos avanzando, describiré procedimientos para poner en práctica los distintos aspectos del acto de dejarse llevar. Todos ellos funcionarán en colaboración para mejorar tu experiencia global de la entrega.

- *Entrega intelectual.* Tu mente debe conocer los beneficios de la entrega, para que no luche contra ti. Dale buenas razones, como por ejemplo «Sentirás alivio cuando dejes de obsesionarte por ese hombre» o «Si sigues presionando a tu jefe con el tema de tu ascenso, se sentirá molesto por ello». Te conviene que tu intelecto esté de tu lado.
- *Entrega emocional.* Te permitirás sentir y observar (no arrojar) tus emociones en lugar de ponerte tenso debido al miedo y las preocupaciones, o permitir que el placer sólo entre en ti parcialmente. A medida que te permitas continuar en el nivel emocional, podrás liberarte de resentimientos y superar las dificultades más fácilmente.
- *Entrega física/sensual.* La respiración completa contrarresta la rigidez y el desarrollo de estrés o dolor crónico, especialmente si pasas el día pegado al ordenador. La práctica habitual de ciertos movimientos, como por ejemplo estiramientos, yoga, caminar o ejercicios aeróbicos, permite expulsar la tensión y relajarte. Asimismo, esta entrega incluye explorar la sexualidad y la sensualidad primigenia de la naturaleza, el clima y los elementos que forman este mundo. Mirar fijamente a la luna, una masa de agua o a una estrella fugaz te ayudará a darte cuenta de que te rodea un universo natural, que inspira asombro y tranquilidad.
- *Entrega espiritual.* Conlleva la apertura a una fuerza repleta de compasión, una gran generosidad, mayor que tus identidades «yo,

mí, mío» (como por ejemplo «yo soy una buena esposa» o «yo trabajo duro»). Puede ser un dios, una diosa, la naturaleza, el amor o algo sin nombre. Mediante esta conexión, empiezas a creer que existe algo bello, más allá de lo mundano. La sensación de tener un agujero en tus entrañas puede llenarse sólo con el espíritu; ninguna persona, trabajo, alimento o fármaco puede curarlo. *La entrega no consiste en abandonar ni darse por vencido; consiste en dejarse llevar.* No estás solo, y nunca lo has estado. Saberlo te permitirá sentirte más cómodo en medio de la incertidumbre y facilitará el acto de dejarte llevar.

También identificaremos lo que te impide entregarte, para que puedas eliminar esos obstáculos. Entre los miedos más frecuentes se encuentran perder el control o alguna ventaja que tengas, sufrir algún daño, sentirte vulnerable, no conseguir lo que quieres o carecer de fe en alguna fuerza espiritual que pueda ayudarte en los momentos difíciles. Como veremos, las respuestas pueden incluir reprogramar condicionamientos negativos e incorrectos absorbidos de tu familia, como por ejemplo «No se puede confiar en nadie» o «Sólo los ricos tienen éxito». También examinaremos tu resistencia a la alegría en muchos ámbitos. ¿Qué te impide amar a alguien con locura? ¿Y sentirte sensual? ¿Solicitar un puesto de empleo muy importante? ¿Tomar clases de baile? ¿Ponerte un bañador? Cada uno de los capítulos de este libro ilustra cómo el acto de entregarse da forma a asuntos como el dinero, al amor, el juego, el trabajo, tu cuerpo y tu salud. *Eliminar los miedos facilita la entrega, para que puedas darte a ti mismo una vida llena de alegría y excelencia.*

En mi trabajo como médico, también he visto que el miedo a la muerte es un factor que contribuye a la reticencia de mis pacientes a dejarse llevar. Incluso es posible que no sean conscientes de este miedo, pero cuando se convierte en algo que se deja sin resolver, limita su capacidad para entregarse por completo a todos los aspectos de la vida. Quisiera también ayudarte con franqueza a tratar y hacer las paces con tu miedo a morir. Sólo entonces tendrás el consuelo de que somos algo más que cuerpos, que nuestros espíritus sobreviven.

¡Hay que hablar sobre el alivio de la ansiedad! Valoro mucho la enseñanza budista de la impermanencia: que el cambio es algo constante y que nada material dura eternamente, y que no obstante sigue habiendo una «base que no tiene base». En otras palabras, existe una matriz espiritual invisible en todos los lugares y en todo momento que te garantiza que siempre tendrás ayuda. Para los budistas, todo lo que hacemos sirve para preparar el momento de nuestra muerte, la cita luminosa que todos debemos respetar, nuestra entrega definitiva. El objetivo de esto no es ser macabro, sino dar esperanzas.

La mayoría de las personas de nuestra cultura se niegan a afrontar la muerte y la temen. He visto a colegas médicos –personas amables e inteligentes– dejar de mirar a los ojos de los moribundos y recurrir a fríos tecnicismos cuando hablan con la familia de un paciente terminal. Incluso con el oncólogo de mi propia madre, que también era íntimo amigo suyo, tuve que ser yo quien sacara a relucir el tema de la necesidad del cuidado para enfermos terminales, cuando era evidente que moriría pronto. Dijo: «Es simplemente demasiado doloroso de admitir. Siento como un fracaso no haber podido mantener viva a Maxine y curar su cáncer». Aceptar la entrega de la muerte enfatiza la importancia del amor, aquí y ahora. (Nadie me ha dicho nunca en su lecho de muerte «Ojalá hubiese trabajado más» o «Si tan sólo tuviese más dinero o una carpeta de valores mayor»). Reconocer el hecho de la muerte te permite vivir por completo, a cada momento, y querer a todos los individuos como si cada encuentro fuese el último. Entonces siempre habrá una parte de nosotros mostrándose tal cual es con nuestros seres queridos, con nuestro trabajo o con nosotros mismos.

Todos nosotros nos preparamos para entregarnos por distintas razones, y el cambio que conlleva es doloroso en algunas ocasiones. Del mismo modo que una semilla comienza a germinar en la oscuridad y después se rompe para convertirse en algo mayor y más vivo, la entrega obliga a nuestra conciencia a crecer; una valiosa lucha que cosecha resultados sorprendentes. A menudo, mis pacientes comienzan a hacer psicoterapia conmigo después de someterse a la prueba de fuego de la entrega, con sus egos tan abatidos que por fin llegan a decir «No puedo soportarlo más; tengo que cambiar». Un ejecutivo de márquetin, con problemas de drogas a sus cuarenta años, dijo: «Permanecer inconsciente y solo en una sala de emergencias, después de una sobredosis masiva de cocaína, me obligó a entregarme para estar sobrio. Sabía que era cuestión de entregarme o morir». Un profesor de universidad extremadamente independiente, que se sentía poderoso por «tener control», me dijo: «El hecho de que diagnosticaran a mi mujer de alzhéimer me hizo darme cuenta que pedir ayuda no es un síntoma de debilidad». Un consultor informático, adicto al trabajo, dijo: «Tenía tantos clientes que comencé a sufrir un constante y terrible dolor de espalda. Esto me obligó a trabajar menos y a negarme a hacer excesos».

Las crisis pueden ser una motivación bastante fuerte, y la entrega es de gran valor cuando la vida es agobiante, o cuando alguien se encuentra tan estresado que le cuesta resistir uno y otro día. Digo a mis pacientes que se encuentran en este estado: «Ven y siéntate conmigo. Empecemos de nuevo. En cada nuevo momento hay un nuevo comienzo». También me dedico a ayudarles a ellos –y *a ti*–, para que se beneficien de entregas cotidianas, también milagrosas, pero menos dramáticas. Cambiar de trabajo, comenzar una nueva relación, o simplemente acordarse de respirar bien antes de una reunión, son oportunidades para dejarse llevar y entregarse a nuevas aventuras.

Algunos actos de entrega son vitales para una buena salud inmediata, si la situación ha escapado a nuestro control. Una paciente que tenía miedo de volar, pero que debía hacerlo una vez al mes por su trabajo, perdía los nervios en el avión, especialmente cuando había turbulencias. Se decía a sí misma: «Me encuentro a diez mil metros por encima del suelo, en una pequeña cápsula metálica. Nada nos sujeta, excepto el sutil aire. Eso no es nada. Si los humanos tuviéramos que volar, Dios nos habría dado alas. Vamos a caer». Después rompía a sudar con un sudor frío. Ahí es donde podía servir de algo nuestro trabajo juntas. Tenía que entregarse al hecho de que, para *todo el mundo,* es un acto de fe subirse a un avión. Ciertamente, ella no era el piloto, pero sí podía controlar una cosa: su actitud. Por ello, en lugar de centrarse en su ansiedad, consiguió entregarse desplazando su atención a pensamientos positivos, incluyendo la confianza en la habilidad del piloto. En primer lugar, se fijó en las estadísticas que afirman que volar es, en realidad, mil veces más seguro que viajar en coche. Eso le sirvió de ayuda. En segundo lugar, se concentró en la lectura, en lugar de obsesionarse en el hecho de encontrarse encerrada en un avión. Estas estrategias, junto con ejercicios respiratorios y plegarias, le permitieron estar menos tensa cuando tenía que volar.

Con el paso de los años, mis propios actos de entrega han sido numerosos. Sigo aprendiendo para confiar en el proceso, incluido el hecho de afrontar mis resistencias y miedos, conforme profundizo en el arte de dejarme llevar. Ha sido especialmente liberador entregarme al hecho de sentirme distinta a todos los demás, como si procediera de otro planeta. Cuando era niña, nunca supe por qué podía predecir con exactitud eventos inquietantes como terremotos, el inesperado suicidio de un amigo de mis padres, o cómo podía sentir en mi propio cuerpo el dolor de otras personas. Yo procedía de una familia de médicos –incluidos mis padres–, todos ellos rigurosos pensadores científicos. Mi creciente fascinación por lo que no se ve, lo que es misterioso e inexplicable, parecía chocar con eso. No tuve apoyo en lo relativo a mis intuiciones infantiles (molestaban a mamá y a papá, así que se me prohibió hablar de ellas), ni con la sutil sensibilidad de mi constitución, muy parecida a un cableado sin aislamiento. «Necesitas una piel más gruesa», me decían los adultos una y otra vez. Actualmente, siento mi espíritu independiente –me identifico con los rebeldes e inadaptados sociales– como algo gratificante y real. Son mi gente, mi tribu. Soy feliz vestida con una falda vaquera, y con las uñas de los pies pintadas de color azul turquesa, contemplando la puesta de sol junto a mis amigos, en el aparcamiento de la playa de Santa Mónica, al lado de la noria. Pero durante mi niñez me encontré totalmente dividida entre el hecho de querer encajar en esas interminables cenas en el club de campo a las que me llevaban mis padres, vestidos con ropas de Armani, y saber que nunca podría conseguirlo. Hay personas que nacen con los genes adecuados para hablar sobre cosas sin importancia, pero yo no. Entonces, igual que ahora, no tengo ni idea de cómo hacerlo. Aún soy un poco insociable en lo que se refiere a lo convencional: no me vuelvo loca por vestirme bien ni por asistir a fiestas de etiqueta. Todo esto –y mucho más– soy yo: el yo que continúo descubriendo y al que me sigo entregando, y que deseo que mis seres queridos apoyen conforme evolucione.

Algunas entregas tienen lugar con rapidez. Uno se siente bien inmediatamente y es fácil dejarse llevar. No obstante, es más frecuente que haya tres fases. Conforme pongas en práctica las distintas entregas de cada capítulo, lleva un registro de las fases por las que pasas, a fin de tener tus progresos por escrito. Sé consciente de que la resistencia, una forma de miedo, es natural y es algo que hay que esperar. Por tanto, no te desanimes ni te decepciones por esta faceta de ti mismo. Es simplemente una fase del proceso por la que todos pasamos.

- *Fase 1: Resistencia.* Al principio, una parte de ti no quiere dejarse llevar. Temores como «Sufriré dolor si me vuelvo a enamorar», «Seré un fracasado si no me ascienden» o «¿Por qué empezar una dieta, si no voy a perder peso?» te detienen. Habla sobre tus resistencias con algún amigo o terapeuta, con el objetivo de ayudarte a librarte de ellas.
- *Fase 2: Aceptación.* A continuación, te sientes más pragmático y utilizas el sentido común para contemplar con claridad la situación. Por ejemplo, te das cuenta de que «Mi conducta no funciona, así que tengo deseos de arriesgarme a probar algo nuevo», o de que «Hasta ahora he hecho todo lo que he podido. Resistirme no me ayuda. Es mejor ceder».
- *Fase 3: Dejarse llevar.* Puede tratarse de una entrega parcial o total. No tienes por qué sentirte totalmente preparado. Es suficiente un poco de fuerza de voluntad. Tómatelo con calma. Abandona un miedo o una reacción contraproducente durante sólo un minuto, una hora, un día. Observa qué sientes cuando dejas de resistirte. Haz las cosas de modo distinto. Los beneficios te impulsarán a continuar.

Sé consciente de estas fases a medida que exploras cada uno de los temas del libro, desde el éxito hasta el dinero, pasando por el amor. Por encima de todo, sé paciente contigo mismo aunque la entrega no llegue de forma inmediata. Le irás cogiendo el truco. ¡No dejes que la resistencia te detenga!

Con el objetivo de abarcar todas las entregas de la vida cotidiana, he dividido el libro en seis partes. Describiré cómo el acto de la entrega puede mejorar tus relaciones, tu salud y tus habilidades comunicativas. Examinaré varios ámbitos delicados, con mucha carga emocional, incluidos el sexo y la muerte, en los que, como he mencionado, muchos de nosotros quedamos atrapados en actitudes más bien toscas. Aprenderás a contemplar todo esto de un modo nuevo y reforzador, para que sientas que la tarea es más fácil cuando pongas en práctica la entrega. Explicaré lo que nos obliga a *no* entregarnos al miedo y la impaciencia. También compartiré mi camino personal en cada ámbito, incluidas mis resistencias y mis victorias, porque deseo utilizar mi propia vida para mejorar la tuya, para facilitar tu camino hacia la entrega.

Todos los capítulos incluyen herramientas específicas para llegar a lograr la entrega, así como cuestionarios para guiarte, con sencillos ejercicios que darán buen resultado. Pero este libro no tiene por qué leerse en ningún orden en particular, sino que puedes consultar directamente el tema que sea más relevante para ti.

En «Una introducción al acto de dejarse llevar» aprenderás qué te detiene y cómo puedes abandonar cualquier cosa que te impida ser feliz.

La primera parte, «Poder y dinero», describe cómo el verdadero poder está íntimamente relacionado con la entrega. Desde esta perspectiva, redefinirás el significado de lo que es para ti el éxito y la prosperidad, trascendiendo lo meramente basado en la acumulación material o en logros externos. Conlleva entregarse al poder de una inteligencia intuitiva y basada en el corazón, a fin de establecer una «nueva normalidad». Esto nos permitirá superar el trance del «cerebro reptiliano» primitivo, programado para la supervivencia mediante la dominación sobre los demás, la agresividad y la permanencia en la cúspide de la cadena alimentaria.

También harás una prueba de autovaloración para determinar tu relación con el poder y con el acto de dejarte llevar. Esto servirá para establecer la línea base en la que te encuentras ahora, con el objetivo de que registres tus progresos a medida que aplicas la entrega a los distintos temas de este libro. Además, te ayudaré a ver más allá de la seducción material del dinero para aprovechar su espíritu de abundancia. Esto implica considerar el dinero un medio para conseguir la bondad y rechazar la ridícula idea que consiste en identificar la autoestima con los ingresos que una persona tiene.

En la segunda parte, «Entender a las personas y el arte de la comunicación», te enseñaré a conocer a las personas no sólo con tu mente, sino también con el arma secreta de la intuición. En mi trabajo, conocer personas me aporta un placer especial, ya que las formas más profundas de relación nos permiten centrarnos en la tarea de querernos el uno al otro. Describiré métodos para sintonizar con la voz, el lenguaje corporal, las prioridades y el pensamiento de un individuo. Conocer a las personas puede servirte para no quedarte atrapado en situaciones dramáticas. Te permite ser más empático y mejor comunicador. A continuación describiremos diversos tipos de personas difíciles, incluidos el adicto a enfadarse, el chismoso y el narcisista, y cómo tratar con ellos con éxito.

La tercera parte, «Relaciones, amor y sensualidad», te ayudará a explorar la entrega a la divinidad del cuerpo y al placer sexual, aunque en este momento te sientas ajeno a esos aspectos de tu ser. Compartiré técnicas sencillas y cómodas para abrirte a la sensualidad (incluidos los estiramientos y el arte de tocarse), que puedes probar contigo mismo o con tu pareja. También describiré el delicado ámbito de la intimidad. ¿Cuándo es adecuado entregarse a otro? ¿Qué sucede si tienes miedo de perderte en tu relación con quien amas? ¿Qué es un alma gemela, un amigo del alma y un *déjà vu*? ¿Cómo puedes sentirte atraído por alguien y seguir enfocado en ti mismo? ¿Qué sucede si tu cuerpo te dice «sí» sobre alguien, pero tu intuición te dice «no»? ¿Por qué te sientes atraído por personas inaccesibles? Observarás cómo el karma, la intuición y el sentido común convergen y revelan un camino inspirado en relación con cuándo y cómo entregarnos a aquéllos con quienes sentimos afinidad. También volveremos a la valoración que los antiguos hicieron de la naturaleza, a los elementos y a los animales como maestros y sanadores, para reavivar tu sensualidad y tus lazos con las fuerzas conscientes de la vida. Nada, absolutamente nada, ocurre en el universo por casualidad. Sintonizarte con el flujo de la naturaleza te garantizará que vas en la dirección correcta.

La cuarta parte, «Mortalidad e inmortalidad: Ciclos luminosos», describe las entregas involucradas en los misterios de la enfermedad, el envejecimiento, la muerte y lo que viene después. Las actitudes sociales basadas en el miedo nos han engañado. Para entregarse, es esencial deshacerse del miedo, una forma de resistencia. Aprenderás la práctica taoísta de armonización con la enfermedad para curarte, en lugar de convertir la enfermedad en tu enemigo. Experimentarás la iluminación y la pasión del envejecimiento, en lugar de sentir arrepentimiento o vergüenza. Te darás cuenta de que la muerte como fin de la vida es una ilusión, con lo que podrás aceptar otras posibilidades.

La quinta parte, «Acoger el éxtasis», transmite que la gran recompensa de la entrega es que puedes celebrar la alegría mientras siga floreciendo a lo largo de tu vida. Cuanto más puedas entregarte, más alegría experimentarás.

Escribir este libro ha sido para mí una especie de devoción, una plegaria sobre la profundidad de confiar en el tiempo que se me ha asignado y de deshacerme de mis inhibiciones y miedos. Durante años he estado muy cerca de la entrega, pero, en este momento, mi anhelo por ese estado, por la ternura de inclinarme ante las deidades del fluir de la vida, se ha convertido en algo tan absorbente que todo lo demás me parece depender de ello: mis relaciones, mi trabajo, mi aceptación de la bondad y del corazón.

Quiero que mi vida esté en llamas. Quiero vivir el momento todo lo posible y gozar de la vida siendo simplemente Judith. Quiero confiar en la intuición a cada instante, para poder sentir cuándo es el momento oportuno: saber cuándo avanzar y cuándo esperar. Esto resulta atractivo porque me sitúa en el centro de la pasión, sintonizándome con lo que parece más sincero. A veces sé que puedo ser testaruda, obstinada e impaciente. Al ver esto en mí, mi maestro de taoísmo me ha dicho: «Puedes llegar a ser como un niño que va en el asiento trasero de un coche, y que no deja de preguntar: "¿Hemos llegado ya?"». Sé lo pequeño y agitado que uno se siente al verse así. Igual que le sucede a cualquiera, no me gusta cuando se me niega lo que quiero, o cuando las cosas van más lentas de lo que he previsto. Y tengo un gran apetito. No soy un ángel. Me siento fascinada por todo lo relacionado con la vida, la luz y la oscuridad. Mis intereses son muy amplios. Sin embargo, en cada experiencia soy como un infatigable explorador que desea encontrar mejores formas de vida, que estén más en sintonía con la intuición que con la terquedad, el miedo o el deseo. Soy una especialista en ponderar lo imponderable para alcanzar soluciones que apelan al sentido común, prestando atención a las principales voces que hablan. No puedo tolerar anquilosarme en antiguos comportamientos que no estimulan la evolución de mi propio crecimiento ni de la conciencia colectiva. Por eso, hacer de aprendiz del acto de la entrega me atrae con fuerza. Me ofrece la oportunidad de mejorarme, y con ello no hacerme sufrir a mí misma aferrándome obsesivamente a las cosas.

Me siento atraída por el éxtasis, y lo elijo como amigo, en lugar de considerarlo un misterioso azar que nadie puede replicar. El éxtasis es tan seductor y poco frecuente porque nace del hecho de dejarse llevar, de confiar. No estoy hablando de ningún estado beatífico que ciegue nuestro buen juicio. Por el contrario, consiste en la dulce claridad de la entrega, en el placer de conectar íntimamente con los amigos, los familiares, los amantes, el trabajo, la tierra, y una corriente primigenia de conocimiento no contaminado por el miedo. ¡Es una especie de adoración del momento, un darse cuenta de que la persona que hay delante de ti *es* tu experiencia espiritual, y que tú eres la suya! Como ya he dicho, nada en este mundo sucede por azar. Entregarme a la integridad del fluir de la vida –confiar de verdad en él– es mi práctica actual, y también puede ser la tuya. No aceptes mis consejos como un acto de fe. Pon a prueba las estrategias que te voy a recomendar. Valora los resultados. Deja que este libro te arrastre a tu propia experiencia de la entrega, y a tu propia capacidad para el éxtasis.

*Primera parte*

# PODER Y DINERO

*Debes estar dispuesto a abandonar lo que eres*
*por lo que puedes llegar a ser.*

MAHATMA GANDHI

# 1

# LA PRIMERA ENTREGA

*Redefinir el éxito, el poder y la felicidad verdaderos*

¿Deseas que tu vida sea más fácil y cómoda? ¿Te gustaría dejar de resistirte, de controlar en exceso y de forzar las cosas para poder relajarte? ¿Qué sucedería si pudieras disfrutar de lo que tienes, en lugar de desear siempre más? ¿Qué sucedería si pudieras vivir en «la zona», impulsado por poderosas corrientes hacia las personas y las oportunidades adecuadas? ¿Qué ocurriría si pudieras dejar de preocuparte por el dinero? Déjame llevarte al lugar mágico donde fluye la corriente del río. Algo bueno está en marcha. Prepárate para experimentar el éxtasis del fluir.

Este capítulo es una carta de amor a los poderes de la intención, la intuición y el hecho de permanecer próximo a tu esencia, de formas prácticas, con resultados prácticos, en el mundo real. Es la plataforma perfecta para hacer que sucedan cosas en tu vida, desde el trabajo hasta el amor, pasando por la economía. Alcanzarás la excelencia sin perder para nada el sentido del espíritu. A continuación ofrezco un nuevo modelo, explicado paso a paso, sobre cómo alcanzar el éxito y el poder verdaderos, con más facilidad y alegría. Mi enfoque es doble. En primer lugar, consiste en elaborar planes de acción, ser positivo y utilizar cierto grado de determinación, pero sin querer hacerlo con tanta intensidad como para quemarte o perjudicarte. También te mantendrás alejado del miedo, un virus de la mente que puede extenderse a muchos ámbitos y limitar tu éxito. En segundo lugar, mi enfoque conlleva entregarse a las fuerzas delicadas y misteriosas de la bondad, que son más apropiadas que tu voluntad para triunfar. Dejarte guiar por ellas marca la diferencia entre sentirte frustrado porque el éxito «implica demasiado tiempo» y ser transportado sobre las alas de un gran viento hacia tu destino. Después, con la combinación de estas técnicas, que pueden parecer inmorales, pero que no lo son, nada podrá impedir que te salgan al paso experiencias increíbles.

Tanto por ser médico como en mi vida personal, he observado que nuestra actitud hacia el éxito y el poder puede afirmar o negar nuestra capacidad para entregarnos al libre fluir a todos los niveles. ¿Por qué? Lo que tú y yo creamos –que el éxito nace de la integridad, no de ganar a cualquier precio; de confiar en tu interior, y no de ceder a la opinión pública; de una comunicación empática, y no de la venganza, la arrogancia o el resentimiento– determinará cómo nos llevaremos con nosotros mismos y con los demás.

Igual que muchos de nosotros, yo llevo una vida muy ocupada. Quiero hacer demasiadas cosas. Por eso la entrega es tan importante para mí. Soy tenaz en la tarea de perseguir mis objetivos, pero no quiero bloquear el libre fluir del éxito controlando en exceso, o interponiendo mi voluntad en lugares que corresponden a la gracia. Siento que tengo éxito cuando mis metas van progresando, o al menos cuando sé que he hecho lo que he podido. He llegado a apreciar que la entrega no tiene nada que ver con ser perfecto. Consiste en hacerlo lo mejor posible y en seguir siendo auténtico. Ser perfecto es imposible. Es un intento inútil querer controlar lo que no se puede controlar. Como adicta al trabajo que se está recuperando, admito que aún hay mucho que quiero conseguir en mi vida, desde escribir hasta ayudar a mis pacientes, pasando por dar clase. Asimismo, hay formas de éxito cotidianas que son nobles y prácticas, desde trabajar para pagar las facturas hasta realizar una marca en mi lista de tareas por hacer. Me enorgullezco de mis logros, grandes o pequeños, sin importar lo mundanos que sean. También soy consciente de que el éxito no tiene por qué implicar muchos objetivos; lo importante es la claridad y el sentimiento que imprimimos en una tarea determinada.

Sin embargo, para mí, el éxito nunca podrá consistir sólo en lo que yo «hago». También tiene que ver con cuando río, amo y me entrego de verdad para sentirme feliz por las cosas más pequeñas. Consiste en deleitarme con las tormentas de invierno, los cálidos fuegos, el jazmín que florece de noche y las estrellas fugaces. Consiste en tener la mente en paz y un poco de bendito descanso, en lugar de enredarme en la frustración, especialmente cuando las cosas van mal. No siempre lo consigo, pero estoy aprendiendo. Si ni siquiera podemos encontrar un pequeño atisbo de la felicidad interior, tanto por los caminos complicados como por los fáciles, no podremos disfrutar de la faceta del éxito a la que me refiero, y que es independiente de los logros. Pero este goce es posible, y yo te enseñaré cómo llegar hasta él.

Soy muy rigurosa en el correcto uso de mi tiempo. La vida es muy valiosa. Pasa muy rápidamente. Tu tiempo es el regalo más valioso que puedes hacer a un objetivo o a una persona. Por eso, intento valorar cada momento y busco la felicidad en cada lugar al que acudo. Ya sea que esté ofreciendo un discurso o esperando en la cola de la oficina del servicio de Correos, el éxtasis consiste en lo que estoy haciendo. Mi consejo es que suspendas tu búsqueda de la felicidad. Como escribe Willa Cather: «¿Qué sucedería si la Vida en sí misma fuera el verdadero paraíso?». La felicidad está aquí, ahora, presente en cada momento si te lo permites. No dejes pasar ese regalo. Yo intento ser feliz incluso cuando me siento triste (¡es posible sentir las dos cosas al mismo tiempo!) recordando el tesoro de simplemente estar viva. Puedes hacer que la felicidad sea aquello que tú quieras. Entregarte a lo que es, en lugar de esforzarte o perder los nervios, es uno de los secretos más importantes para ser feliz que quiero compartir contigo.


## DOMINAR EL ARTE DE LA AUSENCIA DE ESFUERZO

Aunque el acto de la entrega suele considerarse perjudicial para el éxito —está erróneamente asociado con la debilidad y la derrota—, yo estoy aquí para decirte que puede hacerte más poderoso. La entrega consiste por completo en ganar. Te ofrece los mejores resultados a cambio del mínimo esfuerzo. La entrega te permite alejarte de las formas antiguas de hacer las cosas, para que puedas reorganizarte y volverte más fuerte. Tanto en tu carrera profesional como en tus relaciones, puede beneficiarte cuando se hace en el momento adecuado y de la manera correcta. De lo contrario, puedes perjudicar la consecución del éxito si te esfuerzas en exceso y si pones demasiada intensidad. Para que la gracia pase a formar parte de tu vida, debes hacer sitio para las fuerzas que están más allá de tu control.

Recientemente ofrecí una charla sobre cómo la entrega es beneficiosa para el éxito, en una conferencia sobre tecnología, energía y diseño, ante trescientos altos cargos del mundo de los negocios y del sector sanitario. Después de mi charla, tuve el honor de ser entrevistada por un grupo de periodistas-estudiantes de secundaria, que querían informar sobre la conferencia. Me preguntaron: «¿De qué forma es útil la entrega para los niños y los adolescentes?». Mi respuesta: «Si tienes suficiente suerte como para aprender a eludir el miedo y la preocupación en una fase temprana de tu vida, tendrás mucho más éxito. Muchos niños están cargados de ansiedad y sienten presión procedente de muchos sitios, debido a las tareas y los prejuicios impuestos por sus padres y profesores. No os conviene crearos preocupaciones generadas por la escuela. Tampoco que sucumbáis ante toda esa presión. Os encontráis en una edad perfecta para poner en práctica el hecho de abandonar el estrés y todas las expectativas poco realistas, para poder ser más abiertos, relajados y capaces de disfrutar la increíble vida que tenéis por delante». Por sus sonrisas, pude ver que les gustó la respuesta. Tenía mucho sentido para ellos.

La entrega te abre a estados de gracia en los que se te concede el éxito como si fuera una bendición. No puedes hacer que la gracia aparezca en tu vida a tu voluntad, pero sí puedes invitarla y recibirla mediante una perspectiva más próxima a la entrega. Deja que la información que ofrezco sobre la función adecuada de emprender acciones, como alternativa a la entrega, te permita lograr la excelencia en todos los ámbitos. Romper este equilibrio, y a la vez permitir que la gracia haga su trabajo, te permitirá experimentar el arte de la ausencia de esfuerzo. En cierto sentido, todo este libro trata sobre el poder: cómo atraerlo, cómo utilizarlo con corazón e inteligencia y cómo puede emplearse mal o corromperse. Y por eso empezamos con este asunto.

En este capítulo, aprenderás a reevaluar el éxito y el poder en términos de lo que realmente importa. Esto conlleva valentía y la voluntad de poner en duda radicalmente la situación actual. Una vez que hayas identificado creencias afirmativas y duraderas sobre estos temas, tendrás algo valioso a lo que entregarte, a la vez que eliminas lo rígido, frío y asustadizo de tu interior. ¡Menudo alivio será acabar con toda esa tensión contenida! Este proceso en marcha consiste en purificarse y despertar, así como en salvarnos a nosotros mismos y a nuestro salvaje y valioso mundo.

## ENTREGARSE A UN NUEVO PARADIGMA: LA DANZA ENTRE EL DESTINO Y LA VOLUNTAD

Un magnate que llega a lo más alto haciendo daño a personas tiene un corazón malvado y es un maltratador; no un ganador ni nadie a quien admirar. El verdadero éxito no consiste sólo en utilizar el poder por el simple hecho de utilizarlo para inflar tu ego o tus beneficios. Consiste en no causar nunca daños intencionados con vistas a un beneficio personal, independientemente de cuánto dinero o poder acumules. Me encanta que la declaración de intenciones de Google –cuando comenzó como una pequeña empresa– fuera «no seas malvado», un admirable código de conducta que insta a todos sus empleados a comportarse honestamente y a tratar a los demás con respeto. Todos sabemos que el dicho «los chicos buenos son los últimos» identifica la bondad con la debilidad. Para mí, el factor que decide si terminas siendo el primero o el último no consiste en «ser bueno». Consiste en encontrar un modelo más sensato para el éxito, en el que puedas ser bueno, pero también saber cómo utilizar el poder con plena conciencia para alcanzar tu objetivo.

Debemos establecer un debate sobre qué significa tener éxito y poder, a fin de desechar estereotipos inadecuados que nos impidan elevarnos. Debemos acabar con las reglas de nuestra sociedad psicóticamente materialista, con el objetivo de encontrar un camino más apropiado para vivir que aporte beneficios cotidianos concretos. Debemos rechazar el culto a la codicia, que identifica el éxito con las personas que tienen demasiado dinero, sin importar cómo lo hayan ganado, y que nos dice que tenemos que convertirnos en tacaños, o en temer los problemas económicos, para sentirnos seguros en un mundo inseguro.

He sido un testigo constante, con mis pacientes y conmigo, de que oponer resistencia o falta de flexibilidad en los momentos más complicados sólo sirve para aumentar el estrés y agotar la energía, generando lo que yo llamo «mentalidad de búnker». Todo consiste en ponerse a la defensiva, en preocupaciones y en miedo, no en amor. De igual modo, la gente sufre heridas más graves en los accidentes si se pone tensa. Si luchas contra el dolor o la adversidad, te afectarán los espasmos propios de la incomodidad. Pero si te relajas, disminuirá el sufrimiento. Esto es aplicable también a la vida diaria. Un paciente se preocupó tanto por el dinero en tiempos de crisis que se negó a pagar a su única hija una modesta boda en la playa de Santa Mónica, aunque se lo podría haber permitido. Otro paciente, un joven y bien dotado actor que acababa de comenzar su carrera, se sentía tan mal al estar cerca de otros actores «de éxito», que se quedaba paralizado durante los *castings* y su talento no podía brillar. Ambos pacientes perjudicaron su propio acceso al éxito por rendirse al miedo, una reacción automática que no sabían cómo resistir. En las sesiones de psicoterapia, les enseñé a decir «no» al miedo y «sí» a las partes más amables y poderosas de ellos mismos, una elección consciente para avanzar hacia lo positivo. De igual modo, quiero mostrarte cómo el hecho de fluir en los momentos difíciles, en lugar de aferrarte a tus miedos y creencias obsoletas, te permitirá resolver los problemas de forma más creativa. Resulta milagroso ver cómo tu energía y concentración son más limpias cuando pasas de estar bloqueado a dejarte llevar.

Como parte de esta nueva conversación, me gustaría que incluyeras la intuición en tu fórmula de consecución del éxito. Esa voz interior que te dice la verdad sobre las cosas es el antídoto contra el miedo y contra una mente con excesiva ansiedad. Es un creativo aliado que te ayuda a tener una visión más clara y audaz de cómo tener éxito, aunque parezca que has llegado a una especie de callejón sin salida.

En más de dos décadas de práctica médica en Los Ángeles, he podido ver de todo en lo que respecta a personas que intentan triunfar en sus carreras, pero que suelen olvidar la intuición. He visto a mis pacientes esforzarse, tener esperanza, hacer planes, soñar, fracasar, o bien triunfar. Pero antes de trabajar conmigo, en su mayoría se dejaban llevar por su fuerza de voluntad, no por su voz interior; esto a menudo reducía sus opciones. Para lograr el éxito se necesita algo más que tan sólo determinación, o incluso pasión.

Aquí es donde el destino entra en juego. Es la razón por la que llegamos aquí de este modo, y es lo que puede completar lo que nos falta. No podemos controlarlo todo en la medida en que nos gustaría. No obstante, como he descubierto en mi propia vida, lo sorprendente es que el destino tal vez no encaje con el planteamiento que te habías hecho. Afirma el viejo dicho que «el hombre propone y Dios dispone». Para cumplir tu destino y sintonizar con él, es clave prestar atención a la intuición en el nuevo paradigma del poder. No puedes pensar que te encuentras tú allí solo. En este caso, el éxito viene determinado por tu voluntad de entregarte a posibilidades inesperadas.

Déjame explicarte cómo me ayudó la intuición a encontrar mi verdadera vocación. Cuando tenía poco más de veinte años, dejé la universidad para irme a vivir con mi novio artista a una vieja lavandería convertida en piso, en Venice Beach. Para ayudar a la manutención, trabajé en la sección de ropa de cama de May Company, un empleo del que disfruté y que me inculcó el amor por las sábanas y las toallas de lujo. En mi tiempo libre, trabajé como voluntaria en un laboratorio de parapsicología de la Universidad de California, Los Ángeles, con la doctora Thelma Moss, mi mentora; y empecé a aceptar mi intuición después de que me hubiera asustado tanto desde mi niñez. Después, una noche tuve un sueño que me inquietó. En él me decían: «Vas a convertirte en doctora, una psiquiatra, para poder presentar las credenciales que den legitimidad a la intuición en el ámbito de la medicina». En el sueño parecía totalmente razonable, aunque, cuando desperté, sentí como si alguien me estuviera gastando una broma. ¿Yo, psiquiatra? Soy la hija de dos médicos, y podía parecer lógico que siguiera sus pasos, pero nunca había mostrado el mínimo interés, ni mis padres me habían animado, porque yo era muy mala en ciencias. Además, había estado rodeada de médicos toda la vida. Eran agradables, pero —para ser sinceros— un poco aburridos; aunque había excepciones, entre quienes estaban mis padres. Yo siempre había sido más creativa y me había aproximado a artistas excéntricos y personas más bien marginales. No sabía qué carrera elegir, pero pasar por catorce años de formación como doctora no estaba entre mis planes, sin duda alguna. De hecho, después de hacer un test de aptitud en el instituto, la psicóloga —cuyo pelo castaño aplastaba para formar el moño más espantoso que había visto en mi vida— me advirtió: «¡Nunca te dediques a una profesión que consista en ayudar! Eres mucho más adecuada para las artes». No era de extrañar. En aquella época, la idea de escuchar los problemas de otra persona no me atraía en absoluto.

Aun así, puesto que estaba empezando a confiar en mi intuición, decidí dar una oportunidad a mi sueño, por muy absurdo que les pareciese a todas las fibras lógicas de mi ser. Por ello, cerré un acuerdo conmigo misma. Me inscribiría en un curso, en la universidad de la ciudad de Santa Mónica, sólo para ver cómo podía ir. Ante mi sorpresa, aunque había estado apartada de la enseñanza algunos años y no la había echado de menos, sentí una iluminación en la clase de Geografía. Estudiamos los ciclos de la Luna, los estratos de la Tierra y cómo se formaban los vientos; todo ello fuerzas naturales que yo sentía que estaban conectadas inexplicablemente. Y así comenzó mi ciclo de aprendizaje. Una asignatura se convirtió en dos, y después seguí hasta completar catorce años de formación como médico. Aquel sueño me condujo hacia mi verdadera vocación.

En lo relativo al éxito, creo que, en algunas ocasiones, todo lo que debes hacer es acceder a la guía que puede proporcionarte tu intuición, lo creas posible o no. Eso es suficiente. No necesité entregarme por completo a la idea de que sería médico. Ni siquiera tuve que pensar que fuera posible. Sin embargo, lo que sí hice fue dar un pequeño paso para acercarme a esa posibilidad. Al principio, la parte lógica de mi ser siguió insistiendo: «Esto es ridículo». Ciertamente, lo era en cierto sentido. Pero la lógica no lo sabe todo. Gracias a Dios, no permití que interfiriese en el transcurso de mi destino. Me encontraba sobre una ola invisible que parecía maravillosa y adecuada para mí. Me limité a dejarme llevar y a confiar en ella.

Como persona y como médico, he contemplado el éxito en términos muy sencillos. En resumidas cuentas, conlleva cumplir tu destino sin oponer resistencia a ese fluir de carácter intuitivo y sin permitir que la lógica te aparte de él. Si luchas contra ese flujo o ignoras tu voz interior, es posible que el éxito no te salga al paso. Esto no significa que dejes de intentar cumplir tus sueños. Haz todo lo que puedas para que se lleven a cabo. No obstante, cuando hayas hecho todo lo que puedas, debes dejarte llevar y entregarte a lo que tengas predestinado. De lo contrario, terminarás torturándote a ti mismo y sin llegar a ningún sitio, una situación dolorosa que he observado en numerosos pacientes que seguían aferrados a un sueño que no era viable. Te aseguro que si un trabajo, una relación o la riqueza están predestinados para ti, te encontrarán independientemente de adónde vayas. Aun así, depende de ti aceptar o negarte. Sin embargo, si algo no forma parte de tu destino, no te ocurrirá, sin importar lo frustrante que parezca, ni todo lo que hayas trabajado para conseguirlo. Parafraseando una canción de los Rolling Stones, no siempre puedes conseguir lo que quieres, pero sí lograrás lo que necesites. Al final, el destino es lo que ha ocurrido o no ha ocurrido en tu vida. Incluso entonces, para aumentar tus probabilidades de éxito, la intuición te pone en sintonía con tu destino, para que puedas ir en su busca.

El éxito consiste en buscarte a ti tanto como buscas ese objetivo, pero debes ser consciente de ambas cosas. El arte de poder llevar a cabo metas conlleva tanto esforzarse como entregarse. A fin de conseguir ese equilibrio, ya sea que busques un trabajo que deseas o que quieras que un proyecto progrese, practica el siguiente ejercicio.

## DESCUBRIR TU DESTINO: LA GUÍA HACIA EL ÉXITO DE UNA PERSONA QUE SE HA ENTREGADO

Con cualquier tipo de objetivo, en primer lugar manifiesta tus intenciones, como por ejemplo «Me gustaría tener un trabajo mejor pagado» o «Quiero cambiar de carrera profesional». En segundo lugar, escucha a tu intuición para ver si ese objetivo parece correcto. Si lo es, haz lo que sea para que se lleve a cabo. Después, olvídate de los resultados, mientras dejas al destino y a tus ángeles que apliquen su magia. Si tu objetivo no se ha cumplido aún, o si hay que dar un rodeo, relájate durante unos minutos y sintoniza con la situación. Así debe hacerse:

- Asegúrate de que no te van a interrumpir.
- Siéntate erguido, en una posición cómoda.
- Cierra los ojos. Haz varias respiraciones lentas y profundas para relajarte.
- Si surgen pensamientos en tu mente, imagínatelos como nubes que flotan en el cielo. No les hagas caso. Sigue concentrado en tu respiración.
- Después, haz caso a tu intuición. En tu interior, ¿sigues sintiendo que el objetivo es adecuado? Si es así, ¿crees que es mejor proceder más despacio? ¿Tienes que ser más asertivo? ¿Debes esperar? ¿Examinar otras alternativas? Toma nota de todas las imágenes, momentos de inspiración, frases útiles y conocimientos que te vengan a la mente.

Sigue lo que te indique tu intuición. Si tienes éxito, estupendo. Si persiste algún bloqueo, haz caso a cualquier nueva idea que te ofrezca tu intuición. Si no consigues tu objetivo, sabes que lo hiciste lo mejor que pudiste. Es natural sentir decepción o enfado. Aun así, concéntrate en agradecer los otros dones que has recibido. Recuerda que, cuando una puerta se cierra, se abre otra. Olvidarse de lo que no funciona deja espacio para nuevas posibilidades. Si tu intuición te recomienda una idea en la que nunca antes habías pensado, examínala. Comprueba si conlleva energía. Si es así, déjate llevar por su fluir natural.

## VIVIR TU PROPIA VIDA, ENCONTRAR TU META

Muchos pacientes vienen para preguntarme: «¿Cuál es mi meta? ¿Cómo puedo encontrarla?». Les contesto que tenemos muchas metas en la vida; por ejemplo, ser un buen amigo o padre, afianzar nuestra carrera, cuidar a familiares ancianos, superar los miedos, desarrollar la espiritualidad y el corazón. *Deseo insistir en que no tiene por qué ser mejor hacer cosas «importantes»; a veces, esto no es aquello a lo que estamos predestinados.* Nunca me cansaré de decir que los pequeños actos de amor tienen un poder enorme. Lo más importante es que demos lo mejor de nosotros en cada situación. Nuestro mayor objetivo es vivir la vida tal como viene, ser buenas personas, ayudar a quienes podamos, y apuntar a un nivel más elevado y cordial de existencia.

Todo el mundo tiene su propia vocación, ya sea gobernar un país o una oficina, enseñar a niños o criar niños. Una de las participantes de mis talleres vende yoyós en las calles de Manhattan, una vocación que le proporciona mucho placer, que hace reír a los niños y que ayuda a los neoyorquinos, siempre tan trabajadores, a tomarse un descanso. Un año académico supervisé a Ann, una sagaz y sensible estudiante de Medicina de la Universidad de California, Los Ángeles, que también es oficial de la Marina de Estados Unidos, una combinación poco común. Me sentí asombrada por la claridad que Ann tiene sobre su propio destino, aunque no es lo que podríamos prever por sus conservadores antecedentes libaneses. Se sintió atraída por el hecho de trabajar con personal militar estadounidense herido en zonas de combate, una vocación muy estimulante. O bien pienso en mi maestro de taoísmo, que llegó a Los Ángeles, procedente de Malasia, hace más de veinte años, para abrir un restaurante chino, pero que acabó dedicando su vida a enseñar espiritualidad. Él dice: «El éxito que llega a nosotros de modo natural es el más importante.

Aquello por lo que nos esforzamos es menos importante»: una perspectiva taoísta tradicional que muestra reverencia por el fluir orgánico de las cosas. En tu propia vida, debes concentrarte en encontrar lo más adecuado para ti.

Desde mi punto de vista, la elección de una carrera profesional no es mejor ni peor que otra, si es tu verdadero camino. Al principio nunca sabrás lo alto que podrás llegar, ni lo bueno que podrás ser, en la situación en que te encuentres. En algunos pacientes he visto que aquello por lo que se esfuerzan no es aquello a lo que estaban predestinados. Consultar con tu intuición revelará el camino adecuado, no simplemente alguna buena idea o grandiosa aspiración que no tenga relación con la trayectoria de tu espíritu. Tal vez estés contento con tu carrera, y si es así, estupendo. Pero si no lo estás, deja que tu intuición te guíe hacia tu propia excelencia.

Steve Jobs, creador de Apple Computers, dijo en un emocionante discurso a graduados de la Universidad de Stanford, en 2005: «Vuestro tiempo es limitado, así que no lo malgastéis viviendo la vida de otra persona... No dejéis que el ruido de las opiniones de otros ahogue vuestra propia voz interna. Y lo más importante, tened la valentía para seguir a vuestro corazón y a vuestra intuición. Ellos, de algún modo, ya saben aquello que realmente queréis ser. Cualquier otra cosa es secundaria». Jobs tuvo una intensidad mesiánica para transformar la tecnología de nuestro mundo. Sí, era inteligente, pero su intuición le permitió conseguir la genialidad. Espero que su creencia en la intuición te sirva de inspiración, como me sucedió a mí. En todo lo que emprendas, deja que tu voz interior te incite a alcanzar el éxito y la satisfacción.

La sociedad la ha relegado claramente. La entrega que te pido es darte cuenta de que el verdadero éxito consiste en vivir de dentro hacia fuera, de forma que puedas ser consciente de la sabiduría de la intuición y sentir una alegría total. Tómate algún tiempo para asimilar la importancia de este principio básico. No es sólo una teoría, sino un cambio en la conciencia que implica toda una transformación.

A fin de descubrir tu propia verdad sobre el éxito y el poder –no la de otra persona–, te insto a poner en cuestión lo que digan tus padres, tus compañeros y el mundo entero. Examina ideas que no hayas examinado antes. Ahí está lo que se supone que piensas, y ahí está lo que realmente piensas cuando miras hacia dentro con intensidad, en relación con lo que más importa. Implica a tu intelecto y a tu inteligencia intuitiva para tener una visión más amplia de en qué consiste el poder.

Lo que me ha ayudado a hacer esto en mi vida es que, desde que salí del útero de mi madre, para bien o para mal, siempre he cuestionado la autoridad. La actitud de la cultura colectiva que dice aquello de que «ésa es la forma en que se hace» siempre me ha llevado a rebelarme. Pongo en duda las cosas no por llevar la contraria, sino para encontrar aquello que considero adecuado en mi interior. Cuando estaba creciendo, mi madre, que es médico, decía continuamente a la gente: «La primera palabra que pronunció Judith fue "no"». Se sentía orgullosa y triste, a la vez, de haber criado a una hija que tenía su propia opinión sobre las cosas y a la que no le gustaba que le dijeran lo que debía hacer. Yo valoro mi lado más rebelde, que todavía se siente estimulado por Alice Cooper y su cabello de color púrpura; pero actualmente siento más empatía por las dificultades que mamá soportaba cuando yo no hacía caso de lo que me decía y traspasaba todos los límites que ella me imponía. A medida que la confianza en mí misma ha ido aumentando y que me siento más segura de mi identidad, me he moderado un poco. También he aprendido a sentir la satisfacción de alcanzar un acuerdo –en un punto intermedio– con otros, a la vez que sigo siendo fiel a mí misma y no apago mi fuego.

A continuación explico por qué es tan importante que revises el valor del poder y del éxito. Si crees que has cometido un error por no haber logrado ciertos ingresos, no tener un aspecto determinado, no haber conseguido un trabajo o no tener un tipo específico de casa, te estarás perdiendo excelentes cualidades tuyas que indican un verdadero poder. Además, te estarás entregando a unas visiones negativas e inadecuadas sobre ti mismo que no te serán útiles. En ti y en nosotros hay mucho más que esa concepción tan limitada.

Para despertar a un nuevo paradigma de éxito y llegar a vivirlo, no tienes por qué ser viejo, ni estar enfermo ni en crisis; aunque, lamentablemente, muchas personas necesitan esos incentivos tan radicales para cambiar sus creencias. No hay nada como afrontar tu propio carácter mortal o experimentar una depresión para modificar tus prioridades, y con ello entregarte a nuevas formas de vida. No obstante, en este preciso momento, si crees estar abierto a las novedades, tus ideas sobre el poder y el éxito pueden empezar a cambiar sin que necesites ningún tipo de crisis.

Te darás cuenta de que las opiniones comunes sobre estos temas suelen estar basadas en el miedo y programadas por una parte de tu cerebro que está biológicamente obsesionada con la supervivencia, y no con el verdadero despertar. Que la mayoría esté de acuerdo en algo no quiere decir que sea así en realidad.

## DEJA DE COMPARARTE CON LOS DEMÁS

Como parte de ese nuevo paradigma sobre el éxito, es asimismo importante abandonar el hábito de compararnos los unos con los otros, una habilidad que seguirás mejorando conforme avances en la lectura de este libro. Soy consciente de que compararse es una tendencia natural que todos tenemos. A veces se trata de algo neutral; por ejemplo, cuando nos limitamos a señalar las semejanzas y las diferencias. Además, las comparaciones pueden ser beneficiosas; por ejemplo, cuando una saludable competitividad te impulsa a destacar, o si te sientes inspirado a imitar a quienes admiras. Sin embargo, las comparaciones son perjudiciales para el éxito cuando sientes envidia, o si te consideras mejor o peor que otros. Resulta curioso pensar que, sin las comparaciones, no existiría la envidia. Un paciente me decía: «Judith, compararse forma parte de la naturaleza humana». Estoy de acuerdo, pero es una parte que necesita evolucionar. El tipo de éxito que defiendo se basa en una filosofía de la abundancia, no en miedos, envidia o carencias. No estoy soñando con ninguna clase de lejano mundo utópico. Tu opinión sobre el éxito puede cambiar aquí y ahora, si de verdad lo deseas.

¿Qué hace que el hábito de compararse se convierta en algo tan adictivo? La sociedad lo tolera, casi todo el mundo lo hace, tus inseguridades lo alimentan y el hábito es difícil de eliminar. Vas a encontrar resistencia a abandonar las comparaciones en muchos ámbitos, incluidos tu imagen corporal, tu trabajo o tu cuenta bancaria. Lo más habitual es que hagas progresos y que después retrocedas un poco, pero notarás progresivamente el alivio que supone triunfar sin ponerte por encima ni por debajo de otras personas. No me importa cuánto dinero gane la gente, ni lo «perfectas» que parezcan sus vidas. Resumiendo la cuestión, todos partimos de la misma base, una verdad incuestionable que yo defiendo.

En un sentido espiritual, compararte con otra persona es como comparar manzanas con naranjas. ¿Por qué? Tu vida estará diseñada de forma única según hayas progresado en ella. Cada situación que afrontes te ayudará a convertirte en una persona con más fuerza, más éxito y más entregada. Para todos nosotros, vivir así conlleva práctica. El ejercicio que explico a continuación te ofrece algunas estrategias útiles.

## ABANDONAR LAS COMPARACIONES, MEJORAR LA AUTOESTIMA

Elige una persona con la que te compares habitualmente; tal vez un colega que haya tenido éxito o un pariente con el toque del rey Midas, un compañero al que hayan ascendido, o simplemente un amigo. Convierte a esta persona en objeto de tu experimento antes de pasar a otras.

- *Cambia tu actitud.* Cambia tu mentalidad para centrarte en lo que sí tienes y en lo que debes agradecer a la vida, no en aquello de lo que careces.
- *Da a otros lo que más deseas para ti mismo.* Incluye este secreto para el éxito: si quieres ser apreciado, aprecia a otros. Si quieres que tu trabajo sea valorado, valora el de otras personas. Si quieres amor, ofrece amor. Si quieres una carrera con éxito, ayuda a que prosperen las carreras de otros. Lo que tú das lo recibirás después, cuando abandones las comparaciones.
- *Aprende de los puntos fuertes de un rival.* Aparta tu mente de lo que crees que no tienes, para poder aprender de alguien que tiene el éxito que tú deseas. Yoko Ono decía que, si conviertes la envidia en admiración, aquello que admiras pasa a formar parte de tu vida.
- *Desea el bien a algún rival.* Esto puede ser difícil o incluso parecer imposible, pero inténtalo. Te ayudará a olvidar la envidia y te permitirá conseguir un éxito mayor.

Abandonar las comparaciones te permitirá volver a poner tu mirada sobre ti mismo y sobre tu propio éxito –que es donde debe estar–, en lugar de malgastar energía obsesionándote con la buena suerte de otras personas o torturándote. Aunque no entiendas por completo lo que digas durante este ejercicio, te recomiendo que «te engañes hasta que lo consigas», como sugieren los programas de doce pasos. Muy a menudo, el simple hecho de tener una buena intención y elegir un nivel superior (aunque no estés allí del todo) precederá al cambio de actitud. Puedes actuar «como si», hasta que la nueva conducta pase a formar parte de ti. Cuando tu corazón se encuentre en el lugar adecuado, te convertirás en aquello que deseas ser. Elógiate a ti mismo por todos los pequeños pasos que des en el camino hacia la autocompasión y la gratitud por la vida que tienes.

## ¿EN QUÉ CONSISTEN EL ÉXITO Y EL PODER VERDADEROS?

*Intenta no convertirte en un hombre de éxito,*
*sino más bien en un hombre con valores.*

ALBERT EINSTEIN

El éxito tiene muchas facetas. Como psiquiatra, respeto el hecho de que cada persona tenga sus propios valores y necesidades. El matrimonio puede ser un triunfo para una y una desdicha para otra. Unos ingresos de seis cifras pueden representar el éxito, si proceden de un puesto de trabajo satisfactorio, o pueden arruinar a alguien, si cae en la adicción a alguna droga. La belleza puede ser una bendición para algunos, pero también el descenso a los horrores de la anorexia para otros. He tenido el privilegio de ver las realidades puras y duras de mis pacientes; lo que hay detrás de su maquillaje perfecto y sus mansiones, detrás de las sonrisas que prodigan a todos, excepto a sus cónyuges e hijos, cuando están en casa. Sé bien que nunca hay que juzgar la felicidad de las personas sólo por las apariencias que muestran a los demás.

Debido a esto, quiero que identifiques lo que significa específicamente para *ti* el éxito. Yo tengo una definición muy amplia de «éxito», y tu puesto de trabajo es sólo una parte de él. Defino «éxito» como algo que nace tanto de fuentes externas como internas. El éxito externo por sí solo es débil, si no va acompañado por el sentido de valía que sientes internamente. El éxito conlleva tanto *hacer* como *ser*. Consiste en tener todo bien integrado y formando un único conjunto. Quiero que veas el éxito como una empresa dirigida por una buena conciencia y por el deseo de mejorarte y de ser útil a otros, independientemente de cuál sea tu empleo. El éxito llega cuando te entregas a ti mismo por completo y a continuación los resultados te resultan indiferentes. Independientemente de si consigues lo que quieres en el trabajo, las relaciones o cualquier otro ámbito, cada resultado ofrece una excelente lección en lo relativo a la entrega. Mi maestro de taoísmo dice: «Si nunca has conocido el fracaso, es porque nunca has tenido éxito». Aunque resulte doloroso, a veces intentas hacer lo mejor, pero no logras lo que quieres. Aunque el fracaso sea un duro golpe para tu ego y tu corazón, aprender a manejarlo sin caer en la desesperación ni en el cinismo es síntoma de que eres una persona realmente poderosa. Por eso, el éxito es el arte de manejar el poder con humildad y un sentido de lo sagrado, de forma que tu ego no se vea seducido por él; y esto puede aplicarse a tu familia, tu trabajo o cualquier otra cosa. De lo contrario, el coste para tu alma y para otros será demasiado elevado. El éxito puede generar una próspera carrera profesional, pero también debe reflejar cómo tratas todos los aspectos propios de la vida. En lugar de sólo conseguir lo que quieres, lo que importa es la calidad de quién eres tú como persona a lo largo del camino.

¿Qué es el poder? ¿Cómo puedes potenciarlo de forma constructiva? *El poder es fuerza.* En el mundo real, es tu capacidad de hacer cosas, de influir sobre las personas, de generar cambios positivos, de adquirir cierta calidad de vida; a veces es simplemente tener una mano a la que agarrarte. Es la conciencia de que si algo no funciona bien en tu vida, puedes hacer algún cambio. No obstante, tu poder también procede de tu recurso a fuerzas espirituales internas. Es un elegante equilibrio que consiste en estar en el mundo material, pero no pertenecer a él; en ser capaz de ver las diferencias entre el poder de la luz y el poder de la oscuridad, y después elegir a cuál seguir.

El éxito incluye tu capacidad de recurrir y entregarte a las diversas fuentes de poder, tanto materiales como espirituales, y utilizarlas para bien. Es el camino hacia la satisfacción, y no un esfuerzo constante y frenético. En eso se centra este libro y es lo que puede ayudarte a conseguir.

No estoy subestimando el valor del poder externo, que puede tener ventajas enormes. Piensa en Bill Gates utilizando su riqueza para luchar contra el SIDA, en Oprah utilizando su nombre para promocionar la alfabetización, y en valientes directores de cine como Steven Spielberg que combinan la pasión y sus influencias para luchar contra la máquina de Hollywood y hacer películas brillantes. Los títulos académicos también son importantes. En mi vida, siempre estaré agradecida a mi título de médico y a todas las puertas que ha abierto a mi trabajo sobre la intuición. Es el lujo que puede permitirse el rico de despreciar el mundo material y de proclamar que el poder interior es todo lo que uno necesita. Un amigo que trabaja como asistente social en el condado de Los Ángeles, y que ha visto de todo, dice: «Cuéntaselo a una mujer sin techo que sólo quiere comida, ropas y un refugio para sobrevivir».

El poder tiene diversos niveles. Como ya veremos, consiste tanto en la economía como en lo que piensas sobre tu cuerpo, tus relaciones, tu trabajo, tu manera de envejecer, y también sobre la muerte. Para afirmar que posees el poder total, del tipo que se fortalece con el paso del tiempo, debes tratar todo esto relajadamente, sin querer aferrarte excesivamente a nada. Pero también debes trascender el mundo físico para poder utilizar lo que hay en lo más profundo de ti. Si no lo haces, creerás erróneamente que el dinero, la posición y los títulos académicos son los únicos éxitos que importan, los únicos factores que pueden hacerte poderoso. Se trata de una ilusión de nuestra mente analítica, que es claramente ciega a lo que se encuentra más allá de sus límites.

A continuación ofrezco un ejemplo práctico de cómo el hecho de entregarte te ayudará a conseguir el éxito y el poder que deseas. Cuando conocí a mi paciente Big Al, un adorable gigantón y músico tatuado procedente de Misisipi, llevaba por mal camino su incipiente carrera porque se esforzaba demasiado. Con veintidós años, Big Al estaba obsesionado con ascender en las listas de éxitos y convertirse en una estrella. Cualquier otra cosa era un fracaso para él. No era pretencioso ni un egocéntrico. Solamente era impaciente, inmaduro y se sentía un verdadero macho. Para empeorar las cosas, Big Al medía el éxito principalmente por el número de asientos que vendía en una sala, no por el verdadero entusiasmo de los asistentes, un buen indicador de la fama ganada de boca en boca. Con esa actitud hacia el éxito, el lector podrá entender su consternación ante los pocos asistentes que tuvo su banda cuando se dedicó a dar una gira por todos los bares y ferias locales, desde Atlanta hasta Los Ángeles. Aun así, tocaba la guitarra realmente bien. Habían empezado a llamarle de empresas discográficas, pero siempre que se encontraba a punto de firmar un contrato, el asunto terminaba mal. A pesar de estas decepciones, Big Al no sólo continuó, sino que estaba totalmente obsesionado con poder firmar un contrato. Me decía: «No aceptaba un "no" por respuesta. Seguía haciendo llamadas continuamente. Puse nerviosos a los empresarios de las discográficas. Empezaron a evitarme, pero yo no podía parar. Finalmente acabé quemándome. Seguí preocupándome. No dormía. Agotado, tuve que tomarme un descanso».

Eso es lo que condujo a Big Al hasta mi consulta. Sentí lástima por este impulsivo y encantador joven que me cantaba fragmentos de canciones de Loretta Lynn durante nuestras sesiones. Sé lo que se siente cuando se desea algo con tanta fuerza que uno mismo sale perjudicado con todo ese esfuerzo, y la fatiga física y emocional consiguiente. Conozco la frustración que conlleva tener un proyecto que parece tardar demasiado en materializarse. También sé lo que se siente cuando se acude a firmar libros y hay sólo un puñado de personas como audiencia, un rito iniciático para la mayoría de los nuevos autores que deben tener confianza en sí mismos y una perspectiva del éxito que incluya el hecho de entregarse, o por el contrario acabar quemado. Exponerse al público no es algo que esté pensado para los débiles de espíritu. Sin embargo, Big Al había caído en una trampa muy común: el abrazo de la muerte que conllevaba su ambición estaba impidiendo la posibilidad de conseguirla.

Big Al era un perfecto ejemplo de cómo querer conseguir algo con excesiva intensidad puede debilitar tu propio poder. Le dije: «Ser asertivo está bien, pero intentar obligar constantemente a los demás a hacer lo que tú quieres es una forma de locura: repites las mismas acciones con los mismos resultados negativos». Big Al había tocado fondo en lo referente a hacer las cosas a su manera y estaba listo para entregarse. Aun así, mientras trabajábamos juntos, la voz de macho de enorme pecho que repetía, en el interior de su cabeza, «No eres un verdadero hombre si no controlas la situación», requirió mucho apoyo y reeducación. Tenía que llegar a creer que dejarse llevar en el momento adecuado es sensual, sensato y una muestra de poder, no una traición a la ética masculina.

Mi trabajo como psicoterapeuta se ve facilitado cuando un paciente llega en este estado de abatimiento por culpa de una conducta autodestructiva. Con Big Al, el tiempo corría a mi favor. Hice la mayor parte de su preparación ofreciéndole herramientas que compartiré con el lector.

Entre ellas se encontraban meditar para calmar su tratante de esclavos interior y conectar con un sentido del espíritu mayor que él mismo, a la vez que escuchaba a su intuición en busca de procedimientos para tener éxito. ¿Qué es lo que resultó más útil a Big Al en nuestra terapia? Me dijo: «Tener una mejor actitud y darme permiso para relajarme, de forma que pudiera disfrutar del camino, independientemente de adónde me llevara, consiguiese un Grammy o no». Todo esto requirió varios meses de asimilación, pero la herramienta que le ofrecí, y que resultó útil inmediatamente, fue recitar la Plegaria de la Serenidad. Big Al llevaba siempre una copia impresa y la repetía en silencio antes de cada espectáculo, así como cada vez que se ponía excesivamente nervioso o que tenía pensamientos ansiosos, especialmente en plena noche, cuando no lograba silenciar su mente. La plegaria dice: «Señor, concédeme serenidad para aceptar todo lo que no puedo cambiar, valor para cambiar lo que puedo cambiar y sabiduría para conocer la diferencia».

En tu propia vida, pronunciar la Plegaria de la Serenidad será una forma de recuperar tu poder cuando estés preocupado, te domine la incertidumbre o te esfuerces demasiado por hacer algo. La considero una especie de «plegaria de emergencia». Es rápida, va a lo importante y es eficaz. Esta plegaria ilumina la elegante danza que tiene lugar entre lo personal y lo espiritual: cuándo actuar, cuándo dejarse llevar. Habla a nuestro poder y a nuestras limitaciones; nos sentimos liberados de la obligación de ser superhombres. Para recordarme a mí misma el acto de entregarme, la tengo pegada en la puerta de mi frigorífico. Te recomiendo que la reces habitualmente. Después podrás hacer un buen uso de tu tiempo y de tus recursos. Deja que sea una de las bases de tu búsqueda del éxito.

Como nos sucede a muchos de nosotros, Big Al no quería perjudicar su carrera. Él se limitaba a retorcerse frenéticamente en su deseo por controlar, sin nada que le detuviera. Actualmente, Big Al acepta y agradece lo que le ha dado la vida. Utiliza la Plegaria de la Serenidad, junto con las otras estrategias que le recomendé, cuando surgen en su mente sus antiguas ideas sobre el éxito. A día de hoy, su carrera se va consolidando y se divierte más. Big Al tiene esperanza, pero no obsesiones. Está experimentando su verdadero poder.

Aunque en este momento sientas que has perdido el contacto con tu poder, yo te ayudaré a encontrarlo. Como primer paso, te sientas fuerte o frustrado por los reveses, a continuación menciono actitudes que debes cultivar e imitar fijándote en otras personas.

## ENTREGARTE A LA FELICIDAD: ¿SIENTES LA FUERZA?

El éxito no consiste sólo en conseguir logros; consiste en amar la vida y permitir que la felicidad entre en la tuya. La felicidad es real cuando puedes dejarte llevar lo suficiente para sentir la fuerza. Tu actitud importa. El éxito no es externo ni interno. No obstante, la secuencia que sigue aquello en lo que te concentras es esencial. En primer lugar, concéntrate en el tipo de persona que quieres ser, y después en los logros externos. Si empiezas antes con lo externo, te convertirás en adicto a esas fuentes de éxito, un castillo de naipes que se derribará fácilmente. *Confundirás lo que eres con lo que tienes.* Yo propongo una clase distinta de vida. Aunque el éxito refleja de forma natural el orgullo que conlleva, por ejemplo, tu puesto de trabajo, tu sueldo y tu familia, aquél no puede basarse sólo en estas cosas. En mi práctica médica, he visto con frecuencia venirse abajo carreras profesionales de celebridades que sienten que no son nadie sin un público que las adore. Intento suavizar esta agonizante caída en desgracia ofreciendo habilidades de afrontamiento nuevas y más entregadas. También he tratado a pacientes que tienen todo lo que el dinero puede comprar, pero que no sienten ser lo bastante felices como para disfrutar de él. El presidente de una de las quinientas empresas más importantes, según la revista *Fortune,* me dijo: «He conocido niños enfermos y discapacitados que son más felices que yo». En contra de lo que suelen decir los medios de comunicación, tener dinero no te convierte en una persona con más seguridad o felicidad. En realidad, las investigaciones muestran que el dinero suele dar a los ricos más problemas que las cosas que les resuelve. Asimismo, es fácil creer que algo externo —conocer a un hombre o una mujer importantes, o que te toque la lotería— conllevará una felicidad duradera. Sin embargo, para ser feliz hay que estar dispuesto a liberarse de esa creencia. Una solución exterior, por sí sola, sin importar lo edificante que resulte, no puede traer la felicidad porque siempre querremos más.

La neurociencia respalda esto. Las investigaciones demuestran que tenemos un punto de ajuste biológico para la felicidad que está predeterminado, lo mismo que sucede con el peso: una disposición predeterminada a la que volvemos rápidamente, sin importar que tengamos buena suerte (dinero y fama incluidos) o dificultades. El secreto para cambiar el punto de ajuste —frente al hecho de tener repuntes temporales de felicidad si algo marcha bien— consiste en buscar un tipo distinto de éxito, que sea interno. Las investigaciones revelan que los trabajadores de empleos relacionados con la biotecnología que practicaban habitualmente la meditación con atención plena (una técnica en la que hay que concentrarse en sentimientos de bondad amorosa, gratitud y el momento presente) tenían una mayor actividad en el «centro de la felicidad» del cerebro y se sentían más sanos, más optimistas y menos estresados. Meses después, los estudios de seguimiento mostraron que estos trabajadores tuvieron la misma cantidad de actividad mejorada en esa región cerebral, aunque dejaran de hacer meditación, lo que sugiere que su punto de ajuste emocional se había elevado.

Por tanto, para ser feliz, recuerda que un enfoque positivo hacia el interior conllevará éxitos en el ámbito externo. De lo contrario te quedarás bloqueado en el círculo vicioso del esfuerzo constante sin ninguna gratificación duradera. Una vez que consigues un objetivo, sales corriendo inmediatamente a por el siguiente. Yo también me he encontrado en esa situación. Entregarte a la felicidad conlleva agradecer lo que has conseguido, aunque sea tan sólo levantarte de la cama por la mañana, en momentos difíciles. La gratitud es un sentimiento de éxtasis, una forma de permitir que la felicidad se introduzca en tu interior. Prueba a hacerlo durante un segundo, un minuto, y después más tiempo. Saborea bien esa sensación. Como suele ocurrir a muchos de mi pacientes, interiorizar el sentimiento de felicidad puede requerir algo de hábito –concentrarse en el descontento resulta mucho más familiar–, pero tú te mereces ese bien. Entregarte a la felicidad también implica dejar que la vida cotidiana te deleite, dar gracias por todo el amor que hay en torno a ti, por tu cuerpo, por tu respiración. Sé lo agotadora que puede ser la mentalidad que consiste en «si pudiera tener éxito en ____, sería feliz». ¡He estado atrapada en ella más de una vez durante mi propia vida! Sin embargo, quiero que entiendas que esta mentalidad es una ilusión. No conduce a nada, excepto a siempre querer más.

A medida que sigas descubriendo nuevos niveles de poder en ti mismo, permítete asimilar esto: *el éxito material, con toda la comodidad económica que puede aportarte, con todo lo agradable que puede ser, no es necesario para la felicidad. No te hará más feliz de lo que lo serías a largo plazo si siguieras otro camino.* Por tanto, parte del éxito consiste en ser lo bastante sensato como para saber lo que *puede* hacerte feliz, e intentar lograrlo a modo de punto de partida. Si eres el rey o la reina del mundo, pero te sientes triste, ¿dónde está la gracia del asunto?

## LOS HÁBITOS DE LA GENTE QUE YA SE HA ENTREGADO: ¿HASTA QUÉ PUNTO LO HAS HECHO TÚ?

Puesto que ser capaz de entregarte en los momentos adecuados fortalece tu poder, resulta esencial examinar cómo puedes dejarte llevar con mayor facilidad y cuándo el exceso de control se pone en tu contra. Como sucede en la práctica de los chamanes, debes entrenarte en el arte de utilizar bien el poder. Aprenderás a aproximarte al verdadero éxito con plena conciencia.

En mi práctica médica, he identificado hábitos específicos de personas que se han entregado y que han mejorado enormemente su salud y que les permiten brillar en muchos aspectos de su vida. Yo ayudo a mis pacientes a desarrollar esos hábitos como parte de la psicoterapia. Para averiguar en qué medida estás entregado, en diversos ámbitos que trataremos en éste y en capítulos posteriores –entre ellos el trabajo, el juego y el envejecimiento–, haz el cuestionario que ofrezco a continuación. Es un procedimiento para refinar tus creencias e identificar en qué puntos te has dejado atrapar por algunas que te están perjudicando. Esta herramienta de autoevaluación te permitirá valorar el éxito y el poder mediante una nueva serie de baremos.

Contesta «cierto en su mayor parte» o «falso en su mayor parte» a cada pregunta. Aborda las preguntas con un espíritu de curiosidad y de querer evolucionar. El objetivo es tener una puntuación de punto de partida, y después ver cómo mejora conforme apliques las técnicas de este libro. Eso pondrá en claro qué áreas están fluyendo por el camino que conduce al éxito y cuáles no.

## EL TEST DE LA ENTREGA

| | Cierto en su mayor parte | Falso en su mayor parte |
|---|---|---|
| 1. Reconozco que no puedo controlar todo. | ———— | ———— |
| 2. Después de hacer todo lo posible para que sucedan cosas o que cambie una situación, puedo dejarme llevar y aceptar la vida sin luchar contra ella. | ———— | ———— |
| 3. No intento forzar la situación cuando veo una puerta cerrada. | ———— | ———— |
| 4. Me siento cómodo con la incertidumbre. | ———— | ———— |
| 5. Me acuerdo de respirar profundamente en momentos de estrés. | ———— | ———— |
| 6. Soy capaz de dar y recibir amor. | ———— | ———— |
| 7. No puedo sentirme poderoso sin dominar a otros o sin decir a mis familiares y amigos qué deben hacer. | ———— | ———— |

|  | Cierto en su mayor parte | Falso en su mayor parte |
|---|---|---|

8. No atraigo la atención, ni quiero ni retengo a las personas tentándolas para que sientan que tienen el control. _____ _____

9. Siento que tengo éxito, dejando a un lado mi trabajo y mi dinero. _____ _____

10. Considero mi cuerpo sagrado, y no me obsesiono con el peso ni con las arrugas. _____ _____

11. Puedo aceptar el proceso de envejecimiento y me siento bien conmigo mismo. _____ _____

12. No me comparo con otros. _____ _____

13. Me dejo llevar y disfruto con el sexo. _____ _____

14. Me siento sensualmente conectado con la naturaleza. _____ _____

15. Practico actividad física para mantener mi cuerpo flexible y sano. _____ _____

16 Si estoy enfermo, practico la autocompasión y me entrego al proceso de curación, y no le doy vueltas a la cabeza. _____ _____

17. Estoy en contacto con un sentido de la espiritualidad que es mayor que mi voluntad. _____ _____

18. Hago caso a mi intuición para ayudarme a tomar decisiones, especialmente cuando no conozco la respuesta o tengo que afrontar obstáculos. _____ _____

| | Cierto en su mayor parte | Falso en su mayor parte |
|---|---|---|
| 19. Estoy abierto a nuevas ideas y puedo deshacerme de las que antes consideraba verdaderas. | ———— | ———— |
| 20. Soy capaz de abrazar la felicidad. | ———— | ———— |
| 21. Me doy permiso para experimentar las pérdidas y el sufrimiento sin reprimir mis sentimientos. | ———— | ———— |
| 22. No temo a la muerte. | ———— | ———— |
| 23. No me siento atado al hecho de «hacerlo todo correctamente» y reconozco mis errores cuando me equivoco. | ———— | ———— |
| 24. Puedo ser espontáneo y juguetón. | ———— | ———— |
| 25. Sé recibir adecuadamente el silencio, la tranquilidad y la meditación. | ———— | ———— |

**Cómo interpretar este test**

Para calcular tu puntuación, suma el número total de respuestas de «cierto en su mayor parte». Una puntuación de entre 20 y 25 indica que estás experimentando un nivel muy elevado de entrega en tu vida. Una puntuación de entre 15 y 19 indica un nivel elevado. Una puntuación de entre 6 y 14 indica un nivel moderado. Una puntuación de 5, o inferior, indica un nivel mínimo. Una puntuación de cero es señal de que te resulta difícil dejar de controlar en exceso, pero la entrega está más cerca de lo que crees en cuanto comiences a practicar más.

Sea alta o baja tu «puntuación de entrega», sé amable contigo mismo en los aspectos en los que quizás te hayas aferrado a hábitos y conductas poco productivos. Presta especial atención a cualquier tipo de respuestas con carga emocional ante preguntas en las que hayas sido terco, tal vez demasiado, respecto a por qué no puedes entregarte. Por ejemplo: «He terminado mis estudios, pero nunca conseguiré un trabajo» o «No perdonaré a mi jefe el hecho de no haberme ascendido. Me parece muy injusto». Sé amable con tus resistencias, rigideces o miedo a dejarte llevar. No te juzgues a ti mismo. Todo está bien. En esta fase, limítate a fijarte cuando te resulte posible en qué momentos estás a la defensiva. Conforme sigas leyendo, permanece abierto a los nuevos enfoques, más propensos a la entrega, respecto a los temas que puedan generarte un mayor éxito.

La información que obtengas de este test puede beneficiarte de maneras muy importantes. Tendrás una mejor idea sobre cómo estás condicionado a responder, por lo que no te verás condenado a repetir esquemas negativos a los que te hayas aferrado en lugar de dejarte llevar. Empezarás a librarte de tus miedos y resentimientos para que no te bloqueen. No tendrás que controlar obsesivamente todo y a todos para sentirte cómodo o seguro. Amarás sin vigilar siempre tu espalda para que no te hagan daño. Éstas son sólo algunas de las cosas buenas que te están esperando.

Ahora que sabes dónde te encuentras, puedes empezar a desarrollar los hábitos de una persona entregada practicando las estrategias que ofrezco en este libro. Lo más importante es tu voluntad de dejarte llevar y arrastrar por el libre fluir de modo gradual. El objetivo es volverte más relajado y fluido, y menos atado a ciertas cosas. En este momento, no te preocupes si no sabes cómo hacerlo o si te sientes frustrado, estancado o bloqueado en lo que el psiquiatra suizo Carl Jung llamaba «el nudo atado de forma endiablada y hábil que te encierra y te aísla». Todo esto va a consistir en cambiar. Es tu oportunidad de eliminar lo que reprime tu poder y de tener mucho más éxito que nunca antes.

---

### AFIRMACIÓN DE ENTREGA PARA CONSEGUIR EL ÉXITO

*Estoy listo para disfrutar la felicidad y la relajación que nacen del verdadero éxito. Reconozco que soy mucho más que tan sólo mi trabajo o mi cuenta bancaria. Quiero librarme de la idea de que el estatus, la riqueza o la popularidad son los caminos hacia la felicidad. Me amo y me respeto siempre.*

---

*No hay ningún poder sobre la tierra que pueda compararse
al amor incondicional.*

WARREN BUFFETT

# 2

# LA SEGUNDA ENTREGA

*Cuatro ideas esenciales sobre el poder
y el acto de dejarse llevar*

Tengo muchas historias increíbles que contarte sobre la relación entre el poder y la entrega en la vida cotidiana. Quiero ayudarte a descubrir una concepción del éxito duradero, más allá del deseo de ganar siempre, del estatus social y los ingresos. Lo que a mí me estimula más que esos limitados baremos para medir el valor de una persona es cómo la entrega puede revolucionar la idea de éxito cuando te dejas llevar por una inteligencia superior al ego, con todos sus beneficios. La unión de esto con un pensamiento claro y un buen corazón es una combinación insuperable.

Me gustaría destacar cuatro ideas vitales que te darán acceso inmediato a nuevos niveles de poder en diversos ámbitos, incluidos tu trabajo, tu economía y tus relaciones. Te beneficiarás, independientemente de que estés negociando un ascenso, planificando un cambio de trabajo o simplemente buscando la abundancia en tu vida. ¿Te das cuenta de cuánto poder ganarás cuando no dependas tanto de los resultados? Tu poder seguirá aumentando cuando te des permiso para entregarte utilizando las estrategias que recomiendo. La clase infinita de poder de la que estoy hablando supera con creces la mente analítica, pero tu yo intuitivo se siente más cómodo con verdades que van más allá de la lógica. Este poder es fluido, móvil, una fuerza que sigue creciendo en tu interior. Acceder a él requiere un toque suave y la voluntad de apartarte de tu propio camino, para que pueda fluir libremente. Tú formas parte de este poder, no eres su dueño.

Aquí es donde mi sistema difiere de las creencias de la vieja escuela. Cuando el poder sólo sirve al ego, su potencial se marchita; se convierte en una caricatura de lo que podría llegar a ser. Aferrarse sólo sirve para agotar el poder y aislarte de su fuente. La respuesta consiste en respetar la fuerza del ego, pero también en superarlo. Por eso me siento tan dispuesta a arrodillarme, como si rezase, durante mis meditaciones, agradecida incluso por lo más pequeño que un poder superior tenga para ofrecerme. Nadie es capaz de exigir nada a este poder, pero puedes confiar en la generosidad de su libre fluir, si te mantienes fiel a lo mejor de ti mismo.

Muchas personas actúan al contrario. Buscan el poder en el mundo para definirse a ellos mismos, para sentirse importantes, en lugar de conectarse en primer lugar a una base de poder interior y llena de corazón, una posición mucho más fuerte. Darte cuenta de que tu voluntad, por sí sola, no tiene la última palabra sobre el poder, te abre a otras fuentes a las que conectarte y te proporciona ventaja. Prueba los métodos explicados en este capítulo, aunque te resulten poco familiares o contradigan todo lo que has escuchado decir a la gente. Comenzaremos con paradigmas de poder convencionales, con sus puntos fuertes y sus puntos débiles. Debes conocerlos, especialmente si vives o trabajas en situaciones regidas por estas normas. Después podrás mejorar tu habilidad con ese sistema, y también darte cuenta claramente de los juegos de poder anticuados, para que no te veas bloqueado por ellos. Además, te ofreceré soluciones para generar éxito mediante otros procedimientos más expansivos que permiten superar este paradigma tan anticuado. Te plantearás: «¿Por qué quiero poder? ¿Qué me bloquea o qué temo respecto al hecho de abandonarlo? ¿Soy adicto a él? ¿Cómo lo puedo dejar? ¿Cómo puedo reivindicarlo?».

El poder externo es muy atractivo para los fanáticos del ego y del control. Demasiadas personas carecen de ideas y de comprensión sobre cómo utilizar bien su influencia; esto convierte el poder en algo peligroso. Para lograr un equilibrio adecuado de poder, tendrás que aprender a elegir a qué tipos (llenos de luz o de oscuridad) quieres entregarte. Las ideas que explico a continuación harán más rápido tu éxito al utilizar herramientas específicas para la entrega.

# LA PRIMERA IDEA:
## ROMPER EL TRANCE DEL CEREBRO REPTILIANO:
## POR QUÉ EL PODER ES TAN SEDUCTOR

*El complejo reptiliano del cerebro humano en cierto modo está realizando aún funciones propias de un dinosaurio.*

CARL SAGAN

El poder es tan seductor porque apela a nuestro impulso más primitivo –e inserto en nuestra constitución– de supervivencia, localizado en el cerebro reptiliano. Imagina esta estructura como algo que se encuentra en la base de tu cerebro, justo sobre la médula espinal, a modo de yo primigenio. Su objetivo biológico es simple: mantenernos vivos. ¿Cómo? Controlando funciones vitales como la respiración, la frecuencia cardíaca y la presión sanguínea. También nos aporta el impulso para seguir adelante y afirmarnos frente a otros, y en nuestro entorno nos protege de las amenazas. De hecho, esta parte de nuestra anatomía es tan tenaz que incluso puede seguir funcionando cuando una persona ha sufrido muerte cerebral y otros órganos ya se han rendido ante lo inevitable. Aunque nuestro impulso reptiliano juega un papel imprescindible en nuestras vidas, tal vez no nos demos cuenta de en qué medida nos programa, y con excesiva frecuencia dificulta la expresión de respuestas más acordes con nuestra naturaleza. El problema es que reacciona a amenazas percibidas, incluso a algunas que no atentan contra nuestra vida, como si nos atacara un tigre en plena selva, lo cual no es una forma sensata ni sensible de tratar con personas o situaciones problemáticas. «Entregarse» es una palabra muy fea para el cerebro reptiliano; la identifica con la extinción.

*Voy a mostrarte una forma mejor de ser.* Esta parte de nuestro cerebro no es lo único que somos, pero cuando no nos damos cuenta de ello puede distorsionar nuestra autoimagen, nuestro trabajo, nuestras relaciones, nuestra sexualidad y nuestra ambición de triunfar. Solemos ver el poder reptiliano al desnudo en nuestra vida diaria: el energúmeno que se te cruza conduciendo su coche por la carretera, la cruel corporación que se hace dueña de tu empresa, el argumento de «el poder es la base del derecho» para las interminables guerras. Es también evidente en los niños transformados por videojuegos sangrientos en los que aniquilan enemigos con un gusto salvaje. Observo una gran cantidad de impulsos reptilianos cuando voy de compras al supermercado de productos naturales, entre la apacible multitud preocupada por su salud. Un día, una amiga –un torbellino húngaro que tiene cerca de ochenta años– estuvo a punto de atropellarme con su carrito. No era sólo que tuviera prisa. Quería reafirmar que ése era su pasillo; estaba marcando su territorio. Y todos sabemos que debemos tener cuidado con estas supermamás con su ropa de hacer yoga y sus coches todoterreno, no sea que pongamos nuestra vida en sus manos al interponernos en su camino, cuando actúan a toda prisa en sus días tan ocupados. Muchos de nosotros carecemos del autoconocimiento necesario para evitar obedecer a nuestros impulsos reptilianos. Por eso nos rendimos a ellos y llegan a poseernos, normalmente en perjuicio nuestro.

Ya sea que se limite a ser agresivo o que llegue a ser implacable, el cerebro reptiliano tiene fijación por:

- La supervivencia del más apto.
- Alcanzar el puesto más alto de la jerarquía.
- Un instinto de matar o ser matado.
- Cazar, conquistar y dominar.
- Marcar el territorio para defenderse de los intrusos (lo cual incluye conductas que van desde rodear a su cónyuge con su brazo si alguien coquetea con él, hasta luchar por el territorio).

La forma en que el cerebro reptiliano influye en nosotros, hombres y mujeres, es un tema complejo, en el que intervienen muchos factores, desde los valores aprendidos de nuestros padres hasta nuestro propio grado de conciencia. Pero aquí voy a tratar sólo las tendencias biológicas básicas de ambos sexos. No voy a describir tópicos relacionados con el género de una persona, ni a minimizar cómo los roles del varón y la mujer han evolucionado actualmente en muchas culturas actuales. Al nivel más primitivo, a continuación menciono algunas tendencias biológicas que debemos tener en cuenta.

En los varones, el poder reptiliano consiste en la sensación de tomar el mando y en el subidón de testosterona que los hombres obtienen por ser cazadores-recolectores que utilizan sus músculos, que matan a los animales que luego se van a comer, que se reproducen y que protegen a su familia. Las investigaciones han documentado que todo esto tiene un efecto erótico gracias al aumento de testosterona. Permite a un varón sentirse poderoso para que quiera procrear: un buen incentivo para mejorar la supervivencia. Incluso en la actualidad, ¿acaso los criterios sociales convencionales relacionados con el éxito no conllevan tener un «buen trabajo», ascender en la jerarquía y ser quien sustenta la familia? Si quien tiene que proporcionar todo esto no es capaz de hacerlo, puede considerarse un fracasado.

Aunque este impulso motiva la ambición de una mujer en su puesto de trabajo, está estrechamente vinculado con la procreación. Induce a la mujer a encontrar el compañero más fuerte –que aporte protección y compañía– para tener descendencia con él. De ahí procede la –en ocasiones– alocada influencia del reloj biológico. (Por supuesto, siempre han existido mujeres guerreras, y las madres son fieras defensoras de sus hijos). El impulso reptiliano de una mujer puede también inducirla a reaccionar automáticamente a la posición de poder de un varón, se trate del jefe de una tribu o de un multimillonario, respondiendo ante de él de una forma sexual. La primitiva unión que hace el cerebro de una mujer entre el deseo erótico y un compañero de éxito explica en parte por qué, a lo largo de la historia, muchas mujeres se han sentido atraídas por hombres ricos y poderosos. Como psiquiatra y como mujer, te digo: no te conviene que ese instinto guíe tu vida romántica. ¿Por qué? Porque no tiene en cuenta el corazón amoroso y la sensibilidad del compañero, por lo que podrías acabar con un «exitoso» y narcisista maniático del control. Como verás en el capítulo 8, en el que hablamos sobre la sexualidad, hay desencadenantes de la atracción mucho más saludables a los que puedes entregarte.

¿Cómo te aporta poder esta información en nuestros días? La ventaja para ambos sexos es que tu cerebro reptiliano te induce a tener éxito en tu carrera profesional, a competir intensamente y a sostener y proteger a tu familia. Sin embargo, el inconveniente –y es enorme– es que no tiene en cuenta otros tipos de poder, ya que lo convierte todo en una cuestión de miedo y supervivencia. Aunque nuestros cerebros han desarrollado centros superiores de las emociones (lóbulo límbico) y del razonamiento (corteza cerebral), en lo referente al poder primigenio, el cerebro reptiliano normalmente nos mantiene bloqueados en una especie de trance.

Desde el paradigma reptiliano, a continuación citamos algunas creencias comunes que pueden limitarte si llegan a controlarte:

- El éxito siempre dependerá de ser más fuerte, más grande, mejor y más rico que otros.
- Ejercer control y conquistar se valoran más que la sensibilidad (los reptiles son de sangre fría y no tienen emociones; algunas serpientes abandonan a sus crías después de que éstas nacen).
- Con la mentalidad de un depredador en la selva, revelarás sólo la cantidad mínima de información necesaria, a fin de tener ventaja sobre los demás, y nunca mostrarás debilidades. Muchos abogados y *brokers* de Wall Street y Hollywood se caracterizan por ese tipo de comportamiento.
- Para sentirte atractivo, debes ser joven y alto, y tener unos abdominales bien marcados y el cabello denso, si eres hombre; o joven, con una cara simétrica y una figura llena de curvas, si eres mujer. Estos marcadores biológicos propios de un compañero deseable en términos reproductivos determinan, en consecuencia, lo que juzgamos como «atractivo» o «bello». (¡Sin embargo, los ángeles podrían definir nuestra belleza de un modo muy distinto!).

Piensa sobre ello: ¿es ésta la realidad que quieres que te dicte lo que piensas sobre el éxito? Yo no. Siento vergüenza de una perspectiva tan desalentadora. ¿Por qué? *Porque, en nuestro mundo, ese paradigma valora el amor al poder por encima del poder del amor.* Las relaciones, incluso con tu cónyuge, pueden reducirse a luchas de poder y manipulaciones. Henry Kissinger decía que «El poder es el afrodisíaco definitivo». El poder se convierte en la adicción embriagante a la que nos entregamos, más que a otros objetivos o cosas íntimas, aunque muchas personas no son lo bastante conscientes como para darse cuenta o admitirlo, ya que esa conducta es automática y a menudo consentida por los demás.

A continuación ofrecemos una imagen del cerebro que muestra la relación entre diversos lóbulos: reptiliano (tronco cerebral), límbico y corteza cerebral. Conforme alcances todo tu poder, te resultará útil visualizar la transformación geográfica que lograrás en tu cerebro.

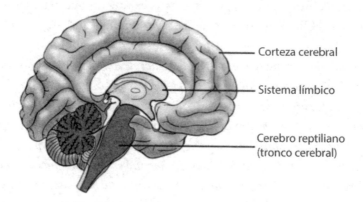

Corteza cerebral

Sistema límbico

Cerebro reptiliano
(tronco cerebral)

**Figura 1.** *Imagen del cerebro reptiliano,*
*el sistema límbico y la corteza cerebral.*

## Abandonar la adicción al poder:
### Utilizar tu cerebro reptiliano, junto a otras cosas

Saquemos el máximo provecho a las ventajas de nuestro cerebro reptiliano canalizando positivamente esas ventajas, y también llegando más lejos que ellas para reclamar un rango más completo de poderes. Nadie quiere ser controlado por un cerebro de la Edad de Piedra en un mundo moderno que nos solicita que seamos más comprensivos, para sobrevivir de un modo que nos permita mantenernos de verdad. Una vez que sepamos reconocer nuestros impulsos reptilianos, podremos elegir otras opciones. No tendremos que convertirnos en la persona tan limitada sobre la que canta el músico Leonard Cohen: «Debes abandonar todo lo que no puedas controlar. Comienza con tu familia, pero pronto envuelve a tu alma». Nuestros corazones son más grandes y generosos que nuestra programación genética o psicológica. Nuestros espíritus conocen un tipo distinto de poder, un poder superior. A eso es a lo que te voy a ayudar a entregarte.

Por supuesto, como psiquiatra, sé que cambiar nuestra perspectiva de esta manera puede ser como el hundimiento del Titanic. Sin embargo, la vida a veces te ayuda a abrir tu mente y a entregarte a nuevas formas de pensar. Escucha cómo Gerald Levin, antiguo director general de Time

Warner, encontró un nuevo paradigma del éxito y un nuevo poder según el cual vivir. ¿Qué le motivó a cambiar? Me contó:

*Mi trabajo siempre había consistido en aprovechar las influencias y nego-ciar. Debía vencer a alguien para poner fin a la competición. Tenía que mantener escondidas mis cartas. Sólo difundía lo que me resultaba útil para mí, no para los demás. Según el antiguo paradigma sobre el poder, si yo mostraba debilidades, dejaba de ser eficaz. Así que lo mejor era mos-trarme como algo parecido a un superhombre en las reuniones del cuadro directivo. Cuando me diagnosticaron de cáncer de próstata, la compañía me ordenó que no se lo dijera a nadie. Me sometí a una intervención uti-lizando un nombre falso. Los empleados creían que estaba de vacaciones. El temor consistía en que, como director general que yo era, si mostraba algún punto débil, la empresa sufriría el ataque por parte de algún rival. Es la mentalidad propia de un neandertal.*

*Me encontraba en lo más alto del escalafón cuando asesinaron a mi hijo, que trabajaba de profesor en el Bronx. La fusión entre AOL y Time Warner que yo había efectuado se encontraba en una situación difícil. Para superarla, reprimí mis sentimientos. No sabía quién era yo ni adón-de me dirigía. Después me enamoré de mi mujer, Laurie. Tenía un centro de sanación que se basaba en la colaboración y los valores espirituales, un paradigma totalmente distinto al de las grandes empresas. Un tiempo después, una vez retirado de mi trabajo en Time Warner, empecé a tra-bajar allí.*

¿Qué papel tuvo la entrega en su transformación? Me dijo:

*La entrega conllevó abandonar la ilusión de que yo, por mí mismo, con-trolaba mi entorno y mi destino. Tampoco podía hacerme cargo de la imposible tarea de tener respuesta para todo. Puesto que la muerte, la pér-dida y el cambio son inevitables, debía construir mi identidad en torno a algo más profundo y que fuera más permanente que las trampas del poder externo. Una vez que pude «entregarme» a la sensación de encontrarme conectado a una espiritualidad superior, utilicé mi experiencia para ayu-dar a otros en nuestra labor curativa. Ahora me encuentro de lleno en un viaje espiritual, en el que deseo disfrutar de todas las fases del camino.*

Gracias a la sinceridad de Gerald Levin, podemos aprender sobre el poder tal como se considera convencionalmente y del poder tal como debería ser. Las lecciones extraídas no sólo tienen que ver con las grandes empresas. Tienen relación con la dinámica psicológica entablada con tu jefe, tus empleados o tus compañeros, la cual puede influir en tu éxito. Aunque no cambies de trabajo, la forma en que te relacionas con la gente puede evolucionar. Al conocer las normas y los inconvenientes del poder tradicional, podrás tener éxito en cualquier tipo de sistema. Ya sea que trabajes en una cafetería o en el Pentágono, podrás utilizar los principios de la entrega para mejorar tu situación. A continuación ofrezco algunas estrategias que puedes poner en práctica.

## ENTREGARTE A NUEVOS TIPOS DE ENERGÍA

- *Practica la entrega intelectual.* La clave de esta entrega es conseguir que tu mente se sienta lo bastante segura para suavizar su resistencia a las nuevas ideas, aportando buenas razones para hacerlo. Ahora explico cómo. En primer lugar, asegúrale que todo va bien: «Estoy ampliando los fundamentos de mi poder, convirtiéndome en dueño de mi propio destino. No estoy rindiéndome a nada, ni ignorando mis instintos de supervivencia». A continuación, recuérdate lo que mejorará en tu vida contemplando el poder en términos más amplios. Por ejemplo, «Si no me obligo a tener todo bajo control, mis hormonas del estrés disminuirán, con lo que podré relajarme. Cuando esté menos tenso, tendré más energía y confianza en mí mismo. Viviré más y tendré mejores relaciones sexuales y de amistad». Estarás hablando a tu intelecto sobre la decisión de actualizar tu enfoque y abandonar las reacciones basadas en prejuicios. Entonces podrás experimentar con otras maneras de ser.

- *Abandona antiguas conductas y la modalidad de poder reptiliano.* La forma más rápida de librarte de los antiguos hábitos consiste en comportarte de otra manera. Elabora una lista con tres hábitos de los que te gustaría deshacerte. Por ejemplo:
  1. Grito a las personas que se ponen delante de mí cuando estoy haciendo cola.

2. Tengo que tener la razón o decir la última palabra para sentirme poderoso.
3. Temo compartir información con compañeros de trabajo porque si lo hago triunfarán a mi costa.

A continuación, sólo por una vez, haz lo contrario. Por ejemplo, si un chico se pone delante de ti en la cola del supermercado, es natural sentirse molesto, pero puedes decidir dirigirte hacia él desde un estado de ánimo más calmado. Sonríele (de verdad, no con ironía) y déjale pasar de buen talante, a él y a sus seis hijos. O reconoce a tu suegra que estás equivocado, y que ella, por supuesto, tiene la razón. O bien, a modo de gesto de camaradería, comparte información con un compañero de trabajo que sea serio (no al típico artista de los chanchullos que hay en toda oficina), simplemente por el hecho de ayudarle. Después, fíjate en las reacciones de otros. Cuando te niegues a implicarte en las habituales luchas de poder, puedo predecir que verás iluminarse muchas caras. La gente se sentirá más feliz a tu alrededor, te dará abrazos inesperados e incluso contestarán de igual forma a las cosas buenas que hagas. Te apreciarán más y confiarán más en ti. Cuando ayudas a otra persona, siempre te ayudas a ti mismo. Esto te permitirá sentirte muy bien, y también atraerá más éxito hacia ti. Si te gusta el resultado de este enfoque, sigue utilizándolo.

- *Abandona los estilos de comunicación no eficaces.* Las personas reptilianas se sienten orgullosas de ser quienes imponen las normas a lo que les rodea. El arte de comunicarse con ellas consiste en apoyar lo que hacen bien, y después expresarles con claridad tus propias necesidades. Por ejemplo, elogia a un jefe estilo «macho» por todo el tiempo y el esfuerzo que emplea en el trabajo, diciéndole: «Has conseguido cambios tremendos en nuestro departamento». Después espera el momento adecuado para hablarle sobre un proyecto que has ideado para aumentar los beneficios. Felicita a tu marido por su éxito en un negocio, y a continuación habla con él sobre pasar juntos más tiempo de calidad. Lo peor que puedes decir a alguien que funciona según el paradigma reptiliano es que te ha decepcionado o que sientes que tenga dificultades con algo. A sus ojos, estarás poniendo en duda su habilidad en el ámbito en que se mueve. Esas personas se sienten incómodas si tienen que admitir que hay lugar para las mejoras.

Naturalmente, a nadie le gusta que le critiquen, pero las personas que se mueven en esta modalidad se cerrarán sobre sí mismas, negarán o pasarán al ataque cuando sus egos guerreros se sientan desafiados. Por tanto, lo que les digas tendrás que recubrirlo de respeto a sus valores. No se trata simplemente de reforzar su ego, sino de valorar lo que es más importante para ellos.

Entregarte a nuevas formas de poder te permitirá aproximarte con más sensatez a la mentalidad reptiliana. Te estarás abriendo al corazón, lo que a su vez te permitirá empezar a sentir el alivio —e incluso el éxtasis— de la entrega. Soy consciente de que eso no tiene por qué ser el subidón superintenso de adrenalina, propio de la agresividad reptiliana de «Te lo devolveré», por el que viven algunas personas, sino que es una de las sensaciones más pacificadoras, exquisitas y fortalecedoras que conozco. Es esencial acostumbrarse a sentir ese bien, que, aunque parezca mentira, nos resulta difícil a muchos de nosotros. Entregarse, en este sentido, conlleva abandonar la adicción al subidón de adrenalina propio de los actos de poder y adoptar el placer conscientemente deseado de unas soluciones de un nivel superior. Nadie es perfecto. Limítate a dar lo mejor de ti mismo. Hacerlo constituye una evolución emocional.


## LA SEGUNDA IDEA:
## MÁS ALLÁ DEL MACHO ALFA Y DE LA ABEJA REINA:
## ENTRÉGATE A TU PODER ESPIRITUAL

*El amor lo conquista todo; entreguémonos al Amor.*

Virgilio


Los machos alfa y las abejas reina (hembras alfa) son quienes ostentan puestos de poder, a quienes otros siguen porque reconocen su autoridad. Disfrutan controlando, imponiendo normas y dirigiendo. Suele resultarles difícil darse cuenta de que entregarse a fuerzas superiores a la voluntad, como por ejemplo la espiritualidad, puede ser más poderoso que el puro esfuerzo.

Los seres humanos y otros animales se dejan guiar por la fuerza alfa. Las manadas de lobos y de perros tienen un macho y una hembra «alfas» que comen y se aparean en primer lugar; los chimpancés se inclinan cuando su «alfa» pasa al lado. Los alfas afirman su autoridad mediante el contacto visual, lo que se llama «la mirada fija». Nunca serán los primeros en evitar la mirada. Piensa en los enfrentamientos entre políticos, o en las negociaciones empresariales de alto rango, situaciones en las que mirar fijamente a los ojos es una forma de reafirmar la dominación. Las abejas también tienen su «alfa»: la abeja reina, la madre suprema de la colmena. Ejércitos de abejas obreras la cuidan y la protegen.

Ser un alfa puede mostrar lo mejor y lo peor de nosotros mismos. Un estudio de la Escuela de Negocios de Stanford descubrió que los alfas se arriesgan con audacia y son líderes. En su lado negativo, tienden a ser egocéntricos, a carecer de compasión y a creer que comprometerse es una prueba de debilidad. El estudio también mostró que el poder influye en el modo en que comen las personas. Cuando a los participantes se les ofreció un plato de galletas, quienes tenían puestos de poder cogían una galleta más, masticaban con la boca abierta y esparcían las migas: una imagen más bien poco atractiva.

Los alfas son expertos en hacer uso del «poder duro» (un término tomado del ámbito de la política internacional), y adoptan la postura propia del macho «haciéndose los duros» para tener éxito. El problema es que muchos alfas se hacen los duros, y también vigilan en otras ocasiones. En cambio, el «poder blando» utiliza la diplomacia, la colaboración, el compromiso y la intuición para ganarse el corazón de las personas. Los poderes blandos no son menos poderosos que los duros, sino que simplemente hay que saber cuándo utilizarlos y cómo complementar unos con otros.

¿Por qué nos convertimos en machos alfa o abejas reina? Influyen nuestro temperamento, nuestra educación y nuestra formación. A mí me educaron dos padres médicos, así que es natural en mí algo de poder alfa. Aunque soy principalmente tranquila y contemplativa, aprendí a emular su autoridad, que consiste en llevar el mando. Vi cómo mis padres sabían manejar situaciones de emergencia, tomar decisiones rápidas y salvar las vidas de personas. También heredé la perseverancia propia de un alfa, necesaria para pasar con éxito por la escuela de Medicina. Al crecer, tuve modelos femeninos alfa superfuertes; mi padre era más delicado. Nada podía detener a mi madre ni a su hermana, mi tía. De hecho, por petición de mamá, el epitafio escrito sobre su tumba dice: «Nunca digas "nunca", di "tal vez"». Por tanto, en lo que a mí respecta, ver mujeres fuertes como ésta, y mujeres cariñosas como ésta, moldeó mi perspectiva del poder para siempre.

Yo valoro en qué medida ser un alfa puede ayudarte a tener éxito. Pero es también esencial incluir «poder blando» para que en tu vida haya más amor, no guerra. Conocer tu biología te permite lograrlo.

## Utilizar las sustancias neuroquímicas del poder

La biología juega un papel significativo en el hecho de convertirse en un alfa. Tanto en los hombres como en las mujeres, determinadas sustancias neuroquímicas ayudan a ciertos tipos de poder. Sin embargo, tú puedes decidir a cuáles de ellas deseas entregarte. No se trata de un proceso pasivo, como muchos creen. A continuación explico algunos conceptos básicos sobre cómo te motivan algunas sustancias neuroquímicas. Saber esto te permite elegir qué tipo de poder buscas y qué tipo de persona quieres ser.

### Poder alfa, o «duro»

El «poder duro» lo sustenta un cóctel de potentes sustancias neuroquímicas que provocan un verdadero «subidón». Los alfas se sienten bien con ellas, y pueden hacerse adictos a esta sensación.

- *Adrenalina: la hormona de la «lucha o huida».* Los alfas desean tener el subidón de adrenalina que se origina con el reto que supone un combate, ya sea negociar un trato o vencer a adversarios. El objetivo es ser el tigre victorioso de la selva.
- *Testosterona: la hormona del sexo y del poder.* Los machos alfa se sienten bien gracias a su testosterona. Esta hormona está relacionada con un fuerte impulso sexual, con el gusto por cazar, con

correr riesgos, con el estatus y la competitividad, ya se trate de ganar en juegos, relaciones sentimentales, discusiones o la guerra. Cuando un empresario macho alfa que conozco construyó un edificio con forma de falo en Hollywood, su amigo, también un macho alfa, construyó otro en el lado opuesto de la calle. El éxito dispara la testosterona, mientras que el fracaso –lo cual incluye que pierda el equipo de fútbol de ese hombre– la disminuye. En términos biológicos, por eso los alfas son adictos al éxito. No obstante, es un proceso circular: la agresividad y la violencia elevan la testosterona, y a su vez la testosterona puede aumentar la tendencia a la agresividad y la violencia. Los varones con bajos niveles de testosterona (los niveles hormonales disminuyen con la edad, mientras que los de estrógeno aumentan) se sienten más motivados a cooperar que a competir. Los niveles de testosterona de las mujeres también aumentan durante una competición, pero el acto de ganar o perder no altera esos niveles. Es el juego en sí, no el resultado, lo que más importa a las mujeres.

- *Dopamina: la hormona del placer.* Los alfas ansían participar en actividades que estimulen la dopamina: deportes, competiciones, incluso ver películas de acción. La dopamina está relacionada con la adicción y con los centros cerebrales del placer. La cocaína, la nicotina, el sexo, la comida y el poder son tan adictivos porque elevan los niveles de dopamina.

## Poder blando

El «poder blando» lo aportan las sustancias neuroquímicas que te relajan y abren tu hermoso corazón. Puedes elevar sus niveles liberando la tensión mediante el ejercicio, la meditación o conectando con la espiritualidad y la comprensión. Estas sustancias permiten equilibrar el «poder duro» y lo convierten en más eficaz. De lo contrario, sólo nos esforzaríamos o maniobraríamos para poder controlar. Mi maestro de taoísmo dice: «Esfuérzate para relajarte, igual que lo haces para conseguir logros». Aunque el poder blando se siente como algo divino y puede ser adictivo de un modo saludable, los alfas deben acostumbrarse a utilizarlo en su propio beneficio, ya que no proporciona la misma sensación que el poder agresivo o «duro».

- *Endorfinas: las hormonas del bienestar.* Son nuestros analgésicos naturales, similares a las drogas opiáceas, que nos permiten sentirnos bien, incluso estar eufóricos, después del ejercicio físico (el «subidón del corredor»), o durante la meditación y otras actividades relajantes. Aunque a los alfas les encanta el pico de endorfinas que aportan los deportes de competición, no se sienten atraídos de forma tan instintiva por el poder de la meditación o por las actividades orientadas a la espiritualidad.
- *Oxitocina: la hormona del amor o del abrazo.* Las mujeres producen más oxitocina que los varones. Llega a su punto máximo durante el orgasmo, el acto de dar a luz y la lactancia, y estimula a las mujeres a establecer vínculos con sus amigos, lo cual genera el efecto de un cálido y aterciopelado «baño de amor». Esto genera la sensación del poder del amor, que procede de la conexión, algo que los hombres alfa valoran más conforme envejecen y cuando aprenden a equilibrar el poder duro y el blando.
- *Serotonina: la hormona de la felicidad.* Este regulador del estado de ánimo alivia la depresión y la ansiedad, y te permite tener más éxito y felicidad. Con poca serotonina, pierdes poder, te deprimes, te sientes cansado y estás menos motivado para triunfar. El estrés, la adicción al trabajo y el exceso de esfuerzo disminuyen la serotonina. El ejercicio, la meditación, la práctica de la espiritualidad, los alimentos ricos en proteínas y una actitud positiva aumentan la serotonina, lo mismo que hace el chocolate.

### El poder de la entrega espiritual: Salir de tu mente y penetrar en tu corazón

Aprecio la potencia del poder duro, con sus sustancias neuroquímicas energizantes, y mi objetivo es asumirlo yo misma de una forma equilibrada. Pero también sé valorar que, para tener éxito, debemos asimilar el poder blando, ya que es una parte esencial y maravillosa de lo que somos, desde las perspectivas neuroquímica y espiritual. Sólo se considera «blando» en un sentido convencional, porque acceder a él conlleva ser receptivo, estar relajado y dispuesto a dejarse guiar por fuerzas distintas al esfuerzo y el control. Aquí es donde entra en juego el concepto de entrega espiritual. Lo haces una y otra vez, no sólo una o dos veces. Gradualmente, puedes bajar más la guardia, confiar y dejarte llevar. La entrega espiritual es central en el nuevo paradigma del éxito porque garantiza que será un corazón amable lo que esté presente en todas tus ambiciones.

Espiritualmente, tal como la estoy definiendo, es la búsqueda de sentido que va más allá de la mente analítica y de lo que es simplemente material, para entregarte a una fuerza de comprensión superior. Nace del noble trabajo de apertura del corazón durante toda una vida, que nos pone en conexión con algo mayor que nosotros. Hacerlo influye en la forma en que interactuamos, en que amamos, en que perdonamos. La espiritualidad proyecta luz en la oscuridad a nuestras partes más negativas, y también a partes nuestras que no podemos ver. ¿Cómo puedes despertar tu espiritualidad? Tal como te mostraré, estableciendo conexión con lo trascendente, un poder superior tuyo, ya sea Dios, Diosa, ángeles, una inteligencia benefactora, la naturaleza, el amor o algo sin nombre. Compartiré diversas técnicas para ayudarte a conectar; entre ellas la meditación, la contemplación, la comunión con la naturaleza y la oración. El poeta Rumi escribió: «Entrega tu vida a aquel que ya posee tu respiración y tus momentos. Si no lo haces…, estarás ignorando estúpidamente tu dignidad y tu propósito». Ciertamente, puedes intentar hacerlo tú solo sin la ayuda del espíritu, pero, como yo he podido comprobar con mis pacientes, al final se convierte en algo agotador hacerlo por ti mismo. ¿Por qué? Porque estarás utilizando sólo el poder personal, que es insignificante en comparación.

A veces, a mis pacientes alfa les resulta difícil comprender que el poder espiritual es una fuente infinita de buenas ideas y de excelencia, en comparación con su limitada capacidad de controlar. Pero una vez que dan una oportunidad a la conexión con el poder espiritual, descubren sus ventajas en el mundo real. Si eres un alfa, espero que también lo hagas. Intenta abrirte. La estrechez de miras te impedirá experimentar la expansión de tu conciencia. Tu poder superior es más perceptivo que todo lo que lo pueda llegar a ser tu intelecto. Intenta acostumbrarte a esa idea.

Independientemente de la inteligencia y el talento que tengas, la espiritualidad sólo puede servir para mejorarte. No estoy hablando de la fantasía espiritual donde todo es dulzura y luz. En el nuevo paradigma del poder, la consultarás para tomar todas las decisiones, desde cerrar un trato de un millón de dólares hasta solucionar los conflictos con tus hijos. No es sólo una cosa adicional para hacer; es una alianza estratégica que te permite descubrir soluciones creativas y solidarias, especialmente cuando tus mejores esfuerzos no son útiles.

Como perspectiva permanente en relación con la vida, intenta entregarte a un poder superior que te ayude, aunque no lo entiendas o no creas en él por completo. Después espera, observa y respira. En este estado de dejarte llevar, tu energía acude adonde puede hacer el mayor bien, un secreto para conseguir poder sin hacer esfuerzo. Si puedes dejar de esforzarte lo suficiente como para escuchar, el espíritu te mostrará un flujo con el que podrás viajar.

La mejor manera que conozco para experimentar (no sólo pensar) la espiritualidad consiste en asimilar el hábito de entregarte cada vez más al amor incondicional que hay en tu corazón. Esto funciona de maravilla con tus creencias espirituales, sean tradicionalmente religiosas o no. Llegarás a ese estado si antes tranquilizas tu interior, un acto enormemente espiritual que tendrás que seguir desarrollando. Sonrío cuando uno de mis pacientes alfa superemprendedores, que ha llegado a valorar esto, dice sobre sí mismo: «Yo sólo soy un tipo que intenta entender cómo calmar y acallar su mente». Es cierto, tiene sus valores en orden. La calma es la puerta de entrada al corazón y al cielo. ¿Qué es el corazón? En términos cotidianos, podemos verlo en el modo adorable en que tu cachorro te mira, o en la inocencia de los niños. El corazón es comprensión que va más allá del miedo o que hace que te sientas seguro, y que te permite ser auténtico cuando estás con otras personas: es amor a lo grande, no amor mezquino ni amor con ataduras. Nelson Mandela, Gandhi y el Dalái Lama son modelos para el corazón de los que podemos aprender. Estoy de acuerdo con el maestro budista Stephen Levine, cuando dice que el objetivo de la práctica espiritual es «mantener tu corazón abierto en el infierno».

¿Por qué digo que el corazón es un poder? Porque una vez que se convierte en tu objetivo, siempre tendrás éxito del modo más importante garantizando que tus prioridades queden intactas. ¿Puedes conseguir un éxito externo sin ayuda del corazón? Probablemente. ¿Podrás ser realmente grande o feliz? No. Partir del corazón no te convierte en un sentimental, un ingenuo o una persona débil. Por el contrario, cuando se une al sentido común, al instinto visceral y al poder duro, te permite ser lo suficientemente fuerte para ser humilde y lo bastante seguro para sostener tus éxitos sobre las prioridades correctas.

Para mí, el corazón es la cualidad más atractiva de cualquier persona. Tomemos el ejemplo de Fifi, que dirige el servicio de limpieza en seco de mi centro médico. Su corazón es tan grande que consigue que todo lo que hay en torno a ella sea hermoso. Su diminuta oficina, situada en el *parking*, es un refugio para recepcionistas, asistentes de aparcamiento, guardas de seguridad y yo misma. Siempre hay mucha gente allí dentro, riendo, hablando, compartiendo. Fifi es amable y alegre, y tiene un cálido resplandor en torno a ella del que podemos disfrutar los demás. Antes de ver a mis pacientes suelo detenerme para visitarla y sentir el amor, una oportunidad que agradezco.

Recientemente, me preguntaron en una entrevista para una revista de salud sin qué práctica no puedo vivir. Se trata de la meditación con el corazón —de tres minutos— que estoy a punto de describir. Practico esta meditación varias veces al día, y la recomiendo a mis pacientes, sean alfas o no, y en todos mis libros. Si me estoy esforzando demasiado, me ayuda a dejarme llevar. Si me siento frustrada o agobiada, me ayuda a centrarme. Si estoy confusa, me aporta claridad. Cuando trasciendas tu mente y te dejes llevar por el alcance ilimitado del espíritu, la respuesta te estará esperando. Para entrar en contacto con tu corazón, utiliza la siguiente meditación.

## ENTRÉGATE AL ESPÍRITU CON ESTA MEDITACIÓN PARA EL CORAZÓN DE TRES MINUTOS DE DURACIÓN

Identifica una situación en la que el control no funcione. Tómate un descanso del acto de intentar que ocurra. Por el contrario, pasa sólo tres minutos meditando sobre el corazón y entregándote a un poder mayor que tu voluntad. Esta meditación está pensada para ser una entrega rápida; puedes meditar durante más tiempo en otra ocasión. Hacer esto una vez, o a lo largo del día, permite sentirse bien, incluso entrar en éxtasis. Deja que el bienestar entre en ti.

*Relájate en un lugar tranquilo.* Deja de revisar tus mensajes. Encuentra un lugar en el que no te puedan interrumpir. Cierra con llave la puerta de tu oficina, entra en tu dormitorio o da un paseo. Después siéntate, erguido, en una posición cómoda. Mantén la espalda recta, una señal a ti mismo para mantenerte despierto. Cierra los ojos, una forma de estar más cerca de lo que es sagrado en ti mismo. Permanece en calma. Si irrumpe algún pensamiento, déjalo pasar como nubes por el cielo. Haz varias respiraciones largas y profundas para aliviar la tensión de tu cuerpo y relaja la mandíbula. Cuando surjan pensamientos, vuelve a atender al ritmo de tu respiración.

*Concéntrate en tu corazón.* A continuación, coloca la palma de la mano sobre tu corazón, en el centro del pecho, el centro energético de la compasión, lo que se llama «el pequeño sol». Observa lo que sientes. Relájate en las sensaciones. No te reprimas. Visualiza lo que experimentes. Puede ser calor, claridad, comodidad, sentir cómo cede la tensión, alegría, éxtasis. No preguntes ni analices. Deja que ocurra.

*Entrega los problemas al espíritu.* Mientras te concentras en el corazón, pide ayuda internamente a tu poder superior. Puedes ser muy específico. Por ejemplo, «Por favor, alivia nuestros problemas económicos para que no perdamos nuestra casa», o «Por favor, ayúdame a encontrar una carrera profesional más inspiradora». Resulta poderoso admitir que no lo sabes todo, que eres lo suficientemente humilde para pedir ayuda. No intentes averiguar. Intenta liberarte de cualquier fijación a un resultado. Simplemente di: «Que se haga tu voluntad, no la mía». Una paciente levanta sus brazos por encima de su cabeza y dice: «Aquí está el problema. ¡Hazte cargo!». Mi maestro de taoísmo nos pide que digamos: «Estoy aceptando, complemente entregado, el libre fluir». No hay nada más que hacer. Simplemente dejarse llevar. Visualiza lo que sucede.

Después de practicar esta meditación, permanece atento a nuevas ideas o a cambios en tus circunstancias externas. Utilizar el corazón invita a que entre el tipo adecuado de poder. Como dijo el escritor Goethe: «Sé valiente, y poderosas fuerzas vendrán en tu ayuda». Los alfas aprecian las fuerzas poderosas, y éste es otro procedimiento para encontrarlas. En mi práctica médica, sirvo como una enviada del corazón, dejándome llevar y confiando en él cada vez más, e insto a mis pacientes a que hagan lo mismo en sus vidas. Esto no es ningún tipo de pensamiento mágico; consiste en decir: «Yo solo no puedo solucionar este problema». Abandonar el deseo de controlar reduce las hormonas del estrés y mejora las endorfinas, y además permite que penetre la inocencia del espíritu. Mis pacientes han compartido conmigo los siguientes pensamientos. Una contaba: «Intenté quedarme embarazada durante tres años, pero unos meses después de abandonar las preocupaciones y la tensión, ocurrió». Otro se dio cuenta: «Tuve que dejar de convertir una relación sentimental en algo que no servía para que surgiese una mejor versión de mí mismo». Otra dejó de intentar convencer a su amiga y compañera alcohólica para que permaneciese sobria. Con todo lo duro que llegó a ser eso, dejó que tocara fondo; después, la misma afectada pidió tratamiento, y allí estaba su amiga para ayudarla. Esta meditación funciona porque relajas tu presión relacionada con «hacer que ocurran cosas» para aportar más oxígeno. Pero no es así de sencillo. El misterio del corazón tiene sus propios caminos para intervenir, si puedes abrirte a su claridad y dirección.

A lo largo del tiempo de una vida, hay innumerables entregas al corazón y al espíritu. Poco a poco, van siendo más fáciles y profundas. La meditación que he compartido puede parecer engañosamente simple, pero en realidad estás cambiando de mundo. Si es necesario, planifica momentos habituales para respirar y conectarte. Intenta que no se entrometan los asuntos de la vida cotidiana. Esta meditación no envejece, ni tampoco puedes llegar a dominarla por completo: el poder de tu corazón siempre se seguirá expandiendo. Como escribió Rilke en *Cartas a un joven poeta:* «Entra en tu interior y contempla la profundidad del lugar del que fluye tu vida».

## LA TERCERA IDEA:
## UTILIZA EL PODER DE LA LUZ,
## NO EL PODER DE LA OSCURIDAD

*Tú vas a tener que servir a alguien.*

Bob Dylan

El poder, en su forma más básica, es energía indiferenciada. Cómo lo utilices depende de ti. Hay poderes luminosos y poderes oscuros. Yo quiero ayudarte a elegir la dirección hacia la que entregarte, para que, sin darte cuenta, no sirvas a fuerzas o personas que en último término no te servirán a ti. ¿Cuál es la diferencia entre estos poderes? Los poderes luminosos están guiados por el corazón. Entre ellos se encuentran la compasión, la colaboración, la esperanza, la integridad, la humildad y el hecho de preocuparse por un bien superior. Los poderes oscuros están guiados por el miedo y son increíblemente irresistibles si eres propenso a ellos. Entre ellos se encuentran la manipulación, la codicia, el egoísmo, la venganza y tácticas despiadadas para conseguir lo que quieres.

*Todos tenemos un lado oscuro.* No sólo ellos. Eres tú. Soy yo. Somos nosotros. Al ser humanos, todos somos capaces de tener bondad y de tener crueldad, y esto es cierto independientemente de que hablemos de la madre Teresa o de un asesino en serie. La energía oscura es real y adictiva, y debe ser respetada. Yo he sentido su tentadora llamada en ciertos momentos eróticos y en algunas situaciones de poder. Lo más peligroso es que puede resultar tan atractiva que puede dejarte helado y hacerte olvidar tus verdaderas prioridades. (Recuerda, en *El señor de los anillos,* cuando el inocente hobbit Frodo fue seducido por el anillo oscuro de poder). Pierdes la conciencia, harías lo que fuera para mantener esa sensación y estás perdido, a no ser que tú mismo escapes de sus garras antes de que te consuma por completo. No es broma: se trata de algo muy poderoso, no de una simple y vaga especulación al estilo New Age. No obstante, para asegurarnos de que no nos rendiremos a la oscuridad y que no nos convertiremos en el tipo de persona que odiamos, debemos controlar a nuestro lado oscuro, para que no nos dirija sin que seamos conscientes de ello. Debemos identificar, y con valentía y convicción decir «no» una y otra vez a los desagradables, pero seductores, aspectos de nosotros mismos o de la conducta de otros. Esto significa que tal vez debamos rechazar algunas relaciones y oportunidades «irresistibles», aunque resulte frustrante, para que podamos tener éxito sin renunciar a nuestras almas.

El antiguo paradigma de poder respalda las acciones necesarias para ganar. Muchas personas que se mueven en este paradigma funcionan regidas por la ética de la oscuridad, aunque ellas no lo vean de esta forma. Creen que ciertas conductas son aceptables porque, como dice un hábil y «exitoso» abogado que yo conozco, «Así es cómo funciona el "mundo real"». Sin embargo, en el nuevo paradigma de poder, en resumidas cuentas, estarás del lado de la luz o te estarás apartando de ella. Todas las acciones importan, aunque algunas violaciones de las normas sean de mayor rango que otras. No se trata de que no cometamos errores, de que no podamos hacer nada mal ni de que no sea posible olvidar, sino que debemos tomar el control sobre nosotros mismos y tomar el camino de la luz, aunque el mundo entero parezca estar sumido en la oscuridad.

Tal vez tengas miedo de recuperar tu poder porque lo asocias con tu lado oscuro, una dinámica que suele ser inconsciente. Por ejemplo, puedes tener miedo de abusar de tu poder en el trabajo o en las relaciones, porque así hiciste en el pasado o porque viste que tus padres lo hacían. O bien, temiendo el rechazo, te muestras reacio a pedir lo que quieres o a presentar tus ideas con valentía. En ocasiones, la gente intenta reprimir su lado oscuro siendo extremadamente agradable, demasiado «espiritual» o edulcorada. Esto nunca funciona, y es sólo un soporte para que al final toda su oscuridad estalle en forma de depresión, odio o violencia. En algunos de mis pacientes y en mí misma, este miedo se basa en sentirnos inseguros para expresar poder. Lo he visto en sanadores y maestros que tienen miedo de revelar públicamente su talento. Algunos llegan a experimentar miedo escénico. Cuando empecé a hablar en público sobre la intuición, entré en contacto con un temor a recibir daño físico. Intelectualmente sabía que era algo irracional, pero el sentimiento surgió de un lugar distinto. Igual que otros sanadores que conozco, he experimentado un recuerdo colectivo, sentido visceralmente, relacionado con períodos como el de la caza de brujas de Salem, cuando las «visionarias» fueron perseguidas o quemadas en la hoguera. Pero me he dado cuenta de que actualmente resulta seguro alzar la voz. Mis pacientes también han experimentado alivio con esta idea.

### Conócete a ti mismo: No te entregues a tu lado oscuro

Me gustaría que examinases honestamente tu relación con el poder y con cómo utilizarlo del mejor modo en tu vida. Sé amable contigo mismo. Toma el control sobre tu lado oscuro, para no dejarle actuar ni permitirle que atraiga a personas que lo harán por ti. Si engañas, atraerás la decepción. Si eres sincero, atraerás la honestidad que hay en los demás. Por supuesto, todos nos dejamos atrapar por el ego, las inseguridades, la ambición y el exceso de control. No hay que sentir vergüenza alguna por esto, pero no debemos quedarnos bloqueados en ese punto. En primer lugar, revisa la lista que ofrezco a continuación para identificar tus motivaciones, aunque sean difíciles de admitir. Después podrás empezar a abandonar las que ya no sean adecuadas para ti.

#### ¿POR QUÉ QUIERO PODER Y ÉXITO?

**POR EL LADO LUMINOSO**
Para sentirme orgulloso de mí mismo y de mis logros.
Para ganar confianza y experiencia en mi trabajo o mis relaciones.
Para ganar reconocimiento y respeto.
Para poder mantenerme a mí mismo y a mi familia.
Para ser emocionalmente fuerte para mí mismo y para apoyar a otros.
Para influir positivamente en otras personas y en el mundo.

**POR EL LADO OSCURO**
Para sentirme superior a los demás.
Para inflar mi ego y presumir de lo que hago.
Para manipular y controlar a otros, de forma que hagan lo que yo quiero.
Para ser rico, famoso o progresar, sin importar lo que esto conlleve.
Para hacer que los demás me digan «sí».
Para vengarme de los demás, si se lo «merecen».

Valora qué actitudes suelen guiar tu vida y cultiva las positivas. Tal vez tengas relación con algunas del lado luminoso y con algunas del lado oscuro, o tal vez las alternes dependiendo de en qué grado desees conseguir algo. Los fuertes deseos pueden convertirte en propenso a caer en el lado oscuro. Eso es natural. Pero al identificar tu lado oscuro, podrás después investigar y abandonar las inseguridades o puntos débiles que te atan a él. Por ejemplo, un paciente descubrió honestamente que necesitaba actuar ante otras personas como si fuese superior, porque se sentía mal consigo mismo. Otro afirmó haber descubierto que su padre le castigaba cuando se lo «merecía», y que por esa razón hacía eso mismo a sus empleados cuando cometían errores. Un hombre de negocios admitió que su madre había sido tan manipuladora que no podía soportar que nadie más le volviese a controlar; y por eso se volvió controlador. Las tiernas confesiones de mis pacientes fueron sus primeros pasos hacia el conocimiento y hacia un trato distinto con el poder. De igual modo, tú debes examinar lo que motiva tu lado oscuro, de forma que puedas curar tus heridas. Siempre hay alguna herida abierta detrás de una motivación oscura.

Las personas felices y seguras de sí mismas no desean tener poder y control para compensar sus inseguridades. Poco a poco, tu objetivo será que lo más importante de tu vida tienda hacia la luz y detectar rápidamente las motivaciones oscuras, para que no lleguen a controlarte.

### Traicionar los valores de tu poder: El precio que hay que pagar para ganar

La oscuridad es el mayor engaño y puede ser traicioneramente convincente. Sabe cómo atraer ofreciendo lo que más anhelas –por ejemplo, riquezas, sexo, belleza o fama–, y después muestra formas de justificar el hecho de haberte comprometido para conseguirlo. Abraham Lincoln dijo: «Si quieres poner a prueba el carácter de un hombre, ofrécele poder». Pero algunas decisiones no son tan evidentes: casarse por dinero y no por amor, olvidar a los antiguos amigos cuando se logra el éxito o contratar a un oscuro compañero para que juegue a hacer de «policía malo» y que te ayude a que tu carrera progrese. Si alguna vez afrontas estos tipos de compromiso, te insto a que reconsideres el precio que tendrás que pagar y a que te alejes de la tentación. *No es oro todo lo que reluce, por supuesto.*

Una oferta fáustica es el clásico pacto con el diablo. En la obra maestra de Goethe, *Fausto*, un médico y erudito que se siente insatisfecho vende su alma por conocimiento, poder, carisma sexual y placeres mundanales ilimitados, una arquetípica lucha humana que merece la pena examinar en nosotros mismos. Ayudado por el demonio Mefistófeles, seduce a una inocente chica que prácticamente queda destruida por los engaños y los deseos del seductor. Por supuesto, como pago, Fausto deberá soportar la condenación del infierno eterno, donde el diablo se deleitará con su tormento.

Aunque muchos de nosotros no hagamos voluntariamente un pacto de esta clase, ni nos propongamos embaucar, he visto a personas inteligentes –y «agradables» en todos los demás aspectos– engañarse a sí mismas. También es posible vender tu alma inconscientemente. Dice Buda: «El sufrimiento nace tanto de la ignorancia como de la negación». Un paciente se jactaba: «Sé cómo manejar mis conquistas amorosas para que mi esposa nunca las descubra». Otro paciente, un jugador de fútbol americano, en posición de pasador, se había convencido a sí mismo: «No hay problema en inyectarse esteroides para competir». Asimismo, hay personas que diferencian entre distintos ámbitos; por ejemplo, racionalizan: «Soy una persona moral, aunque vaya a muerte contra un competidor. Es normal el hecho de jugar duro». Este razonamiento les permite sentirse bien consigo mismos porque, en su negación, saben aparentar: «Hago donaciones a organizaciones caritativas y amo a mis hijos y a mi perro». Pero este tipo de razonamientos me da escalofríos. No se dan cuenta de la tremenda incoherencia que consiste en que sí importa cómo actúan en todos los ámbitos existentes.

En un momento de mi vida en que me vi envuelta en problemas económicos, tuve un sueño que me advirtió de una oferta fáustica en la que podía entrar, al atender a demasiados pacientes y quedar agotada. En el sueño, vendía mi querido colgante de Quan Yin por un precio elevado (Quan Yin es la diosa de la compasión en el taoísmo). Me di cuenta rápidamente de que había cometido un tremendo error vendiendo algo que para mí no tenía precio. Me sentí vencida por el temor y el remordimiento. Así que encontré inmediatamente al comprador y le devolví su dinero, y él me devolvió mi Quan Yin. ¡Menuda sensación de alivio! Cuando desperté, me pregunté: «¿Por qué me estoy vendiendo a mí misma?». Me di cuenta de que mi fatiga, por encontrarme agobiada, me estaba haciendo perder la alegría de atender a mis pacientes, así como mi comprensión. Sin saberlo, el temor a los problemas económicos estaba acabando con lo mejor de mí. En realidad, yo tenía dinero suficiente para pasar ese período tan estresante sin tener que poner en venta el amor a mi trabajo ni la calidad de mi atención a los pacientes. Permanecer cercana a mi esencia —haciendo caso a mi intuición gracias a mis sueños y a mis sensaciones internas— me impide traicionar lo que es más importante para mí. Gracias al sueño, conocí mejor mis miedos y volví a una agenda con la que me sintiera cómoda.

Todos tenemos distintas sensibilidades ante la seducción. Piensa en las tuyas. ¿Se encuentra en el ámbito del dinero? ¿El sexo? ¿El reconocimiento? ¿Las relaciones? ¿La juventud? ¿La belleza? Gerald Levin me dijo: «En mi trabajo, la gente me decía "sí" todo el tiempo. Podía utilizar un avión privado para ir a cualquier lugar del mundo. Erróneamente, empiezas a creer que eres imprescindible».

En el mundo real, podemos recibir todo tipo de ofertas fáusticas, pero tus alternativas son obvias: puedes entregarte a la luz o a la oscuridad. Lo que elijas influirá en ti de modo distinto. Es un disparate creer que siempre puedes salir bien parado gracias a tus recursos. Puesto que la oscuridad es tan propensa a tentarnos con la fama, la fortuna y el *glamour,* entiendo lo atrayente que puede parecer su poder en comparación con hacer lo correcto. Pero la oscuridad nunca podrá aportar la satisfacción necesaria porque siempre querrás más. Puede acabar contigo, y de hecho lo hará. Cada paso que des en el camino hacia la oscuridad —voluntaria o involuntariamente— oscurecerá tu corazón, y conforme pase el tiempo te irá ganando el vaciedad y tu luz irá menguando. Créeme: tú no quieres eso. Es una consecuencia más dura que renunciar a cualquier tipo de meta, independientemente de la intensidad con que la desees.

Escucha lo que he visto que sucede a los pacientes cuyas decisiones se han vuelto en su contra de este modo. A un nivel intuitivo, puedo sentir un inquietante vacío, una especie de plástico rígido que los aísla de su fuerza vital. Parece como si se estuvieran apagando lentamente. He visto a este tipo de personas envejecer de la forma más triste: sin luz, perdidos, con una risa extraña y demasiado efusiva, carente de alegría. Tal vez digan que son felices porque no conocen nada distinto. Pero después de abandonar sus puestos de poder, se preguntan por qué quienes se decían sus amigos han dejado de llamarlos, o por qué sus matrimonios parecen no tener pasión (aunque no hayan invertido nada de tiempo en ellos). Un amigo, terapeuta sexual, me cuenta que cierta cantidad de sus pacientes varones que dirigen grandes compañías desean ser dominados por una mujer. Sólo convirtiéndose en sumisos es como sienten estimulación sexual. En mi propia práctica médica, he tenido frente a mí a hombres y mujeres que han logrado el éxito exterior, pero que tenían ataques de pánico, dolores misteriosos, impotencia, pérdida de la libido o la sensación de que «nada importa», como si prefiriesen morir antes que mostrar al mundo esa faceta suya. Algunos fueron altruistas en alguna ocasión, pero sacrificaron su integridad por la fama y la fortuna, una situación que suele darse si no tienes claras tu ideas sobre el poder.

Incluso así, en psicoterapia puedo guiar a esos pacientes para que tomen nuevas decisiones, y ayudarles a entregarse a fuentes de poder que merecen de verdad la pena, como por ejemplo practicar la bondad incondicional y aprender el valor del corazón en ellos mismos y en el mundo, unos cambios que tú también puedes hacer. Esto, junto con la meditación y el hecho de profundizar en su espiritualidad, revierte parte del daño y les permite disfrutar el éxito que conlleva ser buenos seres humanos. No obstante, en tu propia vida, si la oscuridad te tienta, no le permitas que llegue tan lejos. Aunque adoptar el fundamento superior puede parecer la decisión más difícil, es tu única esperanza para conseguir la felicidad y la libertad.

### Mantén tu poder, abandona tu baja autoestima: Tres manipuladores muy comunes y las oscuras técnicas que utilizan

Para conservar tu poder, debes permanecer concentrado y con confianza en ti mismo. Puedes hacerlo utilizando algunas técnicas clásicas para detectar los aspectos oscuros que explico más adelante. Se trate de un compañero de trabajo o de un familiar, su objetivo es quedar por encima mientras tú te sientes avergonzado. Algunas personas lo hacen conscientemente, otras inconscientemente. Esta táctica para confundirte funciona sólo si no la conoces o si tienes la autoestima baja. Intentan hacer que pierdas el equilibrio, lo cual les permite hacerse con el control. En realidad, el simple hecho de decir «Me siento confuso por tu comentario» te coloca en una posición más débil, defensiva.

A lo largo de los siglos, en todo el mundo, desde cortesanos hasta políticos, se ha empleado con éxito este tipo de técnicas. Los deportistas las conocen. Cuando un jugador de fútbol americano está a punto de patear un gol de campo, el entrenador del equipo rival solicita a propósito un tiempo muerto para hacerle perder la concentración. Por tanto, permanece alerta y no perderás tu fuerza.

En el ejercicio que ofrezco a continuación, identificarás a tres manipuladores y aprenderás estrategias para contrarrestar sus juegos psicológicos. Esta entrega se concentra en fortalecer tu autoestima. Debes olvidar la idea de que *cualquiera* puede robar tu poder y saber que podrás resistir a todo aquel que lo intente. Debes proteger tu lado luminoso mediante procedimientos prácticos y reconocer a qué tipos de persona no debes entregarte nunca.

*Manipulador n.º 1: El adulador: Te dice lo que quieres oír y juega con tus fantasías*

Los aduladores y seductores te dicen que eres bello, inteligente o talentoso, escuchan todo lo que dices y después te atraen para controlarte. Los aduladores disfrutan teniendo poder sobre ti y haciendo que dependas de ellos. Les encanta que los consideres caballeros de brillante armadura, pero no hay final feliz. Igual que los encantadores de serpientes hipnotizan a la cobra tocando una bella canción con su flauta, los aduladores te dicen lo que quieres oír, pero no te dan lo que necesitas. Juegan con los puntos débiles y con la vanidad de la gente. Un encantador productor de televisión me dijo en una ocasión: «Me siento entusiasmado con tu proyecto. Cuidaré bien de él y de ti». Había pronunciado las palabras perfectas, y parecían sinceras y agradables, así que firmé un contrato con él. Pero conforme fue pasando el tiempo, la conducta de ese hombre no se correspondía con sus palabras. Decía una cosa y después hacía otra, y en muy pocas ocasiones me dio una respuesta directa ni informes de los progresos. Al final, puse fin a nuestra relación y me dediqué a otra cosa. Por supuesto, es maravilloso que te valoren, pero este tipo de cumplidos vacíos son sólo palabras, no un apoyo en el que puedas confiar.

*Abandona tu baja autoestima.* Sé consciente de tu necesidad de ser adulado y reconocido. Comienza a abandonar esta necesidad concentrándote en los actos de las personas, no en sus palabras.

*Cómo recuperar tu poder.* Sé consciente de que no toda la atención es positiva. Identifica las áreas en las que puedes ser vulnerable a la adulación o a la necesidad de ser comprendido. ¿Es en las relaciones sentimentales? ¿En el trabajo? ¿En la creatividad? ¿En la apariencia física? Después mantente atento. Si los cumplidos de alguien se ven respaldados por sus actos, estupendo. Si no es así, pon el tema sobre la mesa para que tenga la oportunidad de corregirse. Sin embargo, si esa persona no cambia, considera la posibilidad de romper esa relación, o al menos rebaja tus expectativas.

*Manipulador n.º 2: El reforzador intermitente: Te presta atención esporádicamente para mantenerte seducido*

Es una forma muy astuta de atraerte para que establezcas una relación. En este caso, alguien te ofrece amor o atención de forma temporal, y después deja de hacerlo. Las máquinas tragaperras utilizan esta táctica de soltar dinero de vez en cuando para mantener a los jugadores pegados a la máquina. Nunca sabes cuándo vas a ganar, pero crees que habrá un momento en que llegará la recompensa. No hay nada como lanzarte un anzuelo que consista en un afecto de gran calidad o unas relaciones sexuales que te dejen con la boca abierta para mantenerte seducido. Se muestran cercanos un día y lejanos el siguiente, dejándote con ganas de querer más. Son conscientes de que si sabes lo que puedes esperar de ellos, su hechizo sobre ti se romperá. Las personas que abusan de otras usan esta técnica, y alternan placer, dolor y ausencias calculadas para mantenerte enganchado a ellas. Si fuesen mezquinos constantemente, sería mucho más fácil librarte de ellos.

*Abandona tu baja autoestima.* No te des por satisfecho con unas migajas, atención o amor esporádicos. Comprueba si esa persona es capaz de darte más cuando le pongas el tema sobre la mesa. Aunque estos manipuladores a veces te dirán exactamente lo que quieres oír, raramente llegarán a una conclusión satisfactoria para ti. Si no pueden apoyar sus palabras con actos fiables, di «no» a este tipo de conducta.

*Cómo recuperar tu poder.* Deja bien claro que este tipo de trato es inaceptable. Pon en claro tus necesidades de modo amable, pero firme, y a continuación ofrece soluciones. Por ejemplo, con un cónyuge: «Me sentiré más seguro en nuestra relación, si tú te muestras atento con mayor constancia. Programemos una salida nocturna para cada sábado». O con un comprador que parece interesado en tu producto, pero que no se compromete del todo: «Cerremos un acuerdo económico que nos sea útil». Hacer sugerencias concretas para modificar este patrón de refuerzo intermitente puede servir para cambiar la dinámica de una relación. Si no funciona, tendrás que aceptar estas limitaciones o romper con esa relación.

*Manipulador n.° 3: El jugador habilidoso: Utiliza la tentación para controlar*

Estos manipuladores son parecidos a los reforzadores intermitentes, pero se especializan en que dependas de ellos colocando algún tipo específico de zanahoria delante de ti, algo que tú quieres y que ellos tienen. Esto va más allá que prestarte simplemente una atención esporádica. Para poder controlarte, generan expectativas, te envían señales mixtas jugando fuerte o desapareciendo indefinidamente, y no ofrecen ningún tipo de refuerzo en absoluto. Por ejemplo, tienes una fantástica reunión programada con un posible cliente, y después no le localizas. O bien, un hombre interesante con el que estás saliendo te dice que quiere tener una relación más íntima, pero sigue cancelando vuestros planes y no puedes volver a quedar con él durante varias semanas. Prácticamente todos los adolescentes saben qué se siente cuando te dejas enredar en un misterio que agota tus fuerzas: «¿Por qué no me envía un mensaje o me llama? Pensaba que habíamos conectado bien. ¿Hice algo mal?». Quienes obran así se sienten poderosos mientras tú simplemente estás confuso, intentando adivinar sus intenciones reales.

*Abandona tu baja autoestima.* No mantengas relación con personas que desaparecen después de haber conectado contigo. Especialmente si tuviste padres que te ignoraron emocionalmente, ten cuidado de no repetir el patrón de perseguir a alguna persona para ganarte su amor.

*Cómo recuperar tu poder.* Sé consciente del deseo de amor o éxito que esta manipulación desencadena en ti, pero tómate un respiro y mantente centrado. Dite a ti mismo: «Soy una persona maravillosa. Me merezco estar rodeado de personas que me respeten y me aprecien, no gente que juegue conmigo». Una vez —o tal vez dos— puedes hacer saber a estas personas tu interés en ellas, pero no busques a quien no te corresponda.

Al ser consciente de estas técnicas oscuras, no te sentirás frustrado cuando encuentres un lobo con piel de cordero. El conocimiento es poder. Impide que tu inocencia y buena voluntad reciban un varapalo. Un paciente me dijo hace poco: «Siempre espero lo mejor de la gente». Eso es admirable, pero también debes detectar ese tipo de manipulaciones e invertir tu tiempo y tu energía en algo más productivo.

LA CUARTA IDEA:
APRENDE CUÁNDO DEBES PONER EN PRÁCTICA EL
PODER Y CUÁNDO LA IMPOTENCIA

Es todo un arte el proceso de aprender cuándo hay que esforzarse y cuándo hay que dejarse llevar.

A veces tienes poder para hacer que sucedan cosas. A veces no. Ninguna cantidad de nuevas ideas, intentos por convencer o adulación harán nada por tu causa; forzar las cosas sólo aumentará la inercia y las molestias. En estos casos, el nuevo paradigma de poder ofrece un enfoque más sabio que limitarse a aplicar estrategias agresivas para acabar con un punto de estancamiento. Conlleva reconocer que en ese momento no tienes poder para resolver lógicamente un problema o avanzar hacia un objetivo, y a continuación sintonizar con tu intuición para lograr inspirarte. Esto, junto con la meditación interior, te volverá a poner en el buen camino. *La impotencia no es sinónimo de fracaso.* Implica buscar el éxito haciendo caso a tu sabiduría interior, a fin de decidir cuál será tu siguiente paso.

La intuición te dice la verdad sobre una situación, no sólo lo que deseas escuchar. Llega mediante transmisiones rápidas, a diferencia del laborioso razonamiento del análisis. Hay voces superiores que te llaman. Debes estar preparado para recibir sus mensajes escuchando verdades internas más calmadas. Tú tienes una desbordante inteligencia interior a la que no puedes acceder a menos que permanezcas tranquilo. Te permite superar el sufrimiento y encontrar respuestas que sólo tienen sentido para tu espíritu. En algunas ocasiones, especialmente cuando estás bloqueado, resulta más poderoso no pensar en algo durante algún tiempo, en lugar de seguir dándole vueltas. La intuición te pone en sintonía con el movimiento de flujo al que no puede acceder la mente analítica. Al servir de complemento a la lógica, te dirá cuándo algo parece correcto y si es el momento de proceder. Debes conocer todo esto para no nadar contra corriente inútilmente, y para no tener relación con personas inadecuadas para ti. La intuición te aporta más poder porque evita que pierdas tu tiempo en un plan que no va a funcionar, y simultáneamente ampliará tu visión sobre lo que está predestinado a ser.

En todos tus proyectos y aspiraciones, decide si las intuiciones que menciono a continuación determinan si te diriges a algún destino positivo.

### INDICIOS INTUITIVOS DE QUE ESTÁS FLUYENDO HACIA UN OBJETIVO

- Sientes estimulación, energía y felicidad.
- No encuentras constantemente obstáculos ni tienes que luchar.
- Las sincronicidades —momentos de perfecta coordinación— te ayudan a alcanzar tu objetivo.
- Haces progresos y logras superar los obstáculos.
- Te sientes bien internamente.

### INDICIOS INTUITIVOS DE QUE HAS LLEGADO A UN PUNTO EN QUE NO PUEDES HACER NADA

- Te esfuerzas mucho, pero no sucede nada.
- Cuanto más lo intentas, peor se ponen las cosas.

- Disuades a la gente con tus esfuerzos.
- Tu interior te dice que abandones; estás cansado de luchar.
- Tienes enfermedad o agotamiento crónicos.

Estos indicios fiables te guiarán para tomar el camino correcto. Sin embargo, tal como veo en mi propia vida, a veces la ansiedad, o sentirme excesivamente atraída por un objetivo, pueden dificultar el hecho de escuchar. Esto es especialmente cierto si percibo que la gente no cumple lo que «se supone» que debería hacer. Recientemente, un querido proyecto creativo tenía que cumplirse en un plazo de tiempo cercano. Mis compañeros aún no habían iniciado el trabajo necesario para progresar. Lo que es peor aún, me eludían, haciéndose los ocupados, y me decían: «Estamos haciendo todo lo que podemos». Temí que el proyecto se viniese abajo, que me dejaran tirada. Mi ansiedad empezó a crecer enormemente, así que incrementé la presión sobre ellos, una táctica que fracasó por completo. Sólo sirvió para que se pusieran más a la defensiva y que sintieran que yo no creía en ellos. Estas personas antes siempre habían sido de fiar. Yo no quería que todo este asunto explotara. Fue el momento en que supe que tenía que entregarme o perjudicarme a mí misma con tanto esfuerzo. De momento, yo no tenía ninguna capacidad para conseguir nada, ni de controlar el comportamiento de esas otras personas. Había hecho lo que había podido para expresar mis necesidades. Ahora necesitaba olvidarme de los resultados y controlar mi ansiedad. Por ello, las semanas siguientes hice mucha respiración, meditación, recé la Plegaria de la Serenidad y hablé con amigos y con Dios. Dejé de ser exigente. Por el contrario, expresé mi aprecio por mis compañeros. Me siento encantada de decir que la entrega fue la mejor medicina en esa situación. Mis compañeros me apoyaron de nuevo y efectuaron a tiempo el trabajo necesario.

En todas las situaciones, es importante ser conscientes del libre fluir. Aunque el éxito nazca del éxito y de la perseverancia, cuando te dejas fluir, sin expectativas, a veces llegan oportunidades que parecen intuitivamente buenas. Intenta alcanzar este tipo de situaciones, aunque sean distintas de lo que habías imaginado. En tales ocasiones, simplemente intenta evitar seguir el mismo camino no reflexionando demasiado. Entrégate conforme se desarrollen los acontecimientos benéficos. Esto es lo que le sucedió a la actriz Roma Downey, quien no había buscado con excesiva intensidad su papel en la serie de televisión *Touched by an Angel*,[3] pero ahí estaba ella. Roma, que es un verdadero ángel, me dijo:

*Yo era tan sólo una mujer que buscaba un trabajo. No tenía ningún tipo de misión. Me ofrecieron ese papel. No conseguí ningún otro trabajo. Había conseguido el papel de representar a un ángel. Me sentí privilegiada por ser eso para veinticinco millones de personas. Cada semana había un mensaje, y en determinado momento yo me revelaba como ángel que era y transmitía el mensaje: que hay un Dios que ama a todo el mundo. Antes de esa escena, yo solía rezar para que todo saliera bien y transmitir adecuadamente el mensaje. Muy pronto, me resultó evidente que Della Reese y todo el reparto éramos los transmisores de ese mensaje. Della dijo: «Si hemos sido llamadas para cumplir esto, debemos dejar a un lado nuestros egos y que la gracia divina nos dirija». Me enseñó a entregarme al poder del amor, lo cual fue todo un regalo. Durante casi una década, representar el papel de un ángel en esta serie me permitió profundizar en mi corazón.*

No obstante, cuando no hay un libre fluir y nos esforzamos en vano, la intuición puede servir para mostrarnos el camino correcto. En este caso, la entrega intelectual consiste en darnos cuenta de que no somos capaces de solucionar un problema analizando o ejerciendo nuestra voluntad, y eso está bien. La entrega espiritual acepta tu propia impotencia para efectuar cambios en ese momento. Las dos entregas te preparan para recibir la guía de la intuición.

Mi paciente Doug, un ingeniero que estudió en el Caltech,[4] había estado en paro durante meses. Había hecho todo lo más lógico para encontrar trabajo: buscar en periódicos y en Internet, pedir recomendaciones a amigos, acudir a entrevistas. Aun así, para su pesar, no conseguía nada. Doug me dijo: «No puedo dejar de preocuparme. Mis ahorros se están acabando». En sesiones anteriores se había resistido a utilizar la intuición. Doug tenía muy buen corazón, pero era un pragmático, todo a base de

---

3. «Tocados por un ángel». Se trata de una serie de televisión estadounidense que se emitió desde 1994 hasta 2003. *(N. del T.)*
4. Instituto de Tecnología de California. *(N. del T.)*

hechos demostrados y cifras, y negaba cualquier cosa que considerase cercano a lo oculto. Sin embargo, en ese momento, dado que ninguna otra cosa le estaba sirviendo, había alcanzado una situación de impotencia. Con todo lo estresado que se encontraba en su estado, la gran noticia (desde mi punto de vista) fue que por fin estaba preparado para probar algo nuevo. Por ello, en una sesión le expliqué la siguiente técnica intuitiva para solucionar problemas, que también recomiendo al lector. La idea consiste en formular una pregunta, y a continuación sintonizar con una respuesta que haya estado más allá de nuestro alcance.

## ENTRÉGATE A TU INTUICIÓN: DEJA ESPACIO A LA GRACIA

1. *Elige una pregunta.* Por ejemplo: «¿Cómo puedo encontrar trabajo? ¿Conocer a mi alma gemela? ¿Ayudar a un amigo? ¿Solucionar este conflicto?». Trata sólo un tema en cada ocasión, a fin de obtener la respuesta más clara. Anota tu pregunta en un diario.

2. *Haz varias respiraciones profundas.* Inspira y espira lentamente. Concéntrate en las sensaciones que aporta la respiración. Esto te calmará y te permitirá concentrarte.

3. *Sintoniza.* En este estado de calma, hazte la pregunta internamente. Después, limítate a permanecer abierto a lo que llegue. No intentes dar con la respuesta. El esfuerzo mental bloquea la intuición. Simplemente fíjate en todas las imágenes, impresiones, sensaciones internas y conocimientos espontáneos que te surjan. Por ejemplo, tal vez tengas una sensación clara de no perder la confianza en un proyecto, o bien te venga a la mente una persona que puede ayudarte. Tus sensaciones internas son un valioso indicador intuitivo. Molestias como náuseas, un nudo en el estómago o fatiga te advierten de que debes tener precaución. Pero cuando tu interior se siente cómodo, es un indicio positivo para avanzar. Observa si alguna decisión conlleva tensión o relajación. Registra tu respuesta intuitiva.

4. *Actúa por intuición.* Sigue los consejos de tu intuición y observa los resultados. ¿Ha mejorado tu vida? ¿Se solucionó el problema? ¿Te encuentras en una posición mejor? Los resultados positivos te reforzarán para entregarte de forma habitual a la intuición.

Igual que sucedió con Doug, las respuestas que obtengas pueden ser directas y simples. En nuestra sesión de terapia, cuando Doug logró sintonizar, recibió una intuición que resultó ser suficiente: una especie de fogonazo de la portada de un periódico local gratuito. No había mirado en él antes porque lo había considerado «demasiado pequeño» y «no lo bastante prestigioso». La intuición despertó su curiosidad porque parecía proceder de la nada. En parte para reírse de mí, y en parte por su misma desesperación, Doug cogió un ejemplar. Ante su asombro, un anuncio clasificado captó su atención. Solicitó el empleo y lo consiguió, el cual ha desempeñado durante el último año.

La intuición es una poderosa herramienta para la vida cotidiana. No esperes a una crisis para utilizarla. Independientemente de que te sientas con poder o impotente, la intuición puede aportarte ideas para todo tipo de situaciones. La clave es abandonar las expectativas y poner tu mente en blanco en la medida de lo posible. Después, limítate a recibir. Tu intelecto es astuto, pero la intuición es inventiva de otras maneras. Intenta entregarte a ella tanto cuando estés bloqueado como cuando no lo estés. Déjate sorprender por lo que te diga. Te relajará de forma que no te conviertas en una de esas personas terriblemente rígidas que siempre necesitan tener todo controlado. Tú te mereces ser más alegre que eso.

En este capítulo he explicado cuatro ideas sobre el poder que podrás seguir aplicando a tu vida y entregándote a ellas. El propósito de entender el poder es impulsarte hacia la luz. Hay muchas áreas turbias que debemos evitar. Sé lo fácil que es verse arrastrado por ellas. Sin embargo, con los conocimientos que he ofrecido, tú también dispondrás de las herramientas necesarias para salir de ellas. Debes esperar dificultades en tu camino hacia el despertar. Sin duda, te verás tentado por el ego, el deseo, y el Señor sabe qué más cosas, pero si insistes en entregarte a los valores correctos y a tu corazón, saldrás bien parado.

Piensa en esto: de todas formas, ¿en qué medida controlamos de verdad las cosas? ¿Está el éxito configurado principalmente por el destino o por el impulso? Yo creo que es por ambas cosas. He visto a pacientes que han trabajado duramente años y años en un proyecto, y a pesar de su esfuerzo y su deseo, no estaban predestinados a obtener éxito. Otros parecen tener éxito sin esfuerzo, o al menos con una lucha mínima. Siempre que expreso a mi mejor amiga, Berenice, una psicoterapeuta de ochenta y cinco años, por qué no he encontrado aún a mi alma gemela, ella afirma que se trata de mi karma, de mi camino. Yo protesto: «¿Debo asistir a más fiestas? ¿No es porque yo tengo una vida solitaria, inmersa en mis escritos la mayor parte del tiempo?». Berenice no cree que sea por eso. Yo no estoy tan segura. Yo sí necesito salir más. Pero sospecho que es posible que ella tenga razón en su mayor parte. Yo he salido. He conocido a hombres, pero no he encontrado a nadie adecuado. Berenice dice: «Cuando se suponga que lo has encontrado, es que ya lo habrás conseguido». Aunque mi corazón está lleno de anhelo, ésta es la entrega por la que me esfuerzo.

Lo que sí sé es que no podemos tener todo bajo control, aunque a algunas personas les guste pensar que pueden. ¿Por qué es tan importante el control para ellas? Proporciona una ilusión de seguridad, de ser inmune a las amenazas. Los budistas enseñan el precepto de la impermanencia, que la vida se encuentra en constante movimiento, que nada es para siempre, incluida nuestra estancia en este mundo. Es importante recordarlo. Es un ejercicio de honestidad admitir la propia impotencia en las situaciones que escapan a nuestro control. Por eso la sensación de impotencia es tan importante. Te permite entregarte en los momentos críticos, en lugar de esforzarte por controlar lo que no se puede. Conforme estudias el poder y el éxito, valora tus recursos, pero no sientas excesivo respeto por ti mismo. Yo me siento conmovida por lo que dice Martha Beck: «El poder real no es espectacular, es un simple acto de apartar a un lado el miedo, que permitirá el libre fluir del amor. Pero lo cambia todo». Hazlo y tendrás una verdadera oportunidad en algo bueno.

---

### AFIRMACIÓN DE ENTREGA A UN PODER HUMILDE

*Camina plácidamente entre el ruido y las prisas…*
*Disfruta de tus logros…*
*Mantén el interés en tu propia carrera, pero sigue siendo humilde…*
*… por todas partes, la vida está repleta de heroísmo.*

MAX HERMAN, *Desiderata*

---

*¿También tú te has vuelto loco*
*por el poder,*
*por las cosas materiales?*

MARY OLIVER

# 3

# LA TERCERA ENTREGA

*Poner de manifiesto la esencia del dinero: ver más allá*
*de la seducción por lo material y del miedo*

Los temas más calientes y con más carga que he tratado en mis pacientes son el dinero y el sexo. Ambos tocan fibras sensibles relacionadas con la confianza, hasta el punto de que las investigaciones las consideran los temas sobre los que más discuten las parejas. El dinero puede sacar a relucir un ego lleno de miedos o un gran corazón. El hecho de entregarte a uno u otro extremo lo es todo. Estás a punto de aprender a hacer las paces con el dinero y de aprovechar su mayor bien. ¿Cómo lo consigues? Encontrando formas eficaces de abandonar el miedo, la avaricia y otras resistencias a la abundancia, de forma que el dinero pueda fluir más libremente en tu vida.

En este capítulo, verás la fuerte relación entre dinero y entrega. El dinero puede desencadenar sentimientos muy extremos, incluidos la ansiedad y el odio a uno mismo, si no se tiene suficiente; y la grandiosidad y la arrogancia si se tiene mucho. He observado cómo la actitud de mis pacientes hacia el dinero puede beneficiar o perjudicar su salud en gran medida. Por ejemplo, cuando un paciente, un librero amante de la poesía, dejó de comparar sus ingresos con lo que ganaba su hermano, un inversor en bolsa, dejaron de existir tanto su sentimiento de vergüenza ante el dinero como su reflujo de ácido en el esófago. Y cuando otro paciente, dueño de una cadena de venta de coches, dejó de tener berrinches cuando sus empleados no lograban cumplir sus deseos de forma inmediata, su presión sanguínea disminuyó, junto con la tensión en su empresa. ¿El resultado? Un mejor ambiente y más ventas.

Imagínate superando tu preocupación por la situación económica, especialmente en tiempos difíciles. Imagínate no estar crónicamente estresado o avergonzado por cuánto ganas. Te mostraré cómo entregarte a una actitud adecuada hacia el dinero puede añadir años a tu vida, gracias a la eliminación de los daños de las hormonas del estrés, que perjudican el estado de tu sistema inmunitario y de tu sistema nervioso. El dinero es una forma universal de poder. La parte más complicada consiste en aprender a aprovechar conscientemente ese poder sin dejar que te limite. El dinero es una cosa neutra por sí misma. Tu actitud y lo que hagas con él es lo que determina el efecto que tenga.

Este capítulo no se centra en cómo enriquecerte rápidamente y comprarte una casa o un coche de lujo, ni tampoco en asesorarte en temas económicos. En lugar de eso, consiste en desarrollar una relación positiva y entregada con el dinero, de forma que, seas rico o no, llegues a ser feliz. Me muestro inflexible en el hecho de conseguir que mis pacientes sepan que ellos no son sólo su cuenta bancaria. De lo contrario, su visión del dinero puede distorsionarse tanto que sentirán como una desgracia no poder ganar cierta cantidad mágica. Se trata de una trampa en la que es muy fácil caer, pero es mi deber librarlos de ella. Si no lo hago, no podrán valorar su maravilloso interior, independientemente de lo que ganen, lo cual sería una verdadera tragedia.

Me niego a aceptar que el dinero defina a una persona; en mi interior, eso me parecería una afirmación vacía de espíritu y ciega a las maravillas de nuestro carácter y nuestra alma. Con los pacientes, siempre insisto en que estar arruinado o con graves limitaciones financieras —que puede ser una situación temporal— no es lo mismo que ser pobre, que yo defino como un estado mental emocionalmente empobrecido, independiente del dinero que tengas. Ser pobre es no saber reconocer lo que te ha dado la vida y pensar que nunca se tiene suficiente, una especie de maldición. Cuando muchos pacientes protestan —«Judith, no estás siendo práctica en una sociedad en la que el dinero lo es todo»—, sigo insistiendo en construir una visión nueva y fortalecida sobre la economía que nunca les fallará. Esto no significa que no puedas ser rico y tener éxito. Lo que no tienes que ser es avaricioso, intrigante o perjudicar a otros, o a todo el mundo, para poder serlo. Recuerda que el dinero no es el origen de todos los males, sino que es el amor por el dinero –obsesionarte con él– lo que causa daño, una de las conclusiones de las enseñanzas de Jesucristo.

La codicia es un sentimiento tóxico. Colocar el dinero por encima de las relaciones, o utilizarlo para controlar a la gente, puede causar graves daños. Estoy de acuerdo con el cineasta Tom Shadyac, quien dice que «la codicia es una forma de enfermedad mental». He presenciado cómo pasaba una desgarradora factura a familias enteras. He visto a hermanos luchar con acritud por una herencia ante el lecho de muerte de su madre, a padres comprar a sus hijos para que estudien en la escuela de negocios y que de esa forma puedan convertirse en millonarios, y a parientes adinerados que no dan ni un céntimo para ayudar a un familiar que está enfermo.

Mi actitud hacia el dinero se configuró durante mis años de crecimiento hacia la edad adulta. Me crie en un ambiente de clase media-alta. Tanto mamá como papá, a los que les encantaba ser médicos, trabajaron largas horas en sus consultas médicas durante cuarenta años. Los sábados, mamá me solía llevar con ella en su amado Cadillac descapotable, color rosa, en sus visitas a domicilio. Mis padres mantenían una actitud práctica hacia el dinero; eran generosos, no materialistas. Aprendí a ahorrar para cuando llegara una mala época, a donar a organizaciones caritativas, y a gastar dinero en aquello con lo que disfrutaba, si podía permitírmelo. Tuvimos la suerte de disponer siempre de dinero suficiente, y nunca soportar el tormento del hambre o del miedo a no poder pagar el alquiler de la casa. Entonces y ahora, estoy verdaderamente agradecida por la seguridad económica que he tenido.

Aun así, mi madre me transmitía mensajes confusos sobre la riqueza y la fama de otras personas. A pesar de su sensata actitud hacia lo económico, también se sentía atraída por los ricos y famosos. Se sentía estimulada por el carisma y encanto de las estrellas de cine, y le encantaba pasar tiempo con ellas. «Se sienten tan vivas y hacen tantas cosas tan interesantes», decía ella. Según fui creciendo, conocí a muchos de los pacientes famosos de mi madre. En una ocasión, siendo yo adolescente, me llevó al hospital a llevar su sopa de pollo casera a Mick Jagger. Por supuesto, yo estaba entusiasmada, pero me desconcertaba que ella pareciera convertir a la gente famosa en superpersonas que estaban dotadas de virtudes especiales de las que carecemos los simples mortales. Esto alimentó mis inseguridades en torno al hecho de no compararme, aunque es evidente que ésa no era su intención.

Además de eso, mis padres eran miembros de un lujoso club de campo, con personas selectas, donde yo me sentía como una extraña. A mamá le encantaba ponerse abrigos de visón sobre sus ropas de diseño, y ser el centro de atención cuando comía con invitados famosos. Yo me limitaba a quedarme sentada, callada, ensombrecida por su gregarismo, por no hablar de sus pechos tremendamente prominentes, que lucía con orgullo gracias a sus escotes. Durante años, mamá y yo peleamos por culpa de mi ropa. «Estarías muy guapa si te vistieras con más elegancia», me decía; un comentario que me hacía sentir que yo no era guapa en absoluto. Pero, en lugar de sucumbir a sus violentas opiniones sobre cómo debía vestir y comportarme, me rebelé y decidí vivir vistiendo ropa vaquera y camisetas, escribiendo poesía, amando el sonido del arroyo y la luna, caminando descalza y no con tacones. Siempre me he centrado más en mi interior que en mi exterior. Durante años, me rebelé para proteger mi espíritu y que no fuese reprimido por la opinión tan convencional de mamá sobre quién debería ser yo. Aunque sus batallas normalmente no tenían que ver con el dinero, trataban sobre los temas relacionados de la imagen y la forma adecuada de comportarse. De un modo positivo, creo yo, estas discusiones influyeron en mi desinterés por el materialismo, y me permitieron internalizar la dedicación a la vida interior.

En términos generales, no había nada malo en que mi madre adorase a las estrellas y que tuviese algunos amigos ricos, excepto que la vi luchar dolorosamente con su autoestima, incluso en su vejez. Me decía que «estar cerca de personas importantes me hace sentir importante», una confesión conmovedora. Lo más trágico es que mamá siempre creyó que le faltaba algo en sí misma, a pesar de su generoso corazón y de su sorprendente talento como médico. La vi sufrir, lo que en última instancia me motivó a quererme más a mí misma y a que mi valor no dependiese de cosas tan etéreas como el *glamour*, la riqueza o cosas similares. Fueron valiosas lecciones sobre a qué no debía entregarme.

Prepárate para examinar tu relación con el dinero. Te ayudaré a abandonar actitudes improductivas que te apartarán de la abundancia. En este capítulo descubrirás: ¿puede hacerte realmente feliz el dinero? ¿Cuándo ganarlo se convierte en algo más estresante que lo que realmente vale? ¿Cuál es tu tipo de carácter en relación con el dinero? ¿Cómo puede ayudarte o perjudicarte? ¿Eres un negador? ¿Un procrastinador? ¿Un adicto a gastar? ¿Cómo puedes sentirte cómodo hablando sobre dinero y pedir lo que te mereces? También te entregarás a la intuición –tu genio interior–, para que no pienses demasiado en decisiones relacionadas con la economía, ni dejes pasar soluciones espontáneas. La abundancia consiste en un libre fluir, un feliz impulso que debes sentir intuitivamente y confiar en él para tener éxito.

## DINERO: UN CAMINO HACIA LA ENTREGA A TU CORAZÓN

Yo escucho atentamente cuando mis pacientes me hablan de dinero. Normalmente se centran en la cantidad que tienen, en si es suficiente o no, cómo puede servirles para cuidar su salud, sus necesidades primarias y ayudar a sus familiares. Los ojos de algunos se iluminan por la ambición o por lo que les atrae el poder y el prestigio. Algunos hablan apasionadamente sobre el hecho de dar. Otros presumen de lo que tienen. He conocido a gente rica que es humilde, agradecida y generosa, mientras que otros son avaros y condescendientes. Me gusta seguir la pista a la forma en que pensamos en el dinero, en cómo puede mejorar o arruinar vidas.

Sin embargo, por lo que me siento más fascinada es por cómo utilizar el dinero (independientemente de lo que se tenga) como camino para el despertar y la entrega del corazón, y no solamente como medio para obtener comodidades o beneficios materiales, por muy valiosos que sean. Esto eleva el objetivo para el que sirve el dinero, un cambio de conciencia que nos pone en sintonía con un flujo hacia la abundancia en muchos niveles, no sólo con las cosas materiales. Puedes mover montañas con mayor facilidad cuando la energía del amor impulsa tus objetivos. Como explicaremos, el hecho de despertar conlleva saber lo que el dinero puede y no puede hacer, no a través de la lente de los prejuicios sociales estereotipados, sino con claridad y bondad. Después tendrás que prepararte para abandonar tus ilusiones, por muy arraigadas que estén. *El dinero sin corazón se pudre rápidamente.* He visto cómo generaba una arrogancia que volvía desagradable a la gente, o que los llevaba a un grave consumo o a la adicción al juego. Puede también convertirse en una excusa para torturarte si, por ejemplo, te recortan el sueldo, una sensación muy desagradable. Por eso es fundamental implicar al corazón en todos los temas económicos, incluido aquello en lo que inviertes, y poner en práctica la comprensión hacia uno mismo durante las épocas más duras.

Las investigaciones han demostrado que las personas felices buscan oportunidades donde las otras sólo ven crisis. Por ello, me gustaría que considerases que los problemas de dinero son oportunidades para ser más fuerte y querer más, y no para convertirte en una víctima, incluso cuando nada parece ser justo. Aunque nunca hayas pensado en el dinero de esta manera, inténtalo y después comprueba los resultados. Mi maestro de taoísmo dice: «La luz está en el corazón. Abre tu corazón, y esa luz saldrá a la superficie». En este caso, esto conlleva encontrar el lugar en el que se encuentran el dinero y el corazón, y después utilizar esa energía vital para reafirmar la vida.

## TRES ESTRATEGIAS PARA TRANSFORMAR TU RELACIÓN CON EL DINERO: ABANDONAR EL MIEDO Y LA ILUSIÓN

### Estrategia número 1:
### Examina tus expectativas hacia el dinero

Pregúntate cuáles son tus expectativas hacia el dinero. ¿Son realistas o no? Te ayudaré a averiguarlo. Tus creencias pueden hacerte sentir poderoso o impotente.

*Recuerda que el dinero es sólo un ingrediente de la prosperidad personal.* Por supuesto, puede conllevar libertad y aliviar el estrés cuando cubre las necesidades básicas, y éstas son verdaderos dones. Asimismo, el dinero aporta numerosas ventajas relacionadas con el estilo de vida porque proporciona ingresos que pueden materializarse en cosas. Para mis pacientes, entre ellas se encuentran los viajes, tener un buen coche y poder comprar alimentos ecológicos para toda la familia. Mi amigo Michael Crichton, en su última etapa como autor, me decía: «Lo mejor que pueden traer la fama y la fortuna es tener más oportunidades». Marlon Brandon decía: «La principal ventaja que me ha aportado el hecho de ser actor es dinero para pagar mi psicoanálisis». Personalmente, agradezco a mis estrellas de la suerte por tener el lujo de disponer de tiempo para escribir mis libros y para tomarme los descansos que necesito desesperadamente para recuperarme.

Aun así, a pesar de estas innegables ventajas, quiero explicar en qué sentido el dinero no es tanto como se ha exagerado, para que no lo desees por razones inadecuadas. A pesar de ser tan beneficioso, no solucionará todos tus problemas ni curará tu sentimiento de inferioridad, ni te convertirá mágicamente en una persona agradable, feliz o agradecida. No podrá salvarte de ti mismo ni de tus problemas. He tratado a pacientes con medios para pasar unas vacaciones eternas en el paraíso, pero continuamente terminaban discutiendo con sus cónyuges, cuando podrían haber disfrutado. Son incapaces de disfrutar ni de ser agradecidos por lo que tienen. Warren Buffett, una de las personas más ricas del mundo, comenta sobre la riqueza: «El dinero sólo amplifica los rasgos de carácter de las personas. Si eran unos patanes antes de tener dinero, simplemente se convertirán en patanes con mucho dinero». Sin embargo, si desde el principio eras amable, lo más probable es que también seas amable cuando seas rico. El siguiente resumen te permitirá tener expectativas realistas sobre el dinero y abandonar las que no lo sean.

## CINCO COSAS QUE EL DINERO PUEDE HACER

- *Cubrir tus necesidades básicas.* El hecho de tener comida, ropa, vivienda, lo suficiente para poder vivir y pagar las facturas del día a día alivia el sufrimiento y aporta estabilidad.
- *Ofrecer una mayor calidad de vida y unas garantías:* formación, cuidados médicos, comodidades materiales y caprichos, como hacer viajes, ir al cine o permitirse una comida saludable.
- *Te ofrece tiempo libre.* Puedes relajarte, jugar, hacer ejercicio físico, crear o disfrutar de tus hijos, en lugar de estar siempre trabajando para pagar facturas.
- *Proporciona acceso a personas, influencias y oportunidades.* El dinero puede ayudar a abrir puertas, a darte poder de veto y a aumentar tu influencia,

de forma que más personas te presten atención a ti y a tu causa. También puede servir para costear tus sueños, como por ejemplo un nuevo negocio, para que no tengas que permanecer en un empleo que no te gusta.

- *Ayudar a otros y recompensar el buen trabajo de alguien.* El ofrecimiento de caridad ayuda a aliviar el sufrimiento. El dinero utilizado para propósitos humanitarios puede, por ejemplo, acabar con la pobreza, servir para abrir escuelas y para encontrar la cura a determinadas enfermedades. Además, los altos sueldos, las propinas y el dinero adicional son formas de agradecer a otras personas el trabajo bien hecho. Asimismo, puede ayudar a animar a otros a trabajar bien.

## CINCO COSAS QUE EL DINERO NO PUEDE HACER

- *Hacerte feliz si no eres feliz en tu interior.* Las investigaciones indican que la riqueza no conlleva la felicidad, y que puede perjudicar la capacidad de una persona de disfrutar de los pequeños placeres.
- *Convertirte en más importante o en una persona que merece más cosas que otra.* El dinero no coloca a una persona por encima de otra. En realidad, las investigaciones revelan que puede convertir a la gente en más grosera y menos empática.
- *Comprar verdaderos amigos o el amor.* En las encuestas realizadas, los empleados que son amigos de sus jefes dicen que no desean ser sinceros por miedo a perder su sueldo. En todas las relaciones, el dinero suele ser una barrera para la sinceridad y el amor incondicional si una persona depende económicamente de otra. Además, la gente rica que pierde su dinero también suele perder sus «amigos».
- *Sustituir a la autoestima.* El dinero puede mejorar la autoestima, pero es sólo una de las numerosas razones para sentirte bien contigo mismo. La verdadera confianza en uno mismo debe también proceder del interior, para complementar las fuentes externas. De lo contrario no durará mucho.
- *Llenar el vacío de la soledad, de una pérdida o de la falta de conexión espiritual.* El dinero no puede darte calor de noche, sustituir al amor ni proporcionar los recursos internos para la sanación. Los logros espirituales no están en venta. El dinero no puede aportar ningún vínculo con una inteligencia superior a ti mismo. Debes desarrollarlo tú mismo.

Abandonar la expectativa de que el dinero por sí solo puede hacerte feliz (especialmente si no eres feliz de otro modo) es una de las claves para sentirte realizado. A pesar de lo tentador que puede ser creer en ese pensamiento mágico, simplemente no va a ocurrir, independientemente de lo que digan los medios, tu jefe o tu madre. Aceptar esto te ahorrará años de frustración pasados buscando la felicidad en el lugar equivocado. Recuerda al desafortunado rey Midas, que podía convertir todo en oro, un deseo que le concedieron los dioses. Pero cuando tocó a su hija y ésta se convirtió en oro, se retractó de su deseo y a partir de entonces supo valorar lo que realmente importaba en su vida.

El dinero crea problemas a veces. De hecho, los «hijos de papá», los avaros y quienes ganan en la lotería suelen ser bastante desdichados. Una persona ganó 315 millones de dólares a la lotería. Cinco años después culpó a ese dinero de la sobredosis de droga mortal que sufrió su nieta, de su divorcio, de su incapacidad para creer, y de cientos de demandas que le habían interpuesto. Dijo: «Casi todos mis amigos querían que les prestara dinero. Cuando lo hacía ya dejábamos de ser amigos». Aunque cada persona que se encuentra con la riqueza de forma inmediata trata la situación de forma distinta, hay algunos problemas bastante reales que pueden complicarnos la vida.

Durante gran parte de la historia humana, nunca hemos utilizado dinero. Las comunidades trabajaban en común para proporcionarse las unas a las otras regalos, bienes para comerciar y mercancías compartidas para mantener el grupo. Las sociedades pueden existir, ser felices y prosperar sin dinero y sin poseer cosas. Actualmente, me siento inspirada por el ritual *potlach* de los americanos nativos, en el que los líderes donan bienes a su tribu para repartir la abundancia a todos. Sin embargo, una vez que el dinero se convirtió en norma, las comunidades empezaron a disolverse y a ser menos interdependientes.

La mayoría de las personas están mal informadas acerca de la felicidad. Estoy de acuerdo en que poder poner comida sobre la mesa y pagar el alquiler, junto con las otras ventajas del dinero que he citado, puede hacerte más feliz. No obstante, los estudios científicos detallan lo que puede hacernos feliz y lo que no. Informan de que un escaso 10 por 100 de la felicidad procede de factores externos, como el estatus social o la riqueza. En realidad, está demostrado que la gente es más feliz cuando deja de intentar superarse los unos a los otros. Otro 50 por 100 procede de nuestra dotación genética, y un sorprendente 10 por 100 de los cambios internos que podemos efectuar, como por ejemplo ser más agradecidos, comprensivos y reflexivos. Entender esto te permitirá aclarar tu relación con el dinero y ayudarte a abandonar las ideas que no tienen sentido.

A continuación ofrecemos una perspectiva más a largo plazo que debemos tener en cuenta. El dinero no es una moneda permanente, propia del espíritu. Es un invento humano, temporal. Puede que lo utilicemos ahora, pero cuando dejemos este mundo —y todos lo haremos—, el dinero no podrá ir con nosotros. En ese momento tendremos que abandonarlo, a él y a todos los objetos materiales. Aun así, lo que hacemos con el dinero, y cómo nos tratamos durante las dificultades económicas, puede añadirse o restarse a nuestra luz y a la luz que hay en torno a nosotros. La luz es nuestra esencia, el paraíso dentro de nosotros mismos que viaja con nosotros por el espacio y el tiempo. Resplandece cuando nuestro corazón crece. Nada es más importante. Nosotros somos quienes cuidamos de nuestra luz. Cuando todo lo demás se viene abajo, eso es lo que somos.

## Estrategia número 2:
### Abandona tus ilusiones acerca del dinero

¿Por qué es tan seductor el dinero? Por las grandes fantasías que proyectamos en él: felicidad, «ser alguien», admiración, una vida encantadora, nada de sufrimiento ni de soledad. Una ilusión muy común es que el dinero siempre conlleva menos estrés. Sin duda, a veces puede hacerlo, cuando sirve para cubrir nuestros gastos básicos y nos deja tiempo para relajarnos. Pero con bastante frecuencia he visto, en pacientes y amigos, cómo el hecho de conseguir dinero es más estresante de lo que vale en sí mismo. Sus ingresos ascienden, pero también los gastos. Un paciente publicista se compró una casa más grande, pero tuvo que trabajar más horas para pagar la hipoteca. A consecuencia de esto, no podía ver a su esposa y sus hijos tanto como antes, casi siempre estaba cansado y tenía menos tiempo libre para relajarse. ¡Terminó sufriendo una úlcera! Quiero que seas consciente de esta trampa y que la evites.

Lo que alimenta nuestras ilusiones sobre el dinero es que, a un nivel más profundo, normalmente inconsciente, funciona como una droga que elimina el temor de no ser «suficiente» o de sentirse impotente cuando te das cuenta de que no puedes controlar todo. Asimismo, cuando no somos capaces de captar por completo que una realidad espiritual, que nos aporta el verdadero poder, existe en este y en todo momento, la riqueza material aparece como algo a lo que se concede excesiva importancia. No es de extrañar que el dinero evoque ese tipo de pensamiento mágico. Muchas personas se sienten atraídas por los ricos y famosos, o desean conseguir riquezas. Sean conscientes de ello o no, muchos esperan que la riqueza arregle una parte de ellos mismos que sienten que les falta, pero esto nunca llega a funcionar.

He visto cómo las fantasías en torno al dinero pueden llevar a la gente a comprar ropas costosas que no se pueden permitir, con el objetivo de impresionar a los demás y mantener cierta imagen. O para hacerse amigos de personas que tal vez ni siquiera les gusten. O trabajar en empleos que alimentan su deseo de poder, pero no sus corazones. Gordon Gekko, el despiadado bróker de la película *Wall Street,* decía: «No consiste en el dinero. Se trata de un juego; de un juego entre personas». La sensación de poder consiste en ganar el juego para ganarse respeto y sentir que se tiene control.

El dinero puede dejarnos hechizados porque cubre la necesidad fundamental de recibir cuidados si los necesitamos, y porque existe el miedo de no tener suficiente: dos motivaciones biológicamente convincentes. Por estas razones, algunos de mis pacientes, tanto hombres como mujeres, admiten sinceramente que preferirían tener un compañero sentimental que fuera rico. Recuerda que vivo en Los Ángeles. Por supuesto, también dicen que quieren un compañero cariñoso. Sin embargo, el dinero se pone en primer lugar. Mi paciente Nicole, una esteticista que trabaja duro y que no era una derrochadora, me dijo: «Estoy cansada de este estrés financiero». Nicole pensaba que el dinero solucionaría todos sus problemas; una fantasía difícil de quitar de la cabeza, aunque yo lo intenté, porque se encontraba agotada de tanto luchar. Necesitaba una solución rápida. Quería que la salvaran. Así que se casó con el hombre más rico que encontró, que parecía una buena persona, y halló una forma de quererle. Yo soy terapeuta, y mi función no es juzgar lo que hará feliz a mis pacientes, aunque sí discutiré los posibles inconvenientes de una decisión y les instaré a encontrar compañeros sentimentales con credenciales más profundas que el dinero.

Igual que sucede con Nicole, aunque intuitivamente predije conflictos, si alguien se decide a seguir un camino, yo estaré allí para ayudarle. Sí, parte de las fantasías de Nicole se hicieron realidad y solucionó sus problemas económicos. Pero no esperaba que su encantador príncipe utilizase el dinero para controlarla con cadenas de oro. He visto a muchos esposos y esposas con dinero dar a sus cónyuges una tarjeta de crédito sin poner pegas. Pero después utilizan la tarjeta para seguir la pista de dónde va su cónyuge, con quién ha estado y lo que ha comprado. O bien amenazan la cantidad asignada si no acata lo que ellos marcan. Así que, igual que Nicole, mis pacientes terminan en una situación terrible en la que se convierten en el cónyuge dependiente que debe ser obediente, atrapados en una relación en la que se ven controlados a causa del dinero.

Nicole tuvo que experimentar esta realidad ella misma antes de empezar a abandonar sus ilusiones relativas al dinero. Era evidente que no se trataba de la panacea que ella había esperado. Yo me sentí contenta de que ella siguiese con la psicoterapia, en lugar de salir corriendo. Gracias a nuestro trabajo, ella aprendió a comunicar sinceramente a su marido su sensación de que él la controlaba con el dinero. Pero no era tan fácil. El miedo la reprimía. Temía que él la abandonara, que ella se quedase arruinada y sola de nuevo. Pero dado que su matrimonio era algo insoportable y que ella había tocado fondo, se mostró dispuesta a luchar por una relación más saludable o a volver a estar sola si era necesario. Abatida, madura para la entrega, estaba lista para liberarse de sus miedos y recuperar su poder. Afortunadamente, su marido se mostró dispuesto a tratar esa necesidad suya de controlar excesivamente todo lo relacionado con el dinero y con otros temas. Él cambió porque la amaba de verdad. Esta entrega por ambas partes hizo posible un matrimonio auténtico y cariñoso.

A veces, abandonar las ilusiones relacionadas con el dinero conlleva aceptar la dura realidad de una mala situación económica. No hace mucho tiempo, tomando parte en un programa televisivo de noticias sobre cómo enfrentarse a los despidos, tuve el honor de trabajar varios meses con un grupo de mujeres que el programa presentaba. Eran conocidas como «Las doce de Victorville». Habían perdido sus empleos en la misma cooperativa de crédito de Victorville, California. Estas doce inspiradoras mujeres se sentaban en mi salón, compartían sus penas sobre sus muy reales problemas económicos y sus frustrantes búsquedas de trabajo. Anteriormente se habían sentido orgullosas de ser autosuficientes. Pero ahora, como si el destino lo hubiese decidido, este despido masivo las había unido. Para sobrevivir, formaron lo que denominaron la «hermandad de apoyo». Me dijeron que reconocer que no podían controlar a quienes les ofrecían trabajo y a la misma economía les permitía aceptar su situación con más calma. Pero encontrarse allí, para ayudarse las unas a las otras, era lo que les permitía continuar, en ocasiones un instante tras otro. Nuestras sesiones ayudaban a esas mujeres a entregarse a la esperanza, no al miedo. Aprendieron a inclinarse hacia el cambio, a acudir a los amigos en busca de ayuda, a tender hacia fuerzas que eran superiores a ellas mismas y a entregarse a ese poder. Confiar en la intuición también las ayudó a llegar a ese lugar. Aunque sus mentes les decían que era muestra de debilidad depender de alguien, les rogué que escucharan lo que les decía su interior. En todos los casos, su interior confirmó que estar en conexión era lo correcto.

Es propio de héroes entregarse a una vida que alguien no había esperado, incluso confiando en que las circunstancias mejorarían. Al final, algunas mujeres encontraron empleo, otras volvieron a estudiar y algunas se jubilaron. Ahora, unos años después, comparten las bodas de sus hijos, el nacimiento de nietos, graduaciones y comidas en las que cada una aporta algo. Las dificultades económicas espolearon a estas mujeres a entregarse emocionalmente a una nueva forma de amar. Probablemente no se habrían visto motivadas a abrir sus corazones de esta manera, pero el hecho de perder sus empleos, junto con el hecho de tener pocas perspectivas, hizo cambiar su mundo. Podían haber sido insensibles con ellas mismas de numerosas maneras implacables, pero juntas decidieron no alimentar las voces alarmistas de sus mentes y mantener una actitud positiva. De las crisis suele surgir la necesidad de entregarse. La recesión puso de manifiesto el lado profundamente amable de estas mujeres y su aprecio de la interdependencia, y les hizo abandonar la ilusión de que, para ser fuertes, debían afrontar las dificultades económicas ellas solas.

Lo bueno de abandonar las ilusiones relacionadas con el dinero es que manejarás los temas financieros de una manera más clara y comprensiva, con menos ansiedad, especialmente si no tienes elección o si la frustración está implicada. El propósito de esto no es privarte de nada, sino estar en armonía con lo que hay y encontrar soluciones innovadoras.

Cuando el dinero tiene menos relación con cosas materiales, con el aspecto físico o con el hecho de inflar egos afectados, puede fomentar la curación en ti y en todo lo que toques. Cuando se abandonan esas ilusiones, llegan sentimientos de felicidad, incluso de éxtasis, y utilizas el dinero al servicio del corazón, independientemente de la situación que afrontes. Las siguientes afirmaciones te ayudarán a abandonar los miedos y a desarrollar gratitud, aunque no hayas llegado a ciertos extremos. Repítelas una o más veces cada día, y deja que den comienzo los cambios.

---

**ABANDONA TUS ILUSIONES RESPECTO AL DINERO CON ESTAS AFIRMACIONES**

*Estoy agradecido por todas las ventajas del dinero.*

*Estoy agradecido por poder dar y recibir.*

*Soy más que mi trabajo y mi cuenta bancaria.*

*Abandono la ilusión de que el dinero, por sí solo, puede hacerme feliz.*

*Abandono la ilusión de que el dinero define mi propia sensación de valía.*

*Soy una persona valiosa que merece tener abundancia.*

---

**Estrategia número 3: Reconoce el dinero como un espejo**

El dinero refleja cómo nos sentimos con nosotros mismos. Es como un test de Rorschach, en el que la gente atribuye significado a manchas de tinta amorfas. Es posible que tú veas un asesino en una mancha, mientras que yo veo un ángel. De igual modo, damos sentido al dinero. Puede devolvernos –como reflejo– de todo, desde orgullo por nuestro trabajo y generosidad, hasta los estados más problemáticos de la vergüenza, la culpa y el fracaso. Por ejemplo, un paciente que invirtió gran parte de sus ahorros en abrir un negocio de diseño, que después no prosperó, se culpó tanto a sí mismo que se sintió «un completo fracasado». Igual que con este hombre, cuando el dinero es reflejo de ese tipo de sentimientos dolorosos, la solución es, sin duda, la recuperación económica. Pero también conlleva utilizar lo que ves para curar las heridas y para aliviar el golpe que conllevan las pérdidas. Aprender a quererse a sí mismo, en lugar de castigarse, es una magnífica entrega que los problemas económicos pueden facilitar.

Se necesita intuición para mirarse al espejo del dinero y descubrir lo que revela, tanto las mejores cualidades como las que deben mejorarse. Pregúntate a ti mismo: «¿Qué veo? ¿Es aprecio por lo que tengo, o miedo a no tener suficiente? ¿Es agradecimiento por mi trabajo, o vergüenza de mi sueldo? ¿Es humildad o arrogancia? ¿Caridad o codicia?». En último término, seas rico o no, te conviene mirar al dinero y decir: «Me siento bien conmigo mismo. He hecho todo lo posible para ayudarme a mí mismo, a mi familia y para pagar mis deudas. He ayudado a quien lo necesitaba. Lo he utilizado para relajarme y divertirme. He ido en busca de mis sueños, aunque a veces he fracasado. Cuando he cometido errores o utilizado mal el dinero, he intentado corregir los errores». El objetivo de esta autoevaluación es ver en qué punto te encuentras ahora, y a continuación poner más corazón en la visión que tienes del dinero. Una de las cosas más valientes que podemos hacer es estar dispuestos a vernos claramente y deshacernos de nuestros defectos.

El dinero también refleja nuestras prioridades. Gloria Steinem comentó con sagacidad: «Podemos hablar sobre nuestros valores mirando nuestro talonario de cheques». En consecuencia, para llegar a tomar plena conciencia, estudia tu talonario de cheques o las compras hechas con tu tarjeta de crédito. A continuación, observa lo que tus gastos revelan sobre ti, sea positivo o no. Cuando yo revisé los míos, vi todas las compras que hacía de alimentos saludables, libros y música, pasiones mías que reflejan prioridades de las que me siento orgullosa. Sin embargo, la mayor parte de mis gastos se destinaba a mantener mi oficina, los ordenadores, pagar reparaciones y otras cuestiones prácticas del día a día. Raramente gastaba en ropas nuevas, maquillaje o cosas bonitas para mi casa. Lo que esto reflejaba era la existencia monástica, a veces solitaria (aunque internamente rica) que llevo al escribir durante gran parte del año, vistiéndome con un pantalón deportivo y sudaderas con capucha de Spirit Animal. Inmersa en el tiempo de creación, o esperando a crear, no salgo demasiado a comprar, ni me permito otros caprichos que son también necesarios para el equilibrio psicológico. Examinar en qué gastaba el dinero me hizo más consciente de las áreas en las que menos me cuido, para poder ser más amable conmigo misma en ellas.

### Abandona el sentimiento de culpa, desarrolla la comprensión

De todas las emociones preocupantes que refleja el dinero, la vergüenza puede ser la más perjudicial. La vergüenza, una forma específica de miedo, nace de la sensación de tener algún defecto. Es un sentimiento de humillación y de falta de valor que hace que el alma se acobarde. La vergüenza te impide pedir lo que mereces que te paguen, o incluso hablar por completo de dinero. Puede impulsarte a guardar las apariencias porque crees que tu verdadero «yo» no es valioso. La vergüenza, en el ámbito económico, nace de las comparaciones. Tu compañero de trabajo ha conseguido una paga extra, pero tú no, así que crees que eres un perdedor que no vale lo suficiente como para merecerla. No te puedes permitir unas vacaciones, pero un amigo va a alquilar una villa italiana con su familia; sientes envidia, pero lo que es más agobiante aún, te avergüenzas de no dar a tu familia lo que deberías. Sin duda, es difícil mantener la calma cuando alguien consigue lo que tú quieres y te mereces. Parece instintivo hacer comparaciones, pero no debemos quedarnos bloqueados ahí, ni dejar que nos supere el sentimiento de vergüenza de no ser «suficiente».

Mi paciente Julie y su marido, Rob, ambos programadores de ordenadores, tuvieron que pasar de poseer una casa a tener alquilado un apartamento, a fin de mantener a su hijo minusválido físico en un colegio especial. Julie me dijo: «Vivimos en una ciudad loca, donde todo sube menos nuestros sueldos». Julie y Rob harían cualquier cosa por su hijo, y tomaron la difícil decisión de rebajar su nivel de vida con dignidad. Aun así, aunque sabían que habían hecho lo correcto, los dos luchaban contra el sentimiento de humillación de no ser «padres y benefactores suficientemente buenos», una angustia que subyacía a sus esfuerzos por ser optimistas. Perder el propio hogar es un duro golpe en el mismo núcleo de las principales inseguridades relacionadas con no poder cuidar de la familia. Todos sabemos lo desestabilizadora que puede llegar a ser una acción voluntaria; esto no es ni siquiera una pequeña parte de la tensión que Julie y Rob sufrían.

La vergüenza no es tu amiga. Rompe la conexión con tu poder incrementando las dudas sobre ti mismo y las autopercepciones más duras. Lo último que te conviene hacer es dejarte llevar por ella. La vergüenza es una emoción que quiere convertirse en la dueña de tu corazón. Su antídoto es la comprensión. Para recuperar tu poder, debes tratar la vergüenza de modo consciente, utilizando el amor para contrarrestar tus sentimientos de no dar la talla en el ámbito de lo económico. Puesto que el amor y la autocomprensión son más fuertes que la vergüenza, te ayudarán a abandonar este sentimiento con mayor facilidad. El amor inclina la balanza en tu favor.

Mostré a Julie y Rob cómo considerar su decisión desde otra perspectiva. Nos concentramos en el valor que demostraron al afrontar su limitación económica real, y en la devoción por su hijo. Ésas eran las verdades que debían guiar su luz, no la vergüenza. Asimismo, puede ser toda una bendición tener que vivir con menos. Hablamos sobre convertir el nuevo apartamento en más cálido y acogedor, en lugar de considerarlo «un triste paso atrás». Aunque la vergüenza los había golpeado en lo más íntimo y no querían dejarse llevar, la perspectiva que les sugerí permitió a Julie y Rob asumir el cambio con más tranquilidad. En nuestro trabajo, les ayudé a defenderse de la vergüenza gracias a la comprensión, un cambio que requiere práctica. Pero ellos querían conseguir este cambio, así que fueron a por todas. Sintieron un gran alivio cuando empezó a desaparecer la vergüenza. Me sentí muy contenta al ver que Julie y Rob se sentían más unidos en los momentos de tensión, en lugar de separarse, como he visto hacer a muchas familias. Aun así, siempre es decisión nuestra a qué emoción nos entregamos. Como terapeuta, he visto una y otra vez lo difícil que es para la gente guapa ver lo que hay de bello en su interior. Pero ahí es donde yo entro en juego. Una vez que Julie y Rob pudieron apreciar los buenos padres que eran, la vergüenza no tuvo más remedio que retroceder. Hay una clase de heroísmo doméstico que no suele reconocerse. Lo que ellos lograron me recordó que, en todas las situaciones, el poder que tenemos es nuestra propia actitud.

*¿Por qué es tan difícil hablar de dinero?*

La vergüenza puede tomar muchas formas distintas. En 1983, cuando comencé a ejercer por primera vez, me sentía avergonzada y molesta al hablar sobre mis tarifas con mis pacientes. ¿Pensarían que les estaba pidiendo demasiado? ¿Demasiado poco? ¿Tenía suficiente experiencia como terapeuta como para exigir honorarios? Una parte de mí se sentía una farsante, una impostora. Aún no había desarrollado por completo mi identidad como médico. Conforme fui teniendo más confianza como doctora, tuve menos problemas para hablar sobre temas monetarios con los pacientes.

Se necesita práctica para hablar sobre dinero. Para dejar de sentir vergüenza en torno al hecho de que me pagaran lo que yo valía, tuve que afrontar mis inseguridades y darme cuenta de que no había ningún problema en recibir una justa compensación por mi trabajo. Asimismo, debía ver que no hay nada «antiespiritual» en el hecho de ganarme la vida. De igual modo, insto al lector a examinar los ámbitos en los que no se siente merecedor de una compensación o de abundancia. El secretismo sólo sirve para potenciar la vergüenza.

Para afrontar la vergüenza relacionada con el dinero, escribe tus sentimientos en un diario utilizando este formato: «Siento vergüenza al hablar de dinero porque _____». Indica la causa del sentimiento de vergüenza, como por ejemplo «estoy siendo grosero», «no me siento suficientemente bien», «seré rechazado» o «pensarán que soy codicioso». Admitir estos sentimientos es un buen punto de comienzo. Después, dando pequeños pasos, comienza a practicar a hablar sobre dinero y a pedir lo que quieres. Por ejemplo, antes de una entrevista de trabajo o de pedir un aumento a tu jefe, ensaya lo que vayas a decir con una persona que te apoye. (¡Mis pacientes lo hacen!). Después podrás acostumbrarte a expresar tus necesidades económicas con más convicción.

Cuando te mires en el espejo del dinero, piensa cómo puedes utilizar lo que ves para lograr ser más sensato y amable. Abandonar la vergüenza, las preocupaciones y otras emociones negativas te libera de tu pequeño yo basado en el miedo, de forma que puedas habitar una parte más espaciosa de tu ser. Este ejercicio puede ayudarte a conseguirlo.

## ABANDONA LA VERGÜENZA HACIA EL DINERO CON UNA VISUALIZACIÓN AMABLE

- *Siéntate en silencio y respira.* Cierra suavemente los ojos. Durante algunos minutos, haz varias respiraciones profundas para expulsar el estrés. La respiración consciente permite al cuerpo liberar las tensiones y entregarse con más facilidad.
- *Nombra una cuestión económica que te dé vergüenza, o una preocupación de la que te gustaría liberarte.* Por ejemplo, estar en paro, tener que pedir dinero prestado para pagar las facturas, o tal vez la falta de generosidad. Para evitar sentirte agobiado, elige sólo una cosa en la que concentrarte.
- *Visualiza el abandono del sentimiento de vergüenza.* Sólo por hoy, imagina una vida sin esta vergüenza. Imagínate que te sientes cómodo en tu propia piel, capaz de aceptar las cosas simplemente como son, sin preocupaciones. Permite que entre en ti esa sensación de comodidad. Nada de discusiones ni de resistencias. A continuación, repite este mantra: «Yo no soy mi vergüenza. Yo soy más que eso». Siente el placer de esa expansión. También puedes conectar internamente con una sensación del espíritu mayor que esa cuestión que te da vergüenza –puede ser simplemente amor–, y pide: «Por favor, aparta de mí este sentimiento de vergüenza». Mantén la apertura y la ingenuidad. Siente cómo te libras de la carga del sentimiento de vergüenza. Sigue expulsándolo con la respiración. Date permiso para sentirte bien por lo que tú eres. Di: «Quiero estar libre de vergüenza. Quiero estar libre de preocupaciones. Quiero entregarme a la paz».

Esta visualización pone las bases para el cambio y la curación. No obstante, para descubrir la raíz de la vergüenza, es también esencial pasar revista al ambiente en que te criaste. ¿Se da la vergüenza hacia el dinero también en otras generaciones de tu familia? ¿La aprendiste de la familia, los profesores o los amigos? Asimismo, abandonar de verdad la vergüenza conlleva mirar más allá de este mundo. Hay una fuerza amorosa intangible que puede ayudarte a liberarte de la carga de la vergüenza, si la expulsas, te dejas llevar y confías.

# ¿CUÁL ES TU TIPO DE PERSONA RELACIONADO CON EL DINERO? PATRONES DE ENTREGA POCO SALUDABLES

Para identificar tu estilo de relación con el dinero, quiero presentar algunos tipos muy comunes, con sus puntos fuertes y débiles. Piensa en él como si fuera tu personalidad económica. Es reflejo de la forma básica en que manejas el dinero, la actitud a la que vuelves cuando te encuentras en problemas económicos. Cada tipo se ve influido por la educación recibida, por quienes le sirvieron de modelo y por su temperamento. Si tus padres eran tacaños o generosos, lo más probable es que tú seas parecido, pero es posible cambiar. He visto a muchos pacientes quedarse bloqueados en un tipo poco saludable durante años, y preguntarse por qué siguen sufriendo deudas o rechazos. Para evitarlo, indicarás qué cosas funcionan en relación con tu tipo y cuáles no, para que no estés siempre luchando. Me gustaría que te concentraras en las cualidades que quieres reforzar y en las que deseas abandonar. La clave del éxito económico consiste en librarte de los hábitos emocionales que te bloquean, como por ejemplo las preocupaciones o la procrastinación. Después podrás generar la buena suerte que te mereces.

Para determinar a qué tipo perteneces, revisa las descripciones que ofrezco a continuación. Pregúntate a ti mismo: «¿Soy un aprensivo? ¿Un jugador? ¿Un ahorrador inteligente? ¿Un avaro? ¿Confío en mi intuición en temas relacionados con el dinero, o me pienso dos veces mis corazonadas?». Puesto que los opuestos se atraen, es posible que elijas a un compañero sentimental de un tipo distinto. Esto puede tener un efecto equilibrador, siempre que los dos estéis dispuestos a llegar a un compromiso; por ejemplo, en el debate entre correr riesgos o sólo hacer inversiones seguras. Aunque puedes tener aspectos de otros tipos, elige aquél con el que más sintonices. Evalúa tus hábitos financieros con amabilidad, con el objetivo de llegar a conocerte mejor. No lo conviertas en un pretexto para torturarte. El propósito es desarrollar un enfoque con éxito hacia el dinero, y disfrutar de aquello en lo que lo gastas.

## Tipo relacionado con el dinero número 1: El aprensivo

Los aprensivos pueden ser ahorradores, además de sagaces a la hora de solucionar problemas; y evitarán errores gracias a su meticulosidad en asuntos financieros. Son responsables, están al tanto de las cosas y no caen en la negación en lo referente al dinero. Su preocupación puede motivarlos a solucionar los problemas y a estar preparados. En los momentos de problemas económicos, con sus carreras profesionales en peligro, muchas personas tendrán relación con esta categoría. Por supuesto, hay problemas financieros reales que necesitan solucionarse, pero preocuparse conlleva entrar en el ámbito del sufrimiento.

El inconveniente es que esa preocupación eleva el nivel de hormonas del estrés, disminuye la inmunidad y es perjudicial para la salud y el sueño. Además, los aprensivos pueden convertir cada compra en una experiencia para morderse las uñas. Los aprensivos son expertos en preguntarse «¿Qué sucedería si...?». Se torturan con temores como «Nunca podré pagar mis facturas» o «No puedo gastar en un coche nuevo: ¿qué pasaría si mis valores en bolsa volviesen a bajar?». Proyectan su preocupación hacia el futuro e imaginan situaciones de fatalidad inminente que, en casos extremos, puede paralizar sus decisiones. Tengo un paciente que teme que, si no se preocupa por el dinero, le ocurrirán cosas fatales: se trata de una forma de superstición. Por eso, los aprensivos tienen problemas para disfrutar de su dinero, porque siempre temen llegar a tener poco y alimentan la preocupación por la pobreza. Para ellos es importante concentrarse en abandonar las preocupaciones, de forma que no impidan la abundancia con su temerosa relación con los temas económicos.

Para saber si éste es tu tipo, contesta el siguiente cuestionario.

### TEST: ¿SOY UN APRENSIVO?

* ¿Me preocupo por el dinero todos los días?
* ¿Agrando los problemas económicos, en lugar de empequeñecerlos?
* ¿Tengo problemas de sueño por estar preocupado por el dinero?
* ¿Me preocupo por el dinero incluso en épocas de bonanza económica?
* ¿Me doy cuenta de que no puedo dejar de preocuparme, aunque lo intente?

- Cuando soluciono un problema económico, ¿me ocupo inmediatamente de otro?

Si respondiste afirmativamente a las seis preguntas, las preocupaciones juegan un papel muy importante en tu vida económica. Cuatro o cinco «síes» indican que influyen bastante. Dos o tres «síes» indican un papel moderado. Un «sí» indica un nivel bajo. Ninguna respuesta afirmativa conlleva que ésta no es tu principal categoría relativa al dinero.

El arte de abandonar las preocupaciones consiste en permanecer concentrado en el momento presente, en lugar de imaginarse las peores situaciones futuras para después tener miedo de ellas, y emprender acciones donde puedas, como por ejemplo saldar una deuda lentamente. Mi maestro de taoísmo dice que preocuparse no cambia nada. Ya sea que te preocupes por el dinero de forma continua u ocasional, se trata de un intento por controlar el futuro. Lo difícil de aceptar por parte de los aprensivos es que, a pesar de sus valientes esfuerzos por disfrutar de seguridad financiera, no pueden controlarlo todo. A fin de preocuparte menos y relajarte más, practica este ejercicio.

## ABANDONA LAS PREOCUPACIONES, VIVE EN EL PRESENTE

*1. Utiliza la respiración profunda con el vientre para dejarte llevar.* Las preocupaciones hacen que tu cuerpo esté tenso. La respiración te permite liberar la tensión física. Si estás preocupado, coloca una mano sobre el pecho y la otra sobre el vientre. A continuación, inspira lentamente por la nariz, hasta contar ocho. A la vez, siente cómo se dilata el vientre (no el pecho, como sucede en la respiración normal). La mano que hay sobre el vientre debería elevarse más que la otra. Retén el aliento unos segundos. Después, espira lentamente por la boca, contando hasta ocho. Repite este ejercicio al menos tres veces por cada ocasión, varias veces al día, para abandonar las preocupaciones. En el yoga, se cree que esta práctica facilita un mayor flujo de fuerza vital por todo el cuerpo.

*2. Vive en el presente.* Cuando los pensamientos de preocupación te proyectan hacia el futuro, devuélvete al presente. Dite a ti mismo: «Hoy haré lo que pueda para mejorar mi economía, y eso será suficiente». Céntrate en la autocomprensión y en valorar los pequeños pasos que des para progresar. A fin de liberarte de preocupaciones relacionadas con el dinero, pronuncia también la Plegaria de la Serenidad que ofrecí en el capítulo 1, todas las veces que sea necesario. Una forma de saber que te has entregado es que, durante ciertos períodos de tiempo, incluso llegas a olvidar el hecho de preocuparte.

## Tipo relacionado con el dinero número 2: El procrastinador

Este tipo evita claramente tratar sobre asuntos económicos. Viven desde un sueldo hasta el siguiente, y esperan al último minuto para pagar las facturas. Su lema es: «Lo dejaré para después». No se preocupan por ahorrar a largo plazo, por recortar gastos ni por planificar para el futuro. A corto plazo, el beneficio –consistente en bienestar– que conlleva esta forma de negación es que reduce el estrés porque desaparecen los pensamientos de presión económica. Pero la realidad se les echará encima cuando las facturas se acumulen y los acreedores empiecen a reclamarles. En ese momento se instala el pánico y el sentimiento de culpa por no cumplir las obligaciones. Los procrastinadores tienen miedo a no ser perfectos, lo cual los lleva a posponer las decisiones inconscientemente, una mentalidad autodestructiva. Otras motivaciones son la ansiedad por no tener suficiente dinero (pagar facturas los obliga a afrontarlo, y por eso lo evitan), miedo al fracaso, falta de atención, aburrimiento, un sentido poco realista del tiempo y poca energía. Igual que un avestruz, prefieren esconderse de las obligaciones económicas hasta que las circunstancias los fuercen a emprender acciones.

Para saber si perteneces a esta categoría, haz el siguiente cuestionario.

### TEST: ¿SOY UN PROCRASTINADOR?

- ¿Pospongo las decisiones relacionadas con la economía?
- ¿Se me acumulan las facturas?
- ¿Tengo problemas para tomar decisiones relacionadas con el dinero?

- ¿Sigo sin hacer caso a la deuda de mi tarjeta de crédito?
- ¿Tengo la mirada ausente cuando pago mis facturas?
- ¿Me vencen mis plazos para pagar impuestos u otras facturas, y después debo pagar intereses de demora?

Si has contestado «sí» a las seis preguntas, la procrastinación o la negación juegan un papel muy importante en tu vida económica. Cuatro o cinco «síes» señalan un papel importante. Dos o tres «síes» indican una importancia moderada. Un «sí» indica un nivel bajo. Ninguna respuesta afirmativa conlleva que ésta no es tu categoría en lo relativo al dinero.

Como psiquiatra, sé el esfuerzo que se necesita para superar la negación de estos asuntos. Y es algo que los procrastinadores deben querer hacer. Después, gradualmente, pueden entrenarse para tratar los temas monetarios a un ritmo cómodo, para no caer automáticamente en su negación cuando se sientan agobiados. El secreto de abandonar la procrastinación consiste en encontrar el punto de equilibrio entre aceptar las obligaciones financieras y tomarse el tiempo necesario para relajarse y evitar el estrés. Entonces los asuntos financieros consistirán más en el equilibrio y la autoconciencia que en pagar las consecuencias de vivir sin hacerles caso. El siguiente ejercicio te servirá de ayuda.

## ABANDONAR LA PROCRASTINACIÓN Y LA NEGACIÓN, IMPONERSE PEQUEÑOS OBJETIVOS

- *Estar dispuesto a cambiar.* La voluntad de admitir y librarte de viejos hábitos es un buen comienzo. Dite a ti mismo: «Puedo aprender a manejar el dinero de una manera eficaz, en relación con el tiempo».
- *Comienza con un pequeño objetivo doble.* Divide las tareas grandes y complicadas en partes más pequeñas. Termina una, sin importar lo pequeña que sea. Por ejemplo, comienza pagando la factura del teléfono, en lugar de hacerte cargo de todo lo que haya en tu cuenta bancaria. Después podrás pasar a otra tarea. No superes cuatro tareas en un mismo día.
- *Permanece concentrado y minimiza las distracciones.* Revisa el correo electrónico, tu Facebook y tu correo de voz sólo dos veces al día, y no cada diez

minutos. Encuentra una habitación tranquila donde puedas concentrarte. Resiste el deseo de tomarte un descanso o de hacer alguna otra cosa.

- *Ponte un plazo máximo.* Dite a ti mismo: «Habré pagado cuatro facturas en una hora». Así no te sentirás tentado a posponer la tarea.
- *Reafirma tus éxitos.* Felicítate por el buen trabajo que has hecho. Si surgen pensamientos perfeccionistas, como por ejemplo «Debí haber hecho más», añade «Gracias por compartir» y elógiate de nuevo.
- *Relájate y diviértete.* Recompénsate por los pasos positivos que vayas dando. No te sientas tentado a tratar más asuntos económicos el mismo día y arriesgarte a sentirte agobiado. Mañana podrás volver a hacer este ejercicio y establecer otros pequeños objetivos. Este enfoque te permite experimentar el éxito, ir progresando hasta llegar a grandes objetivos y acabar con la negación que supone la procrastinación.

## Tipo relacionado con el dinero número 3: El adicto a gastar

Los adictos a gastar prefieren la emoción de gastar a la seguridad de ahorrar dinero. Comparados con los que corren riesgos con éxito, que se arriesgan calculadamente con un plan financiero claro, los pertenecientes a esta categoría gastan movidos por impulsos, se lo puedan permitir o no. Gastar se convierte en una droga, en una forma de automedicación contra la autoestima baja, los daños y las decepciones, tratando inútilmente de llenar los huecos emocionales con cosas materiales: una solución temporal, en el mejor de los casos. (También pueden tener adicción cruzada con el alcohol, el sexo, la comida u otras sustancias). Pero nada es bastante para ellos. Los adictos a gastar de alto nivel no pueden dejar de hacerlo a pesar de las consecuencias negativas, una compulsión que conocen muchos adictos al juego y a las compras. Exprimen al máximo sus tarjetas de crédito, piden prestado para pagar los artículos básicos para vivir, o ponen en peligro los ahorros de toda su vida. Después mienten para borrar las pistas que van dejando.

Los adictos a gastar tienden a ganar dinero y a perderlo rápidamente. No tienen miedo de gastar, ni tampoco son aprensivos ante el dinero; tienen el descaro de apostar fuerte y a veces ganan. Sin embargo, son adictos al subidón de adrenalina que conlleva el hecho de correr riesgos y ganar dinero fácil. Los jugadores compulsivos son una versión extrema de los adictos a gastar. Las investigaciones demuestran que estos jugadores, en su vida cotidiana, tienen niveles normales de adrenalina inferiores a los de quienes juegan sólo de vez en cuando. Biológicamente, es posible que ansíen la estimulación de apostar para elevar sus niveles de adrenalina. Lo que hace tan difícil dejar de jugar es que, cuando intentan acabar con su hábito, su adrenalina baja enormemente y experimentan una especie de síndrome de abstinencia, lo que les lleva a estar inquietos e irritables.

Todos los adictos a gastar viven al límite; el caos y el drama andan en torno a sus economías. Hay grados de adicción a gastar, desde ocasionales escapadas para hacer compras, hasta perder el dinero para la universidad de sus hijos en la mesa de *blackjack*. En cualquier caso, el ansia por comprar, apostar o gastar en exceso es difícil de abandonar.

Para averiguar si perteneces a esta categoría, haz el cuestionario siguiente.

### TEST: ¿SOY UN ADICTO A GASTAR?

- ¿Tengo dificultades para controlar mis gastos?
- ¿Siento estimulación al gastar o apostar dinero?
- ¿Tiendo a gastar en exceso para olvidar las preocupaciones, los enfados o la soledad?
- ¿Soy un comprador compulsivo, incapaz de no hacer caso a «ofertas» que no me puedo permitir?
- ¿Están afectando mis deudas a mi estado de ánimo y a mi reputación?
- ¿Tengo un historial de crédito negativo?

Si has contestado «sí» a las seis preguntas, es porque los gastos adictivos juegan un papel muy importante en tu vida económica. Cuatro o cinco «síes» indican un papel importante. Dos o tres «síes» indican un papel moderado. Un «sí» indica un nivel bajo. Ninguna respuesta afirmativa indica que ésta no es tu categoría principal.

La adicción a gastar es principalmente un problema emocional y espiritual, no económico. Entre los tratamientos se encuentra la psicoterapia, los programas de doce pasos, como los de las entidades Jugadores Anónimos o Deudores Anónimos, y aprender habilidades de manejo del dinero. La curación nace de aprender a tratar y abandonar las emociones perjudiciales, sin intentar compensarlas gastando. Además, los programas de doce pasos enseñan que el autoconocimiento y la fuerza de voluntad no son suficientes por sí mismos para curar la adicción a gastar. Para la recuperación también es necesario entregar la voluntad recurriendo a la ayuda de un poder superior. Admitir tu impotencia a la hora de tratar con dinero de una forma saludable, y que todos tus mejores esfuerzos para controlar el gasto fracasaron, son los primeros pasos para conseguir esta entrega. Además, practica el siguiente ejercicio.

## ABANDONA TU ADICCIÓN A GASTAR, SINTONIZA CON UN PODER SUPERIOR

- *Reconoce el problema.* Ser sincero sobre la propia incapacidad para controlar tus gastos es el primer paso hacia la curación.
- *Identifica qué es lo que te perturba, antes de gastar dinero.* Por ejemplo, «No me siento valorado en el trabajo» o «Estoy enfadada porque mi novio anuló nuestra cena».
- *Pide que se alivie tu urgencia por gastar.* Cuando te llegue un intenso deseo por gastar, detente y respira. Aunque todas las células de tu cuerpo te estén gritando «Para sentirme mejor, necesito ese monedero de 500 dólares o ese Mercedes», prueba algo distinto. Di para tus adentros: «Me siento impotente para detener mi ansia por gastar. Me entrego a ti. Por favor, líbrame de este problema». Repite este ruego todas las veces que quieras. Después relájate, sigue respirando y siente cómo el ansia disminuye con esta entrega espiritual.

### Tipo relacionado con el dinero número 4:
### El ahorrador, avaro o acaparador

Estos tipos de persona son prácticos, buenos para planificar de cara al futuro y ahorrar para las malas épocas. Si sus ingresos se lo permiten, aportan dinero a un plan de pensiones, evitan tener la tarjeta de crédito en números rojos y no gastan en exceso, a menos que sea necesario. Piensan con claridad en el dinero y se limitan a comprar lo que está a su alcance. Valoran la seguridad económica, salen en busca de ofertas y coleccionan cupones de descuento, pero no son tacaños: muchos también incluyen en su presupuesto el pago del diezmo a alguna creencia o congregación. Ahorrar de forma sensata requiere reflexión y compromiso.

Sin embargo, es distinto ser económicamente responsable que obsesionarse con el tema. Los ahorradores que se exceden pueden convertirse en tacaños o avaros miserables. Les resulta difícil disfrutar de su dinero, tomarse unas vacaciones o gastar en ellos mismos y en otras personas. Los avaros se niegan el hecho de disfrutar por un excesivo apego al dinero, por temor a pasar penurias o al despido. Estas personas no se divierten ni prosperan. Aunque los ahorradores tienen impulsos positivos para conservar su dinero, ser un miserable es el lado oscuro del ahorrador. Al sentir que pierden el control sobre su vida, se vuelven excesivamente controladores en lo relativo a su economía. Pero ningún saldo de cuenta bancaria será suficiente para aliviar su ansiedad, o para hacer que se sientan seguros en este mundo.

Para saber si perteneces a esta categoría, haz el siguiente cuestionario.

### TEST: ¿SOY UN AHORRADOR?

- ¿Soy meticuloso con el hecho de ahorrar dinero, pero sin amasar dinero?
- ¿Prefiero las inversiones conservadoras al hecho de correr riesgos?
- ¿Soy capaz de disfrutar gastando dinero en cosas que puedo permitirme?
- ¿Intento no gastar más de lo que gano?
- ¿Me niego a ser un avaro?
- ¿Doy dinero a organizaciones caritativas?

Si has contestado «sí» a las seis preguntas, ser un ahorrador juega un papel muy importante en tu economía. Cuatro o cinco «síes» indican un papel moderado. Dos o tres «síes» indican que eres un ahorrador, pero tal vez tengas algunos hábitos de avaro que tendrías que aligerar un poco. Un «sí» indica que puedes tener tendencia a ser codicioso. Ninguna respuesta afirmativa indica que no perteneces a esta categoría.

La versión más extrema y menos saludable de ahorrador es el acaparador. Se trata de alguien que colecciona posesiones –entre ellas cosas como revistas, notas o periódicos– y no puede librarse de ellas. Últimamente, el hecho de acaparar se da a conocer a la opinión pública en programas de televisión que, sorprendentemente, muestran las casas de personas que están tan llenas de cosas que quienes allí viven apenas pueden moverse.

Cuando un ahorrador se convierte en avaro o acaparador, puede tratarse de un trastorno obsesivo-compulsivo que los impulsa a aferrarse al dinero o a otras cosas para aliviar su ansiedad, lo contrario a la entrega. Freud atribuía esta conducta a un problema en el aprendizaje del niño de hacer sus necesidades: los avaros y los acaparadores se convierten en anales-retentivos para sentir que controlan.[5] Retienen en los planos emocional y económico; tienen demasiada ansiedad para poder dejarse llevar. Los recuerdos traumáticos también pueden tener algo que ver. El suegro de un paciente, superviviente del Holocausto, tenía buenos ingresos, pero solía recoger ropas viejas por las calles para almacenarlas en su casa. No se permitía tener ningún placer que pudiera aportarle el dinero, y era tacaño con sus parientes. Cuando su querida nieta, una excelente estudiante de universidad, le pidió dinero prestado para comprarse un coche, se lo dio, pero le cobró intereses. Los avaros no piensan sobre el hecho de que aferrarse al dinero limita la abundancia. No pueden dejar de controlar ni ser generosos porque tienen miedo de que llegue un período de escasez. Para evitar convertirte en un miserable, en un avaro Scrooge[6] o en un acaparador, prueba el siguiente ejercicio. Independientemente de que seas un ahorrador sensato o un poco tacaño, te ayudará a practicar el acto de dar con alegría.

---

5. En el marco de las teorías freudianas, el niño, entre los 2 y 4 años, pasa por una fase en que en la obtención del placer predomina la zona erógena anal. Según Freud, en este período, el niño puede sufrir una fijación retentiva o expulsiva, lo cual marcará en cierto modo su carácter durante el resto de su vida. Para Freud, el hecho de ser avaro se debe a ser del tipo anal-retentivo, como dice la autora de este libro. *(N. del T.)*
6. Scrooge es el tacaño protagonista de *Un cuento de Navidad*, de Charles Dickens, que tantas versiones ha tenido en el cine y en la televisión. *(N. del T.)*

## ABANDONA LA AVARICIA, PON EN PRÁCTICA LA GENEROSIDAD ANÓNIMA

Reparte abundancia dejando pequeñas cantidades de dinero para que la gente las encuentre. En el sitio que tú elijas, deja entre 1 y 5 euros, pero sin que te vea nadie. Puede ser en cualquier lugar: el vestíbulo de una clínica médica, el baño de un edificio público, una planta colocada en una maceta. Alguien lo encontrará y se sentirá afortunado. Después creerá que todo es posible. Experimenta la felicidad que conlleva hacerlo, conforme abandonas tu avaricia. Conviértete en un duendecillo que reparte dinero y abundancia.

### Tipo relacionado con el dinero número 5: El que gasta por intuición

Esta categoría incluye a individuos que se sienten cómodos utilizando la intuición en sus decisiones financieras. No son cautivos de una mente excesivamente controladora. En su mejor versión, quienes gastan intuitivamente equilibran la lógica con el instinto interno en lo que se refiere al manejo del dinero, las contrataciones y las inversiones. Esto les concede una ventaja: tienen acceso a múltiples modos de información, en lugar de vivir sólo basándose en su razón. Si no saben qué hacer, dejan tiempo para que la intuición trabaje el problema. La revista *Science* informa de que los compradores tomaban mejores decisiones cuando consultaban con la almohada y utilizaban la sabiduría de su subconsciente. Ya sea que la intuición recomiende que se gaste o que no, no se apartan de lo que les ha indicado. Además, no tomarán decisiones que puedan conllevar beneficios, si la situación se vuelve poco adecuada. Los empresarios que se dejan llevar por su intuición invierten en personas, de modo que tienen en cuenta la química del equipo. Steve Jobs, fundador de Apple, decía sobre el hecho de contratar a personas: «En último término, se basa en tu intuición». Quienes gastan de forma intuitiva «hacen caso a sus emociones» y siguen a su intuición en lo relativo a las decisiones financieras. Es famoso por esto el magnate de los hoteles Conrad Hilton, a quien se le conocía como «Connie el de las corazonadas». No obstante, los pertenecientes a esta categoría se meten en problemas cuando simplemente siguen sus impulsos y no hacen caso a la lógica. Asimismo, quizás malinterpreten una situación económica si no pueden distinguir la intuición de las ilusiones, o del miedo.

Para saber si perteneces a esta categoría, haz el siguiente cuestionario.

## TEST: ¿SOY UNA PERSONA QUE GASTA POR INTUICIÓN?

* ¿Reviso con mi intuición mis asuntos financieros?
* ¿Busco respuestas más allá de la lógica?
* Si una decisión parece correcta, ¿actúo de acuerdo con ella? Si no lo parece, ¿logro olvidarme del tema?
* ¿Confío en mi intuición, cuando me indica que tenga cuidado con una inversión?
* ¿Corro riesgos financieros razonables basándome en mi intuición?
* ¿Consulto con mi intuición en lo referente a cómo hacer dinero de forma creativa, y en dónde invertir o donar?

Si has contestado afirmativamente a las seis preguntas, confías en tu intuición, que juega un papel muy importante en tus hábitos de gasto. Cuatro o cinco «síes» indican un papel importante. Dos o tres «síes» indican un papel moderado. Un «sí» indica un nivel bajo. Ninguna respuesta afirmativa indica que ésta no es tu categoría relacionada con el dinero.

Algunas personas que gastan por intuición han tenido que aprender a confiar en sus sensaciones internas. Uno de mis pacientes ignoró un aviso de su intuición que le aconsejaba que no comprara un coche, porque su parte lógica preguntó «¿Por qué no, si puedo permitírmelo con mi presupuesto». Poco después de la compra, tuvo que afrontar gastos médicos inesperados que no pudo permitirse. Además, la sensación de remordimiento después de comprar puede ser indicio de que no hemos hecho caso a nuestra intuición. Otro paciente compró un magnífico sofá cuando su intuición le había dicho que no, y terminó sufriendo dolor de espalda por su culpa, aunque en la tienda parecía muy cómodo. Y un paciente que tenía ansiedad por comprar una casa sentía una fuerte voz interior que le decía que firmara los documentos, que todo iría bien. Y así fue. Estas experiencias han ayudado a mis pacientes a confiar en su intuición en mayor medida, en asuntos futuros relacionados con el dinero. Las personas que gastan por intuición y con sensatez también tienen un buen sentido común. Si sospechan que sus contables están manipulando los libros de cuentas, no se basan en su intuición para demostrarlo, sino que recurren a un auditor. Pero si están a punto de gastar dinero en algo que no les parece adecuado, entonces su intuición les aporta claridad. Las personas que gastan intuitivamente pueden ser brillantes en el acto de invertir dinero, si tienen claro a qué tipo de mensajes se están entregando. La clave consiste en dejar de pensar en exceso y de tener miedo, y en confiar en verdaderas intuiciones. A continuación ofrezco unas pautas para seguir.

## ENTRÉGATE A LA INTUICIÓN, ACTÚA SEGÚN SU CONSEJO

- *Sintoniza con tu sabiduría interna.* Cuando tomes una decisión que implique gastar, pregúntate para tus adentros si se trata de una elección adecuada. A continuación, pasa unos momentos en silencio para notar qué sientes en tu interior. ¿Náuseas? ¿Un nudo en el estómago? ¿Relajación? ¿Qué tal tu cuerpo? ¿Sientes más energía? ¿O este gasto se siente más como un dolor de cabeza que como un bien? Presta atención también a las ideas que puedan surgir en tu mente y a los momentos de iluminación, en relación con el hecho de seguir o de no hacerlo.
- *Confía en estas intuiciones fiables.* Las auténticas intuiciones transmiten información de forma neutral y sin emociones; son simples datos. O bien pueden incluir un tono comprensivo y reafirmante, y que las sientas como correctas o incorrectas en tu interior. A menudo aportan una sensación de objetividad, como si estuvieras viendo una película. No confíes en los mensajes con una fuerte carga emocional o con un intenso deseo ligados a ellos. Normalmente se tratará de miedos o de ilusiones.
- *Déjate llevar y emprende acciones.* Sigue lo que te dicte tu intuición, sin resistirte a ella ni llevarle la contraria. Después registra los resultados. Los éxitos se van acumulando uno tras otro, lo que te permitirá seguir entregándote a tu intuición.

Me gustaría que utilizaras los cinco tipos relacionados con el dinero que he descrito, a modo de plataforma para el crecimiento, aunque actualmente no pertenezcas al tipo que te gustaría. Independientemente de con qué categoría te identifiques, siempre será esencial equilibrar el acto de dar con el de ahorrar; y si decides correr ciertos riesgos que has visto en tus sueños, debes evitar que el miedo te paralice. Al conocer tu tipo y estar dispuesto a abandonar patrones negativos, te encontrarás en una mejor posición financiera.

La generosidad está íntimamente relacionada con la abundancia. Permite liberar la energía asociada a ella, y que tu corazón (junto con una planificación inteligente) guíe tus asuntos económicos. Aporta dinero a causas con las que sintonices. Recientemente, yo doné dinero para comprar un Buda de treinta metros de alto en un pueblo de alta montaña, empobrecido y alejado de todo centro urbano, en Tailandia. Ayudar a su comunidad a construir un lugar sagrado para ellos me hizo feliz (lo mismo que las fotos que recibí de las sonrientes personas que rezaban allí). Cuando donas algo, aunque sea poco, liberas rigidez relacionada con el dinero, de muchas maneras. Es como decir al mundo entero: «No me voy a reprimir. Compartiré todo lo que pueda. Quiero permanecer abierto, fluido y lleno de buena voluntad». Mi consejo es que lo hagas ya mismo. Dar, partiendo de tu corazón, atraerá la prosperidad.

En este capítulo he ofrecido una perspectiva sobre el dinero basada en entregarnos a la sabiduría de nuestro intelecto, nuestra intuición y nuestro espíritu. Para unos resultados financieros óptimos, utiliza todos ellos; pero recuerda que la *gratitud* por lo que tenemos es lo que nos hace felices. El dinero sacará lo mejor o lo peor que hay en nuestro interior. Con las herramientas que he ofrecido, tu mejor «yo» podrá imponerse. No creas nunca que te encuentras solo en la búsqueda de la fidelidad a tu mejor integridad financiera. Siempre tendrás un amigo cerca de ti para animarte, si no puedes evitar cuestionarte tus ideales. Estoy de acuerdo con mi amigo empresario, que dice: «Quiero ser un multimillonario de karma». Independientemente de cuánto dinero tengas, permite que convierta tu vida, y el mundo, en un lugar mejor. En palabras de Buda: «Ni el fuego ni el viento, ni el nacimiento ni la muerte, pueden borrar nuestras buenas acciones». La abundancia es un estado de la mente, más que un reflejo de nuestro dinero.

Aun así, cada uno de nosotros tiene un karma económico distinto. Con el paso de los años, he observado cómo algunos pacientes parecen convertir todo en oro, sin ningún esfuerzo, mientras que otros trabajan sin cesar y ahorran, pero no pueden amasar una fortuna. Por qué sucede esto es algo que a veces está más allá de la mejor estrategia financiera: tiene que ver con el destino. El transcurso de las vidas de las personas difiere según las necesidades de sus almas. (Sigo diciendo que ganar más no siempre es mejor). En este punto es cuando la entrega resulta liberadora. Si no estás destinado a ser rico, aunque lo intentes con fuerza, procura estar en paz con tu destino, por muy duro que sea en este mundo materialista en que vivimos. No te tortures. No has hecho nada mal. Lo importante en todo momento es sacar el mejor partido de lo que tienes, ser generoso siempre que puedas y generar amor en torno a ti. Libérate. Déjate llevar. Agradece las pequeñas cosas de la vida. La recompensa de la entrega, tanto en las finanzas como en todo lo demás, consiste en experimentar la bendición de ceder ante lo que hay.

En una ocasión, en un retiro de meditación, mi maestro de taoísmo me advirtió contra el deseo de ganar grandes cantidades de dinero. Su comentario me sorprendió: yo nunca había tenido ese deseo, ni tampoco existía esa posibilidad. Después, de forma simultánea, saliendo de la nada, una importante agencia de publicidad contactó conmigo para hacerme una oferta realmente lucrativa para que recomendara un producto. Por supuesto, despertaron mi interés y consideré la oferta. Pero en última instancia tuve que rechazarla, aunque decir «no» fuera difícil. En mi interior sentí que la proposición no era buena, porque estaría recomendando algo en lo que yo no creía. Hacerlo me habría costado mucho más que el dinero que me iban a pagar. En mi caso, mi cuerpo seguramente se habría rebelado, como lo ha hecho siempre que he seguido un camino equivocado. Dicho claramente, habría enfermado del estómago, o algo peor. La admonición de mi maestro me hizo ser consciente de cómo la riqueza, y los temas tan complejos que la acompañan, podrían apartarme de la tranquila sencillez de la vida y de la radiante salud que necesito para prosperar. Deseo honrar lo más sagrado de mi vida y hacer todo lo posible por no apartarme de lo que me indica el corazón. Pero cuando me siento tentada o desfallezco, quiero recuperarme rápidamente y dirigirme hacia el amor, siempre el amor. Todo lo relacionado con el dinero –tenerlo y no tenerlo– puede canalizar este tipo de entrega en todos nosotros si permitimos que así ocurra.

---

**AFIRMACIÓN DE ENTREGA PARA CONSEGUIR LA ABUNDANCIA**

*Me comprometo a amarme a mí mismo en relación con el dinero. Si tengo que atravesar momentos difíciles, no me torturaré. Si paso por un buen momento, disfrutaré de mis bendiciones y ayudaré a otros con lo que yo tengo. Me comprometo con la abundancia a todos los niveles.*

---

*Segunda parte*

# ENTENDER A LAS PERSONAS Y EL ARTE DE LA COMUNICACIÓN

*Cruza hacia el otro lado.*

THE DOORS

# 4

# LA CUARTA ENTREGA

*Aprender el arte de entender a las personas*

Déjame contarte el secreto de cómo entender a las personas. Es una habilidad poderosa, aunque práctica, que debe utilizarse responsablemente y con humildad. Para hacerlo, te mostraré cómo perder la cabeza un poco y entregarte de buena manera.

La lógica, por sí sola, no te contará todo sobre nadie. Debes también entregarte a otras formas vitales de información, de forma que puedas aprender a interpretar las claves no verbales que expresan las personas. Así evitarás cualquier tipo de limitación que te impida percibir con mayor profundidad. Entregándote a nuevas formas de conocimiento, estarás diciendo al universo: «Estoy abierto a entender a los demás para cultivar lo mejor de nuestras relaciones y solucionar conflictos comprensivamente». Después, con la mente y el corazón abiertos, podrás escanear con sagacidad las sutilezas de la conducta humana –ya sea que trates con tu jefe o con tu cónyuge–, a fin de captar el estado mental consciente e inconsciente de la gente.

Lo que estás a punto de descubrir puede introducirte a capacidades que tal vez ni siquiera sepas que tienes. Una vez que puedas interpretar a las personas sin que el intelecto te perturbe, tus relaciones nunca serán iguales. Soy consciente de lo arraigada que se encuentra la idea de «la mente lo sabe todo», en nuestro mundo hiperintelectualizado y en la medicina convencional. Pero quiero ayudarte a abandonar este dogma, para que no te impida ver a la persona por completo. Para conseguirlo, debes estar dispuesto a abandonar cualquier tipo de prejuicio o bagaje emocional, como antiguos resentimientos o conflictos entre egos que te impidan contemplar a alguien claramente. Lo importante es recibir la información de forma neutral, sin distorsionarla. Después, cuando te olvides de quién crees que es tal o cual persona, y puedas conocerla de verdad, podrás establecer una conexión mutua útil y maravillosa. El objetivo es obtener una comunicación mejor y empatizar con el lugar de donde proceden las personas, aunque mantengas algún desacuerdo con ellas. Nunca se trata de controlar o de manipular. Cuando puedas interpretar a la gente, podrás llegar hasta ellos, especialmente si nada de lo que estás diciendo le alcanza, o si alguien parece imposible de tratar. Esta habilidad proporciona una visión de rayos X en los casos difíciles, ya se trate de que un miembro de tu familia se siente incomprendido o que tú sospeches que un competidor te la está jugando. También puede sintonizarte con los deseos de seres queridos, para que puedas aportarles alegría.

Mi trabajo como psiquiatra consiste en conocer a las personas; no sólo lo que dicen, sino quiénes son. Interpretando claves verbales y no verbales, intento ver más allá de sus máscaras y llegar a la persona real, la que puede estar escondida, asustada o tratando de parecer importante, pero que en su interior teme no valer nada. Son simplemente resistencias que surgen cuando nos ponemos tensos o a la defensiva. Intento saber lo que limita a las personas y lo que las eleva hasta las estrellas. Puesto que estoy especializada en casos difíciles, como por ejemplo reconciliar familiares que se han distanciado, solucionar discusiones en los lugares de trabajo y curar la falta de confianza, enseñar a mis pacientes a interpretar a otros les ayuda a responder estratégicamente, en lugar de limitarse a reaccionar. Pero algunos pacientes no están totalmente seguros de por qué acuden a mí; tan sólo se sienten desconectados o perdidos. Mediante nuestro trabajo, les ayudo a encontrar la respuesta.

En la escuela de Medicina me enseñaron a interpretar los síntomas de las enfermedades del cuerpo: la piel amarillenta de la ictericia, los ojos protuberantes del hipertiroidismo, las pantorrillas hinchadas del fallo cardíaco. Sin embargo, la forma en que interpreto actualmente a las personas integra las habilidades que aprendí en la escuela de Medicina, pero va más allá. Por mucho respeto que tenga —y que disfrute— por la mente analítica y deseosa de hechos a la que tanta importancia dieron durante mi formación, debemos aprovechar otros tipos de inteligencia. Hacer esto es una forma enormemente satisfactoria de creatividad cuando puedes combinarla con lo anterior. La realidad material no siempre me impresiona o me transmite las profundidades de la naturaleza humana. Para ver más allá, las técnicas que utilizo y que te enseñaré incluyen decodificar el lenguaje corporal, las emociones y la energía, además de utilizar la visualización remota. Aprenderás a usar lo que yo llamo «supersentidos», para poder ver más allá de donde sueles poner tu atención, lo cual te ayudará a tener acceso a ideas intuitivas que cambiarán tu vida. Lo que más me fascina es curiosear en los corazones y las almas de mis pacientes, para poder ayudarles de verdad.

Interpretar a la gente te permite descubrir lo mejor de todas las personas, sin importar lo difíciles o molestas que parezcan. Tomemos por ejemplo a Ken, de cuarenta años, un profesor de enseñanza secundaria que llegó a mí debido a sus dolores de cabeza y su estrés. En nuestra primera sesión, mi cabeza empezó también a dolerme en cuanto comenzó a aleccionarme sobre «lo que un terapeuta debe hacer». No me resultó fácil conseguir que me cayera bien. Me di cuenta de que ser controlador era su defensa contra sus inseguridades y su sensación de falta de control. También supe que, en cuanto conociera mejor sus puntos débiles, llegaría a entenderle mejor.

Lo que me permitió seguir adelante fue mi intuición. Con el paso de los años, me he acostumbrado a utilizar las escuchas intelectual e intuitiva simultáneamente. Por eso, en cuanto me senté junto a Ken, tuve una repentina visión interior. Vi a un chico solitario que se evadía de las violentas peleas de sus padres gracias a las novelas de ciencia ficción. Sentí esta imagen de forma clara y precisa. Ofreció a mi corazón una rápida manera de conectar con él. Aun así, puesto que él no había hablado aún de violencia doméstica, yo no mencioné el tema hasta que hubo cierta confianza entre nosotros. No obstante, sí le pregunté qué le gustaba leer. La cara de Ken se iluminó inmediatamente y describió su amor por las novelas de ciencia ficción de Robert Heinlein. Esto le impulsó de modo natural a describir la función que la lectura tuvo en su niñez. Mi intuición me ofreció el perfecto rompehielos para empezar a establecer una buena relación con un buen hombre que había llegado a convertirse en un supercontrolador para poder resistir el hecho de vivir en un hogar caótico.

En este capítulo, te invito a examinar diversos métodos de interpretar a las personas, incluida la intuición. Todos ellos requieren abandonar la pura lógica, para poder recibir también modos alternativos y no lineales de entrada de datos. Los miembros del FBI que se dedican a describir perfiles también reciben formación para hacerlo: acceden a la «intuición experta», una manera rápida de descifrar numerosos niveles de información, desde palabras y gestos, hasta microexpresiones. Descubrirás que estos excelentes descriptores de perfiles, conocidos como «magos de la verdad», combinan sus corazonadas para descubrir información. Te mostraré cómo aplicar estas habilidades propias de un detective también a tu vida. Diviértete: plantéate el hecho de practicar estas técnicas como una aventura de la exploración y la entrega a nuevas formas de conciencia que pueden mejorar tus relaciones. Déjate asombrar un poco; es bueno.

Sin embargo, conocer a las personas conlleva algo más que reunir información. Nos permite entrever el misterio de la experiencia humana. Desaparecerán varias capas de interferencias y surgirá la claridad. Para mí es algo poético y sensual, y me permite sentir los ritmos que impulsan a la gente, sean conscientes de estas influencias o no. Es como fluir con los demás en el sentido más radical: cómo se mueven sus cuerpos, el brillo de sus ojos, la música de sus voces, cómo respiran. Que alguien respire superficial o profundamente dice mucho sobre su capacidad para entregarse y disfrutar. La razón por la que me gusta conocer todo esto es porque la conexión lo es todo para mí; no estoy interesada en echar sólo un vistazo a las zonas externas de la psique. Me maravillo por no tener que reprimirme, de ser capaz de entregarme a una forma de conocer por la que no pretendo entender todo por completo, sino conectar con lo más profundo.

## ENTRÉGATE AL PODER DE LA LÓGICA, Y MÁS ALLÁ DE ELLA

Para conocer con precisión a la gente, debes abandonar los sesgos, deben caer algunos muros. La mayoría de las personas operan a un nivel bajo de sensibilidad en comparación con su verdadera potencialidad, porque confían en el intelecto para interpretar la realidad. Por muy brillante que sea el intelecto, debes estar dispuesto a abandonar las ideas más antiguas y limitantes, y aceptar que:

1. La lógica no dispone de todas las respuestas.
2. Las palabras sólo presentan parte de la historia.
3. Tú eres más que tu mente analítica.

Tu intelecto tal vez se resista a aceptar la intuición porque se niegue a reconocer que hay datos que escapan a su capacidad de conocer el mundo. Pero para acceder a otros tipos de información, debes aprender a superar la «conciencia local», que se define por lo que podemos ver, oír y tocar. Después podrás abrirte a lo que el nuevo paradigma científico denomina «conciencia no local», que se basa más en la intuición y que puede percibir más allá del mundo material. Entregarse en este sentido conlleva, en primer lugar, desviarte mentalmente de tu propio camino, hacer caso a la intuición enmudeciendo la mente. Lo interesante es que cuando la mente queda silenciada, alcanzas automáticamente la conciencia no local. *Lo único que se interpone entre tú y tu intuición es la incesante charla del interior de tu cerebro.* Aprender a librarte de esta charla es algo que te cambia la vida para siempre. Cuando empecé a incluir la intuición por primera vez en el trato a mis pacientes, llegue a un acuerdo conmigo misma: dejaría mi mente entreabierta para poder decidir si la intuición era válida. Estaba probando, y me costaba abandonar mi resistencia, pero esa pequeña apertura era todo lo que necesitaba. Una vez que puedas comenzar a hacerlo, las experiencias intuitivas hablarán por sí mismas.

En los seminarios que ofrezco sobre la intuición a grupos de médicos escépticos, siempre digo: «Probad estos métodos. Fijaos en los resultados con los pacientes. Si os ayudan a ser mejores médicos, seguid utilizándolos». (Asimismo, para evitar suscitar resistencia entre el público, nunca uso «psíquico», un antiguo término que lleva a pensar en videntes y charlatanes). Con mis pacientes, yo me muevo completamente de acuerdo con los resultados. No utilizo técnicas que no me funcionen. Si eres escéptico o te muestras indeciso hacia la intuición, limítate a estar dispuesto a considerar las ventajas de probar algo nuevo. Después decidirás. Lo importante es saber en qué destaca el intelecto, y aceptar adónde no puede llegar. Para superar las resistencias intelectuales, a continuación ofrezco una sencilla solicitud de entrega que puedes hacer.

## UNA SOLICITUD DE ENTREGA PARA ESCÉPTICOS

Déjame estar dispuesto a experimentar.
Déjame estar dispuesto a abrir mi mente.
Quiero librarme de mi cerrazón mental.
Quiero librarme de mi rigidez.
Quiero ser receptivo a lo que aún no he descubierto.

Conforme aprendas a interpretar a la gente, tómate tu tiempo. Piensa en la tarea como en el desarrollo de músculos que antes estuvieron inactivos. Al intelecto le encantan las evidencias factuales; esto configura todos sus argumentos. Por ello, reafírmalo; dile: «No me convenceré de nada hasta que vea pruebas». Cuando tu intelecto reconozca el valor de estas técnicas, se sentirá más seguro al liberar su control cuando te aventures fuera de la zona donde se siente cómodo.

## CÓMO PONER EN MARCHA TUS SUPERSENTIDOS

Los individuos que llegan a conocer bien a los demás están entrenados para interpretar lo invisible y aguzan sus sentidos, incluido el sexto sentido. Son capaces de captar contradicciones verbales e indicios de enfado o inquietud, señales que otros suelen pasar por alto. Durante este proceso, siempre debes preguntarte a ti mismo qué es lo que motiva a esa persona en ese momento. Tener empatía significa ponerte en el lugar de otro, y eso es precisamente lo que conseguirás con una interpretación exitosa. La idea es reunir información de cada capacidad perceptual que tengas, pero no identificarte en exceso con ninguna. Te mostraré cómo ser comprensivo pero objetivo.

Cuando quieras conocer cómo es alguna persona, el primer paso es ser lo más neutral que puedas. Esto te permitirá ser objetivo. Aunque pueda parecer extraño, interpretar a otros no es algo personal. Intenta limitarte a recibir información, sin filtrarla a través de tus creencias personales o tus reacciones emocionales. Mientras sintonizas, puede que te guste la persona que ves, o puede que no. Sin embargo, tu trabajo es observar, no juzgar; no aprobar ni recriminar. De lo contrario, la interpretación trataría por completo sobre tus propios valores y sentimientos, lo cual traicionaría tu propósito. La mayoría de los individuos, cuando miran a otros, sólo se ven a sí mismos. En cambio, cuando eres neutral, tus valoraciones son más exactas. Conocer a otras personas no tiene nada que ver contigo; tiene que ver con quiénes son y qué las motiva.

Para librarte del hecho de juzgar, es útil considerar esta perspectiva: todo el mundo contiene lo mejor y lo peor de la naturaleza humana. Todos tenemos en nuestro ADN el potencial para ser un santo, un pecador y todos los eslabones intermedios. No sólo «los chicos malos» tienen capacidad para engañar, hacerte enfadar o crear una situación dramática. La diferencia es que tú ejerces el control sobre las partes de ti mismo que actúan. Intenta comprender los defectos de los demás, y no condenarnos o criticarlos. Dice el *Hagadá:*[7] «Que mi corazón se mantenga abierto a todas las cosas rotas». Para percibir con precisión a las personas, debes abandonar la idea de juzgarlas.

Antes de que te dispongas a conocer personas, a continuación ofrezco un ejercicio que te recomiendo que utilices para colocarte en posición neutral y silenciar todo el ruido de tu mente.


## ABANDONA LA CHARLA MENTAL Y EL JUICIO

Haz varias respiraciones profundas. Concentra totalmente tu conciencia en el momento presente, no el pasado o el futuro: esto permitirá que la interpretación sea original. Piensa en tu mente como en una pizarra limpia, en blanco. Deja a un lado temporalmente tus problemas, cosas por hacer, juicios y presupuestos. (¡Siempre podrás volver a ellos más adelante!). Si surgen estas u otras ideas, visualízalas pasando por delante, como nubes en el cielo, sin sentirte atado a ellas. Haz lo mismo con las dudas sobre ti, como por ejemplo «Yo no soy intuitivo, no puedo hacer esto». Limítate a dejarlas pasar concentrándote en respirar, no en tus ideas ni en tus miedos. Esto te permitirá olvidarte de la charla mental y la hará dormir para que no se encuentre al frente de tu conciencia. Mientras te dediques a conocer

---

7. Una colección de relatos y rezos, en forma de libro, utilizada por los practicantes de la religión judía. *(N. del T.)*

personas, simplemente registra lo que percibes. No lo analices hasta después. Abandonar la charla interna, aunque sea sólo unos segundos, puede ser toda una bendición. Es un espacio vacío donde se puede flotar libremente y donde todo es posible.

Mientras practiques las cuatro técnicas siguientes, sigue entrenándote para permanecer en una posición neutral. Irás mejorando en todo esto. Estas técnicas proporcionan las distintas piezas del rompecabezas para entender a otras personas. Unas quizás te resulte más atractivas que otras, pero experimenta con todas. Puedes combinarlas y relacionarlas. La idea es escanear todo, desde su lenguaje corporal hasta su energía emocional. No te detengas en excesivos detalles. Limítate a observar lo que más destaca. Incluso un solo dato puede ser revelador. Lleva un registro de tus observaciones, para que siempre puedas acudir a él. Después utiliza lo que has descubierto para detectar las defensas que interponen esas personas, levantar la barrera y poder comunicarte con todas.

## CUATRO TÉCNICAS PARA CONOCER A LAS PERSONAS

### La primera técnica:
### Observa las claves del lenguaje corporal

Si en una conferencia conoces a una mujer que crees que podría ser adecuada para trabajar en tu empresa, ¿cómo puede ayudar a decidirte el hecho de conocerla? O bien estás hablando con alguien en una cafetería y te preguntas si deberías pedirle una cita. Las investigaciones han demostrado que las palabras sólo componen el 7 por 100 de cómo nos comunicamos, mientras que nuestro lenguaje corporal constituye el 55 por 100, y el tono de voz el 30 por 100. Los encargados del FBI de trazar los perfiles también dicen que las microexpresiones, el tono de voz y la mirada pueden revelar ciertos engaños empleados por esa persona.

En este caso, hay que concentrarse en abandonar el deseo de intentar entender con excesiva intensidad las claves del lenguaje corporal. No hay que esforzarse demasiado ni ser excesivamente analítico. Permanece relajado y fluido. Ponte cómodo, siéntate y limítate a observar. Te estás entrenando para desarrollar una visión más detallada del mundo. Registra lo que captas, sin ponerte tenso. Si no captas pistas, o si no estás seguro acerca de las que observas, no fuerces las cosas para que encajen. Espera a que los indicios sean más evidentes. Un esfuerzo excesivo bloquearía el proceso porque estarías intentando forzar algo que no puede forzarse. Después de la recogida de datos, analiza qué indicios parecen ciertos y deja que ellos guíen tus interacciones.

## LISTA DE COMPROBACIÓN DE CLAVES DEL LENGUAJE CORPORAL

### PRESTA ATENCIÓN AL ASPECTO EXTERNO

Esto ofrece información general sobre la personalidad, la imagen corporal y las prioridades. Cuando observes a otras personas, fíjate en lo siguiente: ¿llevan puesto un traje de negocios y unos zapatos bien cepillados, lo cual indica ambición? ¿O unos vaqueros y una camiseta, lo cual indica el deseo de estar cómodos y de vestir informalmente? ¿Un top ajustado que deja ver el escote, una elección seductora? ¿Un colgante, como por ejemplo una cruz o un Buda, lo cual indica valores espirituales? ¿Van cubiertos de joyas caras, lo cual sugiere materialismo o necesidad de impresionar? ¿No llevan ni un pelo fuera de sitio, indicio de perfeccionismo? ¿O están despeinados, lo cual indica falta de cuidado de sí mismos? Fíjate también en si están delgados, tienen un peso normal o están obesos, todo lo cual indica sus hábitos alimenticios, deportivos y de salud, desde la anorexia hasta la adicción a la comida.

### FÍJATE EN LA POSTURA

Cuando observes la postura de una persona, pregúntate: ¿lleva la cabeza bien alta, lo que sugiere autoconfianza? Piensa en un bailarín o un practicante de yoga. (Paris Hilton dice: «Actúa siempre como si llevaras una corona invisible»). ¿O camina de forma indecisa o encogida, un indicio de baja autoestima? ¿Se pavonea con el pecho proyectado hacia fuera, indicio de un ego inflado? ¿Camina con un saltito juguetón, lo cual es indicio de energía y entusiasmo? ¿Tiene una postura decaída, con el cuello proyectado hacia delante, lo que sugiere muchas horas delante de un ordenador o ausencia de ejercicio y de programa de estiramientos? ¿Es su postura rígida, con los hombros elevados hacia las orejas, lo cual revela tensión? ¿O están sus hombros y su cuerpo relajados, síntomas de estar cómodo dentro de su propia piel?

## OBSERVA LOS MOVIMIENTOS FÍSICOS

### Inclinación y distancia

Observa hacia dónde se inclinan las personas. Normalmente, nos inclinamos hacia quienes nos gustan y nos alejamos de quienes no nos gustan. Que una persona se desplace hacia ti puede indicar seducción, interés sentimental o deseo de convencerte de algo. Dependiendo de tu relación con ella, puede resultarte agradable o una violación de los límites personales. En cambio, cuando una persona se aleja de ti mientras habláis, te está transmitiendo que no está interesada. Los personajes famosos, cuando están en público, pueden tener un lenguaje corporal extravagante. Una costumbre que me resulta divertida es que, especialmente las mujeres, suelen saludarse juntando sus mejillas, poniendo los labios como para besarse y lanzan un beso al aire, como si intentaran proteger su maquillaje o su peinado. Asimismo, observa la distancia respecto a ti a la que se colocan las personas. Acercarse demasiado o hablarte delante de la cara puede indicar agresividad, egocentrismo o violación de los límites personales; cuando retrocedes, ese tipo de personas avanza, sin hacer caso de tu necesidad de guardar las distancias. Otros gestos invasivos son darte una palmada en el trasero o en la espalda.

### Brazos y piernas cruzados

Esta postura sugiere estar a la defensiva, enfado o autoprotección. Observa la dirección en que la persona cruza sus piernas. Mientras está sentada, tiende a apuntar, con los dedos del pie que está arriba, a alguien con quien se siente cómoda; y los aleja de quienes no le gustan. Los hombres y las mujeres que se sientan con las piernas totalmente abiertas lanzan señales sexuales. Dar golpeteos con los pies o no dejar de mover las piernas son síntomas de ansiedad.

### Señalar con el dedo

Esto puede sugerir culpa, crítica, enfado, o decir a alguien lo que debe hacer.

### Esconder las manos

Cuando una persona coloca sus manos en el regazo, en los bolsillos, o las coloca detrás de la espalda, está indicando que esconde algo. Es posible que te esté contando una cosa, pero no la historia completa. Chascarse los nudillos es un gesto de tensión.

**Estar de pie con las piernas separadas a la anchura de los hombros**
Esta posición indica dominación y determinación. Cuando se defiende algo en una discusión, este clásico gesto de poder comunica que su decisión es firme.

**Morderse los labios o rascarse la cutícula de las uñas**
Cuando una persona se muerde o se lame los labios, o bien se rasca la cutícula de las uñas, está intentando aliviar la presión o se encuentra en una situación desagradable.

**Apartarse el cabello de la cara**
Este movimiento, junto con sacudirse el cabello, puede indicar ansiedad, coqueteo o una combinación de ambas cosas. Llama la atención hacia su cara y su cuello, y suele ser un indicio de que a esa persona le atrae alguien, especialmente si lo hace una mujer.

**Indicios de estar mintiendo**
No hay pistas infalibles, pero estos gestos hacen sospechar a los miembros del FBI que se encargan de trazar perfiles. Los hombres tienden a acariciarse el cuello, lo cual les calma y disminuye la frecuencia cardíaca. En las mujeres, tocarse la escotadura del esternón, en la parte superior del pecho, indica incomodidad y autoprotección. Asimismo, rascarse la nariz puede ser un indicio de estar mintiendo: mentir suele elevar el nivel de adrenalina, que dilata los capilares, lo cual, a su vez, hace que pique la nariz. Además, durante un interrogatorio, si el sospechoso se aparta de quien pregunta (una «inclinación no verbal del torso»), indica ausencia de sinceridad o evitación.

## INTERPRETA LA EXPRESIÓN FACIAL

Saber leer la cara es un antiguo sistema de evaluar el carácter. Refleja nuestro temperamento, estado de ánimo y enfoque vital. Como parte de la interpretación de la cara de la gente, observa lo siguiente: ¿es seria su cara? ¿Penetrante? ¿Triste? ¿Sonriente? ¿Enfadada? ¿Inocente? ¿Cruel? ¿Pacífica? ¿Se sonroja, lo cual indica turbación? ¿O tiene lágrimas de tristeza o de alegría? Las emociones pueden dejar marcas en nuestra cara. Unas profundas líneas horizontales en la frente sugieren preocupación o pensar demasiado. Las patas de gallo son las líneas de la sonrisa, indicios de alegría. Los labios fruncidos indican enfado, desprecio o dureza. La mandíbula tensa y los dientes que rechinan son indicios de tensión. Los encargados de elaborar los perfiles del FBI dicen que, cuando hay microexpresiones de miedo, enfado, o una sonrisa siniestra, que no encajan con la satisfacción del habla de una persona, se está indicando engaño.

## MANTÉN EL CONTACTO VISUAL

Los ojos son el espejo del alma. Cuando observes a alguna persona, pregúntate si mantiene el contacto visual con seguridad, o si sus ojos vagan sin rumbo, lo cual sugiere distracción, falta de interés o evitación. (Los que elaboran los perfiles en el FBI asocian el escaso contacto visual con la mentira). ¿Te mira fijamente a los ojos sin apartar la mirada, sugiriendo dominación? Esta táctica de intimidación se utiliza en el trabajo policial. (Los depredadores nunca apartan la mirada de su víctima. En un combate, los animales más débiles apartan la mirada). ¿Son sus ojos inquisitivos e intrusivos, lo cual indica falta de respeto a los límites personales o necesidad de controlar? ¿O mantiene una distancia respetuosa, a la vez que sigue en contacto contigo? ¿Tiene la mirada furtiva, lo cual sugiere manipulación o engaño? ¿Ojos malvados? ¿Amables? ¿O tal vez amorosos, echando miradas a tu cuerpo, un signo de atracción? Las personas que están cansadas pueden tener círculos oscuros en torno a los ojos. Los ojos vidriosos y rojos indican llanto o alergias. Además, bajo estrés, nuestros párpados experimentan tics y pestañeamos con más frecuencia. La tasa normal de pestañeo es de entre seis y ocho veces por minuto. Los patrones de pestañeo pueden revelar lo tranquilo o tenso que está alguien. Cuando dos personas hablan sobre un tema que les interesa, establecen contacto visual, por término medio, entre el 30 y el 60 por 100 del tiempo.

## PRESTA ATENCIÓN A LOS OLORES

Tenemos un millar de tipos distintos de receptores olfativos, y podemos detectar más de diez mil olores. Nuestro olor corporal puede revelar hábitos personales. ¿Notas olor a cigarrillos, puros o alcohol? ¿Puedes detectar olor corporal o mal aliento, lo que sugiere un mal cuidado de la salud o algún problema médico? ¿Es su perfume o colonia abrumador, comunicando «fíjate en mí», un deseo de atraer (incluso dominar) o una insensibilidad a cómo influya en los demás? ¿Te sientes atraído por su olor, una atracción animal? ¿Es atractivo su olor? Las feromonas son hormonas de la atracción que funcionan subliminalmente como un afrodisíaco.

## OBSERVA LOS PATRONES DE RESPIRACIÓN

Lo rápido o lento que respiramos puede aportar información. Las personas que andan con prisa, que se quedan pensando o están preocupadas se olvidan de respirar profundamente. Tienden a retener la respiración; apenas se les ve mover el pecho. Esto indica rigidez, tensión, o la necesidad de controlar en exceso. La hiperventilación o respiración rápida está asociada con ansiedad, enfado, emociones extremas o enfermedades. Los especialistas del FBI dicen que las espiraciones rápidas pueden indicar mentira o nerviosismo. Una respiración relajada, en la que el pecho se expande y se contrae lentamente, indica ausencia de tensión, una relación entregada con la vida y una conexión saludable con el cuerpo.

### ACCIÓN POSITIVA: APLICA LO QUE HAS APRENDIDO
### SOBRE EL LENGUAJE CORPORAL

Utilizando la lista de comprobación de indicios que he ofrecido, puedes practicar la lectura de claves del lenguaje corporal dondequiera que vayas. Adopta la costumbre de observar a la gente. Te recomiendo que comiences con extraños, y de esa manera podrás mantener la neutralidad con mayor facilidad. Acude a un centro comercial, un supermercado o un parque. Observa cómo mira y se mueve la gente. Es fascinante. Observa la posición de sus cuerpos mientras comen, extienden un cheque, hablan con sus familiares o simplemente andan por ahí. Pero no los mires descaradamente, ya que eso hace que cualquiera se sienta incómodo.

A continuación describo cómo utilizo esta información sobre el lenguaje corporal para descubrir los sentimientos ocultos de mis pacientes. Tomemos por ejemplo a Angie, que decía que se sentía bien con su divorcio mientras flexionaba sus brazos y los pegaba a su cuerpo, como si de ello dependiera su vida, lo cual señalaba miedos que no expresaba verbalmente. O a Jack, que prometía que había dejado de fumar, aunque olí a humo en su ropa, lo cual revelaba la verdad. O a Izzy, un programador informático muy nervioso, que decía que su madre «no podía hacer nada malo», pero que chascaba sus nudillos siempre que hablaba de ella, lo que indicaba un conflicto reprimido. En el momento adecuado, informo a mis pacientes sobre su lenguaje corporal, para ayudarles a descubrir lo que revela de ellos mismos. Puesto que estos gestos físicos suelen ser inconscientes y automáticos, la gente raramente se da cuenta de lo que están transmitiendo.

En cada ámbito de tu vida, estas habilidades te beneficiarán, desde el hecho de constituir una ventaja en reuniones de negocios hasta generar empatía en las personas cercanas a ti. Por ejemplo, si un compañero de trabajo está sentado sobre sus manos mientras compartís los detalles de un proyecto, podrías, con mucho tacto, pedirle la información que puede haber omitido. O bien, si tu hermana se está mordiendo el labio mientras discute sobre la imperdonable mala educación de su hijo adolescente, este síntoma de ansiedad te indica que seas especialmente dulce con ella. Considérate un explorador del mundo, que perfecciona sus poderes de observación. De nuevo, entregarte conlleva abandonar todo prejuicio y limitarte a seguir el hilo de lo que te dicen los cuerpos de las personas.

### La segunda técnica: Haz caso a tu intuición

Puedes sintonizar con alguien y penetrar en él, más allá de su lenguaje corporal y sus palabras. La intuición es lo que sientes internamente, no lo que dice tu cabeza. Es información no verbal que percibes mediante imágenes, momentos de inspiración y conocimientos corporales, no con la lógica. Si quieres entender a alguien, lo que más importa es qué tipo de persona es, no sus trampas externas. La intuición te permite ver más allá de lo evidente, para poner de manifiesto una historia más rica en detalles.

Cuando sintonices, debes tener cuidado de no proyectar en otros lo que los investigadores de la parapsicología llaman «solapamiento intelectual». Tiene lugar cuando tu mente distorsiona la exactitud de una interpretación intentando hacer que encaje con presupuestos esperados. Esto no será beneficioso si quieres hacer caso a la intuición. En una ocasión tuve la intuición de que una paciente tenía una relación sentimental con alguien llamado Sam. Le pregunté sobre ese misterioso tipo que ella no había mencionado durante nuestras sesiones, y su cara se iluminó con una sonrisa. «Estás muy cerca –dijo ella–. ¡Sam es mi nuevo cachorro chihuahua!». Las dos nos reímos mucho de mi equívoco respecto a la situación. Sin darme cuenta, había supuesto que Sam era un hombre, un ejemplo de solapamiento intelectual que me recordó cómo pueden intervenir los supuestos. O bien, imagina que tu madre dice sobre un chico con quien le gustaría que tuvieses una cita: «Todo el mundo adora a Harold. Yo le adoro. Tú también lo harás». Esta declaración podría enturbiar lo que puedas conocer sobre Harold. Sin neutralidad, estarías viendo a Harold a través de los ojos de tu madre; incluso podrías terminar casándote con el hombre de sus sueños, en lugar de con el que tú sueñas. Debes ser consciente de que la intuición no es una votación sobre popularidad. No tiene nada que ver con las opiniones de otras personas, ni con la presión ejercida por los compañeros.

En este caso, hay que esforzarse por abandonar los presupuestos. La intuición tiene lugar con mucha rapidez, así que hay que estar alerta. El objetivo es no pensar sobre otros o sobre ti mismo. ¿Cómo puedes dejarte llevar lo suficiente como para lograrlo? Tal como yo hago con los pacientes, haz que en ese momento la persona que estás conociendo sea la única en tu universo. Centra tu atención sólo sobre ella, su voz, sus necesidades, los mensajes intuitivos que recibes cuando estás con ella. Este abandono de la preocupación por ti mismo se siente como un delicioso alivio: mis problemas personales disminuyen y me concentro sólo en mi paciente. Es parecido al abandono instintivo de uno mismo que ocurre cuando te quedas ensimismado viendo una película o perdido en medio de una canción. Te quedas absorto en la historia de otra persona, en lugar de en la tuya propia. Un trato amable y cierto sentido del juego te permitirán disfrutar de la experiencia. Sintonizar conlleva ser receptivo, no controlar. No estás buscando información, sino que se te mostrarán cosas. Entrénate para mantenerte consciente ante las siguientes intuiciones.

## LISTA DE COMPROBACIÓN DE PISTAS INTUITIVAS

### ATIENDE A TUS SENTIMIENTOS INTERNOS

Escucha lo que te diga tu interior, especialmente en los primeros encuentros. La relación visceral que tiene lugar antes de que tengas oportunidad de pensar se transmite, estés relajado o no. La ciencia asocia estos sentimientos con un «cerebro» que hay en nuestras vísceras, llamado «sistema nervioso entérico», una red de neuronas que procesa información. Los sentimientos que captan las vísceras tienen lugar rápidamente; son un medidor interno de la verdad. Suzy Welch, antigua directora de la revista *Harvard Business Review*, dice: «Mis vísceras son mi radar para las relaciones. Me dicen si alguien es un impostor, para no invertir en ese negocio». Por otra parte, cuando los pacientes dicen que sus sensaciones internas les indicaban que una decisión era incorrecta, pero que la llevaron a cabo de todas formas, siempre se lamentan de haber tomado esa decisión.

La gente puede hacer que interiormente te sientas bien o mal. Pregúntate a ti mismo: ¿Cuál es mi reacción visceral a otras personas? ¿Siento un nudo en el estómago? ¿De repente siento náuseas o ácido en el estómago? ¿Se relaja mi interior con determinadas personas? ¿Tengo la sensación de querer confiar en ellas o hay algo que hace que me sienta mal? Ten cuidado con querer convencerte de seguir, o no seguir, estas intuiciones. Si no estás seguro respecto de lo que tu intuición te aconseja sobre una relación, limítate a tomártelo con calma hasta que tu interpretación sea más clara.

### SENTIR QUE SE NOS PONE LA CARNE DE GALLINA

Notar que se nos pone la carne de gallina es un maravilloso hormigueo intuitivo que nos transmite que sintonizamos con personas que nos mueven o nos inspiran, o que dicen algo que toca alguna fibra sensible nuestra. También se nos pone la carne de gallina cuando experimentamos un *déjà vu,* la sensación de que hemos conocido a alguien antes, aunque en realidad nunca haya sucedido. No te preocupes si no se te pone la carne de gallina con algunas personas –indica una conexión especial–, pero aproxímate a aquéllas con las que sí te suceda. Sin embargo, cuando se nos pone la carne de gallina de forma negativa, es un aviso de peligro o engaño, una respuesta ante el miedo. Los pelos de tu cuello se te ponen de punta de mala manera, lo cual te advierte que tengas cuidado, que te mantengas alejado. Cuando se te ponga la carne de gallina, sea de manera positiva o negativa, utiliza este «factor de hormigueo» para dar forma a tus relaciones.

## PRESTA ATENCIÓN A LOS MOMENTOS DE INSPIRACIÓN

En las conversaciones, tal vez sientas un momento de inspiración relacionado con alguna persona, una especie de idea que te llega de repente. Permanece alerta, o de lo contrario podrías dejarlo pasar. Tendemos a pasar al siguiente pensamiento tan rápidamente que podemos perdernos estas intuiciones tan importantes. Por tanto, si tu cónyuge está furioso y de repente te lo imaginas como un niño asustado, ésta es tu clave para hacer que se sienta seguro y comprendido. O bien, si un compañero de trabajo no está tocando algún punto en una negociación, y tienes una inspiración que te aconseja que le dejes pensarlo mejor en lugar de presionarle, sigue ese consejo. Observa si el hecho de dar un respiro permite que las cosas cambien. Estos destellos aportan ideas adicionales sobre las personas. Para tener más confianza en ellas, practica seguir las direcciones que marcan. A continuación, observa si tu vida mejora.

## ESTATE PENDIENTE DE LA EMPATÍA INTUITIVA

A veces puedes sentir los síntomas físicos y las emociones de la gente en tu propio cuerpo, lo cual es una forma intensa de empatía. Por ejemplo, llegas de buen humor a comer con un amigo, pero terminas con dolor de cabeza, agotado, aunque la conversación no ha sido estresante. O bien te das cuenta de que te sientes más feliz estando cerca de un compañero de trabajo. En ambos casos, tal vez estés absorbiendo los sentimientos de otros. Por tanto, cuando desees conocer personas, observa: «¿Me duele la espalda, aunque antes no? ¿Me siento deprimido o molesto después de una reunión sin incidentes?». Para determinar si se trata de empatía, obtén información. Por ejemplo, pregunta a tu amigo si se siente cansado o si le duele la cabeza. Si la respuesta es afirmativa, entonces ya conoces el motivo. Cuando no es apropiado preguntar directamente, observa si te sientes mejor después de que alguna persona se haya marchado. La empatía suele remitir cuando no estás en su presencia.

Tu intuición sobre las personas se reforzará con la práctica. Para evitar los errores, yo presto especial atención a lo que se interpone en el camino de la sintonización con alguien. Me gustaría que tú también observaras estos factores en ti mismo. Los principales peligros son: (1) querer algo tanto que no puedes seguir siendo neutral, (2) invertir emocionalmente demasiado en una situación como para poder verla con claridad, y (3) proyectar tus propios miedos y expectativas en otros. En estas situaciones, yo intento admitir sinceramente lo que me impide progresar. Cuando hay fuertes pasiones que oscurecen mi visión sobre el amor, el trabajo o cualquier otra cosa, hago todo lo que puedo para distanciarme de estos sentimientos concentrándome en mi respiración y practicando el ejercicio de este capítulo sobre cómo detener la charla mental interna. Esto ayuda a distraer mi mente para encontrar un espacio neutral desde el cual sintonizar. En las ocasiones en que no tengo éxito, acepto mis limitaciones y me refugio en la lógica o el sentido común, hasta que tengo más claro el tema. Además, intento estar seguro de abandonar mis proyecciones. Por ejemplo, si digo a una persona que es envidiosa, pero en realidad yo soy el envidioso, necesito tratar las causas de mi envidia antes de poder interpretar con precisión a otros. Lo que más me interesa del proceso de desarrollar la intuición es que debemos ser autoconscientes y estar abiertos a nuestro propio crecimiento. Después podremos eliminar los obstáculos que distorsionan la percepción.

**La tercera técnica: Sentir la energía emocional**

Las emociones son una asombrosa expresión de nuestra energía, las «vibraciones» que emitimos. Las registramos con la intuición. Nos sentimos bien cuando hay cerca algunas personas; mejoran nuestro estado de ánimo y nuestra vitalidad. Otras nos dejan sin energía; instintivamente, nos alejamos de ellas. Esta «sutil energía» puede sentirse a una distancia menor o mayor de nuestro cuerpo, aunque sea invisible. Las culturas de ciertos pueblos rinden culto a esta energía como fuerza vital. En la medicina china se llama *chi*, una vitalidad esencial para tener buena salud. Aunque no esté totalmente definida la estructura molecular de esta sutil energía, los científicos han medido una mayor emisión de fotones y un mayor nivel electromagnético en los curanderos, emitido por ellos durante su trabajo.

La energía emocional es contagiosa. Puede marcar la diferencia entre una relación tóxica y otra saludable. Es esencial tener una idea clara, en relación con este aspecto, de cualquiera con quien vayas a interactuar habitualmente. Después podrás decidir si la relación es viable, basándote en tu compatibilidad energética. En mi práctica médica y en mi vida, esta química es un factor clave. La experiencia me ha enseñado que no tiene sentido trabajar con un paciente, o establecer una relación de amistad, si no se da esa atracción. Cuando la energía se siente como buena, no tienes que forzar nada para que encaje. Forzar algo es simplemente el intento de la mente por interferir con el libre flujo de las cosas. Por supuesto, todos tenemos peculiaridades, ansiedades y miedos, pero la energía refuerza tus vínculos con otras personas y te motiva para superar los momentos duros. No obstante, las relaciones saludables incluyen un impulso que las conduce, una entrega que parece más natural cuando ambas personas sintonizan.

Cuando interpretemos emociones, debemos ser conscientes de que lo que otras personas digan, o el aspecto que tengan, puede no encajar con su energía. Debes abandonar la idea de que lo que ves es lo que siempre obtienes. Como psiquiatra, he observado que hay personas que llegan a ciertos extremos, voluntariamente o no, para dar una imagen determinada –para impresionar, para decir las palabras adecuadas o para convencerte de algo–, pero ese «yo» no está armonía con sus verdaderas emociones. Consideremos estos ejemplos: tu cónyuge pide disculpas por haberse enfadado, pero su agresividad aún perdura. Un hombre que acabas de conocer intenta coquetear contigo, pero tú no sientes nada. Un amigo parece alegre, pero tú sientes que en su interior hay dolor. Sé consciente de que, por el hecho de que una persona sonría, eso no quiere decir que esté contenta, y porque una persona sea reservada, eso no significa que no disfrute. En última instancia, la energía que transmite la sonrisa y la presencia de alguien es lo que dice la verdad sobre cómo se encuentra esa persona. Por ello, debes ser lo suficientemente sensato como para correlacionar la energía de una persona con sus emociones. La mayoría de la gente no intenta engañar deliberadamente; a menudo, no saben lo que sienten o lo que proyectan. Tal vez te digan una cosa –y la crean–, pero tú aprenderás a interpretar sus emociones.

En este caso, la entrega en la que hay que concentrarse consiste en decir «sí» a los mensajes que envía tu cuerpo. Tu mente tal vez quiera apartarte de la sabiduría de tu cuerpo. No se lo permitas. Interpretar la energía te permitirá sintonizar con la forma en que te relacionas con las personas, con quién te sientes cómodo y con quién no. Para evitar malas relaciones y lamentos, debes abandonar el intento de convencerte de cualquier cosa que la intuición de tu cuerpo no confirme. A fin de ayudar en esta entrega, a continuación explico qué debes hacer. Cuando identifiques cómo respondes energéticamente a otras personas, pregúntate siempre cómo se siente tu cuerpo y si tu energía aumenta o disminuye. Después sigue lo que te indique tu cuerpo y no te resistas. En términos prácticos, esto significa que te interesará casarte con alguien que incremente tu energía, no que la agote, independientemente de lo perfecto que sea en apariencia. Te interesa sentarte al lado de un compañero de trabajo que sea positivo, no negativo. Te interesa elegir amigos con los que sintonices, de forma que os podáis reforzar el uno al otro. Más adelante, observa los cambios positivos en tu vida. Para experimentar el placer de las relaciones compatibles, sigue los siguientes consejos.

## ESTRATEGIAS PARA INTERPRETAR LA ENERGÍA EMOCIONAL

### SIENTE LA PRESENCIA DE LAS PERSONAS

Se trata de la energía total que emitimos, y no tiene por qué ser coherente con las palabras o la conducta. Es la atmósfera emocional que nos rodea, como una nube de lluvia o como el sol. Por ejemplo, podemos ofrecer cierta aura de misterio, de alegría o de tristeza. Para comparar casos extremos, pensemos en la presencia luminosa y comprensiva del Dalái Lama, comparada con la demente oscuridad de Charles Manson. La presencia también se asocia con el carisma, un magnetismo personal por el que nos sentimos atraídos. Advertencia: el carisma no siempre implica tener corazón. El carisma sin corazón no es algo en lo que podamos confiar. Es una combinación peligrosa, presente en numerosos artistas y seductores que saben bien cómo engañar.

Cuando estés observando a alguna persona, fíjate en esto: ¿sientes que es cálida su energía, en términos generales? ¿Tranquilizante? ¿Estimulante? ¿Vigorizante, como un soplo de aire fresco? ¿O es agotadora? ¿Fría? ¿Distante? ¿Enfadada? ¿Discordante? ¿Deprimente? ¿Posee una amable presencia que te atrae? ¿O sientes algún peligro, lo cual te lleva a mantenerte alejado?

Observa también si esa persona parece estar bien reafirmada en su propio cuerpo, lo cual indica que tiene los pies firmemente plantados sobre el suelo. ¿O parecen estar flotando, lo cual indica desapego y distracción?

## OBSERVA LOS OJOS DE LA GENTE

Con nuestros ojos podemos transmitir amor u odio. Nuestros ojos transmiten poderosas energías, mediante lo que el poeta sufí Rumi llama «la mirada destellante». Igual que el cerebro tiene una señal electromagnética que se extiende más allá del cuerpo, las investigaciones indican que los ojos también la proyectan. De hecho, los estudios revelan que podemos sentir cuándo nos están mirando fijamente, aunque no haya nadie a la vista: una experiencia relatada por oficiales de policía, soldados y cazadores. Las culturas indígenas rinden culto a la energía de los ojos. Algunos creen que el «mal de ojo» es una mirada que tiene como objetivo causar algún mal físico o dar mala suerte. Asimismo, la ciencia ha documentado «la mirada del amor»: cruzar la mirada con una persona amada (incluso con un perro) desencadena una respuesta bioquímica, la cual libera oxitocina, la «hormona del amor» cálida y tierna. Cuanta más oxitocina tenga tu cerebro, más confianza y paz sentirás.

Tómate algo de tiempo para observar los ojos de la gente. ¿Son amables? ¿Atractivos? ¿Tranquilos? ¿Mezquinos? ¿Enfadados? La forma en que otros te miran puede hacerte sentir adorado o temeroso. Determina también: ¿hay confianza en sus ojos, lo que indica capacidad para intimar? ¿O parecen ser cautelosos o encubridores? Los ojos de algunas personas pueden ser hipnóticos. Evita mirar fijamente a unos ojos en los que no confíes o que sientas que pueden ser peligrosos. Cuanto menos te impliques con personas negativas, menos se fijarán ellas en ti. Por otro lado, siente total libertad para caer en los ojos de las personas que te aman. ¡Disfruta de toda esa preciosa energía!

## FÍJATE EN LA SENSACIÓN DE UN APRETÓN DE MANOS, UN ABRAZO O UN SIMPLE ROCE

Compartimos energía emocional mediante el contacto físico, tal como sucede con la corriente eléctrica. Pregúntate si un apretón de manos o un abrazo que te dan se siente como algo cálido, cómodo y digno de confianza, o si es desagradable y te impulsa a retirarte. ¿Está la mano de una persona húmeda y pegajosa, lo cual es síntoma de ansiedad; o flácida, lo que sugiere falta de compromiso y timidez? ¿Es demasiado fuerte su apretón, que llega incluso a aplastarte los dedos, lo cual indica agresividad o un exceso de control? Junto con las claves físicas, la energía de la forma de tocar revela las emociones de las personas. Algunos abrazos y apretones de manos transmiten bondad, alegría y tranquilidad, mientras que otros se sienten como algo inseguro, que roba la energía, o incluso hostiles. Por ello, debes pasar más tiempo con personas cuya energía te agrade. Ten cuidado con aquéllas cuya energía no te agrade, para que no te sientas falto de energía. Evita el contacto físico (incluido hacer el amor) con cualquiera cuya energía no sientas que es buena.

## PRESTA ATENCIÓN AL TONO DE VOZ Y LA RISA DE LA GENTE

El tono y el volumen de nuestra voz pueden decir mucho sobre nuestras emociones. Las frecuencias del sonido generan vibraciones. Podemos escuchar algunas frecuencias. Por debajo del rango de lo que se puede oír, el sonido se puede sentir (piensa en las vibraciones de un bajo). Cuando observes personas, fíjate en cómo su tono de voz influye en ti. Las palabras viajan montadas sobre la energía del tono, su calidez o su frialdad. Pregúntate: ¿parece reconfortante su tono? ¿O es áspero, brusco o estridente? ¿Hablan tan suavemente, o incluso murmuran, que apenas puedes oírlas, síntomas de docilidad o baja autoestima? ¿O hablan demasiado alto o excesivamente, indicios de ansiedad, narcisismo o falta de sensibilidad? ¿Hablan rápidamente, como intentando venderte algo? ¿O te aburren hasta la muerte con un tono lento y monótono, lo cual sugiere depresión y falta de espontaneidad? Ten cuidado con los susurros, que transmiten tristeza o frustración. Asimismo, una voz insegura sugiere represión emocional, exceso de control o un trastorno tiroideo. Observa siempre en qué grado ríe una persona, un síntoma de alegría. ¿Suena sincera su risa? ¿Falsa? ¿Ingenua? ¿Feliz? ¿O es demasiado seria y ríe en contadas ocasiones? Además, los especialistas del FBI interpretan una voz temblorosa y un repentino cambio en el tono como posibles indicios de engaño.

## SIENTE LA ENERGÍA DEL CORAZÓN DE LA GENTE

El aspecto más importante que hay que interpretar en la energía es si las personas transmiten la sensación de tener corazón. Se trata de la bondad amorosa que hay en nosotros, de nuestra capacidad para la empatía, para dar y para conectar. Cuando el corazón está presente, sientes la calidez del amor incondicional que emana de otros, que te permite sentirte seguro y cómodo.

Es la sensación no verbal de ser aceptado, de no ser juzgado. Nadie puede fingirlo. La presencia de nuestro corazón se desarrolla mediante nuestras buenas intenciones, actos y trabajo emocional para superar el miedo y la negatividad. Tener corazón es la cualidad más positiva que alguien puede tener. Es saludable verse atraído por ella.

Interpretar la energía es un elemento de transformación. Te permite ver más allá de las fantasías o los deseos para señalar las motivaciones de alguien sintiendo los mensajes invisibles que transmite. En cierta ocasión me sentí atraída por un hombre, un exitoso director financiero que sabía exactamente lo que decir para entrar en mi corazón. Todd pertenecía al ambiente del club de campo y era demasiado conservador para mi gusto; me suelen gustar los hombres espontáneos y creativos. Sin embargo, era inteligente y juguetón como un niño, y parecía «verme» y respetar mi sensibilidad. Podíamos hablar de cualquier cosa, desde política hasta la naturaleza del universo, y se dirigía a mí en un tono de voz bajo que denotaba aprecio y por el que me volvía loca (soy muy sensible a los sonidos). Aun así, desde el comienzo, cuando miré a los ojos de Todd, tuve la extraña sensación de que allí faltaba algo. Sus ojos parecían fríos, vacíos, incluso con un toque mezquino. Sin embargo, para bien o para mal, me sentía atraída por él, lo cual no me ocurre todos los días. Deseaba abandonarme a mis sentimientos románticos hacia Todd para justificar la exasperante verdad que transmitían sus ojos, aunque sabía que estaba ignorando esa señal de peligro y corriendo un riesgo. Pero tal como puede hacer una mente que desea algo cuando lo quiere de verdad, se imponía sobre la intuición. Yo racionalizaba: «Eres simplemente demasiado exigente. Todd es maravilloso. Es una locura dejar que sus ojos te detengan». Mis amigos también lo me decían, y yo estaba de acuerdo. Así que, durante un año, mantuve esa relación. Pero al final, los ojos de ese hombre mostraron su propia verdad.

El problema era que Todd era un manipulador que se comportaba de forma muy delicada, y mis hormonas embravecidas me estaban cegando. Yo también actué de manera muy ingenua. Confundí su energía seductora con una amabilidad que nace del corazón, y era tremendamente sensible al carisma que él sabía utilizar tan bien. Yo era una perfecta tormenta de fuerzas que no podía manejar. Debía pasar revista a todas ellas antes de poder interpretar a esa persona desde un punto de vista neutral, lo cual estaba muy lejos de conseguir en aquel momento. Forma parte de mi forma de ser estudiar lo que me hace fuerte o débil, de forma que pueda aprender de ello. Si algo me desestabiliza, quiero saber por qué, para que no se repita la situación. Para romper el hechizo que Todd tenía sobre mí, debía asimilar que lo que más le excitaba no era amarme, sino tener poder sobre mí. Yo no podía entender que él, o cualquier otra persona, pudiera tener ese sentimiento. Él me atraía con una maravillosa intimidad, y después se mostraba inaccesible. O era increíblemente sensible, y después increíblemente frío. Seguí torturando a mi cerebro: «¿Qué puede estar consiguiendo con todo esto?». Gradualmente, llegué a comprender que extraía placer de la sensación que le generaba el hecho de estar controlando. Para él, era como un afrodisíaco. Yo no funcionaba de esta forma, ni tampoco había sido una dinámica en mis relaciones anteriores. Pero gracias a Todd, ahora puedo darme cuenta. Echando la vista atrás, me siento agradecida de haber aprendido esta lección sobre poder frente a amor gracias a un gran maestro. Asimismo, me di cuenta de que, una vez más, había ignorado la intuición por hacer caso a la pasión. Me había entregado al elemento equivocado, a lo que yo deseaba, en lugar de a lo que veía. Sin embargo, por mi condición humana, a veces tengo que seguir cometiendo los mismos errores, hasta que por fin aprendo. Actualmente, valoro la energía de los ojos más que nunca. Comunican la esencia de una persona.

En tu propia vida, acostúmbrate a leer las emociones de la gente. Incluye lo que sientes en la valoración total. Quizás surja una sola señal de aviso, y con ello ya no estás seguro de qué debes hacer. En ese caso, tómate tu tiempo. Observa cómo te trata la gente. Fíjate en si sus palabras encajan con su conducta. El objetivo de interpretar la energía es hacerte más empático sintiendo los matices de distintos tipos de personalidad. Permanece alerta a las señales que la energía te transmite, para que puedas ver a la persona como un todo.

## La cuarta técnica: Visualización remota

La visualización remota es una forma de observación intuitiva en la que sintonizas con una persona o situación, permaneciendo alejado, para acumular información no local sobre ella. Hay estudios del Instituto de Investigaciones de Stanford que han demostrado que los estudiantes universitarios sin experiencia previa con la visualización remota podían aprender rápidamente esta técnica, con resultados precisos. El Gobierno de Estados Unidos ha invertido más de 20 millones de dólares en programas de visualización remota, que antes se consideraban alto secreto, como ayuda para el espionaje y aplicaciones militares. De hecho, a uno de los visualizadores se le concedió la Legión al Mérito por determinar «150 elementos de información esenciales... no disponibles mediante ninguna otra fuente».

Comencé mi labor a finales de la década de los ochenta, y tuve el honor de trabajar como visualizadora a distancia durante una década en la Sociedad Mobius, dirigida por mi amigo y mentor Stephan Schwartz. Utilizábamos la visualización remota en investigación policial para localizar barcos hundidos en el mar, para hacer predicciones financieras y para investigar las causas de enfermedades (aventuras que describí en *Second Sight*).[8] En una ocasión participé en un caso de asesinato, aunque pronto descubrí que no estaba hecha para sumergirme en la terrible oscuridad de la psique de un asesino. Las perversiones, daños y espantosa violencia que había dentro de su cabeza eran demasiado vívidos para mi sensibilidad. Aunque otros visualizadores del grupo pudieron soportarlo, yo no pude mantenerme neutral. Aprender la disciplina de la visualización remota fue un paso esencial en el desarrollo de mi intuición. Me entrenó para tranquilizar mi mente, sintonizar proactivamente desde un espacio objetivo (en lugar de obtener sólo intuiciones espontáneas) y aplicar lo que descubría a la resolución de problemas. Me sentí entusiasmada, como una niña, jugando con áreas de la conciencia en las que la ciencia no podía entrar por sí misma. Yo siempre había sentido que esta libertad era posible, pero en Mobius logré encontrarla. Tardé algunos años en madurar mi intuición lo suficiente como para ser competente en la disciplina de la visualización remota. A continuación, empecé a incorporar este método en la psicoterapia.

En mi práctica médica, la visualización remota me resulta útil y me permite ahorrar tiempo. Me permite observar a los nuevos pacientes (antes de concertar una cita) para saber si habrá una buena conexión

---

8. Libro publicado en castellano con el título *Sexto sentido*. Editorial Sirio, Málaga, 2011. *(N. del T.)*

terapéutica o si debo cedérselos a otro profesional con el que encajen mejor. La considero una misión de búsqueda de hechos. También obtengo ideas adicionales cuando nuestro trabajo se queda bloqueado, o si no capto la perspectiva de una persona. Como parte de la terapia, enseño a los pacientes a aplicar la visualización remota a sus propias vidas y profesiones. He enseñado a directores de cine a utilizarla para elegir proyectos que después han sido éxitos, he demostrado a propietarios de empresas cómo puede ayudarles a contratar a los empleados más adecuados, y he ayudado a padres a utilizarla para conocer mejor a sus hijos. Utilizada en combinación con la lógica, es una herramienta muy práctica que aporta a mis pacientes más datos para tomar decisiones mejor informadas.

Para abordar temas privados mediante la visualización remota, una estrategia consiste en solicitar permiso internamente para realizar la observación, y sólo proceder si intuyo un «sí». No obstante, mi experiencia me dice que si una persona no quiere ser visualizada, yo simplemente no obtengo información, ni sobre un aspecto concreto de su vida ni nada sobre ella. Siento como si no me dejaran entrar, tal como sucede en las películas de ciencia ficción cuando hay un campo de fuerza impenetrable. Si intento forzar las cosas cuando no hay una puerta de entrada, no sirve de nada. Literalmente, no hay flujo de información que seguir. Por ello, si hay que dejar de respetar los límites de una persona, no efectúo la tarea.

Mientras desarrollaba las habilidades de la visualización remota, necesitaba entregarme a algunos procedimientos fundamentales que cuestionaban los dogmas de mi formación médica. En primer lugar, la científica que había en mí tenía que dejar de resistirse a formas de conocimiento que no estaban reconocidas por la medicina convencional. Una de las ideas más confusas para los académicos que se limitan a los libros era la posibilidad de observar a personas extrañas a distancia, sin conocerlas. Pero en mi práctica, esto era algo que hacía todos los días con la visualización remota. Apartarme de la rigurosidad de mi formación médica y comprometerme de otro modo con la intuición, que yo había rechazado por venerar a la ciencia, fue un cambio tremendo. Tenía que acostumbrarme a él. Aquí es donde entró en juego la entrega. Tuve que darme permiso a mí misma para ser menos rígida gradualmente, a pesar de las protestas de mi mente analítica. No era una batalla de voluntades, sino que tan sólo significaba dejar más espacio para otras alternativas. A mi propio ritmo, descubrí que podía integrar la medicina tradicional con la intuición, sin renunciar a ninguna de ellas. Para mí, nunca consistió en elegir entre la una o la otra, una elección excluyente. Me encontraba en una curva de aprendizaje sobre cómo podían colaborar. Actualmente me siento mucho menos inhibida sobre el hecho de hacer lo que se considera imposible. ¡De hecho, me entusiasma! Pero, por suerte, la ciencia también se está actualizando. Un estudio reciente de la Universidad de Cornell, «Feeling the Future»,[9] documentó la capacidad de presentir el futuro. Aunque estos descubrimientos habrán escandalizado sin duda a varios pensadores de tendencia conservadora, constituyen un avance muy notable en nuestro conocimiento de la consciencia.

Para hacer una buena visualización remota, también tuve que abandonar mi necesidad de ser políticamente correcta al asimilar información controvertida o extraña. Esto conllevó dejar a un lado mi miedo hacia lo que otros pudieran pensar. Al principio, siempre que recibía algo embarazoso o irrelevante, se lo ocultaba a Stephan. No quería parecer poco apropiada para el puesto, equivocarme o estorbar. Por ejemplo, en una ocasión capté que un juez muy respetado, defensor de la ley y el orden, era sexualmente promiscuo. En otro caso, vi a una «mujer florero normal» conversando con un patito de goma. Tal como se supo después, el juez tenía un matrimonio liberal, de ésos en los que se intercambian parejas, y la mujer había sufrido brotes psicóticos sobre los que sólo su familia tenía información. Las intuiciones que yo temía que fueran «demasiado extrañas» solían ser las más correctas. De este modo, aprendí a no censurar ninguna de las intuiciones que me llegaban. Alterar la información que procede de la visualización remota conlleva reducir su valor.

Además, tuve que abandonar la idea de que yo era infalible. Era inevitable que me equivocara en alguna ocasión. Por ejemplo, una vez predije incorrectamente que un grupo de inversión tendría éxito financiero en un proyecto para mejorar la calidad del aire. Mi fuerte deseo porque el proyecto funcionara me impidió darme cuenta de que no sería así. En otra ocasión, predije que la operación que iba a sufrir un compañero visualizador iba a salir mal, pero después fue perfecta; mi miedo a per-

_____

9. «Sentir el futuro». *(N. del T.)*

derle me hizo interpretar mal la situación. En ambos casos, no logré ser neutral. Mis puntos ciegos emocionales habían echado a perder mi intuición. Además, durante las visualizaciones, tuve que ser consciente de que, aunque fuera capaz de sintonizar, tal vez se me mostrara sólo parte de la información, que no tenía por qué acceder a la totalidad. Todo esto formaba parte del proceso de descubrimiento. Llegué a darme cuenta de que mis fallos eran tan valiosos como mis aciertos. Cometer errores me muestra dónde reprimo o malinterpreto información, de forma que mis observaciones puedan mejorar.

Para utilizar la visualización remota, concéntrate en abandonar tu necesidad de ser siempre preciso o de «parecer bueno», para que te puedas comprometer por completo en esta técnica. Nadie puede acertar siempre. Intentar hacerlo contradice la intuición. Al comenzar una observación, dite a ti mismo: «Quiero confiar en aquello a lo que me lleve esta visualización remota». A continuación, sigue dejándote llevar por los ritmos instintivos del sentir, no por los del pensar. Deja que tu conciencia se expanda más allá de los límites de tu resistencia. Aprende de tus errores y tus aciertos. Mientras exploras la visualización remota, observa qué cosas debes abandonar. Tal vez sean las mismas que las mías, o puede que sean otras. Sé paciente contigo mismo. Dejarte llevar por el flujo de la intuición conlleva una cantidad enorme de sensación de valía y de disfrute.

La visualización remota no es una capacidad sobrenatural. Todos podemos efectuarla si logramos acallar la voz que nos da un millón de motivos por los que no seremos capaces de ello. Por el bien de la experimentación, di a esa voz: «Gracias por compartir». A continuación, procede a comprobarlo por ti mismo practicando el ejercicio siguiente.

### CÓMO HACER VISUALIZACIÓN REMOTA

Tómate unos minutos para practicar esto antes de conocer personas con el objetivo de tener una visión rápida de ellas, o posteriormente, para encajar las piezas. Cuando sintonices, en primer lugar te interesará vincular tu conciencia a esa persona, como si fuerais un único ser. Una vez vinculados, recibirás información intuitiva.

1. *Cierra los ojos y respira.* Haz varias respiraciones profundas para relajar tu cuerpo. Muy despacio, calma tu mente y ordena su posible desorden. Si irrumpe algún pensamiento, imagínatelo como si fuera una nube que pasa por el cielo. Sigue concentrándote en la respiración siempre que lo necesites.

2. *Cambia tu punto de atención.* Cuando ya te encuentres en estado de calma, deja de prestar atención a tus preocupaciones cotidianas y a las visiones, los olores y los sonidos de tu entorno. Permanece tan neutral y tranquilo como puedas.

3. *Concéntrate en el nombre de una persona.* Mantén un nombre en tu mente, con ligereza, siempre sin esforzarte. El nombre de pila es apropiado. No importa cuántas personas tengan ese mismo nombre. Todas las personas tienen una identidad propia en el nivel intuitivo. Si te encuentras en estado de concentración, sintonizarás de modo natural con tu objetivo. Los nombres tienen una energía específica que puedes sentir. Cuando sintonices con el nombre, pregúntate: «¿Parece conllevar paz la energía? ¿Miedo? ¿Ofrecimiento? ¿Cansancio? ¿Dolor?». Recuerda, no juzgues ni te impliques emocionalmente. Sólo déjate conectar con esa energía básica, una forma de empatía profunda. Esto te permitirá vincularte con la esencia de esa persona. Intenta mezclarte con ella, sin resistencias. Una vez que ocurra esto, tendrás la información. Llegarán las intuiciones. Permanece tan neutral y libre de suposiciones como puedas.

4. *Permanece abierto.* Registra todas las imágenes, impresiones, sensaciones corporales, emociones e inspiraciones que te lleguen. Sea una o sean muchas, tendrás exactamente lo que necesitas.

5. *No analices.* Limítate a recibir las intuiciones. Regístralas todas. Más adelante sabrás cómo utilizarlas.

6. *Vuelve a ti mismo.* Efectúa otra vez varias respiraciones profundas para desconectarte de la persona que has estado observando. Rompe por completo la conexión. No te interesa tener a alguien a tu lado. Devuelve tu atención a tu cuerpo. Durante varios segundos, frota las dos palmas de las manos, generando fricción. Después colócalas suavemente sobre tu cara, mientras inspiras profundamente. Esto te volverá a conectar con tu propia esencia. Es una bonita manera de alejarte de esa persona y de volver a ti mismo.

Registra inmediatamente tus impresiones en un diario, para no olvidarlas. Como he explicado, las intuiciones más precisas son neutrales –sólo aportan información– o comprensivas. Pueden parecer extrañamente impersonales y faltas de emoción, ya que tú eres un simple observador. Valora también el grado en que las observaciones encajan con el aspecto de esa persona. Si hay discrepancias, tenlas en cuenta en tu valoración. Tal vez estés considerando la posibilidad de emprender un proyecto con una compañera de trabajo. Ella tiene varias ideas atractivas y tú quieres proseguir, pero en tu visualización remota te llega la imagen de que es alcohólica. ¿Qué hacer? Sé prudente. No saques ninguna conclusión ni dejes que tu mente te aparte de tu intuición. Pasa un poco más de tiempo con esa compañera. Fíjate en sus hábitos de bebida. Observa si el alcohol es un problema. Lo útil de la visualización remota es que puedes poner tus observaciones en relación con la conducta de la persona. Por otro lado, si tu cabeza te dice que ella no encaja en el perfil de lo que pensaste que deseabas, pero tu visualización remota te transmite que será una persona útil, valdrá la pena seguir estudiándola.

Cuanto más cerca te encuentres de alguien, más difícil será obtener intuiciones de esa persona. Antes de sintonizar, pon en práctica las estrategias que he ofrecido para tranquilizar tus pensamientos y permanecer neutral. Lao Tse decía: «A la mente que está en reposo se le rinde el universo entero». Si quieres entender por qué la gente se comporta tal como ves y cambiar patrones poco saludables, esta claridad te permitirá encontrar la comprensión que necesitas.

En este capítulo he examinado cuatro métodos distintos, pero complementarios, para conocer a personas. Es vital que los utilices para ayudarlas. Cuando tu objetivo es tan sólo un beneficio personal o tener algún tipo de ventaja, se genera un mal karma, supone aprovecharse de otros y malgastar el poder. Debes mantenerte siempre puro en tus intenciones. Si lo haces, practicar estos métodos te permitirá conocerte mejor a ti mismo y entender aquello que mueve a la gente. Hay un impulso curativo en el acto de observar. La claridad que ganas observando a otros puede también beneficiar a tu propia vida.

Espero haber despertado tu curiosidad por explorar ámbitos de conocimiento que existen más allá de lo evidente. Uno de mis primeros recuerdos es encontrarme tumbada en una cuna, mirando los espacios que había entre los objetos. Los espacios siempre me han atraído más que la realidad material. Cuando era una niña pequeña, tenía el placer secreto de fundirme en lo que es invisible, entregarme a un lugar en el que no pudiera ser vista, pero en el que me sintiera más cómoda que en algo sólido. Crecer es complicado. Nuestras mentes aprenden demasiado sobre cómo comportarse y percibir. Disfruté del aspecto cerebral de la maduración, pero también pareció ser un alejamiento de otros ámbitos de intuición; probablemente porque parecía como si me hubiesen pedido olvidar mi fascinación por lo invisible, en favor de sólo aquello que pueden ver los ojos de la mente analítica. Así que podrás entender por qué significa mucho para mí desarrollar todos los aspectos de esta cosa tan sagrada llamada visión.

---

**AFIRMACIÓN DE ENTREGA PARA CONFIAR EN LA INTUICIÓN**

*Estoy dispuesto a aceptar que para mí hay más cosas, aparte de mi mente analítica. Estoy listo para entregarme a mi intuición, para poder conocer a la gente de formas distintas. Me libero de todos los pensamientos que me dicen que no podré conseguirlo. Quiero personificar las palabras del poeta Walt Whitman: «Soy grande: contengo multitudes».*

---

*Más allá de los conceptos del obrar mal y el obrar bien,*
*hay un campo. Allí te veré.*

RUMI

# 5

# LA QUINTA ENTREGA

## *Cultivar una comunicación impecable*

La comunicación es una medicina muy potente. Lo que decimos y cómo lo decimos puede dañar o sanar. La comunicación suele considerarse un intercambio de ideas y sentimientos verbales y no verbales. En el mejor de los casos, sentimos que nos ven y nos escuchan. En el peor de los casos, puede ser algo denigrante y destructivo. Abandonar los estilos de comunicación no productivos, y adoptar los que te funcionan, te ayudará a conseguir los resultados que deseas en todas tus interacciones.

Una comunicación impecable consiste en entregarse por completo. Consiste en saber cuándo ser asertivo y cuándo dejarse llevar. Conlleva tanto expresar tus sentimientos como tener la voluntad de liberarte de daños y resentimientos que bloquean tu corazón. Consiste en ser fluido, y no rígido, controlador u hostil. También implica utilizar tus habilidades relacionadas con el sexto sentido para conocer a la gente, con el objetivo de llegar a ellos y no mezclarte en sus dramas personales. Aprenderás a darte cuenta de que hay un libre fluir en todas las interacciones, y a decidir a cuáles entregarte y a cuáles no. La compañía que elijas es vital para tu bienestar. Si una relación es positiva, mantenla. Si es negativa, aprenderás a establecer límites claros y amables. No tendrás que disculparte por expresar tus necesidades. Asume mi mantra personal: «"No" es una frase completa». Decir «no» conlleva tener cierta práctica, pero es una de las palabras más socorridas de mi vocabulario.

Este tipo de comunicación es algo parecido a navegar por un río. Algunas direcciones parecen buenas y conllevan un libre fluir; otras no.

No puedes forzar las corrientes para seguir el rumbo que desees. Cuando presionas a la gente, sólo consigues que te den la espalda. En las relaciones, hay una energía con la que debes armonizar, a la que debes adaptarte y en la que debes confiar.

Te mostraré cómo comunicar incluso con personas con las que parece imposible hacerlo, y gozar de excelencia estando bajo presión, mediante la práctica taoísta de armonizar con ellas para obtener resultados. Después ya no te pondrás nervioso ni te verás implicado en una pelea a gritos, jugarás interminables batallas de mutuos reproches, ni pelearás hasta la muerte en una discusión; reacciones basadas en el ego que no tienen nada que ver con la intuición ni con la inteligencia emocional. Mi amiga budista Ann bromea conmigo: «¡Ojalá los demás siempre reaccionaran de la forma que queremos!». Pero no lo hacen. Y la vida no sería tan interesante si lo hicieran. Así que ha llegado el momento de retirar los «si» y de tratar con lo que hay. Sentir el fluir entre las personas te ayuda a saber cuándo ser asertivo, cuándo comprometerte y cuándo dar marcha atrás. También podrás trabajar la resistencia de una persona si te encuentras con una negativa, una maniobra muy valiosa que la mayoría de la gente no ha aprendido. Lo que estoy describiendo es tácticamente sensato, pero es incluso más: es una forma de hacer honor a la fuerza vital que dirige nuestras interacciones.

Una comunicación impecable conlleva relacionarnos con los demás con comprensión, teniendo en cuenta los defectos y todo lo demás. Esto es especialmente cierto durante las discusiones, o cuando las relaciones se vuelven tensas. Lo cierto es que la gente puede ser molesta y frustrante, igual que lo somos todos a veces. Ninguno de nosotros es perfecto; la mayoría lo hacemos lo mejor que podemos. Así que debes seguir buscando la faceta de una persona con la que puedas empatizar, aunque esa persona te genere tensión. Es posible que no siempre tengas éxito, pero sigue intentándolo. Eso no te convierte en un felpudo ni en una víctima. Por el contrario, ese tipo de comprensión te permite convertirte en la mejor versión de ti mismo, incluso cuando pongas límites a la mala conducta.

Con el paso de los años, he observado a pacientes convertir una comunicación difícil en otra abierta y amable, gracias al acto de entrega. Por ejemplo, Jill tuvo que abandonar su necesidad de idealizar a los hombres cuando su «perfecto marido» empezó a criticarla. Rick tuvo que trabajar bastante y abandonar su odio, después de saber que su compañera le era infiel. En última instancia, estas relaciones tuvieron éxito porque ambas partes se mostraron dispuestas a solucionar el conflicto y a abandonar los resentimientos, en lugar de avivar las llamas del daño, del enfado o de la necesidad de «tener la razón»; aunque la tuvieran. Esto les permitió abrir sus corazones a la curación y al cambio. Habría sido fácil para mis pacientes caer en las acusaciones y las disputas, pero, gracias a la psicoterapia, y utilizando las estrategias explicadas en este capítulo, lo consiguieron.

En mi vida, me esfuerzo por tener una comunicación impecable, sobre todo cuando hay algún conflicto. Recientemente, un amigo se rompió la cadera patinando. Siempre había sido una persona activa, por lo que estar físicamente limitado fue todo un reto para él. Al estar recluido, se puso de mal humor cuando le visité. Cada vez que pedía consejo, provocaba una discusión. Me sentí dolida, como si me golpearan la mano al ir a ofrecer ayuda. Como médico que soy, estoy acostumbrada a ser autoritaria y a solucionar los problemas. Soy una persona positiva. Aun así, a veces puedo ser agresiva y controladora. Si mi amigo se hubiese limitado a decir: «Judith, sé que estás intentando ayudarme. Puedo apañármelas yo mismo», lo habría entendido. Pero no lo hizo. Cuando le rogué que dejara de hablarme mal, respondió haciéndolo más. Intenté ser paciente, pero me estaba volviendo loca. Hubo una época en que quise a este hombre, pero en ese momento no tenía un buen concepto de él.

Tuve que preguntarme a mí misma cómo el acto de la entrega podría mejorar nuestra comunicación. Empecé por no darle consejos médicos. Una vez que acepté que yo era impotente en lo referente a cómo había decidido tratar la lesión, dejé de hacerle sugerencias a menos que él las pidiera. Hice todo lo que pude para ayudarle de la forma que él dijo que necesitaba. Lo que me ayudó a abandonar mi necesidad de intervenir fue poder ponerme en su lugar, con todo lo incapacitado y dolido que se sentía. Asimismo, no quiso que pusiera en duda su capacidad para valerse él mismo. Es mucho más fácil ser agradable cuando nos encontramos bien, algo que solemos olvidar. Mi entrega también incluyó aceptar que incluso las relaciones más estrechas pasan por períodos difíciles. La comunicación quizás no sea perfecta en esos momentos, pero si lo hacemos lo mejor que podemos, entonces no habrá problema. Aun así, tuve que poner límites a su enfado. Le dije: «Tendrás que ser más agradable o me veré obligada a irme». Yo estaba segura de que él no quería eso, así que comenzó a controlar su comportamiento. Por suerte, a medida que se fue recuperando, su enfado fue disminuyendo.

Para conservar relaciones valiosas, en ocasiones tenemos que luchar contra viento y marea. Mi amigo y yo pasamos por ese período después de aprender más sobre nosotros mismos, así como el uno del otro. Él tuvo una mejor idea sobre cómo manejar su enfado y yo me convertí en menos controladora. La consecuencia fue que nuestra amistad se hizo más fuerte.

La entrega puede mejorar tu comunicación en muchas clases de interacciones complicadas. Aquí presentaré cinco tipos habituales de personas difíciles, y las estrategias para abordarlas desde una posición comprensiva, de entrega. Con ello no elegirás el camino de la polémica, ni convertirás una relación de amistad en una clara enemistad. Por ejemplo, ¿en qué momentos debes abandonar tu necesidad de tener la razón para que vuelva a reinar el amor en casa, u olvidar resentimientos para poder perdonar? ¿O tratar con un amigo o cónyuge que hace algo con lo que no estás de acuerdo? ¿Qué sucede si amas a alguien, pero no concuerdas con esa persona en muchas cosas? ¿Cómo puedes tratar a un adicto al enfado? ¿A un chismoso? ¿A alguien que te hace sentir culpable? ¿A un narcisista? En todas estas situaciones, aprenderás a mantener la cabeza fría y a establecer unos límites convenientes.

## ELIMINAR LAS BARRERAS Y LAS SITUACIONES DRAMÁTICAS: LAS LEYES DE UNA COMUNICACIÓN IMPECABLE

Te recomiendo que sigas algunas leyes generales de la comunicación, de forma que puedas tratar a las personas difíciles y evitar los bloqueos en tu vida cotidiana. Te asegurarán estar en una posición de fuerza, no de enfado ni de desesperación. Serás flexible, en lugar de afrontar los conflictos con una fuerza de oposición. Yo sigo estas leyes para poder tratar con los demás, mediante una actitud de la que me siento orgullosa, en lugar de limitarme a encerrarme en mí misma. Ten presente que tu ego sin duda acatará estos principios, puesto que su objetivo es crear canales abiertos de comunicación entre personas, y no levantar muros o defensas, respuestas a las que el ego está más acostumbrado. Estas leyes valoran el «nosotros» igual que el «yo», una consideración necesaria cuando sintonizas para fluir. Como podrás ver, este enfoque obra maravillas en lo relativo a satisfacer tus necesidades, a veces con la probabilidad en contra, incluso con personas que no te gustan. El resultado es que te convertirás en un maestro en el arte de disipar la negatividad, no en un pusilánime. Pongamos que te encuentras implicado en una discusión; nadie da su brazo a torcer. ¿Qué sucede entonces? No la conviertas en una batalla por la supremacía. En lugar de eso, da el primer paso, un acto de verdadera fuerza. Pedir disculpas por tu responsabilidad en la pelea demuestra que valoras la relación más que tu ego. Esto abre la puerta a que el otro también admita su parte de culpa. Son las personas con verdadero poder quienes dan el primer paso para abandonar su ego, lo cual promueve una comunicación impecable.

No todo lo relacionado con el ego es malo. Nos ofrece un sentido saludable de nosotros mismos y un sentido útil de la determinación. Ejerce una función, pero no sólo en esto. No permitas que tu ego interfiera con los progresos en la comunicación, que no son posibles cuando es quien ejerce el control. Cuando pienses en tus relaciones, me gustaría que empezaras a tener en cuenta estas cuestiones: «¿Qué creencias o conductas sería útil abandonar? ¿En qué consiste mi apego por el ego, o deseo de controlar?». Puesto que todos necesitamos recordarnos estos principios, te sugiero que cuelgues una copia en la puerta del frigorífico, en tu oficina o en cualquier otro lugar en que puedas utilizarla para refrescarte la memoria al verlo.

Acostúmbrate al hábito de poner en práctica estas leyes, tanto con los amigos como con los enemigos. Las cosas que hay que hacer implican entrega y buen criterio. Te permitirán estar más cerca de resolver los conflictos ayudándote a sintonizar con la postura de otra persona, aunque no estés de acuerdo con ella. Esto establece un buen ambiente para solucionar conflictos o establecer límites, mientras que los antagonismos sólo sirven para alejar más. La gente puede oler la mezcla tóxica de las críticas y los reproches a más de un kilómetro de distancia. Nunca cubrirás tus necesidades si haces eso o si acosas a alguien. Cuando puedas escuchar de forma neutral la postura de tu adversario, podrás decidir qué acción tomar. Las cosas que no se deben hacer incluyen ponerse a la defensiva, dejarse llevar por el ego y querer controlar. Generan bloqueos, animosidad e inercia, pero con plena conciencia mejorarás en el acto de evitar estas bombas emocionales. Sin embargo, si te dejas atrapar por ellas, como nos sucede a todos en ciertas ocasiones, siempre podrás cambiar el curso de las cosas. El modo en que te tratas a ti mismo y a otros –te gusten o no– forma parte del actual experimento sobre comprensión que estoy dirigiendo a lo largo de este libro. Además, deberías incluir las siguientes estrategias para cada tipo de personalidad difícil que aparezca en tu vida.

### LAS LEYES DE UNA COMUNICACIÓN IMPECABLE

**COSAS QUE HAY QUE HACER**

1. Estar tranquilo, no emocionalmente reactivo.
2. Evitar estar a la defensiva; te hace parecer débil.
3. Escuchar con paciencia a la gente, sin interrumpir ni tener que decir la última palabra.
4. Empatizar con el punto de partida de la gente, aunque no estés de acuerdo con ellos.
5. Evitar las discusiones; pedir perdón cuando sea necesario.

**COSAS QUE NO HAY QUE HACER**

1. Verte arrastrado a situaciones dramáticas.
2. Reaccionar impulsivamente movido por la ansiedad o el enfado (puedes decir algo que luego lamentes).
3. Aferrarte a resentimientos o sentir la necesidad de tener la razón.
4. Intentar controlar la vida de otras personas o convertirte en su terapeuta.
5. Poner en evidencia a la gente, especialmente delante de otras personas.

## CÓMO COMUNICARTE
## CON LAS PERSONAS DIFÍCILES

Las personas difíciles pueden agotar el oxígeno de una habitación, si se lo permites. Para tratar con ellas y tener éxito, debes ser metódico. Muchos de nosotros gastamos una tremenda cantidad de tiempo y energía peleando con este tipo de personas en el trabajo y en casa. Es una acción refleja ponerte tenso cuando estás con ellas, lo cual te hace sentir impotente, irritado, dolido o desdichado; reacciones que sólo sirven para dejarte agotado. Pero no te pueden robar tu felicidad a menos que se lo permitas.

Tu actitud es importante. Personalmente, considero a las personas difíciles *bodhisattvas,* maestros espirituales destinados a despertarnos, aunque no sean conscientes de su papel. Pero nadie dijo que el acto de despertarse sea siempre agradable o fácil. La mayoría de las personas difíciles no intentan hacerte daño: simplemente no son conscientes de lo que hacen, o bien están ensimismadas. Muy pocas se encuentran de verdad en el lado oscuro o se mueven por motivaciones malvadas. Te demostraré lo que la gente difícil puede enseñarte sobre el acto de la entrega, como por ejemplo las actitudes que debes abandonar para triunfar sobre ellas, o la capacidad para establecer límites, y cuáles de sus conductas no debes tolerar. También es importante tu tono de voz. Te enseñaré a poner límites y a decir firmemente «no» con amor, en lugar de parecer brusco o acusador cuando alguien «traspasa la línea roja», la expresión que utiliza mi amiga budista Ann para las violaciones de los límites personales. Te mostraré por qué tu tono de voz es importante; un tono crítico sólo sirve para enfadar a la gente, independientemente de lo perfectas que sean tus palabras. Asimismo, algunas personas hablan mucho, pero parece que no dicen nada. Para llamar la atención de los habladores crónicos y de quienes gritan, es útil comenzar tu comentario pronunciando su nombre de forma amable; por ejemplo, «Robert, entiendo lo que me estás diciendo…». Escuchar su nombre en voz alta les hace detenerse instintivamente. Recuerda que todos podemos ser difíciles de tratar en ciertas ocasiones. Deja que este aleccionador hecho reduzca tu entusiasmo por reprender los defectos de otros con tus palabras o tu tono de voz. Haz todo lo posible por no denigrar a nadie, ni siquiera cuando sean odiosos o antipáticos. Sé consciente de que los adictos a estar enfadados, los que echan la culpa a otros y las demás clases de personas que describiré no son felices; son inseguros y se sienten heridos y desconectados de sus corazones. No lo olvides cuando pongas en práctica mis técnicas.

Disfruto pensando en las respuestas que sirven para desarmar a las personas difíciles, tanto para demostrarles que no me pueden controlar como para dar la vuelta al tono del intercambio, sin que se den mucha cuenta de qué ha sucedido. Lo considero una construcción de límites creativa, sin que sea algo evidente. Por ejemplo, en mi gimnasio no se permite el uso de teléfonos móviles. Cuando pedí de buenas maneras a un tipo que apagara el suyo, me dijo sarcásticamente: «Vaya, siento de verdad molestarte». Pero, en lugar de contestarle algo desagradable (aunque sentí la tentación), me detuve una fracción de segundo para recapacitar. Fue suficiente para contenerme y dar la vuelta a la situación. Como resultado, en lugar de decirle lo que había pensado, le di amablemente las gracias por su sensibilidad, como si fuera mi héroe. Debió de pensar que su sarcasmo había pasado inadvertido, porque pareció sentirse valorado y no volvió a utilizar su teléfono móvil cerca de mí. Tomé una decisión táctica. Yo tenía la razón, pero no insistí en ello ni le hice sentir mal. No deseaba llegar a una situación conflictiva. Sólo quería que se callara. Él nunca se habría callado si yo me hubiese puesto a su nivel. A veces, para conseguir lo que deseas, el acto de entrega llega en tu ayuda para no intentar obligar a otros a admitir su error. Sin embargo, es poco probable que a tu ego le guste este enfoque. Para aplacarlo, hazle saber que tiene la razón. Eso es lo que tuve que hacer con el mío. Pero trasciéndelo. A continuación, me pregunté a mí misma: «¿Qué gano discutiendo con este tipo? Sólo conseguiré sentirme molesta y él seguirá con su móvil. No vale la pena». Así es cómo razonar en una situación puede facilitar el acto de la entrega. Es una elección. El reto que plantean los comportamientos incorrectos es mantener tu poder y tus prioridades, y a la vez establecer límites claros, independientemente de lo molestos, negativos o pagados de sí mismos que puedan ser otras personas.

## Tipo número 1: El adicto al enfado

Este tipo de personas reacciona ante los conflictos acusando, atacando, humillando o criticando. Hay toda una serie de grados de enfado. Puede ir desde el tono despectivo de un compañero de trabajo hasta que tu cónyuge, en pleno ataque de ira, grite, maldiga, tire cosas o recurra a la violencia física. Algunos adictos al enfado te retiran su cariño o recurren al silencio para castigarte. Este tipo de personalidad suele comportarse peor con los más cercanos. He tenido que agarrarme a mi asiento, durante numerosas sesiones de terapia de pareja, cuando un cónyuge llamaba al otro, por despecho, «amante horrible» o «no apta para ser madre». ¡Una esposa se enfadó tanto que insultó a su marido en tres idiomas distintos! Ese tipo de palabras hirientes pueden acabar con la autoestima de una persona y envenenar la fuente de la confianza. Es prácticamente imposible olvidarlas, ni siquiera con una disculpa.

Los adictos al enfado desenfrenados son peligrosos y controladores. Infligen daño emocional desgastando tu autoestima, y se niegan a hacerse responsables de sus acciones. Algunos tienen un humor tan irritable que hay que caminar de puntillas al pasar a su lado. No te sientes seguro al expresarte porque vives con el constante miedo a sus estallidos. El enfado puede acabar con las relaciones. Una mujer que yo trataba había dejado de tener amigos varones porque tenía miedo de los tremendos enfados por celos de su pareja. Si iba a almorzar con un compañero de trabajo, por ejemplo, su compañero la bombardeaba a mensajes de texto por teléfono móvil durante la comida. Al principio, incapaz de poner límites, le tranquilizaba y cedía a sus deseos. Mi paciente me decía que no quería «formar una guerra en casa» haciendo algo que provocase su ira. Era evidente que teníamos que tratar su problema en nuestra terapia. No quería dejar a su compañero, pero necesitaba ser lo bastante fuerte para poner unos límites saludables en su relación.

Muchos adictos al enfado han tenido padres coléricos y repiten inconscientemente ese patrón. El padre Greg Boyle, una mezcla de tipo duro y osito de peluche, dirige un programa de terapia para antiguos miembros de bandas, en el barrio del este de Los Ángeles. La rehabilitación en Homeboy Industries comienza eliminando los tatuajes (que a veces cubren prácticamente toda la superficie de la cara y el cuerpo), el emblema del odio de una banda. El padre G., como se le llama cariñosamente, me dijo: «El odio es un idioma para las personas que no han transformado su dolor, por lo que lo proyectan al exterior. Enseñamos a los chicos a aliviar el odio haciendo que valoren el daño que les causa al aferrarse a él, como sucede al ser arrestados o perder el amor de una mujer. Quieren lanzar su rabia contra quienes les han hecho algo malo –la madre que apaga cigarrillos sobre sus brazos, el padre que les da una paliza–, pero ellos solamente se queman a sí mismos». Formaba parte de su abandono del odio darse cuenta de que sus padres estaban enfermos y que no pudieron haberlo hecho mejor. Los niños llegaban a darse cuenta de que ellos no eran la causa del enfado de sus padres, y de que «son exactamente lo que Dios tenía en mente cuando los creó», como el padre Greg explica adecuadamente. Esto les ayudaba a olvidar el pasado y a seguir adelante.

Aunque la situación de tu familia puede ser menos brutal, la dinámica habitual de los adictos al enfado es que utilizan esta emoción para hacer frente al hecho de sentirse incompetentes, o de haber sufrido daños o amenazas. El enfado es una de las emociones más difíciles de controlar, debido a su valor evolutivo a la hora de defenderse contra el peligro. Cuando afrontas el sentimiento de enfado, tu cuerpo se pone tenso de forma instintiva, lo contrario al hecho de dejarse llevar. Entra en modo de lucha o huida. La adrenalina inunda tu organismo. Tu corazón late más rápido. Tu mandíbula y tus músculos se contraen. Tus vasos sanguíneos se constriñen. Tu aparato digestivo también se pone en tensión. En esta condición de exceso de carga, quieres huir o atacar.

En lugar de correr o contraatacar, prueba mi enfoque. En primer lugar, respira para calmarte. Dite a ti mismo: «No contestes con enfado. Eso sólo empeorará las cosas». Si la persona se está propasando, aléjate del escenario. Si no puedes escapar —por ejemplo, con un jefe–, intenta permanecer concentrado y sin reaccionar, para no alimentar el enfado. Más adelante, cuando puedas tratar con él por completo, reconoce tus reacciones, sin tapujos, ante ti mismo o ante una persona que te apoye. Esto impide que aumente el enfado. No puedes iniciar el proceso de abandonarlo hasta que reconozcas la emoción, tal como es. He observado a pacientes intentar saltarse esta fase porque creen que es «espiritualmente incorrecto» sentir «quiero matar a ese imbécil por tratarme de esa manera». No es así. Es necesario admitir tus reacciones de modo sincero. No hay forma de vencer al enfado, y menos aún de perdonar a alguien, sin reconocer lo que sentiste. *Sin embargo, éste no es el estado desde el que te conviene comunicarte si quieres que te escuche un adicto al enfado.* Es perjudicial limitarte a dejar escapar todo lo que sientes. A veces, la entrega que necesitas consiste en reprimir tu respuesta hasta que lo veas todo más claro. Para cuando te veas expuesto al enfado, a continuación ofrezco varios pasos para calmarte y aclarar tu cabeza. Sin esto, quedarás atrapado en una conducta reactiva, que no te llevará a ningún lugar en absoluto.

## CÓMO COMUNICARTE CON LOS ADICTOS AL ENFADO

1. *Abandona tu reactividad.* Detente cuando te sientas agitado. Haz varias respiraciones lentas para relajar tu cuerpo. Cuenta hasta diez. No reacciones impulsivamente ni te enfrentes al enfado, aunque te sientas tentado a hacerlo. Reaccionar sólo sirve para debilitarte. Aunque desees descargarte, intenta no ceder al impulso. Sin que importe lo infame que sea esa persona, espera antes de hablar. Quiere que te pongas a su nivel, pero a ti no te interesa hacerlo. Sigue expulsando el enfado mediante la respiración para calmar la respuesta de lucha o huida; esto te permitirá abandonar tu reactividad. Concéntrate en la respiración, no en la persona enfadada. Tal vez aún te sientas molesto, pero estarás calmado y con fuerzas al mismo tiempo.

2. *Pon en práctica el control sobre las palabras, las conversaciones por teléfono y los correos electrónicos.* No contraataques ni respondas en absoluto hasta que te sientas bien centrado. De lo contrario podrías comunicar algo que lamentarás o que nunca podrás reparar.

3. *Siente que estás en armonía, relájate y déjate llevar.* La resistencia al dolor o a las emociones fuertes las intensifica. En las artes marciales, en primer lugar hay que respirar para equilibrarse; después se puede transformar la energía del oponente. Intenta permanecer tan neutral y relajado como puedas, frente al enfado de una persona, en lugar de resistirte a él. En esta fase, no discutas ni te defiendas. En lugar de eso, deja que el enfado de esa persona fluya directamente hacia ti. Visualízate como si fueras transparente y nada pudiera aferrarse a ti. Sigue expulsando el enfado de la otra persona mediante tu respiración. Cuando retienes el aliento, el enfado se enquista en tu cuerpo. Esta postura frente al enfado no te convierte en una víctima ni en un felpudo. Tampoco significa que no te vayas a defender. Se trata de una técnica zen para neutralizar el enfado, de forma que no se quede pegado a tu cuerpo. Los practicantes de artes marciales saben fluir con los movimientos agresivos de su oponente. Después actúan desde esa postura entregada y con armonía.

4. *Reconoce la postura de la otra persona.* Para desarmar a las personas enfadadas, debes debilitar su reactividad. De lo contrario se quedarán en ese mismo estado y no cambiarán. La reactividad impide el libre fluir de las cosas. Por ello, es útil reconocer la posición del adicto al enfado,

aunque te esté ofendiendo. Desde una postura bien firme, di: «Puedo entender por qué te sientes así. Tenemos problemas parecidos. Pero yo tengo una forma distinta de abordar el problema. Por favor, escúchame». Esto mantiene abierto el flujo de comunicación y genera un entorno de compromiso.

5. *Establece límites*. Ahora, reafirma tu postura. Solicita un cambio pequeño y factible que pueda cubrir tus necesidades. Después explica cómo beneficiará a la relación. El tono es esencial. Por ejemplo, di de manera calmada, pero firme, a un pariente político que te está gritando: «Te quiero, pero me desconecto cuando levantas la voz. Hablemos esto de forma que podamos escucharnos mejor mutuamente». Después podrás discutir una solución. Esto no significa que tengas que aguantar una relación de maltrato. Si la persona insiste en lanzar odio tóxico, debes limitar el contacto, definir las consecuencias claramente, como por ejemplo «Dejaré de verte si sigues criticándome», o cortar el contacto. Cuando no puedas abandonar, como por ejemplo en el caso de un jefe enfadado, pon en práctica la armonización y deja que la emoción pase a través de ti. Además, puedes probar algún enfoque razonable, como «Hice todo lo que pude, pero hablemos de medidas constructivas para encontrar una solución». También puedes utilizar la «escucha selectiva» y no captar todos los detalles de un arranque de ira. En lugar de eso, concéntrate en algo estimulante.

6. *Muestra empatía*. Pregúntate: «¿Qué dolor o problema hace que esta persona esté tan enfadada?». A continuación, tómate unos momentos de calma para intuir por qué su corazón está dolido o bloqueado. Esto no es un pretexto para su mala conducta, pero permitirá sentir comprensión por el sufrimiento subyacente a ella, aunque decidas no estar cerca de esa persona. Después será más fácil abandonar los resentimientos, para que no acaben contigo.

Reunir todo tu poder antes de responder al enfado requiere toma de conciencia y autocontención. Hay que reconocer que es difícil olvidar la necesidad de tener la razón en favor del amor y el compromiso. Es difícil no contraatacar cuando te sientes atacado. No obstante, poco a poco, abandonar esos actos reflejos se convertirá en una forma más comprensiva y evolucionada de cubrir tus necesidades y de conseguir que la relación sea viable, siempre que resulte posible.

## Tipo número 2: La persona pasiva-agresiva

Es un pariente cercano del adicto al enfado. Estas personas expresan el enfado con una sonrisa o una preocupación exagerada, pero siempre mantienen la cabeza fría. Como el nombre indica, muestran una forma pasiva de agresividad. Son expertos en suavizar la hostilidad. Suelen utilizar la procrastinación, una fingida falta de eficiencia, y la exasperante excusa de «me olvidé» para evitar compromisos o para decepcionarte. Estas personas son irritantes por su apariencia seductora o inocente. Parecen deseosas de agradar, pero saben exactamente cómo volverte loco.

La conducta pasivo-agresiva oscila entre la simplemente irritante y la manipuladora, pasando por la punitiva. Es una cosa distinta al fenómeno ocasional de tener la mente ausente, ser perezoso o estar ocupado. La agresión pasiva es repetitiva y tiene una odiosa faceta encubierta de fondo. Por ejemplo, tu cónyuge sigue olvidando vuestro aniversario, cuando le has expresado repetidamente lo importante que es celebrarlo. Tu compañero de piso trae a casa un recipiente grande de helado, cuando había mostrado su acuerdo con respetar tu dieta. Un posible jefe evita hablar contigo porque no quiere expresarte personalmente su rechazo. Tu amigo llega tarde siempre que quedáis para veros. O bien pides ayuda a una compañera de trabajo, y te dice que no hay problema, pero aparece después de que haya pasado el plazo acordado. Las personas pasivo-agresivas prometen algo, y después hacen exactamente lo que les apetece. Esconden el enfado bajo una apariencia de docilidad. No dan respuestas directas, y en su lugar ofrecen vagas respuestas, como por ejemplo «Te lo devolveré». Después no cumplen, por lo que tú debes seguir recordándoselo. A veces sus comentarios pueden hacer daño, especialmente porque te golpean de lado y no sabes bien qué te ha sucedido. Una paciente estaba saliendo desde hacía poco tiempo con un ejecutivo de *marketing,* que le había dicho que le daría su correo electrónico personal. Eso le hizo sentirse especial y valorada. Pasaron semanas sin que se lo diera, así que le preguntó y él contestó que había estado demasiado ocupado, que se le había olvidado. Pero siguió sin dárselo. Esa falta de atención hizo que ella sintiera que no era lo suficientemente importante para que él se acordase de ella.

¿Por qué hay individuos que se vuelven pasivo-agresivos? Suelen crecer en familias en las que no es seguro expresar el enfado, ya que nunca les enseñan a comunicarse de manera saludable. Se adaptan a la situación canalizando esos sentimientos mediante otras conductas menos evidentes, lo cual les da sensación de poder y control. Son maestros en eludir la responsabilidad haciendo daño de diversas formas que parecen no intencionadas o inevitables. Las personas pasivo-agresivas funcionan acumulando enfado, adaptándose a él y después endosándoselo indirectamente a otros. Cuando alguien se enfrenta a ellos, le vuelven loco con diversas excusas de todo tipo, echando la culpa a otros, o diciéndote que «sí» continuamente, pero sin hacer nada. Dado que muchos de ellos no son conscientes del enfado que subyace a sus acciones, se sienten incomprendidos o que se les está sugiriendo realizar acciones injustas.

## CÓMO COMUNICARSE CON LAS PERSONAS PASIVO-AGRESIVAS

1. *Abandona las dudas y confía en tus reacciones internas.* Con este tipo de personas puedes llegar a cuestionarte a ti mismo, ya que su enfado está muy solapado. Es importante reconocer el patrón de acción. Sus mensajes ambiguos pondrán a prueba tu paciencia. Por ello, cuando dudes de ti mismo, respira profundamente y deja que la duda se desvanezca. Dite a ti mismo: «Me merezco ser tratado de forma más amable. Confiaré en mi reacción interna cuando sienta que me golpean». Esta afirmación te ayudará a librarte de las dudas, para convencerte de que no estás imaginando cosas. Después progresa para mejorar la comunicación. Debes abandonar la idea de que estas personas cambiarán si no les diriges la palabra. No se sentirán motivados a cambiar, a menos que alguien les ponga de manifiesto su conducta. Cuando no resulte adecuado ser directo, como por ejemplo con un jefe que puede tomar represalias o despedirte, deja que los acontecimientos ocurran, aceptando tu impotencia para cambiar a esa persona.

2. *Trata la conducta.* Concéntrate en un tema en cada ocasión, de forma que la persona no se sienta atacada o agobiada. Digamos que un amigo siempre llega tarde. En un tono tranquilo y firme, dile: «Te agradecería mucho que pudieras llegar puntual cuando vamos a salir a comer. Me siento incómodo esperando solo en un restaurante». Después observa su reacción. Tal vez diga: «Tienes razón. Siempre voy con retraso.

Intentaré organizarme mejor». A continuación, fíjate en si mejoran los retrasos. Si se muestra evasivo o pone excusas, solicita una explicación sobre cómo solucionar el problema. Si no puedes obtener una respuesta directa, afronta también eso. Hablar en términos concretos intimida a las personas pasivo-agresivas. Si nada cambia, procede a poner límites o deja de planificar comidas con esa persona. Con un amigo íntimo que sigue llegando tarde, siempre es una alternativa aceptarlo tal como es y adaptarse a sus defectos, si los pros de la relación superan a los contras.

## Tipo número 3: El narcisista

Con los narcisistas, todo trata sobre ellos. Tienen un sentido superdesarrollado de la autoimportancia y de sus privilegios, ansían atención y necesitan que los elogien continuamente. Les encanta echarse flores a sí mismos. Los narcisistas nunca tienen bastante en lo relativo a ser tratados como personas muy importantes. Su tema favorito es ellos mismos, y raramente preguntan por ti, a no ser que les reporte beneficios. Algunos narcisistas son repulsivos egomaníacos. Pero otros son encantadores, inteligentes y maestros de la seducción. Si estás necesitado o eres vulnerable, les encanta ser tu caballero, que cabalga para salvarte la vida. Los narcisistas son muy intuitivos y saben cómo jugar contigo, como si fueras una propiedad suya, para que te enamores de ellos. Están principalmente interesados en el poder, y dan el golpe de gracia con su encanto. Sin embargo, cuando dejas de admirarlos, o te atreves a no estar de acuerdo con ellos, se vuelven contra ti y se convierten en distantes, castigadores, controladores o pasivo-agresivos. Por debajo de su bonita apariencia, de su carisma y de su sonrisa, hay un corazón gélido. *Los narcisistas son peligrosos porque carecen de empatía y son incapaces de amar incondicionalmente.* A pesar de su encanto, tienen un corazón frío que no responde a los sentimientos. Siempre hay algo relacionado con obtener su aprobación. Debes hacerles cumplidos o ponerlos en un pedestal. Los narcisistas son expertos en compartimentar, lo cual explica que destaquen en el modo en que engañan a sus cónyuges. Carecen de empatía para conectar emocionalmente o registrar las consecuencias de sus decisiones. Siempre reciben mucho más de lo que dan.

Estas personas suelen haber sido criadas por padres narcisistas que querían que sus hijos fueran pequeñas versiones de ellos mismos. Es posible que los trataran como personas muy importantes, lo cual alimentó su sensación de ser especiales y de tener privilegios, pero nunca se los juzga por quiénes son en realidad. En fases posteriores de su vida, esto genera conductas de enfado y maltrato cuando se sienten frustrados o criticados. (La desaprobación le duele en lo más íntimo). Crecer con unos padres narcisistas es una vida de locos. Para el mundo, los padres son individuos importantes, ya que se da su nombre a unidades para el tratamiento del cáncer o a museos, pero en casa son reservados y punitivos. Los narcisistas suelen estar rodeados de un círculo de admiradores, que se mantienen a su lado sólo porque muestran su acuerdo con ellos. Para estas personas, todo consiste en la apariencia y la adulación.

Aunque sea difícil de asumir, los narcisistas absolutos raramente tienen idea de su propia conducta, ni tampoco les duele cómo tratan a los demás. Una paciente programó comer con un «autor famoso», un narcisista que solía tener dos citas al mismo tiempo, por lo cual nunca pedía perdón. El autor no dudaba en anular la comida con ella, por alguien «más importante», una hora antes de la cita. Yo siempre recomiendo a mis pacientes que esperen ese comportamiento de los narcisistas, y les digo que no se metan en problemas enamorándose de uno de ellos. Un paciente dice: «En torno a los narcisistas siento vibraciones ruines y esquivas», un indicio que nos sirve para mantenernos lejos. Sin embargo, si ya te has involucrado con uno de ellos, establecer conclusiones como «Quiero que nos separemos hasta que tengamos ayuda profesional» puede motivarlos a actuar. Aun así, aunque los narcisistas quieran cambiar, he descubierto que sus mejoras en terapia son mínimas: no reflexionan sobre sí mismos y siempre piensan que el problema es el otro. No obstante, a veces, cuando un narcisista toca fondo por abuso de alguna sustancia y se inscribe en algún programa espiritual de doce pasos, llega a ser capaz de entregar su ego lo suficiente como para empezar a cambiar. Asimismo, los psicoanalistas freudianos afirman conseguir progresos constantes con los narcisistas, con sesiones diarias de psicoanálisis, a lo largo de muchos muchos años.

Te enseñaré a comunicarte con los narcisistas, de forma que no seas seducido en relaciones perjudiciales de las que es muy difícil salir. He trabajado con numerosos pacientes, tanto hombres como mujeres, que se han enamorado locamente de narcisistas y que les han dado sus corazones. En todos los casos, su autoestima acabó por los suelos y quedaron agotados o enfermos. Enamorarse de un narcisista es como enamorarse de un fantasma. No hay en ellos ningún sentimiento cálido ni capacidad de sentir nada por ti. Por el contrario, son hábiles manipuladores y les encanta jugar con los demás. Eso les permite sentirse poderosos. Una paciente me dijo: «Sabía que debía abandonarle. Pero cada vez que lo intentaba, él me rogaba que volviese, prometiendo que iba a cambiar y diciendo *exactamente* lo que yo quería escuchar. Era increíblemente sincero y coherente. Además, teníamos dos preciosos niños y yo aún le quería. Pero a pesar de sus promesas, no me dio más que migajas. Su conducta era perfecta durante algunas semanas, pero no duraba mucho. En realidad, nunca quiso cambiar. Tardé una década en ser lo bastante fuerte como para dejarle. Cuando lo hice, fue una liberación. Nunca volveré a caer por un agujero parecido».

De todas formas, es posible que te encuentres en una situación en la que decidas no abandonar a un narcisista. Otro paciente me dijo: «En el terrible mundo del trabajo, los directivos incitan a trabajar con más intensidad a sus empleados, quienes tienen que tolerar un trato peor. No tenemos otro empleo esperando para recibirnos. Estamos obligados a aguantar un jefe exigente y narcisista para poder tener comida sobre la mesa». Por supuesto, mostré mi simpatía hacia él. Independientemente de que decidas quedarte al lado de estas personas difíciles o decirles adiós, el siguiente ejercicio te ayudará a tratar con ellos con plena conciencia.

## CÓMO COMUNICARTE CON LOS NARCISISTAS

1. *Abandona la creencia de que tu amor puede cambiarlos.* Muchas personas cariñosas se involucran en esas relaciones con la esperanza de que su comprensión pueda reformar a un narcisista. La idea es: «Si se sienten amados, se convertirán en las personas amables que realmente son en su interior». Escucha esto: los narcisistas de libro no siguen esas reglas. Valoran el control y el poder por encima del amor. Además, dado que carecen de empatía, son incapaces del toma y daca en el que consisten las relaciones íntimas. Echarán a perder el amor haciéndote pasar por el aro,

con el objetivo de que les rindas pleitesía. La falta de empatía del narcisista es difícil de captar. Por eso muchas personas se resisten al consejo con el que he iniciado el párrafo. A veces pasan años soportando los abusos de un narcisista, hasta que el afectado asume lo que estoy describiendo. Sé realista en tus expectativas. Disfruta de las buenas cualidades de un narcisista, pero entiende que están limitados emocionalmente, a pesar de ser sofisticados en otros ámbitos. Abandonar la idea de que tu amor puede cambiar a un narcisista te ahorrará años de tormento y lucha.

2. *No dejes que tu autoestima dependa de ellos.* Evita la trampa de intentar siempre agradar a un narcisista. Protege tu sensibilidad. Busca amigos que te quieran de verdad. Comparte tus sentimientos más profundos con quienes los puedan valorar.

3. *Explícales cómo se beneficiarán.* Para hacer que tus objetivos coincidan con los de un narcisista, haz tu solicitud de manera que la pueda entender. Afirmar tus necesidades emocionales no suele funcionar, ni tampoco quejarte ni ser asertivo. Por ejemplo, si quieres unas vacaciones, no le digas a tu jefe que estás agotado. En lugar de eso, dile: «Tu empresa se beneficiará si puedo tomarme libre estos días». Como bien saben los interrogadores policiales, el ego es el talón de Aquiles de los narcisistas. Se les puede convencer para que confiesen mediante adulaciones. Aunque esas caricias a su ego pueden ser tediosas, darán resultado.

## Tipo número 4: El que echa la culpa a los demás

Este tipo de personas son especialistas en echar la culpa a otras, en hacerse los mártires y en convertirse en reyes de las situaciones dramáticas. Saben cómo hacerte sentir mal por algo apretando tus botones de la inseguridad. Utilizan la culpa para manipularte y que hagas lo que ellos desean. Les gusta ver que te avergüenzas y desequilibrarte. Eso les ofrece una sensación de poder y control.

La culpa puede transmitirse con palabras, el tono de voz, o incluso la mirada. La molestia de generar culpa oscila entre «¿Cómo puedes derrochar en un equipo estéreo tan sofisticado, cuando hay gente que muere de hambre?» y «Yo sacrifiqué todo por este matrimonio» o «Cuando esté muerto y enterrado, ya no tendrás que preocuparte más por mí». Los padres de una paciente la hacían sentir culpable por «perder el tiempo» leyendo tebeos cuando era niña. Posteriormente le decían: «No seas perezosa. Debes moverte. Sólo eres tan bueno como lo último que consigues». La consecuencia fue que mi paciente no se sentía bien a menos que obtuviese constantes éxitos en el mundo material. No es de extrañar que se quedara bloqueada en el círculo vicioso del exceso de logros y nunca aprendiera a relajarse. Mi propia madre no dudaba en aprovechar el sentimiento de culpabilidad judío. Cuando no le gustaba mi novio, me decía: «Vas a provocarme un ataque al corazón si sales con él». Una vez abrió una ventana y se quedó allí, hiperventilando, para demostrar lo que decía. Todo consistía en «¿Cómo puedes hacerme esto a mí?». Aunque su deseo de hacerme sentir culpable nunca me indujo a dejar de ver a alguien (yo era demasiado rebelde), aun así, yo tenía un molesto temor de que de verdad pudiera estar matándola.

Las personas especialistas en echar la culpa a otros juegan sucio. Para conseguir su objetivo, aprovechan tu deseo de agradarla o de ser una buena persona. Suelen comenzar frases con «Si no fuera por ti…» o «¿Por qué nunca has…?». Hablan sobre las injusticias de la vida y te comparan con otros que lo están haciendo mejor. «¿Por qué no puedes parecerte a Buster? Es tan bueno con su esposa y un excelente trabajador». También te recuerdan cuánto hacen siempre por ti. Una vez que quedas atrapado en el sentimiento de culpa, para ellos eres mejor. Y así, tal vez repartas el cheque para la comida en lugar de gastarlo, trabajes más tiempo para demostrar que no eres un vago, o escuches constantemente sus quejas para demostrar lo solícito que eres. Pero sabes bien que la culpa tiene una forma engañosa de introducirse en tus inseguridades.

Sé consciente de que hay diferencias entre el arrepentimiento saludable y la culpa. Arrepentirse consiste en lamentar cómo surgió una situación o cómo te comportaste. Después podrás reconocer el error y hacer lo necesario para enmendarte. Te sentirás verdaderamente apenado, pero no te quedarás bloqueado ahí. Por el contrario, la culpa consiste en quedarte aferrado al remordimiento y al autorreproche, un sentimiento que niega el ego y en el que sigues centrándote en una supuesta carencia o error. Como psiquiatra, he visto cómo la culpa puede convertirse en obsesión, la antítesis de la entrega. Por supuesto, es adecuado sentirse responsable de lo que haces mal, pero no te conviene utilizarlo como pretexto para castigarte a ti mismo. Prueba las siguientes técnicas para mantener en perspectiva el sentimiento de culpa.

## CÓMO COMUNICARTE CON LOS QUE ECHAN LA CULPA A LOS DEMÁS

1. *Abandona la idea de que tienes que ser perfecto.* Todo el mundo comete errores. Es humano hacerlo. No tienes que ser perfecto ni estar totalmente limpio. Si haces daño a alguien o cometes un error, acepta que no puedes cambiar el pasado. Pero puedes arreglar las cosas cuando sea adecuado. Pide disculpas por ofender a un pariente, devuelve el dinero que debas, o simplemente di: «Me gustaría haberte poder dado más». Si tu culpa es autoinfligida –por ejemplo, te ves obligado a declararte en bancarrota–, da un pequeño paso constructivo, como por ejemplo pagar la factura del gas, en lugar de alimentar el sentimiento de culpa. O bien tómate un descanso para darte un atracón de chocolate, pero después intenta comer más saludablemente. Concentrarte en buscar soluciones, en lugar de sumirte en la culpa, es una forma de entregarte a fuerzas positivas, y no de sucumbir a la atracción de la negatividad. Estarás emprendiendo acciones y no seguirás dando vueltas a lo que no puede cambiarse. Los mejores arreglos que puedes hacer son ser una persona más cariñosa y responsable en el futuro. Cuando alguien siga echándote la culpa, intenta entender que esa persona simplemente no lo puede hacer mejor, y utiliza las técnicas que explicamos a continuación. Quienes echan la culpa a los demás tienden a perder interés si no caes en sus manipulaciones.

2. *Abandona la culpa con lágrimas.* Una forma física de librarte de la culpa, si te encuentras bloqueado en un error que cometiste, o en el hecho de no cumplir las expectativas de alguien, es llorar. Hazlo cuando estés solo o con una persona que te apoye. Las lágrimas disminuyen las hormonas del estrés y te ayudan a curarte. A medida que lloras, tu cuerpo expulsa la culpa y la tensión. Esto te ayuda a abandonar todo. No luches contra la entrega que consiste en llorar. Deja que las lágrimas limpien el estrés de tu cuerpo.

3. *Conoce los mecanismos que disparan tu sentimiento de culpa.* Nadie puede hacerte sentir culpable si tú no crees que has hecho algo mal. Sin embargo, si dudas de ti mismo, la culpa puede hacerse dueña de ti. Uno de mis

pacientes, un enorme portero de discoteca de Brooklyn, se dejaba llevar por la culpa cada vez que su madre de noventa años decía: «Si fueras mejor hijo, pasarías más tiempo conmigo». En realidad, él la llamaba y visitaba frecuentemente. Dijo: «Para mamá, nada es nunca suficiente». Así que su entrega consistía en aceptar que era un buen hijo y que probablemente nunca agradaría por completo a su madre. Aceptar su impotencia para agradarla en todo apaciguó su sentimiento de culpa y le aportó tranquilidad.

4. *Establece límites.* Comienza las conversaciones positivamente. En un tono de carácter factual, di: «Puedo entender tu punto de vista. Pero, cuando dices _____, mis sentimientos se sienten dolidos. Te agradecerías que no siguieras repitiéndolo». Puedes convertir algunos temas en tabú, como por ejemplo el dinero, el sexo o el aspecto personal. Si quienes echan la culpa a otras personas respetan tus límites, estupendo. Si no es así, tal vez te convendría limitar el contacto con ellos. Con aquéllos a quienes no puedas evitar, como por ejemplo la familia, mantén la conversación en términos ligeros, no muerdas el anzuelo e intenta curar gradualmente tus inseguridades, para no caer en sus intentos de echar la culpa a otro.

## Tipo número 5: El chismoso

Estos entrometidos se deleitan hablando sobre otros a sus espaldas, denigrándolos y difundiendo rumores maliciosos. Dicen: «La pobre Jean parece como si ganara veinte libras», «Harry tiene una aventura», o «Lola ha iniciado una rehabilitación». Revelan las malas noticias sobre otras personas para presentarse ellas mismas como mejores. El chismoso también puede nacer a partir del enfadado o del celoso. Estos tipos no suelen chismorrear sobre asuntos felices; prefieren centrarse en los defectos, las tragedias y las deslealtades. Desean captar tu atención con información interna, para agradarte. Los buscadores de chismes te atraen haciendo parecer que están compartiendo el cotilleo confidencialmente, lo que te hace sentir especial. Pueden ser dulzones y mentirosos. El chisme es una forma de vínculo que se refuerza en la escuela secundaria. Concede a esos tipos una sensación de poder y autoestima que no saben cómo conseguir legítimamente. Conocer la basura sobre los compañeros de clase, los profesores o los padres les pone en la buena onda. Sería raro que un adolescente no quisiera escuchar esto. Contar chismes pasa luego a la edad adulta. En la oficina, o entre amigos y familiares, puede ser difícil resistir el hecho de escuchar los últimos detalles interesantes.

¿Por qué es tan frecuente el chismorreo? ¿Por qué son tan populares las revistas de cotilleo y los culebrones? En parte, chismorrear es una escapada inconsciente hacia los dramas personales de otras personas. Te ayuda a olvidar tus problemas y la incesante charla mental enfocándote en otros. (Reconozco que me sumerjo en la revista *People* cuando viajo en avión. Disfruto siendo un poco inconsciente durante un rato. La mayoría de nosotros lo hace). Las celebridades son la principal presa de los cotilleos: el público parece eternamente fascinado por esas personas extraordinarias. ¿Qué obtiene la gente del cotilleo? Algunos cotilleos te permiten conocer hechos. Pero los cotilleos negativos son atractivos porque consuelan tu lado más inseguro. Puedes imaginar: «Si los ricos y famosos están peor que yo, mis problemas no parecen tan malos». Si una impresionante actriz es anoréxica o tiene celulitis, demuestra que es humana, lo cual puede hacerte sentir mejor acerca de tu cuerpo. A nuestro lado inseguro le gusta ver los defectos de otra gente, así nos sentimos más aceptables.

Todos estamos implicados en el chismorreo. No obstante, conforme tomamos conciencia, nos damos cuenta de que se basa principalmente en la inseguridad o la mezquindad, y que con él no atraeremos a personas positivas y comprensivas. La tendencia a hablar sobre otros es natural. En tiempos primitivos, conocer la ocupación de otro formaba parte de vivir en comunidad. Pero hay una diferencia entre hablar mal sobre ellos y simplemente compartir una información que no les importa que se haga pública. El chismorreo puede ser simplemente meter las narices en los asuntos de otros, como por ejemplo «¿Has oído cuánto dinero gana en su nuevo trabajo?», o puede implicar rumores escabrosos que arruinan relaciones y reputaciones. El chismoso utiliza la información como un arma para hacer daño. Cuando alguien cotillea algo sobre ti o un ser querido, puedes sentir enfado, humillación e intrusismo. Aunque tu instinto sea atacar, resiste el hecho de ceder a ese impulso. Da un paso atrás. Espera a contestar cuando estés más calmado. Haz algunas respiraciones profundas, da un paseo o medita. Después utiliza el siguiente enfoque con estas personas difíciles.

# CÓMO COMUNICARTE CON CHISMOSOS

1. *Abandona la necesidad de agradar a todo el mundo, o de controlar lo que la gente dice.* Tu trabajo es gustarte a ti mismo. Debes concentrarte en eso, no en lo que piense la gente. Lo que más importa es tu opinión de ti mismo. Si es buena, entonces los chismes tendrán menos relevancia. Intenta aceptar que no gustarás a todo el mundo, y que no todos aprobarán lo que haces. Las voces de los padres pueden interponerse en esta entrega. Cuando dicen que tienes que ser popular y gustar a todos, di a esas voces «Gracias por compartir», y a continuación expúlsalas de tu cuerpo soltando el aire. Dite a ti mismo: «Acepto que no puedo gustar a todo el mundo ni controlar todo». Fíjate en lo bien que te sientes con esta liberación. Si no puedes tratar directamente los chismes de la gente, dite a ti mismo: «Soy impotente en relación con sus opiniones y su facilidad de hablar». Darse cuenta de que no hay nada que puedas hacer enmudecerá el ruido de las opiniones de otros. Te sentirás feliz si no pasas más tiempo preocupándote por unos duros comentarios.

2. *Sé directo.* Si es apropiado enfrentarse a alguien, dile en un tono tranquilo y firme: «Tus comentarios son desconsiderados y dañinos. ¿Te gustaría que la gente hablara de ti de esa forma? Por favor, deja de decir esas cosas sobre mí». Llamar la atención a la gente que propaga un chisme normalmente les detendrá. Cuando no sirva, puedes recordárselo una o dos veces más, y a continuación intentar que los comentarios y las relaciones no te afecten.

3. *Cambiar de tema.* Si unos compañeros de trabajo o amigos están cotilleando y tú no te sientes cómodo con el hecho de tener que pedirles que se detengan, cambia de tema para no tener que participar. Si intentan que te unas a ellos, no lo hagas. Niégate a tomar parte. Los chismosos llegarán a cansarse de intentar implicarte y pasarán a otra cosa.

4. *Reprímete.* Sé perspicaz. No compartas información íntima con chismosos. No harás más que proporcionarles nuevo material para difundir rumores. Comparte tus secretos sólo con amigos de confianza.

5. *No te tomes los chismes en plan personal.* No es de tu incumbencia lo que otras personas piensen de ti. Puede tratarse de un tema espinoso, pero debes tenerlo bien claro para liberarte. La mayoría de la gente se lo toma todo personalmente. Un amigo llegó a tomarse de forma personal que

un niño diera una patada en el respaldo de su asiento estando en el cine. Con los chismes, aunque tengan una intención personal, no te los tomes así. Sé consciente de que quienes los propagan no son felices ni se sienten seguros. Hablan de otras personas cuando están contigo. Haz lo que puedas para poner límites a sus comentarios. Después elévate a una posición superior e ignóralos.

Comunicarte con personas difíciles pondrá a prueba tu carácter, además de todas las capacidades de entregarte que he presentado. Permite que tus encuentros con ellos te hagan tener más confianza y libertad. Activarán niveles emocionales que ni siquiera sabías que tenías, pero es tarea tuya no desequilibrarte. Te sentirás tentado a luchar o a ponerte a su nivel. Pero, gradualmente, conseguirás tener más firmeza. Considéralo como el entrenamiento de un guerrero. Recuerda que el secreto del éxito es ser flexible, no rígido (esto no es pasividad; es una decisión estratégica). Permanece tranquilo y asertivo, no violento ni combativo. Cuando alguien te esté intimidando, tal vez te sientas débil e inseguro. Pero debes tener fe en ti mismo y poner en práctica lo que te he enseñado. Además, una plegaria útil que utilizo y recomiendo a mis pacientes, antes de aproximarse a gente difícil es: «Pies, no me falléis ahora». Estas palabras son un llamamiento a tu fuerza y a la ayuda de lo trascendente, ya sea que te adentres en una situación difícil o que escapes de otra. Puede parecer que estás solo, pero en realidad nunca lo estarás. Si estableces una intención clara, no actúas reactivamente y dejas que tus acciones salgan de tu corazón, estarás apoyado por el universo de formas misteriosas y poderosas.

En este capítulo, he explicado cómo mejorar la comunicación utilizando los principios de la entrega. Debes ser consciente de que la gente tiene su propia mente. No presiones a los demás ni te calles. Te volverás loco si intentas que se comporten de forma distinta, y funciona en muy pocas ocasiones. Un viejo adagio dice: «Sonreír es mi ejercicio favorito». Sonríe a los adversarios, pero sé fuerte también. Saluda a los demás con la ligereza de tu ser y con una paciencia enorme.

Uno se siente mucho mejor si se deja llevar que si intenta ir contra corriente. Me siento en éxtasis cuando puedo caminar sin presiones, ni procedentes de otras personas ni mías. La entrega me permite ralentizar el tiempo y ver, más allá de un bloqueo temporal, un progreso mayor. Los obstáculos dependen de cómo fluyamos con la energía. Cuando nuestro ego suelte su presa, aunque sea un poco, en lugar de bloquearse o dar vueltas sobre sí mismo, el camino se abre, lo mismo que las posibilidades. En mi vida, no quiero que me detenga mi ego, mi terquedad o mi enfado. Quiero bailar en un estado alegre, más allá de los límites claustrofóbicos de mi mente. Uno de mi mantras favoritos es *nihil obstat,* que significa «no hay obstáculos», en latín. Cuando te entregas, nada te molesta ni se interpone en tu camino. La entrega te devuelve al espíritu del libre fluir, el aliento de todo ser. Sólo hace falta esperar para que lo aceptes.

---

### AFIRMACIÓN DE ENTREGA
### PARA UNA COMUNICACIÓN COMPRENSIVA

*Estoy listo para abandonar todos los obstáculos que impiden el entendimiento mutuo y la comprensión con las personas que hay en mi vida. Estoy listo para dejar de intentar controlar o presionar a otros. Estoy listo para comprometerme y liberarme de mi apego a la necesidad de tener la razón. Estoy listo para disfrutar de unas relaciones armoniosas y cariñosas.*

---

*Tercera parte*

# RELACIONES, AMOR Y SENSUALIDAD

*El amor me llevó así de lejos, cogido de la mano…*
*Después limítate a seguir estando allí, no dejándote llevar.*

Seamus Heaney

# 6

## LA SEXTA ENTREGA

*Honrar a las almas gemelas, a los amigos del alma*
*y a los animales de compañía*

Las relaciones íntimas ofrecen notables regalos y son convincentes maestros de la entrega. Siguen retándote para abrir tu corazón, para convertirte en una persona más valiente, confiada y entregada. El impulso de intimidad consiste en transformarnos, en eliminar nuestros miedos y rigideces. Quiere que fluyamos como el agua, que seamos sensuales, alegres y libres. Las relaciones adecuadas fortalecen tu resiliencia y tu valor, con lo que empoderan el éxito en todos los aspectos de tu vida. Sin importar lo que ocurra, tú sabes que no estás solo. Sabes que tienes a alguien guardándote las espaldas. Éste es un gran beneficio derivado de dejar que la gente cuide de ti y de que tú cuides de ellos. Ser valorado y adorado te hace más fuerte. Si quieres relaciones que de verdad beneficien a tu alma, compartiré contigo cómo entregarte al éxtasis del amor.

Yo creo en el amor. Quiero relaciones en las que lo profundo llame a lo profundo, de esa clase que es tan fuerte que puedes sentir el universo correr tras ellas. En mi vida, quiero amar tan locamente como pueda y liberarme de cualquier impedimento, interno o externo, que me detenga. Es a la vez estimulante y alarmante dejar que alguien entre en tu corazón. La entrega del amor consiste en darte permiso para que te lleven de viaje sin conocer el destino. El poder de la verdadera conexión –contigo, con otros– habla de la divinidad que nos une.

Por encima de todo lo demás, yo valoro el amor: la entrega que me exige constantemente, lo imposible que parece a veces, el éxtasis que se siente cuando se disipa el miedo y puedo elevarme, con quienes amo, a sitios brillantes y desconocidos.

Me siento estimulada por compartir contigo formas de entregarme al amor y de superar los obstáculos para la intimidad. Nos concentraremos en lo que llamo «conexiones del espíritu», esas almas gemelas por quienes sentimos un vínculo especialmente fuerte, como si la relación siempre hubiera sido así y siempre fuera a ser así. Cuando una relación se hace eco de lo eterno, hay una energía, un destino que os une. Conocer a esas almas gemelas, esos amigos del alma (conocidos como *anam cara* en la sabiduría céltica) y esos compañeros animales puede sentirse más como una reunión que como un primer encuentro. Os reconocéis el uno al otro mediante el sexto sentido. Aunque este conocimiento tarda un tiempo en registrarse, cristaliza con el paso del tiempo. Algo dentro de ti resuena. Las piezas encajan en su lugar adecuado. Por supuesto, valoro otros tipos de relaciones de amor, pero aquí examinaremos los hallazgos y las entregas de aquellos que viven en las profundidades de nuestras almas.

Tal vez ya creas en estos tipos de conexión. Si no es así, quiero encender tu fe. Las recompensas por entregarte a relaciones de este calibre son numerosas: la comodidad de la compañía, la pasión, confiar lo suficiente en la persona y en ti mismo para seguir entregándote al poder curativo del amor. Tú puedes ser tú mismo sin tener que estar constantemente en acción. Las conexiones del alma se sienten como algo vivo, incluso extático. En cambio, el coste de dejar que el miedo o el exceso de razonamiento te detengan es un encogimiento de tu corazón, de la posibilidad. Alejarse de una conexión de almas es como alejarte de una parte de ti mismo. Es ridículo, incluso perjudicial, no tener en cuenta estos vínculos. Si lo haces, a partir de entonces puede parecer como si algo falta extrañamente. Sientes un dolor del que no puedes consolarte.

Cuando trato a pacientes que no han buscado estas relaciones, suele faltarles el vínculo entre por qué nos sentimos incompletos y por qué no han amado por completo. Como psiquiatra, considero una gran victoria ayudarles a tener la confianza suficiente para arriesgarse a la entrega del amor, quizás por primera vez, ya sea con un compañero sentimental, un amigo o un gatito que han rescatado de un refugio. Lo más importante es comenzar a amar de algún modo. Desde aquí, empezamos identificando en qué partes de sus vidas han tenido miedo, han perdido la fe o se han cerrado a sí mismos.

Déjame contarte algo sobre mi paciente Sid, un dentista cuya esposa le dejó por un profesor de salsa de veintitantos años. «Nunca pude preverlo», decía Sid, con un gesto de dolor. No me extrañaba que hubiera comenzado la terapia enfadado y desilusionado. Se encontraba consumido por las dudas sobre su atractivo sexual y su valía como hombre; una confesión que no es fácil para nadie. Como suele ocurrir en las personas con problemas, su primera respuesta fue decir sobre el amor «nunca más». Como un animal herido, sólo necesitaba refugiarse y lamer sus heridas. Lo último que quería hacer era entregarse a otra relación. Yo lo respeté. En ese momento, no era mi función mostrar mi desacuerdo o instarle a hacer cambios. Sabía que era mejor dejar a Sid desahogarse y llorar mientras lo considerase adecuado, una fase necesaria del viaje emocional propio de la recuperación del golpe de una traición.

Dejarse ir, expresar libremente el dolor y el enfado, es como comienza la curación. Dejar encerradas las emociones es malo para nosotros. La magia de la terapia es que mantiene la energía fluyendo para que dolor no se quede fijo. Admiré a Sid por estar dispuesto a trabajar con el infierno que tenía en su interior, y por tener fe en que podría haber luz al otro lado. Nuestras sesiones se convirtieron para él en un lugar seguro para lamentar un matrimonio de varias décadas y que pensaba que había sido sólido, para reconstruir gradualmente su autoestima. Afortunadamente, el tiempo lo cura todo si le ayudamos mediante la necesaria, pero difícil, mejora emocional. No debemos tener prisa por obtener la curación. Después de seis meses, Sid ya tenía distancia suficiente para decidir: «No quiero ser una de esas personas amargadas que se convierten en muertos parcialmente, después de haberse equivocado. Siento la tentación de intentar tener una cita de nuevo». Ése fue mi inicio. Empezamos a hablar sobre cómo superar sus miedos y elegir una relación adecuada. Asimismo, para ayudarle a encontrar la persona apropiada, le enseñé a desarrollar su intuición, a hacer caso a las sincronicidades y al sentimiento de *déjà vu*.

Algunas de las citas que tuvo el año pasado fueron verdaderos fiascos, lo cual le decepcionó mucho. Pero justo cuando estaba a punto de abandonar, resultó que un compañero de universidad que no había visto hacía años le invitó a una fiesta. Allí conoció a Edna, una experta jardinera. A primera vista, ella no parecía ser su tipo. Aun así, decidió conversar con ella. Hay que imaginar su sorpresa cuando empezó a sentir escalofríos de reconocimiento. Algo de Edna le hacía reír como un tonto. Se sintió feliz sólo con mirarla, y sintió una sensación inmediata de profunda paz.

Ahora llevan cinco años casados. Sid la llama su «verdadera alma gemela». Han tenido los normales altibajos, pero confían el uno en el otro y se sienten lo bastante seguros como para seguir entregándose al estimulante viaje que están haciendo como pareja que son.

A veces, abandonar una relación inadecuada te permite encontrar la apropiada. El dolor puede ser el impulso para mejorar en tu vida. Me encanta el dicho *yiddish:* «No hay corazón tan entero como un corazón roto». Igual que sucedió con Sid, volver a abrir el corazón siempre es posible, aunque sea después de mucho sufrir.

En este capítulo, examinaremos los fundamentos de la conexión espiritual: ¿qué es un alma gemela? ¿Cómo pueden ayudarte la intuición y los *déjà vu* a encontrar la tuya? ¿Qué se interpone en tu camino? Por ejemplo, ¿te sientes atraído por personas inaccesibles, relaciones ilusorias o aventuras sentimentales? ¿Eres una persona empática que teme implicarse en una relación? ¿Confundes el deseo con el amor? ¿Qué ocurre si tu cabeza dice «sí», pero tu interior dice «no»? ¿Qué sucede si un alma gemela no responde recíprocamente a tus sentimientos? ¿Te aferras a alguien aunque no sea bueno para ti? ¿Cómo te dejas llevar, incluso cuando no quieres hacerlo? Tal vez lo estés haciendo todo bien y aun así no puedas encontrar pareja. ¿Qué pasa entonces? También ilustraré el valioso papel de la entrega cuando tienes una relación. ¿En qué momento te comprometes en lugar de reafirmar tu postura? ¿Cómo puedes comunicarte mejor liberándote del ego, los miedos, la rigidez y las expectativas relacionadas con que tu pareja va a ser perfecta? Hablaremos más de lo maravillosos que son los amigos del alma, una hermandad de apoyo muy especial. Después celebraremos la bendición de la compañía de los animales, nuestros gurúes de cuatro patas, que nos ofrecen su amor incondicional.

Las conexiones espirituales incluyen el libre fluir, confiar en lo que intuitivamente te mueve en relación con una persona. A pesar de las distracciones y exigencias de nuestro mundo, que corre a un ritmo demasiado rápido, te insto a que mantengas este tipo de conexiones. No dejes que nada te aparte de ellas. Si te sientes inexplicablemente atraído por una persona que está a tu lado en un avión, sea joven o anciana, entabla conversación con ella. Lamentablemente, solemos no hacer caso a nuestra intuición, pensando: «Vaya, esto es extraño. Ni siquiera conozco a esta persona». Si reaccionas de esa forma, será demasiado tarde. Habrás perdido tu oportunidad. ¿Por qué no arriesgarte a investigar sobre relaciones que te parecen adecuadas? ¿Quién dice que todo tiene una explicación fácil y predecible? Entregarnos al flujo de una relación conlleva recuperar la espontaneidad, dejar que el misterio intervenga en el acto de añadir encanto a tu vida. Sé juguetón. Date la oportunidad. Si no funciona, ¿sucede algo? Pero, si realmente funciona…

Las conexiones espirituales no tienen lugar todos los días. Cuando encuentras una, sé agradecido. Son verdaderos regalos. Acéptalos con gracia. El amor que has estado esperando está ahí, a tu disposición.

## ATRAER A UN ALMA GEMELA

*Tu tarea no consiste en buscar el amor, sino en encontrar todas las barreras internas que has levantado para apartarte del amor.*

RUMI

La expresión «alma gemela», que muchas veces asimilamos al denominado amor platónico, fue acuñada en el siglo XV por el erudito florentino Marsilio Ficino, pero la idea ha aparecido en numerosas culturas desde los tiempos más remotos. El registro más antiguo está fechado hace cinco mil años, en la leyenda egipcia de Osiris e Isis. Hermano y hermana, marido y mujer, su amor eterno duró toda una vida y más allá de ella. *El banquete*, de Platón, un diálogo que trata sobre las raíces de la naturaleza del amor, describe cómo hombre y mujer fueron originalmente una sola persona, pero Zeus tuvo miedo de su poder y la dividió en dos. Posteriormente, cada una siguió buscando su otra mitad. De igual forma, en la sabiduría celta, nuestras almas comienzan siendo un solo ser que después se divide. En *yiddish*, encontrar tu *bashert* significa encontrar el compañero que tienes predestinado, lo que el destino ha dispuesto para ti.

Estoy definiendo el alma gemela como una relación sentimental, marcada por el destino, con alguien por quien sientes una afinidad especial. Os enamoráis y os ayudáis el uno al otro, lo mismo que sucede con vuestros cuerpos. Mi maestro espiritual dice que hay que tener cuidado, porque «tu alma gemela puede convertirse en tu compañero de celda», cuando no existe el deseo de desarrollarse mutuamente. El apoyo es el concepto clave en nuestro caso. Cada uno es el mayor admirador del otro, y el lugar más seguro donde descansar. Ambos juntos podéis llevaros mutuamente mucho más lejos de lo que cada uno haría por sí solo. La relación nunca es denigrante, abusiva o basada en el narcisismo o el control. Cuando os conocéis, se despierta algo dentro de vosotros, incluso se regocija. Por fin podéis respirar tranquilos. La espera ha finalizado y os encontráis de nuevo como en casa.

Sin embargo, al contrario de lo que tal vez pienses, un alma gemela no tiene por qué ser necesariamente alguna persona ideal que convertirá tu vida en perfecta o que curará tu soledad. Tampoco tenéis por qué gustaros mutuamente o estar de acuerdo. No obstante, te ayudará a evolucionar. Aprenderéis el uno del otro. No hay fecha límite para encontrar tu alma gemela. Puede llegar cuando tienes veinte o cuando tienes ochenta años, siempre que el momento sea el adecuado. La atracción sexual forma parte del vínculo, aunque puede variar en las distintas fases de la vida. Algunas de estas relaciones son increíblemente afables, mientras que otras deben resistir más dificultades. Sin embargo, cuando hay almas gemelas, dos son más fuertes que uno solo. Cada uno mejora al otro.

La relación con un alma gemela requiere continuas lecciones sobre las formas de entregarse. Si vivís juntos, podréis veros todos los días y todas las noches, lo cual hace que los asuntos emocionales se mantengan bien vivos. Puede convertirse en algo mucho más intenso que la relación de amistad, porque la exposición continua queda conformada por las complejidades de la intimidad. ¡La familiaridad no siempre es una bendición! (Esto es también cierto si tenéis contacto habitual, pero no vivís juntos). La buena noticia es que cuanto más conoces a alguien, más puedes amar a esa persona. Otro tema es que cuanto más conoces a alguien, en mayor medida puede oprimir los botones correspondientes a tus emociones. Las almas gemelas son espejo el uno del otro, de lo que es cariñoso, sensato y adorable, así como de lo molesto, negativo y rígido. Por ello, es posible que tu relación experimente períodos complicados, o bien podéis tener desacuerdos que requieran que los dos expandáis vuestros corazones y entreguéis vuestros egos en los ámbitos más pequeños y en los más grandes: por ejemplo, la película propia de mujeres, o la de acción, cargada de testosterona, que ves para complacer a tu cónyuge; la obligada visita a tus parientes políticos tóxicos; o las largas discusiones que requieren de un compromiso sobre cualquier tema, desde la forma de ser padre hasta el horario de trabajo, pasando por los asuntos de dinero. Te entregas a estos compromisos en servicio al «nosotros» que constituye el amor.

Mi maestro espiritual bromea conmigo y me dice: «No busques una relación. Te creará problemas. Sólo tienes que decidir en qué tipo de problemas quieres implicarte». Sé que tiene razón. Pero al ser tenaz y romántica, creo que merece la pena soportar las dificultades que conlleva la intimidad, aunque me arriesgue a sufrir la agonía de tener el corazón roto. La unión con tu alma gemela te invita a abrirte de forma distinta a lo que harías tú solo, te hace más flexible y te insta a abandonar conductas que no te beneficiarían a ti o a la relación en sí. De algún modo, en mi opinión, es más fácil vivir sola, pero ir más allá de mi nivel de comodidad me permite entregarme de maneras que yo anhelo. Por fogosa que pueda ser la relación con un alma gemela –con sus buenas y sus malas pasiones–, el vínculo mutuo, la familiaridad y la confianza instintiva te motivan a solucionar los conflictos en lugar de salir corriendo. Llegar al extremo opuesto de un punto muerto, solucionar un problema, te hace sentir muy bien. Conforme caen las barreras, el espacio que hay entre dos personas se abre; hay lugar para el éxtasis.

He aprendido mucho de lo que Edgar Cayce ha escrito sobre las almas gemelas. Cayce, tal vez el americano intuitivo más famoso del siglo xx, escribe que las relaciones de este tipo no nacen del aire, como la gente suele pensar, sino que conllevan numerosas reencarnaciones. Dice que tenemos muchas posibles almas gemelas en nuestras diversas vidas, no solamente una. Piensa en ello: tienes la posibilidad de encontrarte con cónyuges anteriores, de épocas pasadas, en cualquier momento. Cuando una mujer preguntó a Cayce si había otra persona, aparte de su prometido, que pudiera hacerla feliz, contestó: «Podrías tener unas veinticinco o treinta relaciones de ese tipo, si decidieras tener en cuenta la posibilidad». (Él también dice que las almas gemelas tienen distintos papeles de apoyo en nuestras vidas, como por ejemplo a modo de colegas, maestros y amigos). Aun así, Cayce recomendaba que en lugar de buscar una persona sólo por el hecho de que nos haga feliz, haríamos mejor en encontrar a alguien que facilite nuestra integridad y nuestro crecimiento espiritual. Así es como definió la idea de alma gemela; no como la «otra mitad» que nos permite estar completos.

Igual que los cisnes mantienen la misma pareja durante toda su vida, algunas almas gemelas viven juntas durante toda su vida. Otras son compañeros en períodos de tiempo más breves, o principalmente para traer hijos a este mundo. Un lector me preguntó en cierta ocasión: «Con todo lo intuitiva que eres, ¿cómo no has encontrado una relación duradera?». Créeme, me he preguntado eso mismo más de una vez. Sin embargo, he llegado a entender que he necesitado distintas almas gemelas a lo largo de mi vida. Cada una de ellas me enseñó la lección adecuada cuando estuve preparada. Una relación larga y muy querida no pudo ir más allá porque, con todo el dolor de mi corazón, mi pareja no estaba preparada para superar las barreras. Otras han finalizado en el momento en que fuimos todo lo lejos que pudimos. Nos amamos el uno al otro, sabíamos lo que necesitábamos, pero después rompimos como amigos o seguimos teniendo una relación muy estrecha. En todas estas relaciones hay asuntos procedentes de épocas anteriores –el karma– que hay que trabajar. Personalmente, he empleado mucho tiempo en encontrar una relación duradera, pero aún tengo esperanzas.

Es importante elegir con cuidado nuestra compañía para todos los ámbitos de la vida. Otras personas pueden beneficiar o perjudicar nuestro bienestar. Como psiquiatra que soy, valoro el grado en que podemos entendernos los unos a los otros mediante nuestras relaciones. Por ello, es vital encontrar una pareja que nos ayude a ser la mejor versión de nosotros mismos.

Me interesa seguir la pista de cómo mis amigos encontraron a sus almas gemelas a diversas edades, en fases distintas de sus vidas.

*Stephan y Ronlyn.* Stephan, sesentón, se encontró de nuevo con Ronlyn después de la muerte de la que fue su amada esposa durante veinte años, también un alma gemela. Unos amigos de los dos llevaron a Ronlyn a una fiesta-cena que ofrecía Stephan. Aunque parezca increíble, cuando era adolescente, Ronlyn había sido niñera de los hijos pequeños de Stephan. Actualmente están felizmente casados.

*Arielle y Brian.* Arielle, de cuarenta y cuatro años, tuvo un sueño en el que «vio» a Brian, su futuro esposo, aunque los dos aún no se conocían. Unas semanas después, Brian apareció en una charla de negocios a la que asistieron los dos. Ellos se reconocieron al instante, se casaron unos meses después y llevan juntos más de una década.

*Berenice y Lou.* Con veintiocho años, Berenice conoció a su marido, Lou, mientras estaba en una cita con otra persona en una cafetería de Manhattan. Aunque Berenice y el hombre con el que estaba citada se encontraban sentados con amigos, sus ojos se posaron en Lou. Él se acercó y le pidió su número de teléfono. Por respeto al hombre con el que se había citado, no se lo dio. Pero, una semana después, mientras ella estaba almorzando en un museo, Lou estaba allí. Berenice dijo: «Era mi destino. Yo sabía que iba a casarme con él. Estuvimos casados catorce años. Tuvimos niños y nos desarrollamos mutuamente en muchos aspectos». Después se separaron, pero Berenice no tiene ninguna duda de que Lou fue su alma gemela durante aquel período de tiempo.

¿Qué debes buscar en un alma gemela? ¿Cómo puedes saber cuándo has encontrado la tuya? Para evitar dejar pasar este tipo de relaciones, debes abandonar toda expectativa que no sea realista. A continuación ofrezco un resumen de algunas cualidades fundamentales que definen qué es, y qué no es, un alma gemela. Aunque la intensidad de estos elementos puede variar en distintas fases de vuestras vidas, forman la base de vuestro vínculo.

## CÓMO IDENTIFICAR A TU ALMA GEMELA

### QUÉ ES UNA RELACIÓN CON UN ALMA GEMELA

- Sientes una fuerte conexión, una sensación de comodidad y de familiaridad.
- Hay atracción física.

- Compartís mutuamente amor, compromiso y apoyo.
- Os habéis hecho el uno al otro; cada uno es el mayor *fan* del otro.
- Sois espejos y maestros emocionales, el uno del otro.
- Estáis sintonizados, incluso telepáticamente.
- Estáis dispuestos a solucionar los conflictos, a comprometeros y a abandonar conductas inadecuadas para mejorar la relación.

## QUÉ NO ES UNA RELACIÓN CON UN ALMA GEMELA

- Todo gira en torno a ti (o a tu pareja).
- Indiferente, aburrida o carente de compromiso.
- Obligada, o simplemente una «buena idea».
- Basada en maltratos, control o rigidez.
- Sólo por atracción física o con una sensación parecida a la descarga de un rayo.
- La «respuesta a todos tus problemas» o siempre libre de conflictos.
- Basada en «sentar la cabeza», estar juntos por comodidad o por miedo de estar solos, de separarse o de hacer cambios en la vida.

Dure o no para siempre una relación entre almas gemelas, es transformadora y aporta una buena cantidad de lecciones. Te hace afrontar aspectos de tu masculinidad o feminidad que quieres integrar. El matrimonio, un contrato civil, no requiere que estés con tu alma gemela. Por ello, si resulta que tu cónyuge no lo es, o si siempre te quedas soltero, son aún posibles numerosos beneficios y mucho amor. Yo no estoy diciendo que sea necesariamente mejor o peor encontrar un alma gemela. Simplemente sucede que el nivel de conexión es distinto. De una cosa estoy segura: cada uno de nuestros caminos es perfecto en sí mismo. La vida nos ofrece lo que necesitamos para crecer. En este sentido, un alma gemela puede no ser adecuada o esencial para todos, por mucho que nuestro corazón anhele tenerla.

Además, no puedes forzar nada para que te llegue una, ni exigírsela al universo. Te garantizo que eso no va a funcionar. Aquí es donde el acto de entrega juega un papel clave. Se trata de un delicado equilibrio. Debes tener bien claro qué cualidades deseas en alguien, y después abandonar las expectativas. Paradójicamente, la parte propia del «dejarse llevar» es lo que más eleva la probabilidad de obtener resultados. Estar demasiado deseoso, o tener la idea fija de encontrar pareja, puede ser contraproducente, por actuar como un abrazo de la muerte que impide el libre fluir. Para poner de manifiesto un objetivo, debes siempre abordarlo con suavidad; no te perjudiques involuntariamente tomando medidas drásticas.

De modo ingenuo, yo antes pensaba que el papel de mi maestro espiritual era emparejarme con mi alma gemela. Cuando no lo hizo, me enfadé y me sentí decepcionada. Cuando gané en madurez, pude entender que el papel de un maestro espiritual es simplemente ayudarme a evolucionar espiritualmente, el más generoso de los regalos. El problema era que le había confundido con un «buen padre», que se suponía que iba a cubrir todas mis necesidades. No obstante, *tener un camino espiritual no consiste siempre en conseguir lo que quieres.* Consiste en obtener lo que te ofrecen y aprender humildemente de ello. Incluso así, hay procedimientos obvios para perfeccionar tu enfoque intuitivo, con el objetivo de que sea más probable que se manifieste tu alma gemela. A continuación ofrezco un ejercicio para conseguirlo.

## INVITA A TU ALMA GEMELA A ENTRAR EN TU VIDA

Ahora pondrás en acción el acto de entrega poniendo las bases para la llegada de un alma gemela, y después observarás indicios de que ya ha llegado.

1. *Haz una lista de deseos.* Pasa algún tiempo describiendo mentalmente las cualidades que más deseas en una pareja. Pregúntate a ti mismo: «¿Qué sería realmente bueno para mí? ¿Qué necesito?». ¿Inteligencia? ¿Amabilidad? ¿Química? ¿Alguien que quiera hijos? ¿Buenas habilidades comunicativas? ¿Alguien que esté conectado espiritualmente? ¿Que tenga éxito? ¿Prefieres un extravertido, un introvertido, o alguien que esté a medio camino? Cuando mi padre empezó a tener citas, mucho después de la muerte de mi madre, me dijo de modo conmovedor: «No puedo estar con una mujer que no haga donaciones a organizaciones caritativas». Haz también una lista de rasgos de carácter que te parezcan inaceptables, como que esté pendiente de sí mismo o que sea rígido. Cada persona tiene distintas necesidades.

2. *Abandona las expectativas.* Piensa en tu lista como en una carta dirigida al espíritu. Escribe lo que pides a tu alma gemela; no es necesario pensar constantemente en el hecho de enviar la carta. A continuación, déjate llevar para elaborar la lista. Esto conlleva no obsesionarte con el hecho de conocer a un alma gemela, con un plazo de tiempo determinado para conocer a esa persona (normalmente la parte más complicada), ni hablar continuamente sobre el tema. Lleva tus deseos con ligereza en tu corazón, pero no te fuerces. Ten fe en que serás escuchado.

3. *Haz caso a tu intuición.* Presta atención a indicios intuitivos sobre el hecho de haber conocido a alguien interesante, aunque en apariencia no sea tu «tipo». Entre ellos se incluye una súbita oleada de escalofríos, un sentimiento interno de atracción o la brillante idea de que esa persona puede ser adecuada para ti. Un paciente me contaba que escuchaba una campana de iglesia sonar en su interior. O bien, si se te aparece en un sueño y después la conoces en la vida real, es un buen augurio para intentar conectar. Además, permanece atento a las intuiciones del estilo de una enfermedad en tu interior o a una sensación de desconfianza que parece advertirte: «Peligro. Malas noticias. Aléjate». Te protegerán de las relaciones perjudiciales.

4. *Sé consciente de las sincronicidades y los* déjà vu. Las sincronicidades son momentos de periodización perfecta en los que dos caminos se interconectan sin hacer ningún tipo de esfuerzo. En una sala de cine, te sientas al lado de alguien que después resulta ser tu alma gemela. O bien, inesperadamente, tienes la oportunidad de visitar París, donde conoces a esa persona única. Presta especial atención a estos momentos. Observa también si tienes una sensación de *déjà vu,* como si os conocierais de antes. Si esto sucede con un extraño —por ejemplo, en el supermercado—, actúa en esa situación sonriendo y manteniendo el contacto visual. Después entabla conversación, tal vez solicitando instrucciones o simplemente diciendo: «Creo que te conozco. ¿Nos hemos visto antes?». Aunque sé que puede parecer extraño, lo peor que puede suceder es que no suceda nada. Pero ¿qué ocurre si se establece una conexión?

## Indicios cambiantes o poco claros:
## Temas con los que hay que tener cuidado

A veces tu intuición será clara. Por ejemplo, poco después de conocer a un hombre, soñé que guardaba silencio mientras golpeaba sobre un tambor viejo y redondo, y hacía un sonido grave y persistente. Después, cuando empezó a hablar, sus palabras se convirtieron en una ducha de flores que me acariciaba. Este sueño afectó a todo mi interior y nos conectó, señalando proféticamente nuestra bella relación que estaba por venir. Sin embargo, la intuición y los sueños pueden no ser siempre evidentes. Una participante en un taller dijo a nuestro grupo en una ocasión: «En un sueño, me dijeron el nombre de mi alma gemela, la fecha en que llegaría y qué aspecto tendría. Tal como se predijo, tres años después, conocí a ese hombre, pero era un arrogante mujeriego. Eso me decepcionó de verdad. ¡Y después de haber esperado tanto tiempo! No obstante, ¿tenía que haberme casado con él de todas formas?». *Buena pregunta*. Mi respuesta fue pragmática: «Aunque una voz que viene de lo alto os diga que hagáis algo, comprobadlo siempre con vuestra intuición. Si no os parece adecuado, no lo hagáis». Esto vale para cualquier tipo de autoridad, incluidos los gurúes. Esa mujer fue sensata y no se casó con ese tipo, pero tomar esa decisión le costó hacer una profunda búsqueda en su interior, por lo concreto de su sueño. En tu vida, te insto a seguir consultado tus decisiones con tu intuición. Nunca te remitas a opiniones para decidir a quién amar o qué clase de persona ser.

Además, tus criterios para conseguir un alma gemela pueden variar con el tiempo. A los míos les sucedió, en parte por ver lo que funciona y lo que no. Durante décadas, estuve cerca de artistas y poetas rebeldes, a todos los cuales consideraba almas gemelas. La creatividad es un importante interruptor para mí. Mi conexión con cada uno de estos hombres fue intensa, sensual, siempre una experiencia *déjà vu* importante. Además, desde el comienzo, podíamos hablar sobre cualquier cosa, como si acabáramos de retomar una conversación ya iniciada. Sin embargo, mi decisión definitiva fue que parecía imposible conseguir una vida tranquila y práctica con ellos. El alma de un artista puede tener una angustia considerable, la cual promueve grandes creaciones, pero es bastante inadecuada para la tranquilidad familiar. Por eso, estas relaciones, ninguna de las cuales lamenté, solían durar sólo varios años.

Un novio que tuve era un artista con talento que apoyaba a mi espíritu de muchas maneras muy gratificantes. Vivía en una poco sólida casa gótica que presumía de que no se había reformado desde los años sesenta. Había telarañas en los techos. Además, no había calefacción. En los inviernos con nieve, tenía que abrigarme y escribir en una habitación tan fría que podía ver mi aliento. Estas singularidades, que parecían casi encantadoras en los primeros momentos de nuestro amor, se convirtieron en intolerables cuando se impuso el sentido de realidad. Después de muchos meses, mi novio se comprometió a regañadientes, en cierto grado, a conseguir pequeños radiadores para mí (él era un gran oso bien aislado, siempre con calor). En realidad no me calentaban lo suficiente, pero quise acomodarme. El problema era que los radiadores portátiles hacían que se desconectara la caja de fusibles. La electricidad se cortaba siempre que los utilizaba. Y esto también producía un cortocircuito en sus fusibles personales. Exasperado, anunció de repente: «¡No estoy preparado para mantener una relación!». Aunque su pánico sólo duró una cena y solucionamos el problema eléctrico, al final se fundieron varios de sus cables en lo relativo a nuestra intimidad.

Aunque adoro la creatividad, soy también bastante pragmática. Necesito una casa tranquila y apacible en la que poder vivir y crear. Por eso, mi lista de deseos para mi alma gemela ha llegado a incluir este punto. Actualmente, mis cinco prioridades son la química, el respeto mutuo, una conversación creativa, hacer bien para el mundo y la compatibilidad a nivel práctico. A lo largo de los años, la sensación de «flechazo» se ha hecho menos importante.

Por tanto, en tu búsqueda de tu alma gemela, prueba a definir lo que quieres, y a continuación pon en práctica el abandono de tu apego a esos requerimientos, un ejercicio de entrega excelente. Define tus intenciones y después libérate de ellas; una táctica muy distinta a obsesionarte o esforzarte demasiado porque ocurra algo. Pillarás el truco al hecho de conocer intuitivamente cuándo inclinarte por las relaciones adecuadas, en lugar de intentar obligar a la gente a ser lo que no son, o de tener expectativas poco realistas. Obtener ese tipo de equilibrio mejora el baile de la intimidad.

## QUÉ NOS IMPIDE ENTREGARNOS
## A NUESTRAS ALMAS GEMELAS

Con mis pacientes, he observado algunos obstáculos frecuentes para que encuentren y conserven un alma gemela. Por ejemplo, he tratado a parejas que llevan juntos toda la vida, que no son almas gemelas, pero que siguen juntos por lealtad, comodidad o inercia. Para ellos, romper es como una violación de las reglas, y cambiar genera «demasiados problemas» o «da mucho miedo», conlleva romper la rutina o tener que trabajar para recuperar la pasión. Pueden cuidarse el uno al otro, tener hijos y relaciones sociales, y tener vidas cotidianas que funcionen bien.

Además, resistirse al cambio suele estar asociado con el miedo a estar solo, a no encontrar nunca una pareja con la que uno se lleve mejor. O bien, conductas negativas como los maltratos y una autoestima baja los mantienen unidos en una relación destructiva. Es un paso demasiado grande que el universo llegue a proporcionarles alguien mejor, y mucho menos alguien maravilloso. Mi corazón se compadeció de un paciente que estaba aterrorizado por dejar su poco feliz matrimonio. Me dijo: «El infierno que conozco es mejor que el infierno que no conozco», una forma de racionalizar basada en el miedo por encontrarse en una relación insatisfactoria. Para muchas personas, puede parecer «conformarse» con lo que resulta conocido. No estoy diciendo que conformarse sea siempre una mala decisión, ni tampoco estoy sugiriendo que tener un alma gemela sea adecuado para todos. Depende de lo que necesites para crecer espiritualmente. Las buenas parejas que no son almas gemelas pueden conllevar ventajas, como estabilidad, apoyo y compañía, a pesar de carecer de ciertas pasiones y de conexión espiritual. Mi maestro espiritual nos dice: «No hay elecciones incorrectas. Simplemente algunas tienen resultados distintos que otras». El tipo de relación que elijas debe ser el más adecuado para ti.

Aun así, si quieres encontrar un alma gemela, te ofreceré ideas sobre cómo superar los obstáculos predecibles, normalmente generadores de confusiones.

## Obstáculo número 1: Te sientes atraído por personas no disponibles emocionalmente

Quiero explicar esto de forma sencilla. Un alma gemela debe estar dispuesta y disponible para tener una relación contigo. Si no está disponible, no es tu alma gemela en este momento. Por tanto, ¿qué es una persona disponible? Se trate de tu cónyuge o de un nuevo amor, querrá conocer tus sentimientos, tus sensibilidades, lo que temes, lo que adoras, tu familia y tus amigos. La persona es soltera y abierta a comprometerse. No hay ningún patrón consistente en esconderse, compartimentar, ser ambivalente o escabullirse. Las motivaciones de esa persona son francas. No tienes que darle vueltas a la cabeza, ni intentar recurrir a amigos para saber lo que quiere decir realmente. No te mantiene liado con mensajes ambiguos o con un refuerzo intermitente de pasión o cariño, un patrón adictivo que hace que personas de ambos sexos se vuelvan locas de mala manera. Hace planes contigo y se muestra abiertamente, sin jugar al gato y el ratón, y sin anularlos habitualmente. En todos los demás casos, piénsatelo dos veces antes de implicarte personalmente.

Una parte confusa del hecho de ser atraído por personas no disponibles o reticentes a comprometerse es que la química emocional o sexual puede parecer muy fuerte. Aceptas comportamientos que nunca tolerarías en amigos. ¿Por qué? La atracción puede parecer tan increíble y poco común que confundes la intensidad con la intimidad. Te comprometes a cosas que normalmente no harías, en vistas a que la relación tenga una oportunidad. Aun así, haya conexión o no, debes tener un criterio objetivo para determinar si alguien está realmente disponible para una relación íntima. Escucha esto: no todas las personas con las que sientas una conexión, sin importar lo intensa que sea, serán tus almas gemelas. Puedes estar loco por una persona totalmente inadecuada para ti, por muy injusta y confusa que sea esa realidad.

Para que funcione una relación, una conexión espiritual debe ser bidireccional. Aunque el vínculo intuitivo que sientes sea auténtico, puede quedar frustrado. Sólo porque alguien pueda haber sido tu alma gemela en épocas pasadas, no significa que sea adecuado para ti actualmente. Quizás no pueda o no quiera corresponderte, o simplemente no se dé cuenta, una frustrante ironía que debes aceptar. No pongas tu vida en suspenso por un anhelo no correspondido. El amor que está predestinado no puede detenerse. Mientras tanto, mantén abiertas todas tus opciones. ¿Cómo evitar involucrarse en relaciones que son ilusorias o callejones sin salida cuando ves a alguien según lo que tú deseas, y no lo que en realidad es? Para empezar, a continuación explico algunos indicios de alerta que debes observar. Incluso uno solo te puede advertir de que tengas cuidado. Cuanto más estén presentes, mayor será el peligro.

## INDICIOS DE PERSONAS NO DISPONIBLES

- Están casadas o tienen una relación con otra persona.
- No pueden comprometerse contigo o tienen miedo de comprometerse por culpa de relaciones anteriores.
- Tienen un pie en el acelerador y otro en el freno.
- Son emocionalmente distantes, cerradas, o no saben manejar los conflictos.
- Están principalmente interesadas en el sexo, no en relacionarse emocional o espiritualmente.
- Son alcohólicas, adictas al sexo o abusan de sustancias.
- Prefieren relaciones a larga distancia, por correo electrónico o mensajes de texto, o bien no te presentan a sus amigos y familia.
- Son esquivas, taimadas o frecuentemente están trabajando o cansadas, y es posible que desaparezcan durante ciertos períodos de tiempo.
- Son seductoras contigo, pero hacen promesas vacías: su conducta y sus palabras no concuerdan.
- Transmiten mensajes ambiguos, coquetean con otras personas o no dan una respuesta directa; estás continuamente intentando descifrar lo que realmente quieren decir.
- Son narcisistas, sólo piensan en ellas mismas, no en tus necesidades.
- Te dan sólo migajas emocionales u ofrecen pistas de su potencial para ser cariñosas, y después se apartan.

Algunos de estos indicios pueden ser más evidentes que otros al principio. Resulta engañoso: tendemos a mostrar la versión de nosotros mismos en la fase de luna de miel de un romance. La indisponibilidad de una persona puede tardar tiempo en manifestarse. Una paciente se lamentaba: «Necesito una bola de cristal. Los primeros meses de una relación, un hombre es tan atento, cariñoso, apasionado...». Tiene razón en parte, pero también es verdad que tendemos a ver lo que queremos ver. Por esto examinar el historial de la relación de una pareja sirve para tener una perspectiva. Con quién haya estado antes revela bastante sobre su capacidad para intimar actualmente. Ten cuidado con racionalizar: «Yo soy distinto. Esta persona nunca será así conmigo».

No me importa la intensidad con la que alguien echa la culpa a una expareja por el fracaso de una relación; esta persona también juega un papel. Ser capaz de admitir o intentar entender las razones de tomar una decisión terrible es un indicio positivo. No se trata de hacerse la víctima.

A lo largo de los años, he trabajado con muchos pacientes perplejos y solitarios, para descubrir por qué se siguen enamorando de personas no disponibles y fóbicas al compromiso, y cómo abandonar ese patrón perjudicial. La mayoría de nosotros no nos sentimos atraídos voluntariamente por esos tipos de personas: sus mensajes ambiguos, en combinación con nuestras susceptibilidades particulares, conscientes o inconscientes, pueden morder el anzuelo. Asimismo, puede ayudar a entender que la gente no disponible raramente elige este camino. Es una defensa inconsciente contra los traumas o heridas emocionales del pasado. Las investigaciones han demostrado que muchos temen aferrarse o reprimir, lo cual se basa en tener un padre controlador, represor o que abusaba. Los hombres con fobia a comprometerse, en particular, pueden sólo preferir sexo, sin amor. Temen ser controlados por la energía femenina, aunque no la conozcan o no puedan admitirla. En lugar de eso, se consideran especímenes de macho que piensan que las mujeres siempre necesitan más de lo que dan. Por eso, prefieren moverse en aguas superficiales, no profundizar. Si tener una relación con una persona no disponible te parece amor, te insto a que lo examines detenidamente. Para superar estas relaciones, quiero que veas dónde te complicaste, para que no repitas los mismos errores.

## ¿POR QUE TE SIENTES ATRAÍDO POR PERSONAS NO DISPONIBLES?

A continuación ofrezco algunas razones.

- *Baja autoestima y sensación de no ser merecedor de amor.* Piensa en el síndrome de Groucho Marx: «No quiero pertenecerá a ningún club que me admita como miembro». Si aparece alguien que es capaz de amar, pierdes la perspectiva y no sientes nada de química.

- *Paternidad disfuncional.* Tienes un radar interno para las parejas que muestran las dinámicas perjudiciales que has tenido con alguno de tus padres. En las relaciones íntimas, recreas la misma dinámica en un intento por recibir lo que faltaba. Por ejemplo, si tu padre era emocionalmente inaccesible, te verás atraído por hombres similares, con la esperanza de ganar por fin el amor de papá. Este resultado nunca va a suceder porque los hombres que elijas no son capaces de amar de verdad.

- *Codependencia.* Crees que tu amor puede cambiar o salvar a alguien, por lo que tomas personas no disponibles como proyectos, un enfoque condenado al fracaso.

- *La emoción de la búsqueda.* Eres adicto a la fruta prohibida, la euforia biológica de la caza, el reto de conquistar lo inalcanzable. (Lo interesante es que las investigaciones informan de que conocer sólo a personas por sus hechos las convierte en más atractivas). Te interesa que otra persona se muestre agradecida por tus propias cualidades.

- *Miedo al compromiso o a la pérdida.* Es más seguro mantener la distancia, especialmente si te han dañado o traicionado. O si has sufrido una gran pérdida. Asimismo, puedes oponerte al compromiso si has tenido un padre maltratador, que ha sido crítico o controlador, y que ha invadido tus límites o te ha reprimido. O bien puedes temer perderte en una relación que no cubra tus necesidades. El beneficio secundario de permanecer soltero es evitar estos miedos. Por tanto, es posible que inconscientemente prefieras un amor no correspondido al trabajo vulnerable y aproximador de almas de la intimidad emocional.

- *Estás dispuesto a adaptarte.* Tal vez no hayas tenido una relación sexual durante algún tiempo. Entonces llega el carismático señor o señora Adecuada prodigándote atención. Sabes que todo está mal, pero parece estar bien. Así que te adaptas a tener sexo o a migajas de afecto, que pueden parecer mejor que nada o que el celibato.

- *Te ves seducido por el síndrome del caballero blanco.* Quieres que te salven y alguien cae en picado para hacerlo, en el plano emocional, financiero o espiritual. En lugar de ser tuyo tu propio poder, lo entregas a otro. Los caballeros blancos suelen hacer un viaje de poder o terminar resentidos por asumir demasiada responsabilidad. La mayoría no están totalmente disponibles para una relación cariñosa y de igual a igual.
- *No puedes ver más allá de un aspecto encantador.* Algunas personas pueden tener un aspecto realmente bueno, decir todas las cosas adecuadas y afirmar ser «espirituales», pero ser solamente encantadores narcisistas o practicantes de la New Age. No tienen intención de comprometerse realmente. Puedes verte atrapado por una simple apariencia si no lo compruebas con tu interior y tu intuición.

Si quieres un alma gemela, pero tienes un historial de haber elegido personas inaccesibles, identifica cuál de las dinámicas expuestas parece cierta, para que puedas empezar a sanarla. Es útil registrar las causas y las soluciones a estas atracciones que no van a ninguna parte, y después practicar el no actuar siguiendo tus impulsos. Para más ideas, busca la ayuda de un terapeuta, o de amigos que hayan trabajado con este patrón en sí mismos. Soy también una gran creyente en los padres suplentes. Si tus padres no te proporcionaron formación emocional o espiritual, busca otros hombres y mujeres como modelos a seguir: personas que pueden cumplir esas necesidades en tu vida actualmente. Busca relaciones positivas. El filósofo José Ortega y Gasset decía: «El tipo de ser humano que preferimos revela los contornos de nuestro corazón».

Una vez me enamoré de un hombre joven, no disponible emocionalmente, que acababa de dejar a una mujer con la que no se había podido comprometer. Era evidentemente una advertencia a la que no hice caso. ¿Por qué? Ante todo, porque me sentí atraída por él y porque ansiaba el contacto físico y emocional. Igual que muchas mujeres, establecí vínculos rápidamente cuando empezamos a hacer el amor. Él, por otra parte, como muchos hombres, disfrutaba del placer sin comprometerse de la manera que yo lo hacía. Al final, cuando empezamos a estar demasiado próximos y la relación se hizo muy intensa, se alejó de mí.

Por tanto, mi entrega consistió en dejarle ir (aunque fuera doloroso), sin garantía de que sentiría esto por otro hombre, ni siquiera de encontrar mi alma gemela. No estoy diciendo que fuera mi alma gemela; era muy inaccesible y espiritualmente inconsciente. Pero mis sentimientos eran reales y difíciles de olvidar. Además, mi entrega me llevó a afrontar el temor a envejecer, a estar sola, y a todas las penas que conlleva perder un amor. También incluyó lo que mi chamán-guía, Sandra Ingerman, denomina «fin honroso». No se reabre la puerta a una relación que resulta perjudicial. Esto conlleva falta de comunicación: nada de correos electrónicos, cartas o llamadas. Por tanto, mi entrega en ese momento consistió en seguir viviendo día a día, agradecida por las bendiciones que había en mi vida, mientras buscaba una fe que me sostuviera hasta el día en que llegase mi verdadera alma gemela.

Para encontrar el amor verdadero, lo ideal es que evites implicarte con cualquier persona que no pueda corresponder a tus sentimientos. Si te encuentras en una relación tóxica, abusiva o no recíproca, debes abandonarla incluso cuando la pasión es fuerte y te sugiere que la mantengas. Puede parecer insoportable abandonarla cuando no quieres hacerlo, o si aún tienes esperanza de que la persona cambie; pero, como mi maestro de taoísmo me dijo una vez: «El corazón sabe cuándo es suficiente». Estás harto de sufrir y estás listo para entregarte. El siguiente ejercicio te mostrará cómo dejarte llevar, tal como hice yo.

## ABANDONA TU ATRACCIÓN POR PERSONAS EQUIVOCADAS Y RELACIONES ILUSORIAS

Tener éxito en este objetivo requiere que seas realista y que te entregues al poder de la lógica, no a lo que te dicte tu corazón ni a lo que deseas que debería ser. Lo más duro es que debes seguir el sentido común y la razón, no dejarte llevar por la fantasía.

- *Declara tu intención.* Dite a ti mismo internamente: «Yo no soy impotente en mi atracción hacia personas no disponibles. Estoy dispuesto a hacer lo que sea necesario para cambiar y para encontrar mi alma gemela».
- *Abandona tus fantasías de lo que debería ser.* Sigue concentrándote en lo que *es*, en lugar de lo que esperas. Si la persona está comprometida con otra, sigue recordándotelo. No caigas en el error de obsesionarte con lo

sensual o adorable que es, o con lo conectado que sientes estar. No alimentes sueños imposibles sobre que el señor o la señora Adecuado se divorciará para estar contigo. En lugar de eso, di «no» a las fantasías tormentosas y «sí» a la realidad, aunque no concuerden con tus deseos.

- *Llega a conocer a la persona antes de tener sexo.* Durante la interacción, el establecimiento de vínculos puede tener lugar más rápidamente para las mujeres que para los hombres. Dado que los hombres no tienen el mismo nivel elevado de oxitocina, la hormona del vínculo, para muchos es posible tener sexo ocasional. (Una forma en que los hombres pueden establecer vínculos más rápidos y profundos es tomar oxitocina sublingual). Sé también consciente de los posibles compañeros sentimentales que no hayan evolucionado espiritual o emocionalmente, o que sean simples narcisistas encantadores. Si decides seguir adelante con alguno de ellos, todo lo que puedo desearte es buena suerte. Prepárate para sufrir, pero aprende de las lecciones que están por llegar.

- *Olvídate de «arreglar» a compañeros sentimentales, o de hacerles alcanzar su potencial.* Es inadecuado intentar cambiar a alguien. Las personas no cambian sólo porque las ames, les ruegues o las amenaces. Deben querer cambiarse a sí mismas y alcanzar todo su potencial. Incluso entonces, el cambio requiere dedicación. No te dejes seducir por la ilusión de la posibilidad. Es fácil malinterpretar el potencial de alguien cuando la realidad es bastante distinta. Puedes estar intuyendo un lado muy real de una persona, como por ejemplo el deseo de intimar, pero no puedes plantearlo para cualquiera. Liberarte de esa ilusión te permitirá perder años en la búsqueda de mejorar a alguien. Es un indicio de respeto permitir a la gente ser ellos mismos. Ver quién es tu pareja, no solamente su potencial, te libera para tomar decisiones adecuadas.

- *Pon a prueba la situación: genera un conflicto.* Para poner las cartas sobre la mesa en una fase temprana, te sugiero provocar un pequeño conflicto y observar la reacción. Por ejemplo, di: «Cuando me cortas, siento que no me escuchas. Me gustaría que me dejaras finalizar mis pensamientos». Si puede oírte y respeta tus deseos, podrás aplicar lo mismo a vuestra intimidad. Si la persona se pone a la defensiva, crítica o evita la situación, se trata también de una información vital. Entiendo tu reticencia a romper la bendita burbuja de la pasión, pero hacerlo, sólo un poco, contribuirá a determinar la disponibilidad que realmente tiene tu pareja.

- *Rompe los apegos perjudiciales.* Utiliza esta técnica chamánica para cortar los vínculos con las relaciones tóxicas. Sal al campo y encuentra una rama o bastón gruesos. Declara internamente: «Está hecho», lo que significa que estás preparado para dejar marchar a la persona. Después rompe rápidamente la madera por la mitad. Deja los dos trozos en el bosque o la zona natural. Después aléjate caminando, sin mirar atrás.
- *Valórate a ti mismo.* Te mereces que tu pareja te valore. Pero en primer lugar debes valorarte a ti mismo, como la persona única, sensual y maravillosa que eres. Todos los días, valora tus alegrías, tus luchas y tus defectos, pero principalmente tu corazón. Después podrás atraer a alguien que sea capaz también de valorarte.

## Obstáculo número 2: Confundes el deseo con el amor

La atracción sexual destaca por dar de lado al sentido común y a la intuición en las personas más sensibles; tal vez puedas dar fe de esto. El deseo es un síntoma de pasión en el que alguien te enciende y le idealizas, sin ver a la persona real. Suele tener lugar rápidamente y se apaga también rápidamente. El deseo es un estado alterado de la conciencia, programado por el instinto primitivo de procrear. Las investigaciones informan de que el cerebro, en esta fase, es en gran medida como un cerebro que actúa alterado por drogas. Los escáneres funcionales, de imágenes de resonancia magnética, ilustran que se enciende la misma área cuando un adicto toma una dosis de cocaína que cuando una persona experimenta deseo. Tu cerebro te juega pasadas que superan la lógica. Obtienes una gran descarga de dopamina, la cual activa los centros cerebrales del placer. Para mantener este subidón, puedes llegar a extremos perjudiciales, a fin de mantener a esa persona en tu vida. Erróneamente, puedes interpretar el subidón de dopamina como «He encontrado a mi alma gemela». Una paciente reveló perspicazmente un patrón que quería romper: «He desarrollado apego a los hombres infieles, cuando el deseo es el principal ingrediente». Sin embargo, la dopamina requiere novedad. Suele desaparecer cuando se acostumbran el uno al otro. En ese momento, la pasión se desvanece o se convierte en una verdadera relación basada en el amor, la pasión y la realidad, o tal vez solamente en una agradable amistad.

Al principio de una relación, cuando las hormonas sexuales se encuentran en un nivel alto, el deseo se ve alimentado por la proyección y por la pasión idealizada: ves lo que quieres ver, conviertes a la otra persona en quien tú imaginas que es. Exageras las virtudes de la persona y te vuelves ciego a los defectos, en lugar de examinar si la persona está realmente disponible. No hay nada malo en el deseo de la pasión: puede ser hermoso y divertido, siempre que lo reconozcas como lo que es.

Si buscas un alma gemela, no solamente una aventura, harías bien en recordar las diferencias entre deseo y amor. El puro deseo se basa en la atracción física, la intoxicación de dopamina y la fantasía; suele desvanecerse cuando la «persona real» sale a la superficie. Es condicional, y lo desencadena, por ejemplo, el aspecto de una persona o su estatus en la sociedad.

En cambio, el amor verdadero requiere tiempo para que cada uno conozca al otro, aunque puedes sentir deseo durante esta importante fase. Te enamoras del alma de una persona, junto con su cuerpo. El amor verdadero se basa en el vínculo, el respeto y el compromiso. Las pasiones se sustituyen fácilmente; el amor verdadero no. A continuación ofrezco indicios para distinguir el deseo del amor, para que no des ciegamente tu corazón a personas no accesibles.

## INDICIOS DE DESEO

- Tu principal interés es el aspecto y el cuerpo de una persona.
- Te interesas principalmente en el sexo.
- Prefieres mantener la relación en el plano de la fantasía, sin hablar de sentimientos reales.
- Quieres irte poco después de practicar sexo, en lugar de acurrucaros o desayunar juntos.
- Tu interior tal vez diga: «Peligro. Involucrarse no parece seguro».
- Sois amantes, pero no verdaderos amigos.

## INDICIOS DE AMOR

- Quieres pasar un buen tiempo juntos, no sólo tener sexo.
- Te pierdes en conversaciones y te olvidas de que pasan las horas.
- Te sientes cómodo interiormente, relajado y reafirmado. «Sigue con ello. Hay cosas buenas después».
- Queréis escuchar sinceramente vuestros sentimientos mutuos y hacer feliz al otro.
- Te motiva a ser una mejor persona.
- Queréis implicaros mutuamente en vuestras respectivas vidas.

## *La atracción de los chicos malos y las chicas malas*

El problema es que tu intuición y tu corazón no siempre están en sintonía. La intuición puede gritar «¡Peligro!», pero tu corazón y tus hormonas tal vez digan «A por ello». Mi paciente Greg quería un alma gemela, pero estaba perdidamente enamorado de una «chica mala» no disponible que temía comprometerse. Sin apenas conocerla, pasó del deseo al amor diciendo: «La llevo en mi corazón. No puedo estar lejos de ella. Debo rendirme a mis sentimientos». En menos de un segundo, el sentido común de Greg había desaparecido. Yo también he estado en esa misma situación. Sé que puede ocurrir fácilmente. Pero le dije a Greg: «Siempre depende de ti el hecho de jugar con fuego. No tienes por qué entregarte a relaciones que no sean sensatas o seguras». Es cierto, la atracción erótica por personas peligrosas puede ser muy intensa. Tus deseos quieren lo que quieren, sea beneficioso o no. Pero no tienes por qué actuar dejándote guiar por ellos.

La atracción de los chicos malos y las chicas malas, si estás predispuesto o predispuesta a ella, consiste en que son esquivos, seductores, impredecibles transgresores de las normas, en sintonía con sus instintos primarios. Simplemente, no les importa lo que las otras personas piensen. Y tienen la habilidad de hacerte sentir bien al estar a su lado, aunque tu intuición te diga que no es adecuado: eso forma parte de su seducción. Sin embargo, los chicos malos y las chicas malas no son siempre los mejores candidatos para ser almas gemelas porque son inaccesibles para tener intimidad con ellos. Por supuesto, estoy generalizando. Algunos tienen capacidad para demostrar madurez emocional, si también han desarrollado otras partes de sí mismos. Una paciente me dijo: «Mi alma gemela, un chico malo, por fin ha dado el paso decisivo para el trabajo emocional necesario, pero tuve que separarme de él para motivarle». Por otra parte, he conocido a algunos que se identifican excesivamente con su lado más esquivo porque les funciona. Por esa razón, tal vez no estén dispuestos o sean incapaces de estar suficientemente presentes para una auténtica relación. (Piensa en James Dean, en *Rebelde sin causa,* un *sexy* solitario, «demasiado bueno para ir a clase», con un lado oscuro en su personalidad). Aun así, algunos regalos es mejor no abrirlos. Como dice la canción de country: «Me da pena cuando veo uno».

He trabajado con muchos pacientes que buscan pareja a largo plazo, pero que se sienten atraídos por el entusiasmo de los chicos malos y las chicas malas. Normalmente son agradables, considerados, ciudadanos modelo o buscadores espirituales que no conocen su lado oscuro. Por ello, en un intento inconsciente por quedar completos, eligen parejas que representan la parte reprimida de ellos mismos. Mi función es ayudar a estos pacientes a que tomen contacto, y que equilibren, su lado luminoso y su lado oscuro. El proceso puede comenzar accediendo a su propio chico malo o chica mala. Todos tenemos al menos un poco de ellos en nuestro interior, y puede ser saludable, sensual y divertido sacarlos a la superficie. Mantendrá vivo un sentimiento de diablillo en tu interior. Cuando lo hayamos integrado con el resto de nuestra psique, ya no necesitaremos que alguien represente ese papel en nuestro lugar. Hasta que lo hagamos, será un patrón difícil de romper.

Si quieres un alma gemela, mi consejo es que tomes una línea dura: haz caso a las advertencias de tu intuición. La intuición protegerá tu corazón. No tienes por qué seguir todo lo que te atraiga químicamente. No obstante, si vas en busca de un amor a pesar de lo que te advierta tu intuición, al menos hazlo con lentitud y prestando atención. Con el tiempo, la verdad saldrá a la luz.

## Obstáculo número 3: Eres un empático de las relaciones

En mi consulta y mis talleres, me sorprendo por todas las personas sensibles que vienen a mí porque quieren un alma gemela a largo plazo. Personalmente, puedo identificarme con ellas. Resulta que, a pesar de los servicios de citas de Internet, los costosos casamenteros, los arreglos a que se prestan algunos amigos y las citas a ciegas, siguen estando solteros. O bien tienen alguna relación, pero se sienten fatigados y agobiados constantemente. La razón no es simplemente que no haya suficientes personas disponibles en el mundo ni que sean neuróticos. Sucede algo más.

En mi vida, he descubierto una pieza vital de este rompecabezas: soy una empática de las relaciones. Los empáticos son extremadamente sensibles, intuitivos y cariñosos, pero también absorben los golpes porque tienen un sistema nervioso muy permeable y reflejos hiperactivos. Experimentan todo, el placer y el dolor, en ocasiones hasta llegar a extremos. Responden en exceso: su experiencia sensorial de una relación es similar a sostener algo con cincuenta dedos, en lugar de con cinco. La parte maravillosa de ser tan sensible es que los empáticos sintonizan con las personas (a veces incluso telepáticamente) y con la naturaleza, y pueden ser amantes exquisitamente sensuales y receptivos. El inconveniente es que son como esponjas para la angustia que hay en el mundo. Sin contar con una membrana que los separe del mundo, absorben inconscientemente el estrés de las otras personas hacia el interior de sus propios cuerpos. Después quedan sobrecargados, ansiosos o agotados. Este fenómeno es distinto de la empatía normal, como cuando te compadeces del horroroso día que tu pareja ha tenido en el trabajo. La empatía en las relaciones va mucho más allá. Estás con tu pareja, y sientes realmente su alegría y sus miedos, como si fueran tuyos. De este modo, las relaciones sentimentales, especialmente aquéllas en que se comparte el mismo hogar, pueden ser complicadas.

Si eres empático y no has identificado esta dinámica, tal vez evites tener compañeros sentimentales, sin saberlo, porque en lo más profundo temes involucrarte. Una parte de ti quiere un alma gemela; otra parte tiene miedo. Este tira y afloja interno te impide entregarte a un compañero sentimental. Cuanto más cerca te encuentras de alguien, más intensa se vuelve la empatía. A fin de que se sientan lo suficientemente seguros al entregarse a una relación, para los empáticos es vital aprender a poner límites seguros y reafirmar sus necesidades. Entonces la intimidad se hace posible.

Resulta fascinante estudiar los procedimientos con que nuestra biología puede contribuir al miedo a comprometerse o involucrarse. Tomemos el ejemplo del espermatozoide y el óvulo. Durante el acto sexual, millones de espermatozoides penetran en la vagina en una especie de ola espectacular. Todos ellos están programados para una sola cosa: encontrar el óvulo y entrar dentro de él en menos de cuarenta y ocho horas, antes de que mueran. Es extraordinario: un ejército masivo de espermatozoides, con sus ondulantes colas, impulsándose a sí mismos a toda prisa. El sistema defensivo de la vagina ataca para protegerla de los invasores. Sólo unos cuantos espermatozoides sobreviven. Después, los supervivientes lo ven: el óvulo. Mucho más grande que ellos, una esfera blanca y luminosa, quieta y radiante. Un diminuto espermatozoide llega a la superficie del óvulo y se ve atraído hacia su interior, después de lo cual se disuelve en su esencia: el milagro de la concepción.

Esto demuestra el asombroso instinto que los hombres y las mujeres tienen para crear juntos. Pero ¿qué es lo que nos reprime? En primer lugar, desde la perspectiva de la mujer (pista: el óvulo): temor a la dominación o invasión, o de percibir la energía masculina como extraña, y por tanto diferente a la propia, unos sentimientos que muy a menudo he oído expresar a muchas mujeres. A continuación, desde la perspectiva masculina (el espermatozoide): miedo de sentirse envuelto. Con la intimidad, estas dinámicas inconscientes se activan. Un hombre muy valiente dijo en uno de mis talleres: «Temo que si me entrego a una mujer perderé mi masculinidad». Para los empáticos y similares, la energía femenina es poderosa y puede amenazar hasta abrumarlos. De hecho, desde el punto de vista embriológico, tanto hombres como mujeres comienzan siendo hembras, hasta que las hormonas sexuales, testosterona y estrógeno, diferencian al embrión. Nadie es tan sólo del sexo masculino. Nadie es tan sólo del sexo femenino. Cada uno simplemente tenemos una proporción distinta de estas hormonas. La clave consiste en equilibrar ambos aspectos de nosotros mismos.

Para entregarnos a un alma gemela, es importante que uno y otro expliquen sus temores a dejarse llevar. Sin embargo, si eres un empático, tal vez no sepas cuáles sean, o incluso es posible que te resistas a compartir tu intimidad. Y así no podrás explicar tus necesidades ni poner límites adecuados. Una paciente admitió: «Antes de descubrir que soy una empática, deseaba a los hombres inaccesibles y mantenía una distancia de seguridad para protegerme. No me daba cuenta de que temía que me agobiaran o alguna cosa parecida». Para determinar si eres un empático de las relaciones, haz el siguiente cuestionario.

### TEST: ¿SOY UN EMPÁTICO DE LAS RELACIONES?

* ¿Me han etiquetado como extremadamente sensible?
* ¿Temo sentirme agobiado o perder mi identidad en las relaciones íntimas?
* ¿Prefiero ir en mi propio coche para poder marcharme cuando desee?
* ¿Me siento agobiado por el exceso de proximidad y necesito estar un tiempo solo para recuperarme?
* ¿Prefiero a veces dormir solo?
* Cuando viajamos mi pareja y yo, ¿prefiero que estemos en habitaciones separadas?
* ¿Suelo sufrir el mismo estrés y síntomas físicos que mi pareja?
* ¿Me siento agobiado por el ruido, los olores, las multitudes o el exceso de charla?

Si has contestado «sí» a siete o más preguntas, eres un verdadero empático de las relaciones. Entre cuatro y seis «síes» indican una fuerte tendencia empática con tu pareja sentimental. Entre uno y tres «síes» indican que eres parcialmente empático, por lo menos. Una puntuación de cero indica que no eres un empático.

Darte cuenta de que eres un empático de las relaciones es el primer paso para eliminar ese obstáculo a la hora de encontrar un alma gemela. A continuación, debes redefinir el paradigma tradicional de la vida en pareja, para que puedas encontrar una forma cómoda de vivir en compañía. Esto conlleva abandonar los estereotipos sociales sobre el matrimonio y las relaciones, y abrirte tu propio camino tú mismo. Si eres un empático, o si las expectativas habituales de la vida en pareja no sirven para ti, pon en práctica los siguientes consejos.

## ABANDONA LAS ANTIGUAS NORMAS SOBRE LAS RELACIONES, CREA OTRAS NUEVAS

- *Evalúa tu compatibilidad con tu posible pareja.* Cuando estés empezando a conocer a alguien, dile que eres sensible, que valoras tener tiempo para estar solo. La persona adecuada lo entenderá; la persona no adecuada te criticará por ser «demasiado sensible». Además, fíjate en cómo responde tu energía a otras personas. No estés con una pareja que te deje agotado, sin importar lo bueno que parezca en teoría.
- *Las vibraciones aportan más información que las palabras.* Observa cómo reaccionas a la energía de un posible compañero sentimental. Pregúntate si las palabras de esa persona concuerdan con su energía. ¿O hay algo que no encaja? Si tienes alguna duda sobre la autenticidad de esa persona, ve con cuidado. Para evitar implicarte con alguien que no va a ser bueno para ti, pasa revista a la energía de esa persona con tus habilidades empáticas, a fin de averiguar quién es de verdad.
- *Resérvate tiempo de tranquilidad en casa para relajarte.* Adquiere el hábito de tomarte pequeños descansos a lo largo del día. Di a tu pareja lo importante que es esto para ti. Estírate. Respira. Camina. Medita. Escucha música. Así no te sentirás agobiado por la sensación del exceso de proximidad a la gente. Este tiempo que pasarás solo te permitirá recuperarte.
- *Limita el tiempo en que haces vida social con otras personas.* Di a tu pareja cuál es tu límite temporal ideal para estar en fiestas o en otras reuniones sociales, antes de que te sientas mal. Si tu nivel de comodidad es de un máximo de tres horas –aunque adores a esas personas–, acuerda con tu pareja llevar tu propio coche si él o ella va a quedarse más tiempo. De ese modo no habrá problema en irte, ni tendrás que quedarte aguantando. Esto te ayudará a pasarlo bien.
- *Negocia tus necesidades en términos de metros cuadrados.* Una sala de meditación es algo obligado. Experimenta con distintas condiciones creativas para vivir. Pregúntate cuál es la disposición espacial óptima para ti. ¿Tener

una zona privada a la que retirarte? ¿Baños separados? ¿Casas separadas? Ponte de acuerdo en no agobiaros mutuamente. Cuando viajéis juntos, tal vez prefieras habitaciones separadas con tu baño propio (esto me resulta muy útil a mí). Si compartir habitación es la única alternativa, será útil colgar una sábana para dividirla. En lo relativo al espacio, decide lo adecuado para ti y háblalo con tu pareja.

* *Divórciate cuando duermas.* Normalmente, los dos miembros de la pareja duermen en la misma cama. Sin embargo, algunos empáticos nunca se acostumbran a esto, independientemente de lo cariñosa que sea su pareja. No es nada personal: simplemente les gusta dormir en su propio espacio. Sentirse atrapado en una cama junto a alguien y no tener un buen descanso nocturno puede ser como una tortura. Por ello, discute las alternativas con tu pareja: camas separadas, habitaciones separadas, dormir juntos varias noches por semana. Dado que las personas que no son empáticas pueden sentirse solas si no duermen con alguien, llega a un acuerdo siempre que sea posible.

En mi práctica médica, he visto cómo este enfoque creativo para las relaciones salva matrimonios y permite que la vida íntima sea segura para empáticos de cualquier edad, aunque no hayan tenido antes pareja a largo plazo. El secreto consiste en seguir insistiendo en cuánto quieres a tu compañero, que no ha hecho nada malo y todo lo que significa para ti que se respeten tus necesidades. Estas conversaciones sinceras y cariñosas ayudarán a los empáticos y a sus parejas a sentirse mejor, gracias a adoptar un nuevo paradigma de intimidad.

## Obstáculo número 4: ¿Tienes un lío amoroso?

La relación con un alma gemela se basa en la confianza, el compromiso y un fuerte deseo por estar juntos. Aun así, a pesar de este poderoso vínculo, también es cierto que vuestros corazones quedarán unidos de innumerables maneras. El peligro, especialmente durante los momentos difíciles, es que puedes ser vulnerable a tener una aventura. Esto puede dañar la confianza e impedirte entregarte al crecimiento necesario para tu relación.

¿Qué es una aventura? Es cuando acudes a un amigo o compañero de trabajo, en busca de intimidad emocional (no física). Lo seductor del caso es que esta persona te da lo que crees que tu pareja no te da: apoyo, ánimos para tu ego, empatía, alegría, un trasfondo de coqueteo o atracción. En principio, esto puede parecer algo inocente, pero después empiezas a compartir más con esta persona «segura» que con tu pareja. Entiendo que puede ser más fácil hablar con alguien con quien simpaticemos y que no sea tan íntimo. No correrás el riesgo de desencadenar emociones, como enfado o decepción, cosa que puede suceder con un alma gemela. Tu lado oscuro no se ve implicado, que es lo que causa más problemas en las parejas. Sin embargo, si sigues compartiendo cosas con tu amigo especial y no con tu pareja, tu principal relación sufrirá. Te volverás distante, ausente, y por ello menos capaz de resolver conflictos. Tu pareja notará que algo va mal. Básicamente, estas aventuras son una forma de hacer trampa, y como cualquier tipo de infidelidad, pueden generar engaño y traición. De hecho, las investigaciones informan de que aproximadamente la mitad de estos «inocentes» líos llegan a convertirse en relaciones sentimentales completas.

Soy partidaria de tener amigos del alma platónicos del otro sexo. Adoro a mis amigos, lo mismo que lo que compartimos y el tiempo que estamos ahí, el uno para el otro, en nuestras vidas. Con mis amigos casados –tengo algunos muy buenos–, soy también íntima, o al menos amiga, de sus mujeres. Si hay una atracción entre él y yo, soy directa con el tema, pero decido no hacer nada al respecto. No somos ambiguos ni indecisos: simplemente tenemos claro que no es lo que debemos hacer el uno con el otro en este momento. Con un verdadero amigo del alma platónico, no hay engaño ni citas secretas de carácter sexual; ni tampoco hay nadie desviando su energía emocional de su relación principal.

### ¿CÓMO SABER QUE TIENES UNA AVENTURA?

Busca estos indicios:
- Te alejas de tu cónyuge, pero confías en tu amigo o amiga.
- Te resulta complicado hablar a tu cónyuge sobre temas difíciles.
- Te sientes solo y que tu cónyuge no te valora.

- Te comunicas con tu amigo, o amiga, frecuentemente por Internet, con mensajes de texto o incluso mensajes de contenido sexual.
- Crees que tu amigo o amiga te entiende mejor que tu cónyuge.
- Mantienes tu amistad oculta a tu cónyuge, o bien mientes sobre la frecuencia con que interactuáis.
- Cuando te dicen que tienes una aventura, lo niegas.

Si hay presentes entre cinco y siete indicios, es un claro síntoma de que tienes una aventura amorosa. Tres o cuatro indicios señalan que estás a punto de tener una o que ya estás inmerso en ella. Uno o dos indicios sugieren la posibilidad de una aventura amorosa. Que no haya ninguno indica que no estás involucrado en una.

Se necesita sinceridad para admitir que tienes una aventura sentimental. El primer paso es darse cuenta de lo que está sucediendo. Después puedes decidir continuar con la aventura o concentrarte en tu pareja. La verdad es que no puedes hacer ambas cosas. Si te decantas por tu pareja, debes dedicarte a hacer lo que sea necesario para arreglar tu relación. En primer lugar, esto implica acabar con la aventura. De una manera respetuosa y clara, debes decir a la otra persona: «Ya no puedo chatear contigo, enviarte mensajes de texto, quedar ni hablar por teléfono. No es posible que seamos "sólo amigos"».

A continuación, habla abiertamente con tu pareja sobre lo que está causando el distanciamiento. ¿Se trata de todas las horas que pasa en el trabajo? ¿Algún daño permanente? ¿Falta de afecto? Muchos terapeutas recomiendan confesar tu aventura emocional. En la mayoría de los casos estoy de acuerdo, pero si decides hacerlo, y cómo lo hagas, depende de lo que sea más considerado y útil para tu pareja. Como mínimo, recomiendo a mis pacientes que comuniquen amablemente algo del estilo de «He estado compartiendo mis sentimientos más con un amigo, o amiga, que contigo. Esto no me parece adecuado. Quiero que estemos más cerca». O bien puedes reconocer que has cruzado un límite y hasta dónde has llegado. Utiliza tu intuición como guía para saber cuánto quieres compartir. Pero debes estar preparado para los sentimientos de dolor y enfado de tu pareja. Escucha sin ponerte a la defensiva. Después, con tu pareja o con un terapeuta, empieza a hablar sobre por qué te has distanciado o has cortado la comunicación. A pesar de todo lo que duela, las almas gemelas tienen lo necesario para resistir las dificultades hasta que las cosas estén resueltas. Se puede necesitar tiempo, conciencia y amor, pero con vínculos tan fuertes como éstos, yo sé que sí es posible.

Estar con un alma gemela requiere observar cuándo tu alma se cierra, y después ser lo bastante valiente como para volver a abrirla, una y otra vez, el uno para el otro. La confianza que hay entre amantes es preciosa. Durante toda tu relación, permanece atento a si te sientes tentado a tener aventuras. Utiliza este impulso como clave para tratar conscientemente los problemas de tu relación que requieran de tu atención.

## ESTRATEGIAS DE ENTREGA PARA ALMAS GEMELAS

*Inter nos perite amare volumus.*

«Acordamos amarnos el uno al otro locamente», en latín

Una vez que has encontrado un alma gemela, date permiso para entregarte para ser feliz y estar agradecido por la oportunidad de que os améis mutuamente. Disfruta de tu relación. Es rica. Es poderosa. Es un portal de entrada a los misterios de la intimidad y el espíritu. Divertíos juntos. Cada día, date permiso para abrirte más y más a la alegría. Cierto, habrá períodos en que te des cabezazos. Y, como dice el maestro budista Stephen Levine, a veces la lección que se extrae de las relaciones es aprender a «mantener tu corazón abierto en el infierno». Aun así, debes tener claras tus prioridades. Has conocido a un compañero, o compañera, en quien confiar, con quien compartes un vínculo espiritual y pasional. Es algo milagroso: a pesar de los innumerables obstáculos que podrían separaros, os habéis vuelto a encontrar el uno al otro. Esa persona es la respuesta a tus sueños, aquella a la que valía la pena esperar. Recuerda eso siempre.

En el transcurso de tu relación, te recomiendo varias estrategias de entrega básicas, para que las tengas en mente. Te ayudarán a suavizar la rigidez y a abrir tu corazón. Utilízalas en los momentos de altibajos.

- *Sé generoso.* Da libremente a tu pareja. Expresa con frecuencia tu amor, apoyo y palabras positivas. Intenta no ser mezquino ni tacaño con tus sentimientos. Me encanta la opinión que un amigo tiene del matrimonio, al que llama «una competición de generosidad».
- *Ríe mucho.* Ten cuidado con ser demasiado serio. A pesar de los problemas emocionales que surgen en las relaciones, tomárselo demasiado en serio agrava la situación. Mantén el sentido del humor. Sé juguetón y tontorrón. Actuad de forma que seáis buena compañía el uno para el otro. Entregarte a la risa rompe la tensión y es curativo.
- *Mantente flexible y paciente.* Muestra una actitud cooperativa. Ser rígido e impaciente te impedirá entregarte. Deja que los conflictos pasen. Si observas que te estás volviendo demasiado controlador o prepotente, descansa al menos unos minutos. Detente y respira. No te quedes con el típico «Yo tengo la razón, tú no». En lugar de eso, debes estar dispuesto a conceder un poco y a alcanzar un punto intermedio, sin sacrificar vuestros respectivos valores.
- *Sé capaz de vivir cómodamente con problemas sin resolver.* Algunos problemas necesitan tiempo para que se solucionen. No puedes lograr una solución perfecta enseguida, sino que tú mismo debes crecer con ella. En estas situaciones, intenta aceptar que aún no hay respuesta. En las relaciones de entrega, las parejas aprenden a fluir en un ambiente de incertidumbre. Ten fe en que tanto tú como el universo encontraréis la respuesta.
- *Concertad citas íntimas.* Cuando os hayáis distanciado, o si quieres profundizar tu conexión espiritual, no verbal, con tu pareja, elige un momento para meditar juntos, durante al menos cinco minutos. Ya sea que permanezcáis sentados el uno frente al otro, o en ciudades distintas, limitaos a cerrar los ojos, respirar profundamente y en silencio sintonizar cada uno con la esencia del otro, con su corazón. Es una bella forma de sentiros cerca, si tú o tu pareja estáis fuera, viajando, o simplemente trabajando encerrados en la oficina. Estas citas íntimas son una forma sagrada de intimidad, una infusión de amor.
- *Ámate a ti mismo y amaos el uno al otro.* El amor verdadero conlleva amarte a ti mismo en primer lugar, y después extender ese amor al exterior. Tu alma gemela puede aumentar tu felicidad, pero no puede hacerte feliz. No es obligación de tu pareja curar tus problemas emocionales, igual que tú tampoco puedes curar los suyos. Un amigo dijo sobre su matrimonio

con su alma gemela: «Lo último que queremos ser es el terapeuta el uno del otro». El amor y la curación nacen del interior.

- *Sed amables con los defectos del otro.* Nadie es perfecto. Tú no lo eres. Tampoco tu pareja. *Wabi-sabi* es la antigua práctica japonesa de buscar la belleza en la imperfección. Con un alma gemela, esto implica valorar sus características peculiares, sus enfados y sus defectos. Incluso cuando alguien quiere evolucionar y cambiar, siguen existiendo imperfecciones. Entrégate a las maravillas de tu alma gemela, con defectos incluidos.
- *Acepta vuestras diferencias.* Independientemente de lo bien que conectéis tú y tu pareja, habrá diferencias entre vosotros. Acéptalas, y no insistas en que los dos veáis las cosas de la misma manera. Eso no va a ocurrir nunca. Aunque tengáis dos versiones distintas de la realidad, intenta empatizar con el punto de vista de tu pareja. Ver las cosas a través de sus ojos fomenta la comprensión, aunque estéis en desacuerdo. La relación con un alma gemela te enseña a tener tolerancia, aunque algunas de las cualidades de tu pareja nunca cambien.
- *Perdona.* Cuando tú o tu pareja os hagáis daño u os decepcionéis, algo que es inevitable, hablad sobre cómo remediar la situación. Quien haya hecho el daño debe enmendarlo y estar dispuesto a cambiar su comportamiento. Quien haya sufrido el daño debe intentar no guardar resentimiento. Es fácil aferrarse a un enfado «justificado», pero eso no te ayudará, ni a ti ni a tu relación. Perdonar es el acto de liberarse, mediante la comprensión, del deseo de condenar a alguien eternamente por una ofensa (aunque esto no implica que haya que permanecer en un entorno de maltratos). La comprensión abre una puerta oculta a un mundo secreto que existe más allá del enfado y del daño.

Poner en práctica estas estrategias genera una comunicación honesta, en lugar de perpetuar los conflictos o la cerrazón sobre uno mismo. El equilibrio siempre es algo que tiene lugar entre la reafirmación de uno mismo y el hecho de dejarse llevar. (Repasa el capítulo 5, sobre la comunicación).

Convierte en habitual tratar las dificultades rápidamente, para que no enturbien la alegría. Si observas que te estás dando de cabeza contra un muro, esforzándote demasiado o perdiendo los papeles, es sensato dejar ventilar el asunto y recuperarse. Retroceder depende de ti, en caso de que tu pareja no lo haga. Mi maestro espiritual dice que la frustración no es la llave de ninguna puerta. Tampoco lo es el miedo. Recuerda siempre lo exquisitamente tierno que es el corazón, lo fácilmente que se repliega cuando tienes miedo. Las estrategias que he explicado te permitirán a ti y a tu pareja elevaros más alto que el miedo para confiar en la blanca luz del amor.

Mi filosofía de la entrega es aplicable a las almas gemelas, pero también a otras conexiones profundas, aunque el conjunto de retos puede variar. Todas las relaciones íntimas te exigirán mucho. Sigue aprovechando el guerrero que tienes dentro; es la parte de ti que nunca dejaría que el miedo te robara lo mejor de ti mismo. Sigue estando abierto. Sigue siendo valiente. Permítete experimentar el éxtasis que nace de la devoción del amor.


## AMIGOS DEL ALMA Y ANIMALES DE COMPAÑÍA

Además de a las almas gemelas, quiero rendir homenaje a los sagrados vínculos que nos unen a nuestros amigos del alma y a nuestros animales de compañía. Igual que con las almas gemelas, sentirás la misma conexión de *déjà vu,* la sensación de familiaridad y el libre fluir. Es estimulante: os reconoceréis el uno al otro y comenzaréis juntos de nuevo.

Me siento atraída por la idea celta de *anam cara,* «amigo del alma», en gaélico. Tu *anam cara* es alguien con quien puedes compartir tus intimidades más profundas sin esconderte ni ser juzgado. No son lo mismo que las almas gemelas; no son amantes, pero el lazo es tan estrecho que pueden parecer más familiares que tus parientes biológicos. En hebreo, a estos amigos especiales se les llama *reyah,* compañeros para toda la vida. El autor Kurt Vonnegut profundizó en esta idea en *Cat's Cradle,*[10] donde describió a un grupo de amigos del alma denominado «karass»: personas que se relacionan o trabajan al unísono por un objetivo importante. Todos ellos nacen en la misma era para apoyarse los unos a los otros en las misiones de sus respectivas vidas. Tus amigos son miembros de tu grupo del alma, lo mismo que tu pareja. Juntos formáis un conjunto de espíritus afines, dedicados al bienestar y evolución mutuos.

---

10. «Cuna de gato», una novela del citado autor. *(N. del T.)*

Pongamos el ejemplo de la famosa amistad de espíritu entre Rumi, poeta persa del siglo XIII, y el derviche[11] errante Shams de Tabriz. Se dice que, cuando se vieron por primera vez, inmediatamente entablaron una profunda conexión espiritual que cambió sus vidas. Una historia describe a Shams tirando los queridos libros de Rumi a una fuente, diciéndole que empezase a vivir lo que hasta entonces sólo había leído. Desde ese primer momento, Shams conoció y amó el alma de Rumi. Ése fue el comienzo de numerosas conversaciones en las que descubrieron el conocimiento, el asombro y la poesía, el uno en el otro. Después de la muerte de Shams, Rumi, dolido por la pena, vagabundeó por las calles de Konya, Turquía. Un día escuchó el rítmico golpeteo de un martillo de orfebre y, a pesar de su terrible dolor, empezó a dar volteretas, llevado por el impulso. Ése fue el origen de los derviches giróvagos, los bailarines extáticos sufíes.

En mi vida, mis amigos del alma han sido mi salvación. Los llamo «mi tribu de otro mundo»; nuestro verdadero hogar no es este planeta. Se han convertido en mi familia desde que mis dos padres fallecieron, y son mi sagrada comunidad de apoyo.

Los amigos del alma comparten una firme devoción. Mi mejor amiga, Berenice, y yo, hemos vivido penas y glorias, aunque nuestra relación haya sido en ocasiones un tanto movida. Cuando Berenice cumplió ochenta y cinco, le dije: «Te adoro. Gracias por ser mi devota amiga durante veinticinco años». Berenice me sonrió, con lágrimas de amor, y dijo: «Sé que estarás conmigo en mis últimos momentos». Le dije que sí, sin dudarlo. Cuando llegue ese momento, me sentiré honrada de estar con Berenice en su último viaje.

En tu propia vida, debes prestar atención a los amigos del alma. Estas conexiones son poco comunes. Valóralas. Me siento afortunada si conozco a un nuevo amigo del alma cada año. Pon en alerta la antena de tu intuición. Aunque no estés con un alma gemela, nunca estarás solo. Como en todas las relaciones del alma, estos amigos son maestros de amor y de entrega; reflejo tanto de tus puntos fuertes como de tus inseguridades. Por eso, la amistad se convierte en un vehículo de transformación, en una oportunidad para superar la resistencia a la intimidad.

---

11. Monje islámico. *(N. del T.)*

También incluyo a los animales de compañía en la categoría de amigos del alma. Perros, gatos, caballos, pájaros y otros animales nos enseñan a ser abiertos de corazón. En los buenos momentos se pegan a nosotros. Cuando la vida se vuelve demasiado seria, nos inducen a sacar el niño juguetón que llevamos en nuestro interior. Cuando estamos deprimidos, nos siguen amando incondicionalmente, sin importarles lo que piensen las personas, qué trabajo tengamos o cuánto dinero ganemos. Cuando el mundo se viene abajo y todo parece perdido, se enroscan en nuestros brazos a modo de consuelo. Algunas veces puede parecer más fácil entregarse al amor de un animal que al de un amigo o el de un alma gemela. Parecen menos problemáticos y más puros. Es maravilloso que nuestros amigos animales nos ofrezcan toda esa devoción. Deja que su amor entre dentro de ti. Entrégate a él.

Las almas de los animales son tan reales como las nuestras. Siento respeto por todos los que, en todo el mundo, rescatan animales y luchan para protegerlos del sufrimiento. Nosotros somos sus guardianes y compañeros, nunca sus dueños. Debemos proteger a los inocentes de la Tierra, luchar por la luz de todos los seres que sienten. Siento reverencia por la sabiduría de la tribu lakota: «*Aho mitakuye oyasin*. A todas mis relaciones, os rindo honor en el círculo de la vida». Estamos interconectados en armonía.

Como médico que soy, también aprecio en gran medida los beneficios de la terapia asistida con animales (normalmente perros y caballos) en los cuidados médicos, incluidos los pacientes ancianos y psiquiátricos, y los niños con enfermedades graves. Sigmund Freud tuvo muchos perros, y solía tener uno cerca durante las sesiones de psicoanálisis para ayudar a los pacientes a relajarse. Las investigaciones informan de los numerosos beneficios terapéuticos que los lazos entre animales y humanos pueden tener para la salud y el estado de ánimo. Se ha demostrado que reducen la tensión arterial, el dolor, y que alivian la ansiedad y la depresión. Vivir con un animal puede incluso aumentar la longevidad.

En la década de los noventa, tuve un terrible dolor en el cuello causado por un diminuto disco cervical, y el problema no mejoraba con el tratamiento convencional. Ahí fue cuando experimenté la alegría de la terapia con delfines. En el Instituto de Investigación con Delfines, un parque marino en los cayos de Florida, participé en un taller de una semana de duración con otras personas que también tenían síntomas físicos y deseaban curarse. Todos los días, nadábamos con delfines en agua cálida, similar a la que hay en el útero. Al principio tenía miedo de dejarme llevar, preocupada porque pudieran golpearme el cuello. Pero, después de convencerme el director del taller, acepté que la curación consistía en entregarme hasta confiar en ellos. Si mantenía mi cuerpo tenso, podía arriesgarme a sufrir una lesión. En nuestras sesiones diarias de natación, me agarraba a la aleta de un delfín, mientras esta poderosa, pero amable criatura, tiraba de mí por el agua, nunca con excesiva intensidad ni excesiva velocidad. Era un movimiento de deslizamiento que parecía ajustar mi cuello de modos fuera del alcance de lo que mi experto quiropráctico había podido hacer. Los delfines transmitían un aura de dulzura y cariño que nos implicó a todos. Sentí incluso una afinidad mayor con ellos cuando supe que sueñan de noche, igual que nosotros, un estado de conciencia con el que sintonicé. Estos compañeros de sueños se convirtieron en mis sanadores. Me sentí privilegiada de encontrarme en su presencia. Cuando dejé Florida, mi dolor había disminuido enormemente. Poco después, desapareció por completo. Estar con estos delfines había supuesto un gran salto para mi recuperación.

Lo que también resulta fascinante es que los humanos y los animales podemos desarrollar vínculos telepáticos. El investigador de la conciencia Rupert Sheldrake explica el fenómeno tan común por el que los perros pueden intuir cuándo volvemos a casa, incluso en momentos impredecibles. Parecen sentir nuestra proximidad minutos antes de que lleguemos. Una vez que un perro tiene este presentimiento, esperará pacientemente en la puerta de casa, deseoso de saludarnos.

Un vínculo telepático de este tipo creó todo un milagro. Una participante de uno de mis talleres contó esta historia sobre ella misma. Dos años antes, Simone deseaba quedarse embarazada, pero tenía una enfermedad renal poco conocida. Su médico le advirtió que el embarazo estresaría su cuerpo excesivamente, y que llegaría a poner en peligro su vida. Aun así, el deseo de Simone de tener un niño era tan fuerte que decidió arriesgarse. Afortunadamente, se mantuvo sana durante los nueve meses, algo prácticamente inaudito para una mujer con su enfermedad. Sin embargo, durante ese mismo período, su cachorro de golden retriever, su compañero fiel y «alma gemela», con quien estaba tan unida, fue diagnosticado de fallo renal. Poco después del nacimiento de la hija de Simone, su compañero leal murió, como si hubiese aguantado lo suficiente para verla nacer. Ese tipo de misterios incluyen generosos ofrecimientos. La comprensión entre seres vivos puede ser maravillosa y de largo alcance.

Dejemos que todos los animales de este mundo sean nuestros maestros y sanadores; tanto el feroz león como las dulces y sensibles cabritillas que se desmayan, que se ponen de rodillas y caen inconscientes cuando se asustan o se excitan demasiado, son nuestros compañeros. Debemos abandonar para siempre la idea de que, de algún modo, son inferiores a nosotros sólo porque no sean humanos o no puedan comunicarse con nosotros. ¡Una falsa arrogancia de nuestra mente mecanicista! Debemos insistir en entregarnos a la humildad, ser capaces de admitir que no sabemos demasiado de la visión infinita de las cosas. Aun así, lo que sí sé es lo poderoso que resulta el amor. Cuando ves a tus almas gemelas, amigos del alma y animales de compañía con tu corazón, puedes darte cuenta de su magnificencia, de su brillantez.

En este capítulo hemos examinado diversos tipos de conexiones a través del alma y cómo entregarnos a ellas. Para mí, estas relaciones tratan, en última instancia, sobre la entrega espiritual, sobre barreras de miedo que se disuelven en un amor más profundo. Abrazamos a nuestros seres queridos, pero también confiamos radicalmente en el espíritu. Éste es la fuerza que guía y que supervisa el amor en todas sus manifestaciones. El espíritu presta apoyo a los corazones que se abren. Acude a él para obtener guía. Si te sientes deprimido porque no has encontrado aún un alma gemela, pide paciencia y claridad. Si te sientes dolido, confuso o hecho un lío por el alma gemela o los amigos que sí tienes, pregúntate interiormente: «¿Cómo debo actuar? ¿Cómo puedo llegar a ellos?». Después escucha la respuesta de forma intuitiva. Sigue entregando tu ego y expandiendo tu corazón. Sigue mirando a los ojos del otro y no te detengas, ni siquiera en los momentos más complicados. Dejemos que nuestras relaciones te enseñen sobre la confianza, la fe y el éxtasis del amor. Ésos son los verdaderos secretos del universo.

### AFIRMACIÓN DE ENTREGA PARA LAS RELACIONES DEL ALMA

*Te acojo.*

*Te acepto.*

*Creo en ti.*

*Te estoy agradecido.*

*Te amo y te adoro.*

*Me entrego al libre fluir de donde surge nuestra relación.*

*Yo canto a la electricidad del cuerpo...*
*El del hombre es perfecto, y el de la mujer es perfecto.*

WALT WHITMAN

# 7

# LA SÉPTIMA ENTREGA

## Explorar la divinidad de tu cuerpo y de tu sexualidad

Desarrollar una relación amorosa y entregada con tu cuerpo y tu sexualidad permitirá transformar tu vida.

¿Te gustaría experimentar más placer y menos estrés? ¿Qué sucedería si pudieras ser feliz con tu cuerpo sin ningún tipo de impedimento? ¿O hacer el amor sin dudar de ti mismo y sin reprimirte? Ahora nada puede detenerte. Prepárate para entregarte a sentir este bien.

Quiero que disfrutes de los espectaculares placeres de tu cuerpo, para que puedas aceptar por completo la pasión y mejorar tu atractivo físico. Cuando lo hagas, vas a sentirte más vivo, más despierto y en contacto con un maravilloso éxtasis que puedes y te mereces experimentar. Esto va a ser el comienzo de un renacimiento sensual para toda la vida, aunque actualmente no estés en contacto con tu ser físico. El verdadero pecado consiste en privarte siempre de placer y estar estresado. Te mostraré procedimientos para acceder a las innumerables fuentes de placer que hay por todas partes. El deleite que obtienes al saborear un sabroso melocotón, respirar aire puro o hacer el amor depende de tu conexión con tu cuerpo y de tu capacidad para entregarte al placer.

Tu cuerpo es mucho más de lo que tú piensas. Mi definición de sexualidad no es la miniversión de tener un orgasmo y ya está, que la sociedad proclama. Es lo que ocurre cuando te entregas a la prolongada y lenta sensación de bendición que hay en tu interior, que elimina compasivamente la tensión de las exigencias de la vida. Sentir este bien no es complicado ni se encuentra fuera de tu alcance. Simplemente tal vez no te resulte familiar. Te mostraré cómo generar dicha en ti mismo o en tu pareja. Comienza despertando tus sentidos: sonido, vista, tacto, olfato, gusto, y el sexto sentido, la intuición. Tendrás una conciencia sensual de todo tu cuerpo, y después canalizarás el placer que sientes hacia la sexualidad. Aquí es donde la entrega se convierte en indispensable: no puedes apresurarte a alcanzar la pasión, a controlarla, ni debes analizar tu camino hacia ella. Simplemente debes dejarte llevar por el deleite. Te ayudaré a dejar de pensar en exceso, para que no eches a perder el placer. Entregarte a la pasión conlleva vibraciones, renovación y carisma a cualquier edad.

Demasiadas personas deambulan por ahí en forma de cabezas sin cuerpo, olvidando que tienen un cuerpo. Nuestro mundo premia la capacidad de dar de lado a la adversidad. Admiramos a las personas que ignoran las señales de peligro de sus cuerpos con el objetivo de conseguir logros. Uno de mis pacientes, un contable adicto al trabajo, hizo tanto esfuerzo una temporada de pago de impuestos que tuvo un ataque al corazón. Otra paciente permaneció en un matrimonio tóxico durante veinte largos años, hasta que se hundió en una depresión mayor por la que no podía dormir, comer ni salir de la cama. Sólo entonces buscó asesoramiento y tuvo el coraje para romper su matrimonio. ¡Qué sufrimiento más tremendo podemos soportar antes de escuchar a nuestros cuerpos! Pero a ti no te conviene hacerlo. Es esencial entrenarte para superar los mecanismos que has desarrollado para generar fatiga, y otros indicios de aviso, como los que experimentaron mis pacientes. A un nivel físico, entregarse conlleva actuar siguiendo los avisos intuitivos de tu cuerpo, sin combatir los impulsos cuya función es protegerte. Hacer caso a los siguientes indicios básicos mejorará radicalmente tu calidad de vida.

## ESTRATEGIAS PRÁCTICAS PARA ENTREGARTE A LOS AVISOS DE TU CUERPO

- Si estás cansado, descansa.
- Si tienes hambre, toma alguna comida deliciosa.
- Si estás triste, llora.
- Si estás tenso o molesto, diviértete un poco.

Tu cuerpo suele saber más sobre tu bienestar que tu mente. Hipócrates escribió, hace más de dos mil años: «Hay cierta cantidad de pensamiento consciente por todo el cuerpo». Si sigues discutiendo con tu cuerpo, rechazando sus intentos por protegerte, se enfada y se rebela: no te sentirás bien ni estarás sano, y tus síntomas físicos empeorarán. También acabarás con tu capacidad para la pasión y la felicidad. Como he visto en mi práctica como doctora, desde padres agobiados hasta ejecutivos sobrecargados, tu agenda puede estar tan apretada que te sientas demasiado cansado para hacer el amor, seas incapaz de tener un orgasmo, o bien no tengas deseos eróticos en absoluto. En la mayoría de los casos, esto no se debe a la edad, ni tampoco significa que hayas perdido tu sexualidad. Es porque no estás respetando las necesidades de tu cuerpo bajando el ritmo o reduciendo el estrés, aunque sólo sea un poco; y *la pasión es lo primero que se pierde.* No obstante, la buena noticia es que, cuando empiezas a escuchar, tu energía aumenta y la pasión vuelve.

Nadie me podrá acusar nunca de haber aprendido esto demasiado rápidamente. Sé muy bien lo que es esforzarme con tanta intensidad como para quedar agotada, o estresarme tanto en el tráfico de camino a la clase de yoga, que después la misma clase no tiene sentido. También sé lo que es preguntarme a mí misma si sigo siendo un ser sexual, después de estar sin pareja durante un tiempo. Pero sigo aprendiendo a escuchar a mi cuerpo para reducir el estrés y elevar mi pasión, tenga pareja o no. (De hecho, la vida sexual que tienes contigo mismo puede ser mejor que las vidas sexuales de algunas parejas que no mantienen contacto erótico de ningún tipo). No quiero estar tan ocupada como para estar demasiado cansada para sentirme *sexy.* Me niego a sacrificar mi pasión por el exceso de trabajo, por los hombres inaccesibles, por la gente que me agota, o por cualquier otra cosa que mi cuerpo rechace como no adecuada para mí. Mi entrega habitual consiste en hacer honor a mi cuerpo, a la sabiduría intuitiva que transmite, a los regalos sensuales que me concede. Esto puede conllevar cancelar planes, decir «no» a otros, o tomar decisiones poco populares en términos de lo que los demás esperan. O bien puedo pasar un día descansando en la cama, retirándome al dulce recreo de un tiempo de tranquilidad, a fin de escuchar las necesidades de mi cuerpo.

Parte de la entrega consiste también en mantenerse abierto a recibir placer, no a medias, sino de forma tan completa como se pueda. (Explicaremos por qué también nos resistimos al placer). Irónicamente, el placer necesita tiempo para acostumbrarse a él. Cuando tengo demasiado para dar, puedo incluso olvidar detenerme y sentir ese placer. Pero dado que entregándome al placer es como quiero vivir, mi objetivo es escuchar a mi cuerpo como gurú interno y guía intuitiva.

En este capítulo, te enseñaré a conectarte y profundizar en tu cuerpo. Descubrirás que tu yo físico está íntimamente conectado con el espíritu. Examinaremos los aspectos físicos y energéticos sutiles del cuerpo, lo que nos impide recibir placer y cómo podemos entregarnos al hecho de permitirlo. Solemos temer lo que no podemos controlar, pero aprenderás a confiar en tu sexualidad lo suficiente como para abandonar el miedo. Todo lo relativo al cuerpo es divino: cada órgano, cada célula. El modo en que te conectes con todo ello determina lo vivo que se sentirás. *El éxtasis no consiste sólo en el orgasmo, aunque éste puede ser el único tipo de éxtasis que conoce la mayoría de la gente. Es el modo en que te relacionas sensualmente con el mundo.* El éxtasis está en todas partes, estés haciendo el amor con tu pareja, contemplando una puesta de sol o simplemente viviendo el momento. Me siento entusiasmada con ayudarte a despertar, para que lo encuentres. También examinaremos las siguientes cuestiones: ¿Cuáles son las claves para una imagen corporal positiva? ¿Por qué la entrega es un secreto de belleza? ¿De qué maneras puede liberarte el movimiento? ¿Es siempre bueno el carisma sexual? Prestarás atención a niveles más profundos para dejarte llevar, con el objetivo de que puedas seguir entregándote a la felicidad.

## ENTRÉGATE A TU CUERPO: TRÁTALO COMO A UN AMANTE

*Sé un buen animal, fiel a tu instinto animal.*
D. H. Lawrence

La manera en que habitas tu cuerpo configura lo que eres durante el acto sexual. El secreto para sentir placer consiste en conectarte íntimamente con tu cuerpo, tal como lo harías con un amante, no sólo durante el acto sexual, sino cuando caminas, estás sentado, trabajando, o incluso haciendo labores y tareas cotidianas. Prueba a disfrutar de tu sensualidad todo lo que puedas. Verás cómo responde tu cuerpo, una fuente que ofrece felicidad. Ciertamente, puedes tener sexo puramente físico mediante un orgasmo –y puede ser encantador–, pero por muy bueno que parezca, no se puede comparar con la entrega física, emocional y espiritual durante el sexo que voy a describir. El cuerpo da placer cuando conoces lo que le gusta y lo que no le gusta, y cómo se hace.

El problema es que estamos condicionados a agazaparnos en nuestros cerebros, lo cual no aumentará la felicidad. Demasiadas normas y un exceso de control impiden el acto de la entrega. Estamos programados para ser demasiado correctos y controlar todo el tiempo, no terrenales y libres. No agitamos mi masajeamos nuestros cuerpos lo suficiente. No nos movemos. No nos estiramos. No lloramos. No nos ruborizamos. Incluso nos sentimos avergonzados cuando suena nuestro estómago. No extendemos nuestros brazos y nos retorcemos sólo porque nos gusta, ni nos arrodillamos espontáneamente haciendo una reverencia. Nos han enseñado a criticar nuestros «defectos», a no revelar nuestro atractivo. A consecuencia de esto, podemos sentirnos tan tensos y reprimidos que comenzamos a sentir dolor. O bien nos avergonzamos tanto de nuestros cuerpos que evitamos los espejos y no queremos que nuestro amante nos vea desnudos. Esto es todo lo contrario al acto de la entrega. No te preocupes si estas palabras te describen. ¡La vida puede ser mucho más! Déjame reorientar tu perspectiva para que puedas entregarte al milagro sensual de tu cuerpo.

## UN NUEVO TIPO DE EDUCACIÓN FÍSICA: DESPIERTA TU CUERPO FÍSICO Y SUTIL

### Entrégate a la magia de tu cuerpo físico

Uno de los grandes dones de mi formación médica fue aprender cosas sobre el cuerpo. Como estudiante de Medicina en la Universidad del Sur de California, mientras hacía de asistente en operaciones importantes, tuve la impresionante e inspiradora experiencia de observar un corazón unido a un laberinto de arterias, que latía en el pecho de un paciente, y sentir la textura de un útero, de los ovarios y los pulmones: una iniciación a lo que significa ser humano. Quedó impresa en mi memoria la energía de cada órgano, su suavidad, su superficie húmeda, su calidez y su brillante color. Me sentí fascinada porque la forma y el tamaño de nuestros órganos eran ligeramente distintos en cada persona. Ahora, cuando sintonizo intuitivamente con mis pacientes, esas diversas frecuencias son más fáciles de sentir.

Sin embargo, en la escuela médica me enseñaron sólo la configuración física del cuerpo, pero nada sobre su energía sutil. Como podrás ver, las dos están interrelacionadas e imbuidas de divinidad. Desde una perspectiva estrictamente física, ¿qué es el cuerpo? Es la estructura básica de un ser humano, que consta de cabeza, cuello, torso, brazos, manos, piernas y pies. Tu cuerpo tiene cien trillones de células, las unidades básicas de la vida, que se disponen formando los órganos, tejidos, músculos, huesos y miles de kilómetros de vasos sanguíneos. Se compone de dos tercios de agua salada, que baña nuestras articulaciones y estructuras internas. El material genético de las células (ADN) les dice en qué convertirse y qué hacer. El cuerpo está organizado en los trece principales sistemas orgánicos, cada uno con una función distinta, como el digestivo, el cardiovascular y el esquelético. Cuando hay salud, todos los sistemas trabajan en armonía. Cuando algo va mal, el cuerpo envía señales de dolor o fatiga. Si les haces caso, podrás determinar el problema y tomar medidas para curarte. Si no las escuchas, tal vez llegues a padecer una enfermedad crónica. Tu cuerpo quiere estar feliz y sentirse bien. Cuando se le cuida y se le mima, puede experimentar bienestar y éxtasis.

Para sentir más placer, debes tener conocimiento de tu cuerpo en tres dimensiones, para que no parezca un país extraño. La mayoría de la gente camina por ahí sin hacer caso a lo que hay bajo su piel. Durante toda su vida se mantiene siendo un espacio vacío, algo que prefieren evitar. Supone un malgasto de recursos no celebrar este aspecto maravillosamente vivo de nuestra integridad. Hacernos cargo de nuestra anatomía —el hecho de que estemos compuestos de músculos, huesos y órganos— resulta chocante para muchas personas, porque no estamos acostumbrados a vernos a nosotros mismos como realmente somos. Estamos tan pendientes de lo que hay por encima de la piel que no nos damos cuenta de la belleza de nuestras funciones internas. Quiero que te sientas cómodo con cómo estás hecho. Esto permitirá que seas humilde y realista, en lugar de concentrarte sólo en el exterior. Cuando puedas visualizar con amor tu territorio interno, podrás mejorar tus respuestas sensual y sexual.

Resulta trágico que la mayoría de nosotros no tengamos formación sobre nuestra anatomía, que normalmente nos sintamos avergonzados –o nos cause repulsión– del sagrado templo que da cobijo a nuestro espíritu. Después de todo, somos seres espirituales que tenemos una experiencia humana. Nuestros cuerpos hacen posible todo eso de forma muy generosa. Los sentimientos negativos sobre este tema nos impiden adorarnos a nosotros mismos y pueden echar a perder la facilidad con que vivimos nuestra sexualidad. Nuestra anatomía interna puede causarnos repulsión. La mayoría de la gente presta atención a ella sólo cuando algo va mal y necesita consultar con un médico. Vinculamos el interior de nuestros cuerpos con la patología, no con las buenas vibraciones y la felicidad. Lo consideramos un lugar que da miedo, que escapa a nuestro control: allí pueden surgir cosas malas, nuestros órganos pueden experimentar enfermedades y causarnos dolor, y asociamos los esqueletos con la muerte. No sabemos hacer que nuestro interior sea tan bello como el exterior. Puedo entender que tal vez pienses: «Preferiría no saber nada sobre el tema». Pero no debes sucumbir a esa reacción.

Me muestro insistente cuando digo que nuestros órganos y estructuras internas son nuestros amigos: bellos, inteligentes y llenos de pasión. Nos conviene que sean felices, no que estén estresados. Trabajan sin parar en nuestro nombre: nuestra columna vertebral nos sujeta, nuestro hígado nos desintoxica de venenos, nuestro tracto gastrointestinal digiere los nutrientes, nuestros pulmones expulsan el tóxico dióxido de carbono y permiten que circule oxígeno por la sangre. Todo esto son razones por las que debemos estar agradecidos por nuestros cuerpos. Otros ejemplos de entregas biológicas que nos mantienen son los movimientos del intestino, el acto de orinar, las lágrimas, la risa, la menstruación y la eyaculación. Bloquear cualquiera de esos actos no será saludable. Por ejemplo, he tratado a numerosos pacientes muy controladores con un estreñimiento terrible, y depresivos emocionalmente reprimidos que no pueden llorar. (En China, hay máquinas de ruido de fondo en los baños para que la gente no oiga a otros orinar o defecar, una expresión cultural de modestia y vergüenza, así como una forma respetar la privacidad). Me encanta la bendición hebrea que honra los orificios de nuestro cuerpo: «Bendito sea

Dios, que ha creado el cuerpo humano con su sabiduría y ha creado muchos orificios... si uno de ellos se abriera o cerrara incorrectamente, sería imposible sobrevivir». Un amigo de una comunidad judía ortodoxa me dijo que a los niños se les enseña a pronunciar esta plegaria para honrar a sus cuerpos después de cada visita al baño. Estas aperturas físicas permiten el perfecto fluir de líquidos y la liberación de toxinas. Me maravillo de esto. Amar tu cuerpo y apreciar el valor de sus labores internas te ayudará a entregarte al éxtasis que hay en él.

Para aprender sobre tu cuerpo, te recomiendo que consigas un ejemplar de *Start Exploring Gray's Anatomy: A Fact-Filled Coloring Book*.[12] Este libro está repleto de sencillas ilustraciones a color de nuestra anatomía, desde los huesos más diminutos hasta los músculos más grandes. Para una experiencia física más directa, puedes tomarte el pulso o comprar un estetoscopio para escuchar el corazón de un amigo. Escuchar y sentir tu latido te conectará con tu yo físico de una forma primaria y palpable. Cada centímetro de tu cuerpo (no sólo los genitales) contiene una dicha secreta a la que puedes entregarte. Una vez que conozcas tu anatomía básica, podrás sintonizar con el éxtasis de todo tu cuerpo. Estudia las siguientes imágenes con esta perspectiva en mente, considerando cada órgano como algo sagrado y otorgador de vida.

### Entrégate a la magia de tu sutil cuerpo energético

La belleza de tu cuerpo consiste en que, junto con su estructura física, también está compuesto de energía sutil. La mayoría de la gente se concentra principalmente en el exterior y no es consciente de su cuerpo sutil; y no sabe que sus cuerpos físico y sutil interactúan y comparten felicidad el uno con el otro. No son entidades separadas: hay una constante interacción de fluidos entre ellos que permite mantener la salud. Te enseñaré estrategias para despertar la energía sutil. La mayoría de la gente no sabe

---

12. «Empieza a explorar la anatomía de Gray: Un libro para colorear repleto de datos». Este libro en concreto no está traducido al castellano, pero un equivalente por su sencillez puede ser *Gray, anatomía básica*, de Richard L. Drake y otros autores. Elsevier, Barcelona, 2013. *(N. del T.)*

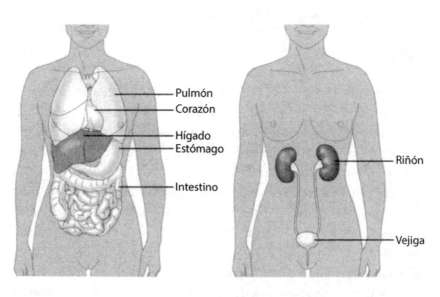

**Figura 2.** *Anatomía de tu cuerpo físico*

**Figura 3.** *Sistema urinario*

cómo hacerlo. Necesitamos que nos lo muestren, algo que me enseñó mi maestro de taoísmo. Además, la energía sexual es un aspecto de una energía importante del cuerpo que podemos aprovechar para reclamar todo nuestro poder. No nos damos cuenta de que el carisma sexual, las «vibraciones» que proyectamos, tienen más relación con la energía que con el aspecto físico. Conocer todo esto es vital para que tengas carisma, atraigas a las personas adecuadas y te entregues al placer.

¿Qué es la energía sutil? Piensa en términos microscópicos. Piensa en cosas más diminutas que las microscópicas. Represéntate otra dimensión de energía que abarque por completo tu cuerpo y que se extienda varios metros más allá de tu piel. Es tu resplandor interno y externo, la esencia de quien eres tú, una luz o «aura» presente en el cuerpo físico. Visualiza esta energía, especialmente si tienes problemas con tu imagen corporal: tus órganos y todo tu cuerpo están impregnados en una luz maravillosa. Para la mística hindú, esta fuerza vital se llama *shakti*. Los médicos chinos la llaman *chi*. Para los alquimistas, es la *materia prima*. En la medicina occidental ha aparecido una fascinante nueva subespecialidad, la medicina energética. Partiendo de antiguos sistemas hindúes y budistas, reconoce que nuestros cuerpos y espíritus son manifestaciones de esta energía imperceptible, que está compuesta por centros intermedios llamados chakras. Como explicaré más adelante, puedes activarlos para curar (*véase* capítulo 10), así como para generar placer.

Me siento atraída por el concepto de la alquimia del «tosco» mundo material vinculado a los mundos más sutiles de la energía y la espiritualidad. Integrar ambos, entregarnos a los dos, permite generar bienestar y placer. Nuestros cuerpos tienen profundidades y sensualidades que pueden descubrirse sólo mediante experiencias más sutiles. Esto tiene una relevancia especial para el envejecimiento, conforme nuestras hormonas van reduciendo su nivel. Puedes mantener viva la pasión, pero depende en mayor medida de la energía sutil que de la estimulación hormonal. Recientemente me sonreí cuando leí la saludable historia de una mujer de setenta años que tenía orgasmos, no en uno, sino en cuatro de sus cuerpos sutiles –emocional, sexual, intuitivo y espiritual– que describe su práctica de yoga kundalini. ¡Menuda proeza de la conciencia humana es tener todo ese placer con todas las partes del cuerpo sutil alineadas! Independientemente de la edad, no hay que dar de lado nunca a la pasión. Hay muchas más posibilidades de lo que nos han contado.

Otra maravilla de la energía sutil es que está presente en todos los aspectos de la naturaleza, desde el vasto océano hasta la flor más pequeña. Desde la antigüedad, una premisa básica de las tradiciones curativas indígenas de todo el mundo es que nuestros cuerpos forman parte del cuerpo viviente del cosmos, de un tamaño mayor. Por ejemplo, el ciclo circadiano de veinticuatro horas de sueño y vigilia se establece mediante nuestro hipotálamo y nuestra glándula pineal, de acuerdo con el sol que asciende en el cielo. De ese modo, nuestros cuerpos están configurados de una manera muy elegante por el movimiento del sistema solar. Mi amiga, la artista de *performance* Camille Maurine, habla sobre nuestro «cuerpo galáctico» erótico, el cosmos que tenemos en nuestro interior. Cuando baila, siente sensualmente la luna, las estrellas y los planetas en su interior, una experiencia extática. Desde una perspectiva intuitiva, no es que nosotros estemos «aquí» y las otras galaxias estén «allí», como nos indica nuestra mente analítica. Todo es uno. Nuestros cuerpos están interconectados con la naturaleza, el cosmos, y con todo el resto de la creación, una experiencia altamente erótica cuando puedes entregarte a ella.

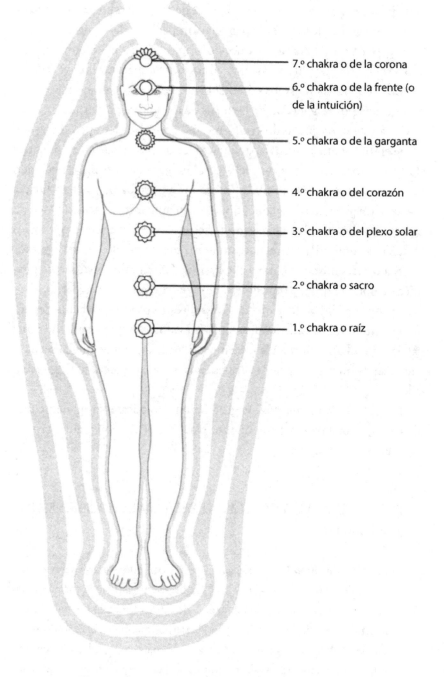

7.º chakra o de la corona

6.º chakra o de la frente (o de la intuición)

5.º chakra o de la garganta

4.º chakra o del corazón

3.º chakra o del plexo solar

2.º chakra o sacro

1.º chakra o raíz

**Figura 4.** *La anatomía de tu cuerpo energético sutil*

Descubrí el erotismo de la naturaleza a principios de la década de los ochenta, mientras participaba en un taller de mujeres sobre espiritualidad, en la costa norte de Kauai. Para iniciar un período de silencio y ayuno, caminé por un exuberante bosquecillo tropical, hacia el océano, durante la puesta de sol. Los suaves vientos alisios traspasaban mi fino vestido de algodón, mientras observaba cómo la brisa agitaba las palmeras. Me sentí hipnotizada por la agitación de las hojas de una plumeria cercana: su temblor me estaba estimulando conforme me acercaba al tronco del árbol. Me asombró sentir que enviaba vibraciones de placer hacia mí, mientras el aire húmedo acariciaba mi piel. Pegué mi espalda al tronco, temiendo que cualquier movimiento o análisis de lo que estaba ocurriendo hiciera que se detuviesen las sensaciones que iban en aumento. Gracias a Dios, mi mente cooperó. No podía haberme entregado a esta experiencia si la lógica se hubiera implicado. De repente, todo mi cuerpo estalló en un orgasmo.

Esa tarde, en Kauai, conocí el éxtasis de la naturaleza. Mi mente analítica de doctora dijo: «¡Imposible!», pero mi cuerpo era testigo, intuitivamente, de la realidad de la dicha. Antes de esto, yo siempre había dependido de un hombre para desencadenar mi lado erótico. Cuando no tenía pareja, me solía sentir menos femenina. Darme cuenta de que la sexualidad nace de mí misma y de la sutil energía de la naturaleza fue algo revelador.

Por el bien de tu cuerpo, me gustaría que practicases la siguiente meditación que incluye un estiramiento, para liberar tensión y entregarte al goce sensual de tu cuerpo.

## ESTIRAMIENTO A LA LUZ DE LAS VELAS: LIBERA LA TENSIÓN, DESPIERTA EL PLACER

1. *Relájate.* En un entorno tranquilo, ponte cómodo. Para generar calma, enciende unas cuantas velas y apaga la luz eléctrica. Es una forma rápida de desconectarse del modo ocupado y de calmar la charla mental. Puedes hacerlo tumbado boca arriba, con el cuerpo totalmente extendido sobre una esterilla para yoga. Puedes también sentarte sobre el suelo, en una silla, o simplemente quedarte de pie. Elige la posición que consideres mejor para ti.

2. *Respira profundamente.* A la luz de las velas, haz varias respiraciones profundas. Ponte cómodo en tu propio cuerpo: siente, no pienses. Puedes cerrar los ojos o no hacerlo. Nota cómo tu vientre se eleva, después relájate y déjate llevar. Aprecia el milagro de tu respiración. Mientras inspiras, siente cómo tomas oxígeno con los pulmones y que entra en el cuerpo, donde cada célula lo absorbe. Mientras espiras, siente que liberas el tóxico dióxido de carbono, purificando tu sistema. La espiración completa es la perfecta entrega física para liberar tensión. Respirar superficialmente es síntoma de represión, de tensión y de estar en guardia frente a la sensualidad. Date permiso para disfrutar del placer de cada respiración lenta y profunda. Siente cómo fluye tu fuerza vital.

3. *Estírate.* Concéntrate ligeramente en tu respiración y eleva los dos brazos por encima de tu cabeza, lo más alto que puedas. Cuenta hasta diez. Siente cómo se estiran tu columna vertebral y los músculos de tu espalda, a medida que se expanden los espacios que hay entre las vértebras. Disfruta de la agradable sensación de elongar tu cuerpo, de eliminar las contracciones. Para potenciar la experiencia, puedes unir los dedos, con las palmas de las manos hacia arriba, y estirar las manos por encima de la cabeza. Déjate llevar de verdad. Estírate durante mucho tiempo y lentamente, sin resistirte, apuntando al cielo con tu cuerpo. Después, deja que tus brazos caigan relajados a los lados. Agítalos. Repite este estiramiento cuantas veces quieras.

4. *Medita sobre el placer en tu cuerpo.* Después del estiramiento, siéntate en silencio durante varios minutos, sintiendo el placer que esto ha generado en tu cuerpo. Visualiza cada parte de tu anatomía como una fuente de posible placer. Contempla cada estructura como hecha de energía sutil, de luz divina. Empieza por la columna vertebral. Su base es el asiento de la fuerza vital kundalini que activa la sexualidad. Durante al menos diez segundos, siente cómo el placer corre por tu columna vertebral, hacia arriba y hacia abajo. Después visualiza tus órganos. Por ejemplo, tu estómago y tu colon son órganos emocionales que responden en gran medida como el corazón. Cuando se sienten molestos, se tensan. Para relajarlos, concéntrate en sentir placer allí. Haz lo mismo con tu hígado, tus riñones y otros órganos, además de tus genitales. Imagina placer en esas zonas. Si sientes molestias, respira a través de esa zona, relajándote en la sensación, sin resistirte. A continuación, siente el placer en tus manos

(la quiromancia dice que las líneas de tu mano indican el futuro) y en tus pies (que te unen al suelo y contienen más de cien puntos de acupuntura sanadores). Después, siente placer en tu cabeza y tus orejas (la parte externa de la oreja también tiene muchos puntos de acupresión). Disfruta de tu cuerpo. Dale las gracias por nutrirte y por darte soporte.

En este ejercicio, sabrás que te has entregado de verdad cuando no pienses sobre lo que estás haciendo y te olvides del reloj. No te estarás preguntando si lo estás «haciendo bien» o si «ha terminado el tiempo». El placer es intemporal, si sabes dejarte llevar. A tu cuerpo le encanta la meditación y la gratitud. Juntas nutren tus órganos y tus tejidos, un antídoto para los traumas del estrés diario. Cuando practiques, te estarás condicionando a utilizar el placer de tu cuerpo y a mantener la sensación de felicidad durante períodos más prolongados. Empezarás a experimentar esta entrega en primer lugar durante segundos, después durante minutos, y llegará un momento en que será durante bastante más tiempo.

## LA ENTREGA DEL MOVIMIENTO

*Mi madre empezó a caminar ocho kilómetros diarios cuando tenía sesenta años. Ahora tiene noventa y no tenemos ni idea de dónde está.*

NASRUDDIN

El movimiento es una forma divina de entregarte a tu cuerpo y de acabar con la rigidez. Nuestros cuerpos están hechos para moverse. No estamos diseñados para pasar nuestras vidas encorvados frente a un ordenador, encadenados a nuestras mesas; esto hace que nuestros cuerpos y nuestros espíritus sufran. Las investigaciones han relacionado el estilo de vida sedentario con más muerte incluso que el consumo de tabaco. Es un factor de riesgo para el dolor de espalda, la obesidad, la osteoporosis, la depresión y la enfermedad cardíaca. Además, reduce los espacios entre las vértebras, con lo que encogemos al ir envejeciendo: una perspectiva poco atractiva. Por el contrario, el movimiento conlleva numerosos beneficios para la salud. Las investigaciones han demostrado que reduce las hormonas del estrés tóxicas que elevan la presión arterial y disminuyen la inmunidad, y además consigue ralentizar el envejecimiento. Mejora la salud cardiovascular, el sueño, reduce la depresión, e incluso aumenta el volumen cerebral. Además de estos excelentes beneficios, el placer y la liberación de la tensión que puedes experimentar gracias al ejercicio proceden de una elevación de las endorfinas, los analgésicos naturales de tu cuerpo. Cuando yo hago ejercicio, sé que voy a sentir esas «sustancias bioquímicas de la felicidad» (también asociadas con el subidón del corredor), así que me muevo todo lo que puedo. Junto con mi rutina de aeróbic en el gimnasio y los estiramientos de yoga diarios, paseo mucho por la playa y por los caminos de las montañas de Santa Mónica, sin ningún destino en mente, simplemente ir adonde me sienta atraída. Moverse sin intención, tan sólo entregarse a nuevos descubrimientos, es una forma de divertirse libre, espontánea y primitiva. El objetivo del movimiento no es sólo quemar grasa o adelgazar, sino generar endorfinas. Permite sacarte de tus esquemas habituales, para que puedas entregarte al goce y a la sagrada energía del cuerpo.

Me siento fascinada por la historia de mi amiga Katie Hendrix, sobre cómo el movimiento le permitió pasar de ser una estudiante mediocre a una estudiante sobresaliente durante la enseñanza primaria, y cómo posteriormente configuró su carrera profesional. En clase, sentada quieta en una silla, Katie se esforzaba por concentrarse, pero estaba inquieta y distraída. Su profesora, la señorita Morgan, observó su inquietud y que Katie no aprovechaba todo su potencial académico. Siguiendo una táctica muy astuta, en lugar de decirle que «se estuviese quieta y dejara de moverse», como habrían hecho la mayoría de los profesores en la década de los cincuenta, la señorita Morgan dio a Katie permiso para cambiar su sitio a la parte posterior de la clase y para moverse. Katie decía: «Me permitían levantarme, estirarme, caminar y mover los brazos». Incluso hizo exámenes estando de pie. «La señorita Morgan se dio cuenta de que yo era una estudiante kinestésica, no verbal ni auditiva. Para aprender bien, necesitaba moverme. Después de eso me convertí en una estudiante modelo, y posteriormente en terapeuta del movimiento». En una fase muy temprana, Katie descubrió lo importante que es el movimiento para su bienestar. Estoy de acuerdo, con todo mi corazón, cuando ella dice: «Rompe bloqueos y mejora nuestro sentido interno del libre fluir. El movimiento consiste en oír nuestros impulsos internos».

Recomiendo que, como parte de la entrega física a tu cuerpo, practiques movimientos al menos varias veces a la semana, aunque lo ideal es hacerlo a diario. Recuerda que un poco puede significar mucho. Durante los períodos en que estoy más ocupada, he descubierto que incluso un estiramiento diario puede ayudar a liberar mi cuerpo, desconectándome del estado en que estoy tensa y esforzándome demasiado. El ejercicio es fundamental y permite abrir tu sensualidad. Ya sea que levantes pesas, juegues al tenis o hagas yoga, convierte el ejercicio en una meditación sensual y consciente. Sudar, respirar, estirarse y cultivar la conciencia desde la cabeza hasta los pies puede ser toda una fiesta de los sentidos. Uno de mis héroes del acondicionamiento físico, Phil Jackson, antiguo entrenador de los campeones Chicago Bulls y Los Ángeles Lakers, sigue una filosofía llamada «baloncesto consciente», basada en preceptos budistas. Enseña a los jugadores a tener plena conciencia de sus cuerpos y de su respiración, e incorpora cierto sentido de lo sagrado en cada partido. Durante tu sesión de entrenamiento, la plena toma de conciencia puede ser también muy sensual, a la vez que fortaleces tus músculos y despiertas tu cuerpo sutil. Mientras te estiras y te mueves, intenta superar suavemente los antiguos niveles de resistencia, rigidez y represión. Durante el ejercicio, poco a poco, estírate más y con más profundidad, respira de forma más completa y sensual, y entrégate a una fuerza amatoria superior a ti, que puede traerte la felicidad.

Para comenzar, encuentra un ejercicio que se adapte a tus necesidades. Pregunta a tu intuición: «¿Siento curiosidad por un ejercicio o me resulta indiferente? ¿Hace feliz a mi cuerpo un ejercicio, o lo hago porque está de moda? ¿Levanta algún tipo de ejercicio mi espíritu y mi energía, o es sólo una forma de dejarme la piel?». Lo estarás haciendo bien si tu intuición responde «sí» a todas estas preguntas. Si no es así, considera la posibilidad de hacer algún cambio. Ve despacio. Sé amable contigo mismo. Da pequeños pasos, especialmente si tienes alguna lesión o limitación física. Experimenta con los siguientes ejercicios para potenciar la energía. Date permiso, poco a poco, para dejarte llevar más profundamente hacia el disfrute que conlleva mover tu cuerpo.

## ENTRÉGATE AL PLACER DEL EJERCICIO

*Estiramientos.* Es un modo suave de empezar a aprender a entregarte al ejercicio físico, especialmente si has estado alejado de él. Los estiramientos te inducen a centrarte en tu cuerpo, expulsan el estrés acumulado en las articulaciones y hacen que la energía se mueva. Me encantan los estiramientos. Me permiten expulsar los crujidos de mi cuerpo. A veces, después de padecer algún virus, una sesión de toques en los dedos de los pies me devuelve la fuerza para vivir. Mantener los estiramientos, sumergirse de verdad en ellos, aumenta la flexibilidad de tu cuerpo, un beneficio que se nota en todos los aspectos de tu vida. Te entrena para superar la rigidez y los bloqueos, y para alcanzar una forma de ser más fluida.

*Ejercicio aeróbico.* El ritmo del ejercicio aeróbico calma la mente excesivamente activa. El simple hecho de movernos y respirar con intensidad es placentero, algo primario: solemos olvidar que somos animales físicos. Los movimientos naturales y espontáneos llegan inmediatamente cuando dejamos de controlar. Déjate llevar. Deja que tu espíritu baile libremente, tal como yo suelo hacer antes de escribir. Corre como un caballo salvaje por la playa o alrededor de una pista. Una de mis pacientes, de cincuenta y dos años, practica danza brasileña, la cual abre su sensualidad enseñándola a «moverse como el agua». Entregarse durante los movimientos aeróbicos reduce el estrés y alivia las frustraciones cotidianas.

*Yoga.* Esta práctica (la palabra significa en sánscrito «unión con el espíritu») nació en la India hace cinco mil años como un camino para la autorrealización. Simula la sutil energía vital mediante la respiración, estiramientos y posturas. Muchos de mis pacientes que anteriormente evitaban el ejercicio se han enamorado del yoga. Sólo porque el yoga no eleve el pulso tanto como los ejercicios aeróbicos no significa que no estés haciendo una buena sesión de entrenamiento. Yo disfruto del yoga. Me pone en contacto con las rigideces de mi cuerpo, de forma que pueda utilizar mi respiración para acabar con ellas. Mi práctica favorita es pronunciar una oración mientras hago la «postura del niño», que consiste en arrodillarse en el suelo con los dos brazos extendidos hacia delante. Estirarme en esta pose mejora mi oración y profundiza en mi sentido de veneración.

*Taichí chuan.* Este ejercicio implica gráciles movimientos que te ayudan a encontrar un punto de equilibrio y la calma interior. Las investigaciones han demostrado un equilibrio significativo y una mejora de la coordinación en los ancianos que practican taichí. Conforme yo envejezco, esto tiene una relevancia especial. Llegará un momento en que mis articulaciones valorarán alguna alternativa a la tensión que implican los ejercicios aeróbicos. Sea cual fuere tu edad, este tipo de ejercicio fortalece tu cuerpo y tu energía sutil, y te sientes divinamente.

Deja que el movimiento te dé una razón para amar tu cuerpo, no para machacarlo. Cuando desarrolles una rutina de ejercicios, tal vez encuentres alguna resistencia que impida la entrega total. La resistencia nace en tu mente, la parte de ti que teme el cambio y la novedad, por lo que intenta disuadirte de que hagas algo antes de probarlo. La resistencia puede también manifestarse en forma de miedo, ansiedad y vergüenza hacia tu cuerpo; o bien, si vives para tu cabeza, te impide encontrarte dentro de un cuerpo. Normalmente, a menos que estés demasiado enfermo o fatigado para funcionar, la resistencia no es un mensaje intuitivo para detenerte. Aunque tu fatiga o tu apretada agenda sean reales, cinco minutos de ejercicio o de estiramiento supondrán toda una mejora. Además, cuando surjan las voces negativas, sigue pidiendo internamente que cesen. Cambia tu centro de atención tomando el control de tu mente. No te dejes obsesionar por el diminuto cuerpo de la mujer que hay a tu lado, y que se retuerce como una rosquilla durante una sesión de yoga, ni con el deportista que bombea sus pectorales haciendo montones de repeticiones en el gimnasio. En lugar de eso, mírate a ti mismo con amor. Respira y reafirma lo maravilloso que es que estés entrenando, lo afortunado que eres al hacerlo. Agradece lo que tienes, incluida tu salud. A veces olvidamos el goce de la movilidad. Apreciarlo te permite tener la revelación de la gloria del cuerpo, aleja la negatividad y te deja relajarte lo suficiente para entregarte físicamente durante el movimiento.

# LA ENTREGA ES UN SECRETO DE BELLEZA: CLAVES PARA UNA IMAGEN CORPORAL Y UN PESO POSITIVOS

¿Cómo podemos estar contentos con nuestros cuerpos? ¿Cómo podemos entregarnos a las criaturas sensuales que somos, de todo tipo de tamaños y formas? Muchos pacientes acuden a mí porque están insatisfechos con su apariencia, una percepción agravada por el hecho de vivir en Los Ángeles, con su ideal físico propio de Hollywood, imposible y obsesionado por la juventud. He tratado a algunos pacientes que odiaban tanto sus cuerpos que no podían mirarse en el espejo ni hacer el amor con luz sin sufrir un ataque de pánico por lo gordos que creían que estaban. Puedo empatizar con ellos. Para muchos de nosotros, es fácil quedar atrapados en esas formas de pensar que nos hacen daño. El *New York Times* informó recientemente de que un sorprendente 75 por 100 de los adolescentes estadounidenses con un peso normal creen que están gordos. De igual modo, los adultos temen estar demasiado gordos o demasiado delgados, ser demasiado bajos o demasiado altos. Las mujeres suelen obsesionarse con las arrugas, la piel flácida, la celulitis, o una barriga o un trasero grandes. Los hombres suelen temer la calvicie, tener demasiado vello corporal, «la barriga cervecera» y unos pechos de mayor tamaño conforme envejecen. Tenlo en cuenta: *tu cuerpo escucha todo lo que piensas.* No es de extrañar que tal vez no se sienta *sexy.* Trataremos de no sucumbir a las groserías de la mala educación, a las creencias sociales poco evolucionadas que contribuyen a tener una imagen corporal negativa. Te ayudaré a entregarte a formas positivas de visualizar tu cuerpo, para que puedas valorarte más.

¿Qué es la imagen corporal? Un elemento clave para la autoestima: es el modo en que ves la estética y el atractivo sexual de tu cuerpo. La imagen corporal se ve influenciada por la educación, el temperamento, la publicidad de los medios de comunicación y los valores culturales. Explicaré cómo liberar tu mente de ese lavado de cerebro, para que no pierdas la oportunidad de disfrutar de tu condición física. Envío un saludo a las culturas latinas y africanas, que no tienen la misma noción de belleza, apegada a la delgadez, que las culturas occidentales. De hecho, la anorexia se da principalmente en culturas occidentales, aunque se cree que la exposición a los medios de comunicación globales está relacionada con un aumento de los casos en todo el mundo.

Es un error creer que siempre tienes que cambiar tu aspecto para sentirte bien contigo mismo. Gran parte de la imagen corporal está relacionada con tu percepción. He tratado a pacientes delgados que pensaban que estaban gordos, y también a voluptuosos miembros de ambos sexos que se sienten atractivos y que tienen un aspecto sensual que no creerías. También he observado que mis pacientes con sobrepeso que se gustan a sí mismos tratan sin problemas el tema de su peso, mientras que otros de la misma talla, que odian sus cuerpos, parecen más obesos. La actitud que tengas hacia ti mismo influye en la energía que proyectas, y en cómo te perciben los demás.

Como mujer, aprecio lo importante que es que me guste mi aspecto físico. Pero también sé que mis percepciones pueden cambiar rápidamente con mi estado de ánimo. Ocasionalmente, después de un día duro, me miro en el espejo y siento vergüenza. Todo lo que veo son arrugas, flacidez y defectos: una experiencia alarmante y una falta de encanto similar a ver mi cuerpo bajo las castigadoras luces de los probadores de los grandes almacenes. Pienso: «Soy un carcamal. Ningún hombre volverá a verse atraído por mí». Sólo deseo ponerme un pijama ancho, meterme en la cama y olvidar todo. En una de esas penosas noches, soñé que una presumida vendedora de una boutique de moda me decía: «Vuelve cuando pierdas cinco kilos». Eso me llevó a sentirme terriblemente avergonzada de mi cuerpo. Ese sueño fue una implacable reflexión sobre mi propia tendencia a la autocrítica, y me siento agradecida de haber hecho constantes progresos para curar ese mal. Gracias a Dios, las mañanas siguientes a esos brotes de autocrítica, mi perspectiva suele mejorar. Mi aspecto es el mismo, excepto que estoy mejor descansada, pero me gusta mi aspecto de nuevo. Igual que dos personas que observan el mismo evento lo verán de forma distinta, lo mismo puede decirse de cómo nos vemos en distintos estados mentales. Aunque una buena noche de sueño es rejuvenecedora, también recupero mi actitud positiva y veo mi cuerpo a través de esta lente. La amabilidad con la que nos vemos a nosotros mismos aumenta drásticamente lo sensuales que nos sentimos.

# Desarrollar una imagen corporal positiva

Para valorarte de un modo más global, amable e intuitivo, concéntrate y entrégate a estos tres aspectos de la imagen corporal.

## 1. Tu imagen corporal física

Todos nosotros nacemos con un cuerpo y un espíritu únicos. Independientemente de tu altura, tamaño o forma, es el don que se nos ha concedido. Tu cuerpo es increíble simplemente porque es tuyo. Agradece el hecho de tener tu cuerpo, su interior y su exterior: cada centímetro de ti es una pieza maestra del espíritu. Somos perfectos, con nuestras imperfecciones incluidas. Tu prioridad consiste en cuidar de tu cuerpo: come alimentos nutritivos, duerme bien, haz ejercicio y estírate para mantenerte flexible. Es difícil sentirte bien con tu propio cuerpo cuando estás hecho polvo. Mímate también de manera habitual; por ejemplo, con una prolongada ducha, un lujoso baño, un masaje, música tranquila, un nuevo corte de pelo o simplemente relajación. En Costa Rica me untaron una maravillosa crema corporal a base de chocolate, en una cabaña de paja, con vistas al océano, un regalo especial para mí. Por otra parte, un amigo me decía: «Mi idea de mimarme es no afeitarme los fines de semana y ver fútbol en la televisión». Aunque los cuidados de uno mismo pueden ser distintos en hombres que en mujeres (los hombres pueden considerar que «mimarse» es algo demasiado blando y femenino), se trata de algo que sirve para recuperarnos. Cuando te sientes bien, tienes buen aspecto. Cuando estás cansado y estresado, tu aspecto se ve afectado.

Si hay algún rasgo físico que te gustaría refinar, imponte límites realistas. Por ejemplo, si quieres perder peso, aumenta tu rutina de ejercicios sin excederte y evita los dulces. Cuando el miedo u otras formas de resistencia detengan tus progresos, busca un entrenador para motivarte, o bien un terapeuta o un libro para ayudarte a superar los bloqueos emocionales. Con los temas más simples, emprende acciones concretas. Por ejemplo, cuando mi pelo se estaba quedando tan seco como la paja (no es bueno para mi imagen corporal), empecé a acondicionarlo con buenos productos. Esto mejoró su soltura y su brillo, lo cual después aumentó mi sensación de tener un aspecto sensual. Algunas soluciones son más rápidas que otras, pero debes celebrar todos tus pequeños avances, especialmente en los aspectos difíciles de cambiar. Sé amable con tu dulce yo. Limítate a hacer lo mejor para ti. Eso será suficiente.

## 2. *Tu imagen corporal sutil*

A continuación ofrezco algunos consejos para sacar el máximo partido de tu energía sutil.

- Respeta tus efluvios. Cuando te imagines tu cuerpo, recuerda que estás compuesto de una luz deslumbrante que emana de ti. Ya sea que estés de pie esperando en la cola del banco o meditando, estás radiante. Este resplandor es la verdadera fuente de tu belleza. Tú no eres sólo tus ojos, tu cabello, tus ropas y tu peso. Somos seres de luz sensuales. Tu vista ordinaria tal vez no sea capaz de ver el cuerpo sutil, pero tu intuición sí puede. Repasa la imagen de este capítulo y otras representaciones del cuerpo sutil. Después ya no volverás a poner en duda tu resplandor.
- Energía y obesidad. Puedes mejorar tu imagen corporal entendiendo el papel que la energía sutil juega en el hecho de comer en exceso y en la adicción a la comida. Va más allá de la psicología de las emociones o del recuento de calorías explicar por qué las dietas fracasan. Muchos de mis pacientes más sensibles comen en exceso como defensa contra la absorción del estrés y de la negatividad de otros en sus propios cuerpos. Los sanadores de la fe de principios del siglo XX solían afirmar que debían ser obesos para protegerse del hecho de absorber el dolor de sus pacientes. Ciertamente, el exceso de peso amortigua la negatividad y te aporta cierta base, aunque no es saludable. Si crees que eres una persona que come en exceso para poder tener energía, debes aprender estrategias que te ayuden a evitar asimilar todo el estrés que hay por el mundo. Para empezar, prueba a colocar un cojín de meditación delante de la puerta del frigorífico, un recordatorio para detenerte y reflexionar antes de comer algo. Durante varios minutos, respira,

concéntrate y medita allí, antes de coger comida. Asimismo, establece límites claros respecto a las personas difíciles, o limita tu exposición a ellas (*véase* capítulo 5). Una vez que mejores en esto, sentirás menos impulsos de recurrir a la comida para reconfortarte. Saber en qué consiste comer en exceso para obtener energía aclarará tu relación con la comida, para que puedas perder peso más fácilmente y estar más contento con tu cuerpo.

• Carisma sexual radiante. Desarrollar carisma conlleva activar la energía sexual. Aunque el carisma se suele relacionar con unas buenas miradas y con el encanto en ambos sexos, es también una energía invisible que irradias y que atrae a la gente. Las personas más *sexys,* independientemente del aspecto, saben cómo trabajar esta energía. Los antiguos sacerdotes consideraban que era una llamada al *glamour,* una forma de encanto erótico. El carisma sexual, combinado con la autoestima, es un potente afrodisíaco. Algunas personas parecen rezumar sexualidad sin ningún esfuerzo por su parte. Pero también tú puedes generar carisma conscientemente. Lo explico a continuación. En primer lugar, dite a ti mismo: «Soy *sexy*». Si surge alguna voz negativa, dile: «Gracias por compartir», y sigue adelante. A continuación, concéntrate en algún pensamiento erótico sugerente, como por ejemplo tu amante que te acaricia el cuerpo con una pluma. Siente lentamente cómo se extiende el placer por todo tu cuerpo. Luego, en la vida cotidiana, visualiza la proyección de las vibraciones eróticas. Empiezan en ti y después se vuelven contagiosas. Otras personas las sentirán y responderán. Además, sonreír y ser amable transmite el mensaje de que eres accesible.

## 3. Entregarte a una mentalidad positiva

El atractivo es un tema delicado. Debemos ser amables con nosotros mismos y sacar el mejor partido de la forma concreta en que somos *sexys.* Está bien querer mejorar tu apariencia, pero no dejes que sea una excusa para torturarte. Si tus padres te transmitieron mensajes negativos sobre tu aspecto, no te centres en ellos. (Por ejemplo, mi madre me torturaba con mi cabello, y decía que era demasiado salvaje y largo). En lugar de eso, pon en práctica las estrategias para la autocharla positiva que ofrezco a continuación.

Para contrarrestar el condicionamiento negativo, te insto a que te comprometas a entregarte a una filosofía, que dure toda la vida, que consista en amar tu cuerpo y liberarte de la vergüenza. Así es cómo se consigue:

- Limita la exposición a las imágenes negativas de los medios de comunicación. Esto incluye los programas de televisión con personajes famosos y publicaciones impresas como las revistas de moda. Resulta irónico que las revistas de belleza puedan hacer sentirse feas a las mujeres. Cuando no estés agobiado por las imágenes de modelos y de estrellas de cine, que han tenido todo un equipo de artistas del maquillaje y peluqueros trabajando para ellas durante horas, habrá menos probabilidad de que el asunto te preocupe.
- Abandona las comparaciones. Cuando empieces a compararte con alguna persona que creas que es más atractiva que tú, vuelve a posar amablemente los ojos en ti y utiliza las técnicas de habla contigo mismo que ofrecemos a continuación. Las comparaciones negativas sólo sirven para alimentar tus inseguridades. No son útiles. En lugar de eso, entrénate para concentrarte en tus mejores rasgos. Repasa los consejos que ofrecí en el capítulo 1 para abandonar las comparaciones. Desarrollar la autocomprensión y aprender de personas que aman sus cuerpos pueden ser antídotos al hecho de quedar atrapado en sentimientos de envidia y de creer ser «menos que».
- Practica la autocharla positiva. Comienza a hablarte a ti mismo de forma distinta. Concéntrate en lo que te gusta de tu aspecto físico: tus brillantes ojos, tu piel suave, la forma de tus brazos o de tu trasero. Pruébalo cuando surjan en tu mente voces procedentes de los padres o de la sociedad, o cuando te compares con alguien. Si observas una protuberancia, alguna cosa flácida u otros defectos, en lugar de decir a tu cuerpo «Odio esto, me odio a mí mismo», no te rindas a esas voces opresoras. Reconfigura la situación. En lugar de ver una protuberancia, puedes ver una curva *sexy*. En lu-

gar de identificar el cabello gris con ser un carcamal, puedes considerarlo luminoso. No alimentes pensamientos venenosos como «Tengo un aspecto terrible porque tengo unas cuantas arrugas». ¿Tolerarías que otras personas se juzgaran de ese modo? Confío en que no. Aunque no estés teniendo el éxito que tú esperabas en un objetivo como perder peso, dispones de alternativas. Puedes torturarte mediante sentimientos de vergüenza y crítica, o puedes tratarte con amabilidad, mientras modificas tu rutina para que sea más eficaz. *Las acciones positivas son más poderosas que los pensamientos negativos.*

Aprender a abandonar la negatividad y las expectativas poco realistas permite aliviar la presión. Pronuncia la Plegaria de la Serenidad para aceptar con amor las cosas que no puedes cambiar a fin de no aferrarte a una visión imposible de tu cuerpo. A veces, la entrega conlleva asumir limitaciones. Hazlo tratándote como harías con el niño más precioso. No muestres nunca falta de respeto hacia tu cuerpo. Recuerda: ¡te escucha! Dejar que los pensamientos negativos te controlen es una traición hacia el cuerpo; es igual que una enfermedad autoinmune, en la que el cuerpo se ataca a sí mismo. Por eso, cuando te miras en el espejo, todo lo que ves es una persona gorda, vieja y poco atractiva. Se trata de una alucinación bastante convincente, *pero no es tu verdadero ser.* Para ver tu verdadero ser, practica diariamente las afirmaciones que ofrezco a continuación.

Entregarte a todos los aspectos de la vida es el secreto de belleza definitivo. Cuando dejes de luchar contra el libre fluir y te relajes más, tendrás un mejor aspecto y te sentirás mejor. En mis pacientes, he visto cómo el estrés crónico quedaba grabado en sus caras con arrugas en la frente, una mirada tensa y el ceño fruncido. La tensión hace que tus músculos faciales se contraigan, lo cual genera arrugas. Por el contrario, la entrega no crea ninguna tensión, lo cual te hace parecer más joven, radiante y atractivo. Cuando abandones el estrés y la negatividad, te gustará lo que verás. A consecuencia de esto, tu imagen corporal mejorará, junto con tu capacidad para valorarte a ti y a otros, con una mirada amable. Deja que la siguiente afirmación se convierta en un mantra para ser amigo de tu cuerpo y de tu yo sensual.

## AFIRMACIONES DE ENTREGA
## PARA UNA IMAGEN CORPORAL POSITIVA

*Me concentraré en mis puntos positivos, no en mis defectos.*

*Dejaré de criticar mis imperfecciones.*

*Estaré agradecido por mi salud y mis ganas de vivir.*

*Abandonaré la idea de que, para ser atractivo, debo estar delgado.*

*Dejaré de comparar mi cuerpo con el de otras personas.*

*Valoraré mi cuerpo tal como es, aunque sea difícil perder peso.*

*Soy una persona sexy.*

*Soy yo mismo de forma única.*

*Soy suficiente.*

*Déjame estar cerca de tu fuego.*

JIMI HENDRIX

# 8

# LA OCTAVA ENTREGA

*Poner en marcha tu poder sexual*

Para poner de manifiesto todo tu poder sexual, tienes que entregarte. No hay otra alternativa. Debes habitar completamente tu cuerpo y vivir en el momento presente. Si no lo haces ahora, ¿cuándo? Reprimirte, tener una fijación con el rendimiento, o dejar que tu mente divague, conlleva el fin de la pasión. No llegues a ese punto. Te mostraré cómo salir de tu propia cabeza y alcanzar la felicidad.

¿Qué es el verdadero poder sexual? Yo lo defino como algo que afirma tu lado erótico y que canaliza conscientemente la energía sexual. Nunca lo utilizas para dañar, manipular, hacer conquistas o hacerte adicto al viaje egocéntrico del placer sensual a expensas de otros. Todo eso conlleva un mal karma. Tampoco debes permitir que otros te dañen o te falten al respeto. El poder sexual no es sólo lo que haces en la cama, aunque forma parte del asunto. También estableces vínculos eléctricos con tu cuerpo, tu espíritu, un amante, el universo. Para mí, es un interruptor de encendido en el que el poder sexual se mezcla con el poder espiritual. Muchos de nosotros, en este mundo estimulante y agitado, carecemos de la rica experiencia de tener una conexión primigenia con alguien. La sexualidad puede ofrecerte eso, una satisfacción que nunca podrás obtener sólo de tu intelecto. Cuando te abras al sexo y al espíritu, estés soltero o tengas pareja, captarás el flujo erótico y disfrutarás del placer sin inseguridades ni inhibiciones.

Describiremos muchas perspectivas divertidas, relacionadas con el acto dejarse llevar, que podrás integrar en tu estilo de vida. No te preocupes si no logras tener éxito todo el tiempo. Sé feliz con cada pequeño progreso. A continuación ofrezco algunos consejos generales para tener en cuenta. Cuanto más los practiques, durante períodos más breves o más largos, más sexualmente vivo estarás.

## ESTRATEGIAS BÁSICAS DE LA ENTREGA SEXUAL

- Abandona tu lista de tareas que hacer, a fin de tener tiempo para la sensualidad y el acto de hacer el amor.
- Abandona tu «mente cuadriculada», superactiva y crítica, la cual mata la pasión y te impide estar presente en tu cuerpo.
- Entrégate al placer en la medida que puedas.
- Déjate fusionarte en el éxtasis del orgasmo y, junto con tu pareja, convertíos en un solo ser.

El poder sexual es algo que debemos venerar y cultivar conscientemente. No puedes dejarlo al azar. Cuando me levanto por la mañana, lo primero que hago es meditar. Quiero conectar conmigo misma, con cada gramo de energía espiritual, la energía del corazón y energía erótica que hay en mí. Lo hago antes de que interfiera cualquiera de las exigencias cotidianas. Meditar de esta manera me fortalece y me permite estar totalmente presente. Tener contacto con mi aspecto sexual forma parte de estar presente, junto con ser analítico, ser amable u oír cantar a los ángeles. El poder sexual no está separado del resto de tu ser. Está más presente cuando estás íntegro. Por ello, para comenzar el día, doy gracias por cada aspecto que hay en mí, y después paso a las grandes cosas desconocidas que me deparan las horas que tengo por delante.

En este capítulo examinaremos cuestiones como: ¿cómo puedes encender tu sexualidad y tener unos orgasmos más intensos? ¿Qué es lo que caracteriza a un buen amante? ¿Cuáles son las cosas que suelen acabar con la pasión? ¿Temes a la intimidad o finges orgasmos? ¿Cuál es la diferencia entre unos vínculos saludables y el exceso de apego a tu pareja? ¿Eres adicto al sexo? ¿Pierdes tu centro en torno a la energía sexual o te obsesionas con los amantes? ¿Te resistes al placer?

Te enseñaré a entregarte, si tienes problemas para dejarte llevar o si temes perderte en alguien. Entregarte se vuelve más fácil cuando confías en tu pareja. Entonces te sentirás más seguro sobre el acto de bajar la guardia y sentir placer sin resistencia y sin miedo. No hay límites en lo relativo a dónde puede llevarte el éxtasis cuando te conectas profundamente a ti mismo y a tu pareja.

## RECLAMA TU PODER SEXUAL

El poder sexual tiene diversos aspectos. En su sentido más básico, consiste en la reproducción y la supervivencia. La naturaleza, demostrando su inteligencia, nos ha configurado para ser recompensados con excitación erótica cuando perpetuamos la especie. El goce del orgasmo es el anzuelo que nos motiva a reproducirnos. Nuestra elección de una pareja está fuertemente influida por nuestra programación biológica. Las investigaciones han mostrado que tanto los hombres como las mujeres se ven atraídos por compañeros sanos y fértiles, con buenos genes. ¿Qué rasgos físicos lo indican? La ciencia ha identificado varios: el espeso cabello de la pareja, el olor procedente de las hormonas llamadas feromonas, el tono de voz, la simetría facial, el físico musculoso del varón, y la figura en forma de reloj de arena de una mujer, con una relación entre la cintura y las caderas de 7:10 (que tenía Marilyn Monroe). Es interesante saber que, cuando las mujeres ovulan, segregan copulinas, un aroma que atrae a los varones y que hace que se eleve su nivel de testosterona. Nuestro impulso por procrear se impone a la mayoría de los otros instintos humanos. El poder de esta conciencia primaria impone respeto y asombro.

Otro aspecto del poder sexual es la intimidad emocional, un deseo instintivo de vincularte con un amante, de sentir comodidad, de ser conocido. Esto marca la diferencia entre el mero sexo físico y el acto de hacer el amor. La intimidad emocional nace del afecto, de compartir sentimientos, de ser vulnerable. Mediante el cariño, cada uno refuerza la atracción del otro y le hace sentir especial. Como amigos y amantes, estamos ahí fundamentalmente el uno para el otro, lo cual genera confianza. El uno y el otro se ven como personas reales, con lo bueno y lo malo, no como una versión idealizada. Cuando surge algún conflicto, enfado o daño, os sentís comprometidos a solucionarlos. Lleva tus miedos e inseguridades a tu pareja de manera desnuda. Cuando compartas todos los aspectos de ti mismo, incluidos tus secretos, podrás entregarte de verdad. El maestro de sexualidad tántrica David Daida aconseja ofrecer tus emociones «desde el lugar más profundo del anhelo de amar que puedas ocupar». Con la intimidad emocional, eres capaz de explorar la pasión a cada nivel. Sin ella, hay un límite a donde tú y tu pareja podéis llegar. A corto plazo, puede parecer menos problemático evitar el conflicto, pero tu vida erótica pagará un precio. No puedes aprovechar todo tu poder sexual si hay partes de ti que permanecen cerradas. Cuando escondes habitualmente tus sentimientos, pierdes el tiempo y la oportunidad para lograr proximidad. Sin embargo, si permaneces abierto, tu amor emocional potenciará tu amor sensual.

Es posible tener intimidad sexual sin intimidad emocional, pero estarás utilizando sólo una parte de tu poder. Aun así, tal como he observado en ciertos pacientes, muchos de los cuales tuvieron padres alcohólicos o maltratadores, tal vez crean que no merecen ser amados. Un hombre me dijo: «En realidad, yo quería amor, pero me conformé con sexo». A veces, no obstante, el sexo es todo lo que las personas buscan o pueden tolerar. Sean conscientes de ello o no, asocian la intimidad emocional con el dolor psíquico o con sufrir agobios, lo cual acaba con su estimulación erótica cuando logran conocer a alguien. Cuando se aproximan a su pareja, empiezan a sentirse agobiados y se cierran. «Las mujeres siempre me piden más de lo que puedo dar», me dijo un hombre con fobia al compromiso. Entregarse al amor le parecía aterrador. Ese tipo de personas nunca ha aprendido que la comunicación puede acercarte a alguien de forma segura. Por eso, para no despertar a la bestia, deben mantener cierta distancia de seguridad respecto de la verdadera intimidad; algo que permite el sexo ocasional sin compromisos.

Tomemos como ejemplo mi paciente Roxie, que procede de un hogar donde tuvo que presenciar abusos y se convirtió en una dura punki callejera de Hollywood. Fuerte y determinada, se construyó una nueva vida para sí misma y montó una exitosa empresa de lencería *sexy*. Con treinta y cinco años, Roxie era una encantadora mezcla de persona educada en la calle, moderna y divertida. Tenía su propia forma de sexualidad, con la que parecía estar a gusto. Durante nuestra primera sesión, dijo: «Mi novio es un amante increíble. Lo mantenemos a un nivel divertido y ligero. Entrar en profundidades estropea las cosas». Con esa actitud, era comprensible que las relaciones de Roxie nunca durasen más de seis meses. Aunque no le preocupaba estar soltera, había acudido a mí por un intenso sentimiento de soledad, a pesar de sus numerosas relaciones.

Durante la terapia, Roxie empezó a asimilar que, cuando las emociones se hacían reales, su sexualidad se cerraba. Antes, ella simplemente racionalizaba: «Ya no me siento atraída por ese tipo». La intimidad era el punto muerto particular de Roxie (todo el mundo tiene uno). No era consciente de que, debido a su crianza en un hogar donde se cometían maltratos, no le parecía segura la intimidad. Mi papel no consiste en juzgar a nadie, ni en forzar a los pacientes a cambiar hasta que están preparados. Si la gente es feliz con sus vidas, que Dios la bendiga. Pero Roxie no lo era. Aun así, tuvimos que proceder con suavidad. Hace mucho tiempo, aprendí a trabajar desde el punto en que se encuentra un paciente, y después avanzar desde allí. Roxie aún no estaba preparada para compartir sus emociones con un amante. Le asustaba demasiado.

Por tanto, en primer lugar, a fin de reducir su soledad, la animé a explorar otras formas de intimidad, como por ejemplo la amistad y tener un cachorro: los animales son los maestros del amor incondicional. Después pudo trabajar su propio camino hacia la intimidad con un amante. Roxie descubrió que querer a su shihtzu era más fácil que compartir auténticas emociones con seres humanos. Pero gradualmente empezó a confiar en los amigos y a abandonar su fachada de chica dura, al estilo «nada me perturba», para arriesgarse a ser vulnerable. También la ayudé a ver la coraza que se había construido de niña, para no sentirse dañada por sus padres drogados, adictos al *crack*. Ahora, un año después, Roxie está probando sus nuevas habilidades emocionales con un profesor de inglés de la universidad, cariñoso y ligeramente estirado: todo lo contrario que ella, lo cual hace posible el equilibrio perfecto. Ella le enseña a relajarse; él a centrarse. Llevan juntos ocho meses y su vida sexual es buena. Soy optimista. Roxie ha empezado a curar las heridas que le impedían entregarse a un compañero sentimental.

Si quieres descubrir todas las dimensiones de tu poder sexual, una relación sin intimidad emocional y sin confianza no será suficiente para ti. La intimidad conlleva entrega, un deseo de abandonar el miedo. Tú y tu pareja, los dos juntos, exploraréis valientemente el espacio interior de las emociones. *Compartir emociones —no en exceso, sino tal como tienen lugar naturalmente– forma parte del libre fluir.* Hacer el amor consiste en ser generosos y darse placer el uno al otro. No consiste sólo en ti y tu placer, aunque sea importante. Existe una alegría que nace de confiar el uno en el otro como amigos y amantes, sin reprimirse. De todas estas maneras, la intimidad emocional sirve para mejorar el sexo, y es una especie de bálsamo que mantiene unidas a las parejas.

Si deseas tener más intimidad, pero te resistes, te recomiendo que registres tus miedos en un diario. ¿Tienes miedo de que te hagan daño? ¿De que te traicionen? ¿De que te abandonen? ¿Tienes recuerdos dolorosos de relaciones íntimas que fracasaron con padres, amigos u otras personas mientras crecías? ¿Te ignoraban, no «te veían», te rechazaban o trataban mal? Muy a menudo, los niños que sufren maltratos asocian el amor y el sexo con el dolor, y eligen parejas que les producirán dolor. Identifica qué es lo que te impide entregarte a la intimidad. Nuestra educación puede habernos configurado. Para bien o para mal, nacemos sin recursos y dependemos totalmente de otros. Si tus padres no te criaron bien ni te hicieron sentirte seguro, tal vez estés continuamente en guardia contra el hecho de sufrir daño en tus relaciones: es difícil entregarte si no te sientes relajado y seguro. No obstante, ser consciente de tus condiciones de niño te permitirá identificar comprensivamente ciertos ámbitos en los que actualmente eludes confiar. Si tienes un historial de malos tratos, puedes curar los patrones de relaciones pasadas y actuales mediante ayuda terapéutica. A veces, los problemas son demasiado grandes para que se resuelvan solos. Las viejas heridas deben empezar a cerrarse antes de que te sientas lo suficientemente seguro para dejarte llevar por el amor. Ésa es la belleza de buscar una buena ayuda profesional, para liberarte de los lazos del abuso o de cualquier otro trauma.

Cuando te sientas preparado, puedes utilizar estos pasos para liberarte a ti mismo. Por ejemplo, experimenta con el hecho de rebasar tus límites en lo relativo a la intimidad. A continuación, trata cualquier ansiedad que surja y que te impida entregarte. Aquí es donde un buen terapeuta puede ser de gran ayuda. Igual que Roxie, dite a ti mismo que no hay problema en ir despacio. En primer lugar, empieza a expresar emociones con amigos, donde no te juegas tanto como con un amante. O bien puedes acostumbrarte a compartir amor con animales: un perro, un gato, un pájaro, un hámster; cualquier ser vivo del que no temas cuidar. No hay prisa. Aceptar la intimidad es un lento proceso de desensibilización del miedo y de verse recompensado por el amor. Cuando adquieras más comodidad y confianza, podrás pasar a una pareja sentimental.

Sin embargo, incluso más allá de los aspectos biológicos y emocionales de la intimidad, el poder sexual es mayor que tus deseos. También incluye utilizar un poder superior. Hay un instinto espiritual que dirige todos los impulsos primarios de nuestro cuerpo. *Nada relativo al ser humano es tan sólo físico, a pesar de lo que nuestra mente o nuestros genitales nos digan.* La sexualidad y el espíritu están íntimamente relacionados. Cuando te entregas a la sexualidad, entras en un estado intuitivo abierto, que permite que la fuerza de la creación fluya a través de ti, algo parecido a como se mueven los artistas. A consecuencia de esto, puedes literalmente crear la vida de un niño, o bien tú mismo puedes renacer. Durante el sexo, caen los límites normales y tu conciencia se ve alterada. Conoces la dicha de lo trascendente. Podéis sentir intuitivamente cada uno cosas sobre el otro. Cuando te entregas, eres una especie de conducto. Te enseñaré a poner en práctica el acto de invitar al espíritu, en el que, a su vez, se desencadena la respuesta bioquímica de placer del cuerpo. Conforme se envejece, la espiritualidad y la energía sutil mantienen vivo el poder sexual. La pasión del cuerpo se ve prendida por la pasión del cielo. Saberlo supone el principio del conocimiento de la felicidad.

¿Qué es lo que define a un buen amante? Existe una química electrizante entre los miembros de la pareja que es única de ellos. Olor, voz, tacto y forma de besarse; todo ello va unido. Cierto dominio de la técnica y una buena higiene son también importantes. Pero, más allá de éstas, a continuación hay varias características que buscar.

### DIEZ CUALIDADES DE UN BUEN AMANTE

1. Estás dispuesto a aprender.
2. Eres juguetón y apasionado.
3. Haces sentir sexy a tu pareja.
4. Confías; no temes ser vulnerable.
5. Eres aventurero y deseoso de experimentar.
6. Comunicas tus necesidades y escuchas a tu pareja.

7. Te tomas las cosas con calma y no tienes prisa.

8. Disfrutas dando placer igual que recibiéndolo.

9. Apoyas, no juzgas.

10. Estás totalmente presente en el momento, mantienes un buen contacto visual y sabes dejarte llevar.

¿Qué nos impide ser buenos amantes? Normalmente, las limitaciones temporales, el egocentrismo, las inhibiciones y la falta de técnica. Nuestras mentes no se desconectan, lo cual nos impide vivir el momento. Además, muchos de nosotros nos resistimos a entregarnos a lo *sexys* que realmente somos. ¿Por qué? No hemos aprendido a vernos *sexys*. Nos han lavado el cerebro con el «ideal de la delgadez». Además, el sexo se suele considerar más una demostración de proezas que un intercambio sagrado. En nuestra etapa de crecimiento, a la mayoría de nosotros no nos han dado la educación adecuada sobre qué es la verdadera sexualidad. Ojalá hubiéramos aprendido que la sexualidad es una parte natural y saludable de nosotros, que debemos practicar de una manera cariñosa y consciente; no algo «sucio» o algo de lo que avergonzarse. Desde niños aprendemos que las palabras «vagina» y «pene» hacen que la gente sienta vergüenza. Excepto entre amantes, raramente forman parte de nuestro vocabulario. Somos una cultura que asume la vergüenza; lo que sucede es que no hay nada de lo que avergonzarse.

Con dieciséis años, cuando estaba a punto de hacer por primera vez el amor con quien había sido mi novio durante dos años, un rito iniciático que te cambia la vida, pregunté a mi madre sobre el sexo. Con aspecto de estar afectada, como si le hubiese arrancado el corazón, dejó las cosas claras: «Judith, todavía es muy pronto. Hablaremos sobre esto cuando tengas veintiún años». Final de la historia. Me pregunto si mamá esperaba que negarse a hablar del tema me iba a disuadir. No podía haber estado más equivocada. Me sentí, a partes iguales, culpable, loca y rebelde, decidida a hacer lo que había planeado. No quería hacer daño a mamá, pero, tal como yo veía el tema, eso no tenía nada que ver con ella, sino conmigo. Yo sabía que ella se preocupaba por mi bienestar, pero no querer hablar sobre mi sexualidad no resultó útil.

Me gustaría que los padres y las figuras de autoridad asumieran de una vez por todas que, cuando decimos a un adolescente que el sexo es algo prohibido, lo convertimos en algo mucho más atractivo. Entonces es cuando se convierte en peligroso y con una elevada carga moral. Muchos padres modernos lo entienden en la actualidad. Hablan con sinceridad sobre los pros y los contras del sexo adolescente, sin avergonzarse de sus hijos y sin querer reprimirlos. Es necesario que la espiritualidad forme parte de las explicaciones. Dos almas que comparten una pasión erótica es también una forma de celebrar la alegría del espíritu. Saber que está involucrado un poder superior cariñoso (no punitivo) conlleva que haya más veneración, integridad y responsabilidad en las relaciones sexuales, tanto en adolescentes como en adultos. Permite elevar la experiencia. El espíritu se siente feliz por existir un amor mutuo. Y tiene muchas facetas, incluida la sexual. Ojalá nos enseñaran que la sexualidad se complementa con la espiritualidad porque nos vincula con una fuerza amorosa superior, que no son facetas contrapuestas. ¡Nuestra actitud sería muy distinta!

Igual que los polluelos llevan la impronta de sus madres, nosotros llevamos la de nuestros padres. Tú fuiste afortunado si tus padres te ofrecieron como modelo una sexualidad saludable y te enseñaron a estar orgulloso de tu cuerpo. Aquéllos de mis pacientes que se educaron así se sienten más cómodos dentro de su propia piel, y se entregan por completo a su sexualidad. Lamentablemente, para el resto de nosotros, esa autoestima relacionada con nuestros cuerpos nos la tenemos que ganar con esfuerzo. Sin embargo, utilizando las estrategias que expongo en este capítulo, podrás dar de lado a toda tu programación negativa. Considerarte un ser erótico y asumir tu propio atractivo son las recompensas del despertar del poder sexual.

No obstante, a veces nos resistimos a nuestra propia sexualidad o al acto sexual por completo, porque son un espejo de nuestras inseguridades. Algunas de nuestras dudas más frecuentes son: «¿Es atractivo mi cuerpo? ¿Me juzga mi pareja? ¿Soy un buen amante? ¿Defraudaré a mi pareja? ¿Me rechazará? ¿Me agobiará?». Cuando estos u otros miedos toman el control de la relación, incluso de forma inconsciente, es posible que te niegues a practicar sexo. La resistencia puede manifestarse en forma de excusas legítimas como «No tengo buen ánimo», «Estoy demasiado cansado o quemado», «Estoy preocupado por el trabajo», «Implica demasiado esfuerzo», «Los niños nos van a oír», o «Me duele la cabeza». Aun así, si estas excusas se convierten en habituales y tu vida erótica se está viendo afectada, es vital examinar esa resistencia al sexo.

Hay medidas prácticas que puedes tomar para superar la resistencia. Tienes que querer ser atractivo y mantener viva la pasión en tu relación. Cuando estás cansado o enfadado, o si se corta la comunicación con tu pareja, la pasión desaparece rápidamente. La negación y la apatía son los enemigos de la pasión. Así que debes permanecer alerta a los siguientes factores que se oponen a una buena vida sexual. Después podrás corregir la situación.

### COSAS QUE SUELEN ACABAR CON LA PASIÓN

- Agotamiento.
- No comunicar tus necesidades.
- Pérdida del interés.
- Tener prisa.
- Ausencia de creatividad, aburrimiento.
- Enfado u hostilidad reprimidos.

La respuesta sexual es un barómetro de la sensibilidad. La intimidad requiere conciencia de uno mismo y el deseo de eliminar los obstáculos. Emprender las acciones necesarias pueden ayudarte a conseguir una relación cariñosa y erótica. Diariamente, entrénate para ser más consciente en lo relativo a descansar y bajar el ritmo de vida. No resulta *sexy* hacer siempre las cosas con prisa y estar constantemente estresado. Especialmente cuando estás ocupado, es importante acordarse de respirar, una forma rápida de volver a conectar con tu cuerpo. Aunque la familia, el trabajo y otras cosas que exigen tu atención tal vez dificulten el hecho de tener tiempo para la sexualidad, dedicarte a tus propios cuidados puede ayudarte a convertirla en una de las prioridades de tu relación. (Más adelante, en este mismo capítulo, ofreceré técnicas para hacer el amor que tienen en cuenta las exigencias del estilo de vida).

Para acabar con las dudas con uno mismo, debes orientarte a la búsqueda de soluciones. Por ejemplo, si te preguntas si tu técnica es adecuada, habla sinceramente con tu pareja sobre si cubrís vuestras necesidades mutuas. Si estáis aburrido de hacer siempre las mismas posturas, montad una juguetona lluvia de ideas, los dos juntos, sobre procedimientos excitantes para experimentar. Además, siempre con respeto, seguid hablando sobre el enfado o el daño que podáis sentir el uno por el otro, para que los resentimientos no perjudiquen la pasión. Para temas más complicados, como el miedo a la intimidad, buscad un terapeuta, o un amigo, que os den ideas al respecto. Mientras examinas tus miedos, sé amable contigo mismo. Esa dulzura te permitirá curar las heridas y recuperar todo tu poder.

## ENTRÉGATE AL ÉXTASIS DE LOS ORGASMOS: EXPLORA EL JUEGO SAGRADO

El orgasmo es la máxima expresión de la entrega. Para él, se emplea el flujo primordial de la vida, y además permite liberar tensión. Cuanto mayor sea la entrega, más éxtasis conllevará el orgasmo.

El sexo y los orgasmos son parte inherente del ser humano. Para mí, son la mayor recompensa del hecho de tener un cuerpo. La Organización Mundial de la Salud estima que diariamente tienen lugar, como mínimo, cien millones de interacciones sexuales en todo el mundo. (Imagínate que sólo la mitad de ellas estuvieran motivadas por el amor: ¡menudo éxtasis rodearía nuestro planeta!). Por término medio, las parejas estadounidenses practican sexo dos veces a la semana. El orgasmo masculino dura, por término medio, diez segundos; y el femenino, veinte segundos o más. Me cuesta creer las encuestas nacionales que afirman que cerca del 50 por 100 de las mujeres dice tener orgasmos con poca frecuencia, o ninguno en absoluto, durante sus relaciones. Además, numerosos estudios han observado que las mujeres fingen sus orgasmos hasta en la mitad de las ocasiones, a fin de proteger los sentimientos de sus parejas. Estas estadísticas destacan la evidente reticencia que muchos de nosotros mostramos a ser sinceros con nuestras parejas en lo relativo al sexo. Explicaremos cómo el acto de la entrega, el conocimiento básico de nuestra anatomía y un poco de habilidad pueden mejorar la comunicación y los orgasmos en ambos sexos.

¿Qué es un orgasmo? ¿Cómo puede existir esa cosa tan milagrosa? Implica una entrega a nivel físico, emocional, espiritual y energético. A nivel físico, cuando estás excitado sexualmente, tu orgasmo permite descargar la tensión, lo que da como resultado unas contracciones pélvicas rítmicas y placer, e incluso euforia. En los varones, el orgasmo suele tener lugar mediante la estimulación del pene; en las mujeres, por estimular el clítoris o el sagrado punto G de la vagina. Estas partes de nuestro cuerpo son extremadamente sensibles debido a la gran densidad de fibras nerviosas. Acariciarlas activa los centros cerebrales del placer. Tu cuerpo cambia de marcha. Respiras con más fuerza. Tu frecuencia cardíaca se eleva. La sangre acude a tus genitales, lo que hace que se hinchen. En el clímax, los varones, y algunas mujeres, eyaculan. Las endorfinas, las hormonas naturales del bienestar, inundan tu organismo. Experimentas oleadas de placer, el estrés desaparece, y una sensación de calidez se extiende por todo tu cuerpo. La oxitocina, la «hormona del amor», llega a su máximo nivel, y envuelve a la pareja en la cálida y difusa sensación de «baño de amor», a medida que se intensifica la relación. Tu biología quiere que te relajes en una dichosa entrega.

Las emociones juegan un papel distinto en los varones que en las mujeres. Soy reticente a los estereotipos relacionados con el sexo, pero las mujeres necesitan más intimidad emocional y confianza para sentirse lo suficientemente seguras para dejarse llevar; aunque, por supuesto, la atracción física también es esencial. Los orgasmos se facilitan cuando nos sentimos valoradas. Si nos sentimos criticadas, no valoradas u obramos con prisas, puede ser difícil, si no imposible, entregarse durante el acto sexual. En cambio, los hombres están biológicamente configurados para dar prioridad al orgasmo por encima de la conexión emocional, o incluso de la confianza. La atracción física puede serlo todo en lo relativo al clímax. Por eso, a lo largo de eones, se ha dicho que los hombres «piensan con su pene» cuando se estimulan, aunque las mujeres también pueden tomar decisiones tremendas basadas en el deseo sexual. Expresar los sentimientos no es siempre lo primero en la mente del varón, aunque no hacerlo puede significar el fin de la interacción para la mujer. No obstante, hay también muchos hombres cariñosos y atractivos que son emocionalmente sensibles, receptivos, y que no tienen ninguna prisa en absoluto.

## El éxtasis erótico de los juegos preliminares

Los juegos previos constituyen la oportunidad para que las parejas se estimulen y se apoyen mutuamente, aunque las mujeres parecen necesitarlo más. Es una forma de generar energía erótica, en lugar de limitarse a liberarla. El varón promedio puede tener un orgasmo en unos minutos, o menos tiempo. Las mujeres pueden necesitar hasta veinte minutos de juegos preliminares. Lo ideal, por supuesto, es que ninguno de los miembros de la pareja esté pendiente del reloj. Muchas parejas que yo trato se encuentran en el paraíso dejando que la tensión sexual se eleve, antes de la penetración, sin tener en cuenta el tiempo. Los juegos preliminares les permiten sentirse próximos, explorar, jugar, prolongar los espasmos extáticos de la estimulación. Yo comparo los juegos preliminares con el proceso de afinación de un instrumento musical. Debes sentirlo intuitivamente, descubrir el toque adecuado, el beso correcto, y notar cómo responden tu cuerpo y el de tu pareja. Sonreí cuando hace poco vi a un hombre en una cafetería, con una camiseta que decía «Trabajaré por el sexo». Es cierto, una mujer tal vez necesite esforzarse más para tener un orgasmo, pero eso es lo que significa ser un buen amante: saber cómo gustar a alguien sin que haya prisas, que el placer del uno suponga placer para el otro. En ese caso, los juegos preliminares nunca se sienten como si fueran un trabajo. Además, hay un hecho anatómico esencial: la naturaleza no puso el clítoris (al contrario del pene) en la línea directa de la penetración. Durante los juegos preliminares debe ser estimulado manual u oralmente, a menos que el ángulo de vuestros cuerpos resulte ser el adecuado, lo cual es poco probable. La mayoría de las mujeres no pueden tener un orgasmo con sólo la penetración. Las parejas deben saberlo para que puedan darse placer mutuamente, el uno al otro.

Si un hombre quiere ganarse el corazón de una mujer, el tiempo y la ternura que ponga en los juegos previos ayudarán a ella a entregarse durante el acto sexual. Ella no puede tener prisa. Un problema muy común que he visto en muchas parejas, en mi consulta, es que si el hombre está agotado, tal vez quiera tener relaciones sin demasiados juegos previos, y después se queda dormido porque la eyaculación le cansa. No estoy diciendo que una mujer no pueda disfrutar a veces de una penetración rápida, pero, en general, ese tipo de prácticas no sirven de apoyo a una relación apasionada. Yo animo a las parejas a hablar abiertamente sobre la dificultad de equilibrar las exigencias de todo lo que hay en la vida, y a ponerse de acuerdo para intentar no caer inconscientemente en una relación apresurada. Después ellos pueden planificar pausas eróticas para disfrutar el uno del otro, así como de los placeres que sus cuerpos tienen para ofrecer.

Para mejorar los juegos preliminares, prueba el siguiente ejercicio para despertar tus sentidos y dejarte llevar por el placer.

## ENTRÉGATE A TU LADO SENSUAL

Reserva un tiempo sin interrupciones para experimentar en plan juguetón. Empieza relajándote respirando profunda y lentamente. Normalmente respiramos de forma superficial ante la conducta sexual y otras sensaciones. Quiero que sientas, no que pienses, para encontrarte por completo en tu cuerpo.

- *Despierta el tacto.* Coged una flor recién arrancada, o una pluma, y acariciad mutuamente vuestros cuerpos. (Yo utilizo una rosa totalmente florecida, con los pétalos a punto de caer). Empezad por la cara, el cuello, el pecho, los senos y la zona del corazón, bajando lentamente hacia los genitales. Repetid movimientos delicados y circulares sobre estas zonas. Ellas responden al más leve toque. Lo sentiréis como algo adorable y excitante. Déjate llevar. Manifiéstate en tus propias sensaciones.
- *Despierta el gusto.* Elige varios alimentos, hierbas o especias que sean energéticas. Colócalos sobre un plato. Mis favoritos son la papaya, la menta y la miel. Tengo un paciente, un ingeniero con una mente que nunca para, que despierta su sensualidad saboreando un sabroso trozo de sandía. Para mejorar tu sentido del gusto, te recomiendo que te pongas una máscara para dormir o una venda poco tensa, tal vez elaborada a partir de una bufanda de seda. Después, con los ojos tapados, haz que tu pareja te ofrezca cada una de las cosas elegidas, una a una. La lengua es un verdadero milagro de sensaciones. Deja que el placer del gusto se extienda por todo tu cuerpo. Deja que estimule cada poro de tu piel.
- *Despierta el olfato.* Ahora, a explorar el olfato. Es una parte íntima muy importante de la sexualidad, la cual puede encenderte o apagarte. De-

ja que una venda puesta sobre los ojos acentúe tu exploración de este sentido. Una paciente, una madre a tiempo completo, experimenta un subidón sensual al oler un poco de aceite de lavanda o de gardenia a lo largo del día, y los tiene a mano en su mesa y en el coche. Prueba diferentes olores. Observa cómo tu cuerpo responde a los aromas de distintas hierbas, aceites y perfumes. Utilízalos a modo de refresco sensual.

- *Juega con el movimiento y el balanceo.* Experimentad moviendo vuestros cuerpos a la vez, a fin de generar sensualidad. Balancear vuestros cuerpos durante la penetración puede ser extremadamente sensual. Además, cuando os volváis a mirar después de separaros, es estimulante daros un largo y silencioso abrazo, combinado con un balanceo. Bailar o efectuar movimientos de cualquier tipo también es bonito.
- *Explorad el sagrado cacheteo.* A veces, darse cachetes el uno al otro, por ejemplo en el trasero, sirve para despertar el erotismo. Pregunta a tu pareja sobre la intensidad del cachete que considere adecuada. Hazlo pensando en el amor y en el juego, no en el enfado. Aunque esta técnica no gusta a todo el mundo, puede servir a algunas personas para elevarlas a un nuevo nivel de apertura y de participación sensual.
- *Sintoniza con la naturaleza.* Déjate llevar por la pasión de la naturaleza para elevar tu sensualidad. Tormentas, neblina, arcoíris, viento en el bosque: disfruta de cualquier fenómeno de la naturaleza que te excite. Deja que estimulen tu cuerpo. Presta atención a los colores, las texturas, los sonidos. Absórbelos todos. Por ejemplo, yo me retuerzo en mi terraza con el sensual sonido de alguna distante sirena de niebla, y me hago una con ella y con el cercano océano. La sensualidad puede transmitirse desde la naturaleza hacia ti, en una especie de ósmosis espontánea, si te muestras abierto a que suceda tal cosa.

Este ejercicio intensifica tu propia sensualidad y la relación erótica entre tú y tu pareja. Explorarse mutuamente nunca es un evento que suceda una sola vez. Seguid descubriendo los matices de la sensibilidad y la estética de cada uno. Experimentad con lo que os dé a los dos escalofríos, cosquilleo u oleadas de calor. Observa cómo se siente tu cuerpo, todo él, especialmente tu vientre, tus genitales, tu pecho. Comentad lo que os estimula. Esto os permitirá a los dos experimentar más placer e intimidad.

## El problema de fingir los orgasmos: Cómo perjudica la entrega

Puesto que la mayoría de las parejas están de acuerdo en que la comunicación entre los dos es importante, ¿por qué tantas mujeres (y hombres) fingen orgasmos? Las investigaciones indican que hay una cantidad masiva de simulación presente en el dormitorio, de la cual nadie quiere hablar. Los informes son sorprendentemente consistentes: aproximadamente la mitad de las mujeres encuestadas admite fingir sus orgasmos de modo habitual, principalmente durante la penetración. Y entre el 10 y el 20 por 100 de los hombres también admite fingirlos ocasionalmente. Si quieres reclamar tu poder sexual y entregarte libremente, es un tema importante que hay que tratar.

¿Cuáles son los principales motivos para fingir? Las mujeres dicen que no quieren dañar los sentimientos de sus parejas, o temen no cumplir lo que sus compañeros esperan de ellas. Tampoco quieren parecer «poco sexys», «inadecuadas» o que «tardan demasiado tiempo». Fingen para «dar el acto por terminado», porque no les resulta satisfactorio o no tienen humor para ello. Normalmente, cuando un hombre dice que finge un orgasmo, es poco probable que sea así. Fingir puede parecer la forma más cariñosa, inocente y educada de solucionar el asunto de no tener un orgasmo –y puede servir para ganar tiempo hasta relajarse lo suficiente para dejarse llevar–, pero viéndolo todo en conjunto, dificulta la entrega a la intimidad.

Como psiquiatra y como mujer, entiendo por qué fingimos y las absurdas expectativas asociadas con los orgasmos. La versión de Hollywood es que dos personas jóvenes y atractivas se conocen y tienen relaciones sexuales inmediatamente, con orgasmos simultáneos. ¡Una versión muy poco realista! Hablando en serio, ¿hay alguna pareja que tenga orgasmos simultáneos sin que cada uno conozca el cuerpo del otro? Tal vez algunos pocos afortunados o quienes estén dotados de una habilidad tremenda, pero no el resto de los mortales. Es absurdo suponer que sabemos todo lo relacionado con estimular a un amante sin conocerle bien. Partiendo de que fuese realidad el poco probable modelo de Hollywood, para compararnos con él, ¿es de extrañar que las mujeres finjan, especialmente la primera vez que tienen relaciones completas con un hombre, independientemente de lo estimuladas que se sientan al hacer el amor?

La solución al problema de fingir orgasmos consiste en hablar sinceramente. Lo ideal es empezar a hacerlo en el mismo comienzo de una relación. Después, conforme te vas acostumbrando a comentar lo que te gusta y lo que no, se convierte en algo natural. O bien, si ya llevas años con una persona, puedes empezar en este momento a expresarle tus necesidades de forma amable, nunca insinuando que hace algo mal ni haciéndole sentir que es un incompetente. Igual que no es un secreto, ante tu amante, decirle lo que te gusta comer, es importante comentar con él tus preferencias en lo relativo al sexo. Nunca es demasiado tarde. Si los dos sois de mente abierta, siempre podréis entregaros a una intimidad más profunda.

Encuentra una manera de conectar que sea más auténtica y que haga honor a tu sexualidad, sin tener que fingir, que es la antítesis de la entrega. Nadie puede conocer todas tus necesidades si tú no pronuncias ni una palabra. Sí, podemos ser empáticos, *sexys* y liberales si utilizamos la intuición para sintonizar con el cuerpo de nuestra pareja. Pero es también necesario que cada uno guíe al otro. No es ningún fracaso por tu parte tener que explicar a tu pareja cómo ayudarle a tener un orgasmo. Es un bello proceso de descubrimiento. ¡Después de todo, el anatomista Matteo Renaldo Colombo no descubrió «científicamente» el clítoris hasta el año 1559!

Considera tu exploración de los orgasmos como un juego sagrado. Entrégate a la búsqueda de nuevas técnicas, aunque al principio te sientas extraño. En la mujer, contraer sus músculos pubococcígeos (vaginales) del suelo pélvico, y a continuación mantener la contracción contando hasta cinco, a fin de prepararse para el placer, incrementa los orgasmos. También puede experimentar con un vibrador u otro juguete sexual. (¡En realidad, los médicos inventaron los vibradores porque les resultaba penoso tener que masturbar a sus pacientes para que alcanzaran el orgasmo! Esa técnica del «masaje vulvar» se utilizaba en la época victoriana para tratar la «histeria femenina»). Actualmente podemos utilizar vibradores para nuestro propio placer, una forma creativa de tener un orgasmo que no admite fingimiento.

¿Por qué el fingimiento del orgasmo impide el acto de entregarse? En primer lugar, se convierte en un hábito con excesiva facilidad. En lugar de decir a tu pareja «Te adoro, me pones caliente, pero esta noche no me apetece tener sexo», lo finges. Tal vez estés demasiado cansada, mal de ánimo, o quizás prefieras mentir a tu compañero, que se limita a darse placer a sí mismo. No hay problema con nada de esto. No hay «deberías» a la hora de hacer el amor. Más bien hay ritmos distintos: a veces se mueve toda la Tierra y otras veces es un placer más suave. Haz caso a tu intuición respecto a lo que sientes bien en un momento determinado. Mantente fiel a tu cuerpo y a ti mismo. En ese caso no estarás traicionando tus instintos ni fingiendo por tener miedo de mostrarte como eres. Puede ser un nuevo tipo de diálogo en el que implicarte. A veces puedes sentirte incómodo, pero el esfuerzo te ayudará a reclamar tu verdadero poder sexual.

## El sexo ocasional no existe

Desde la perspectiva de la intuición, tu orgasmo nunca es sólo tuyo cuando haces el amor. La energía se transmite a tu pareja e influye en su bienestar. Vuestros campos de energía se solapan y transmiten tanto alegría como desesperación (incluso durante las aventuras de corta duración). Desde esa perspectiva, no existe el sexo ocasional. De hecho, mi sensible paciente Pete prefiere no hacer el amor con su esposa, si ella está enfadada debido al trabajo. ¡Es muy lógico! Se siente contento de oírla desahogarse cuando llega a casa, pero si se mantiene aún aferrada al enfado cuando tienen sexo, se transmite sin que haga falta hablar. Con ello, Pete no se siente bien y queda agotado. Esa transferencia de energía suele ocurrir con frecuencia entre los dos miembros de una pareja, aunque la mayoría no sean conscientes de ello. Yo quiero que tú sí lo seas. Durante un orgasmo normal caen las barreras. Eres vulnerable. Tu corazón se abre. En la mejor de las situaciones, el orgasmo es un intercambio de energía que bendice a ambos. Los franceses lo llaman *le petit mort*, «la pequeña muerte», una entrega total que te catapulta a ti y a tu amante a los brazos extáticos de lo divino.

El tantra es un interesante sistema hindú que enseña el arte del amor erótico, mediante la combinación de sexo y espíritu. Los occidentales suelen considerar el sexo algo lineal, cuyo objetivo es el orgasmo, pero el tantra considera al amor sexual un sacramento y un intercambio de energía. De acuerdo con el tantra, el orgasmo no es simplemente una liberación física. Utilizando posiciones específicas, mueves la energía erótica en dirección ascendente, partiendo de los genitales, para nutrir y purificar todo tu ser.

He tenido una serie de sesiones tántricas que han contribuido a abrir mi sensualidad y mi sexualidad. Mi maestro siempre mantiene los ojos fijos en mí, transmitiéndome aprecio y erotismo. En el tantra, a las mujeres se las trata como «diosas», y se rinde culto a la energía femenina. ¡Es una sensación increíble! En una misma sesión, tocas, haces ejercicios de respiración y compartes energía con tu pareja. A veces tiene lugar el «masaje en el punto sagrado» (punto G), lo cual permite tener una experiencia directa del orgasmo vaginal. Es un verdadero goce que toda mujer puede tener con la instrucción adecuada y ciertas habilidades que toda pareja puede aprender. En el tantra, la penetración, que se denomina «unión sagrada», no es siempre necesaria para sentir satisfacción, y normalmente no forma parte de una sesión tántrica.

Es divertido ser consciente de la energía que fluye durante el acto amoroso. La energía se transmite por los ojos: el modo sensual con que miras a una persona puede excitarla. El contacto visual es una forma de permanecer conectado con tu pareja. Asimismo, durante el orgasmo, cuando se eleva la energía, puedes liberarte de emociones incómodas. He tenido numerosos (principalmente hombres) pacientes que dicen: «Mi compañera a veces llora cuando hacemos el amor. ¿He hecho algo mal?». Yo les explico: «Tanto en el hombre como en la mujer, el llanto y la risa son formas de liberación emocional, síntomas de pasión, pero nada que necesite arreglarse». La educadora tántrica Barbara Carrellas llama «risorgasmos»[13] al acto de reír durante las relaciones sexuales. Observa si se dan estas reacciones en tu pareja. A menos que te diga lo contrario, no debes hacer nada excepto alegrarte por lo libre que se siente al entregarse a ti emocionalmente.

Para saber si el conocimiento de esta energía puede mejorar tu vida sexual, prueba el siguiente ejercicio, solo o con tu pareja. Servirá para que el orgasmo deje de ser una versión corta de «se siente bien, pero ha terminado», y se eleve al nivel de una extensa felicidad meditativa.

---

13. La autora utiliza el término «giggleasms», un neologismo que en realidad no existe en inglés, y que hemos traducido al castellano con otro neologismo similar. *(N. del T.)*

## ENTREGARSE A UNA MEDITACIÓN ORGÁSMICA

- *Relájate y elimina tu estrés.* Reserva un período de tiempo para ser sensual. Desconecta el teléfono. Pon el cartelito de «No molesten» en tu puerta. Es importante no tener prisa. Para relajarte, haz algunas respiraciones profundas. Siente cómo se eleva tu vientre con cada inspiración y se pone más blando con cada espiración. Concéntrate en la sensualidad de tu cuerpo.
- *Ten un orgasmo.* Mastúrbate. Piensa en algo excitante. Estimulaos el uno al otro en los juegos preliminares, si estás con tu pareja. De la manera que quieras, te estés dando placer a ti mismo o haciendo el amor, llega hasta el orgasmo. Siente cómo se eleva, llega al clímax y después explota. Déjate fundirte en él. Entrégate al placer.
- *Medita.* Una forma maravillosa de sentir moverse la energía sexual es meditar inmediatamente después de un orgasmo. Aproximadamente un minuto después del clímax, siéntate en posición erguida. Es mucho más fácil meditar cuando estás relajado. Cierra los ojos, ya que así intensificarás la experiencia. Inspira y espira lentamente. Concéntrate ligeramente en el goce del orgasmo que se está desvaneciendo. Deja que se extienda por todo tu cuerpo. No fuerces nada. La energía sexual se mueve a través de ti de modo natural. Entrégate a las sensaciones conforme van aumentando. Saborea el calor, el cosquilleo o la subida. Con los ojos aún cerrados, puedes entrar en un estado de conciencia intuitiva. Puede que veas colores, que vibres desde la cabeza hasta los pies, o incluso que sientas a Dios. Pueden llegarte destellos de intuiciones espontáneas sobre personas, el trabajo o la salud. A continuación, asegúrate de anotar todo esto y de actuar en consecuencia. No hay tiempo límite para esta meditación. Continúa todo el tiempo que quieras. Deja que la energía orgásmica te transporte a estados superiores de conciencia, a tener visiones y a sentir placer.

### Superar tu miedo a dejarte llevar

Si quieres dejarte llevar durante las relaciones sexuales, pero algo te reprime, es esencial examinar y curar los miedos que puedan coartar tu placer. Observa si los siguientes miedos te detienen.

## MIEDOS HABITUALES A DEJARTE LLEVAR

* Miedo a perder el control.
* Miedo a no llegar a conseguirlo.
* Miedo a tardar demasiado tiempo en tener un orgasmo.
* Miedo a hablar sobre tus necesidades.
* Miedo al dolor, al abandono o al daño emocional.
* Miedo a perderte en el seno de un amante.
* Miedo a obsesionarte o a desarrollar un apego excesivo a un amante.

Para eliminar estos miedos, debes contemplar un nuevo paradigma sobre el éxito en el sexo. Desecha las ideas antiguas y adopta las más verdaderas. El primer cambio consiste en abandonar por completo la idea de que el buen sexo se mide sólo por el rendimiento. La creencia de «No soy un verdadero hombre o una verdadera mujer si no rindo a mi antojo con una erección o un orgasmo» es obsoleta y espiritualmente ignorante. Es lamentable cuando el sexo se reduce a un concurso para seguir demostrándote a ti mismo cómo rindes; motivaciones que también son importantes –aunque sea triste decirlo– para tener éxito en nuestra sociedad materialista. Esto conduce a padecer ansiedad, lo cual sólo sirve para dificultar el buen sexo y los orgasmos.

Igual que no funciona hacer un esfuerzo por quedarse dormido, intentar rendir al máximo es nefasto. ¿Crees que el jugador de baloncesto LeBron James se preocupa por su rendimiento cuando va a hacer un mate? ¿O Aretha Franklin cuando va a interpretar una canción? ¿O Steve Jobs cuando estaba inventando el iPad? Lo dudo mucho. Lo mismo puede decirse del sexo. Debe enfocarse la atención en el hecho de dar y recibir placer, no en las expectativas sobre erecciones y orgasmos. Recomiendo a todas las parejas que sean más ingenuas, más innovadoras, más dispuestas a poner las cosas en duda, y que dejen a un lado las ideas contrarias a la pasión y al amor.

Las heridas emocionales pueden impedirte el acto de dejarte llevar. Las relaciones sexuales pueden desencadenar antiguos daños, el temor a ser abandonado o experiencias traumáticas. Cuando les ocurre esto a mis pacientes, su primera reacción instintiva consiste en cerrarse sobre sí mismos. La psicoanalista Alice Miller, en su revelador libro *El cuerpo nunca miente,*[14] describe las consecuencias de los maltratos a largo plazo sobre el cuerpo mientras una persona se encuentra en su niñez, como por ejemplo dolor crónico, insensibilidad e impotencia. Las experiencias traumáticas se hacen notar en nuestros músculos y nuestros tejidos, hasta que nos damos permiso para liberarnos de ellas. Una de mis pacientes, quien luchaba contra su baja autoestima, pasó una década en un matrimonio en el que sufrió malos tratos. Me decía: «Mi marido decidía tener relaciones sexuales durante la publicidad, mientras veíamos la televisión. Terminaba en el momento en el que volvía el programa de deportes. Yo no quería que se enfadara, así que fingía los orgasmos». Debido a aquellos acontecimientos, mi paciente empezó a odiar a su marido, a sí misma y al sexo. No es de extrañar que sufriera de dolor crónico en la pelvis. Ella amaba a su marido, pero él la dañaba con su tratamiento abusivo, y por supuesto no la apreciaba de la forma que merecía ser valorada. Mi paciente, agotada, había alcanzado ese punto apto para la entrega. Finalmente, se sintió preparada para dejarse llevar. Gracias a nuestra terapia, se armó con la valentía suficiente para romper su matrimonio y finalmente desapareció el dolor de la pelvis.

Entre las técnicas que beneficiaron a mi paciente, y que ayudarán a otros a curar sus traumas, se incluyen la psicoterapia, el trabajo corporal –como por ejemplo la curación energética y el masaje energético– y el trabajo espiritual enfocado en la autocomprensión y el complejo tema del perdón. Si tienes un historial de experiencias traumáticas que te impide dejarte llevar, te recomiendo que busques un terapeuta o un guía que te ayuden a librarte de todo ello. Cuando tenga lugar la curación –cosa que sucederá–, sentirás más seguridad y placer dejándote llevar durante las relaciones sexuales.

Tal vez reprimas el acto de la entrega cuando practicas sexo, porque temes perderte en tu pareja o sacrificar tu poder. Tal como les sucede a algunos pacientes con los que he trabajado, es posible que consideres difícil concentrarte en torno a la energía sexual. Quizás te resistas a la unión que tiene lugar durante el orgasmo porque te hace sentir invisible o poseído. Paradójicamente, debes confiar en lo que eres para disfrutar

---

14. Título original: *The Body Never Lies*. Edición en castellano de Tusquets, Barcelona, 2014. *(N. del T.)*

de ese profundo dejarse llevar. De lo contrario, la disolución extática del ego durante el acto sexual puede parecer amenazadora. Una estudiante universitaria me decía sobre sus emociones conflictivas: «Parece como si cediera mi poder cuando me dejo llevar. Mi novio me hace sentir tan maravillosamente bien que me temo que posee una parte de mí que nunca recuperaré. Pero yo haría cualquier cosa por mantenerle a mi lado». Esto es un buen testimonio de lo fácil que es quedar seducido por el goce, lo que la gente se siente tentada a abandonar por él. Desde Adán y Eva, el placer erótico ha llevado incluso a las personas más sensatas a abandonar sus prioridades.

Un aspecto relacionado con esto es cuando un miembro de una pareja subordina excesivamente su identidad mientras cuida a su cónyuge o a los niños. A aquéllos de mis pacientes que tenían este dilema les resultó útil crearse una vida cotidiana con más sentido individual, y también poner límites más claros. Esto también puede conllevar volver a estudiar, trabajar como voluntario o dar más importancia al tiempo personal para meditar y buscar su lado espiritual. Si esto te suena familiar, cuando cuides de tus propias necesidades te sentirás más centrado. Después te resultará más seguro disfrutar de la libertad de la entrega, tanto durante el acto sexual como en tu relación en general.

## La diferencia entre establecer lazos y apegarse excesivamente al compañero sentimental: Libera tu amor

Establecer lazos con tu pareja es una parte natural de llegar a conocerla y de enamorarte. Pero apegarte excesivamente sobrepasa los vínculos considerados saludables y conlleva perder tu poder. Cuando amas de verdad a alguien, no te interesa poseer a esa persona ni tenerla en tus garras por miedo a perder la relación. Al contrario, respetas la autonomía y el espíritu de tu pareja. No deseas ser prepotente, sino que permanecéis el uno junto al otro, al mismo nivel. La verdadera intimidad es siempre un equilibrio entre los vínculos y el dejarse llevar, para que la relación incluya el hecho de poder respirar.

Haz el siguiente cuestionario para determinar los patrones de tu forma de vincularte.

## TEST: ¿ESTÁS DEMASIADO APEGADO A TU PAREJA?

- ¿Te mantienes aferrado a tu compañero sentimental?
- ¿Deseas que sea tuyo o tuya?
- ¿Sueles tener miedo de que te abandone o te traicione?
- ¿Te pones ansioso cuando no sabes algo de él o ella todos los días si estáis saliendo?
- ¿Piensas constantemente en esa persona?
- ¿Empiezas a obsesionarte con tu pareja después de vuestra primera relación sexual?
- ¿Siente tu pareja que estás intentando controlarla o agobiarla?
- ¿Sientes que no puedes vivir sin esa persona?

Si has contestado «sí» a entre seis y ocho preguntas, te encuentras excesivamente apegado. Entre tres y cinco «síes» indican que estás demasiado apegado, en términos moderados. Entre uno y tres «síes» indican que tienes cierta tendencia a apegarte demasiado. Una puntuación de cero indica que tienes unos vínculos adecuados con tu pareja.

Un aspecto de mí misma en el que he hecho progresos, en mi propia curación, es mi tendencia a vincularme demasiado a los hombres. Durante la relación sexual me vinculo rápidamente y me fundo con él, pero no puedo deshacer esa fusión después. Comienzo a anhelar estar con él y a pensar en él constantemente. Parte de todo esto es biológico y también bonito, pero el hecho de desarrollar un apego excesivo supone traspasar un límite. Puedo obsesionarme y ansiar intensamente el contacto, sobre todo si he estado sola durante un tiempo. Soy un ser sexual, por lo que, si no tengo ninguna relación sexual durante algún tiempo, puedo sentirme necesitada. Encontrarme en esta posición me convierte (y también a muchas mujeres) en propensa a apegarme en exceso. Por ejemplo, si no sé nada sobre ese hombre durante varios días, me pongo ansiosa y temo perderle o que me abandone. No es bueno para mí, y además, la mayoría de los hombres no aprecia este tipo de conducta. Por ello, en mis sesiones de sexualidad tántrica, y en terapia, descubrí cómo disfrutar de la pasión desde una posición más sólida. Fue de esta manera:

- Aprendí que una unión exagerada con un compañero sentimental puede reducir la carga sexual. En realidad, puede ser más erótico entrar y salir de una intensa conexión con tu pareja en lugar de mantenerla. Esto permite a ambos amantes tener su propio espacio para no sentirse agobiados.

- No «echo raíces» en un hombre. Lo hago principalmente en mí misma y en la Tierra. Una forma en que lo llevo a cabo, antes y después de hacer el amor, consiste en visualizar mi cuerpo echando raíces en el suelo, como si fuera un árbol. Sigo entregándome y sumergiéndome en el placer, pero también mantengo intacto un sentido más pleno de mí misma. Soy capaz de separarme de él y de considerarnos seres separados, sin ningún problema.

- Después de hacer el amor, considero útil meditar con mi pareja, y después decirnos el uno al otro: «Te adoro. Te respeto. Te libero». Es una forma saludable de establecer vínculos y genera un bello equilibrio amoroso.

La solución al problema de apegarse en exceso consiste en concentrarse en fortalecer tu autoestima, a la vez que tratas y liberas tus miedos, incluido el miedo a que te abandonen, que es lo que causa la necesidad de aferrarse a alguien. Trabajar con algún terapeuta de parejas o asesor, que sea experto en el tema, puede ser productivo. Además, puedes practicar las técnicas tántricas que he descrito. Te ayudarán a desarrollar autonomía y solidez. Estar dispuesto a abandonar la tendencia a apegarte en exceso, en favor de unos vínculos más saludables, te permitirá tener unas relaciones más alegres y placenteras, sin sufrir el dolor que conlleva la obsesión.

## El encanto de la adicción al sexo: ¿Eres adicto al éxtasis?

Un ejemplo extremo de quedar seducido por el goce es la adicción al sexo. Los adictos al sexo se quedan enganchados a él, como si se tratara de una droga: tienen un ansia constante por él, tienen varios compañeros sentimentales, e incluso se ponen en situaciones peligrosas y arriesgan su salud, su matrimonio y su trabajo a fin de experimentar placer. Contemplan el sexo como una forma de llenar un vacío emocional y espiritual que no consiguen colmar, de esta manera o mediante otras adicciones. Pero lo que les mueve es su ansia de placer. Del mismo modo que hay estudios que demuestran que las ratas harán cualquier cosa para obtener placer, incluido privarse de comer, las personas que se encuentran en esta situación son adictas al éxtasis. No les importa ninguna otra cosa.

¿Cuál es la solución? Además de psicoterapia para detener la conducta compulsiva, recomiendo a mis pacientes que acudan a Sexo Adictos Anónimos, un programa de doce pasos que insiste en la conexión con un poder superior y en el desarrollo de la autoestima. Aunque son muy comunes las recaídas, igual que sucede en cualquier adicción, he observado progresos significativos en mis pacientes. Para los adictos al sexo, y para quienes teman entregar su poder a sus compañeros sentimentales, la clave consiste en encontrar el centro de sí mismos. Una vez que abandonan la idea de que algo externo, incluido el sexo, puede solucionar sus problemas o permitirles sentirse completos, consiguen centrarse más. La energía sexual es seductora, pero no debemos entregarnos a ella a expensas de nuestro cuerpo y nuestra alma. Tal como sucede con todo, el equilibrio es la base de la paz interior.

## ENTRÉGATE A LA DICHA

El objetivo de la entrega sexual es seguir dejándote llevar de maneras saludables, positivas, a tu propio ritmo, en tu propio tiempo. Hacer el amor supone una continua entrega a la dicha. ¿Qué es la dicha? El diccionario la define como una felicidad extrema, el éxtasis, un placer celestial. Tal como yo veo el tema, existe también la dicha de conectar con el cuerpo, con un compañero sentimental y con Dios. Para mí, es el lugar donde convergen los grandes ríos, la intersección de la vida humana con el cielo. La dicha no se encuentra tan lejos como tal vez creas. Está siempre justo delante de nosotros, en este momento, en cualquier instante en que podamos abrirnos a ella.

El filósofo Alan Watts escribió: «Cuando estás enamorado de alguien, le consideras realmente un ser divino». Este momento de iluminación puede hacer que las relaciones sexuales abandonen el plano físico y se eleven al transcendente. Recuerda que ese ser divino con el que haces el amor es la misma persona que se olvidó de pagar el alquiler el mes pasado, y que a veces no lava los platos. Ver la divinidad de tu compañero sentimental mientras hacéis el amor, y siempre, es reconocer lo milagroso que está presente en lo ordinario. Ése es el secreto de la dicha.

La dicha humana es sólo una pequeña parte de lo que puede llegar a ser la dicha divina. Durante las relaciones sexuales, quieres alcanzar lo eterno. Una relación nunca es algo entre dos personas sólo. Cada uno de los miembros de la pareja tiene una línea directa con lo divino, que puede transmitir a su vez al otro. Aprender a invitar al espíritu a participar en el sexo mantiene alta la pasión. Durante el acto sexual, vuestras energías mutuas del espíritu, el corazón y el erotismo se funden como si impregnaran todo vuestro cuerpo. Vuestras partes correspondientes al deseo, el corazón y el cielo se funden en una dicha superior.

Si nunca has tenido la experiencia de introducir lo divino en tu relación sexual, te espera aún mucho por delante. A continuación ofrezco un ejercicio para practicar.

## EL ÉXTASIS DE FUNDIR EL SEXO Y EL ESPÍRITU

- *Crea un espacio sagrado.* Para tener un estado de ánimo más adecuado, crea un ambiente que sea sensual y espiritualmente estimulante: un florero con tulipanes, un poco de incienso con aroma de sándalo, velas, tal vez aceite para frotaros mutuamente. Desconectad vuestros teléfonos para que no haya molestias ni razones para tener prisa.
- *Abrazaos; mantened el contacto visual.* Pasad todo el tiempo que queráis abrazándoos, antes de seguir adelante. Miraos amorosamente a los ojos, una forma de intercambiar energía. Durante algunos minutos, respirad juntos, sincronizad vuestras inspiraciones y espiraciones, sintonizaos intuitivamente. Sentid cómo se unen vuestras energías y vuestro calor. Regocijaos en vuestra intimidad.
- *Deja que el espíritu fluya a través de ti.* Cuando estéis preparados, pasad a la penetración. Pide internamente: «Que el divino flujo me penetre». Después permaneced abiertos el uno al otro. Cuando invites al espíritu para que entre, la dicha llegará con él. La dicha es la forma en que lo divino te dice: «Estoy aquí. Te amo. Déjate llevar». Confía en ese don.

Deja que tus genitales alcancen la dicha. Deja que tu corazón se entregue también. Siente la dicha conforme sube por tu espina dorsal, sale por lo más alto de tu cabeza y regresa al cielo.

- *Relajaos juntos.* Vive el momento. No tengas prisa por irte de la cama. Si te sientes bien en silencio, no hay problema. Si queréis hablar el uno con el otro, hacedlo. Celebrad esta sagrada unión.

Poner en marcha tu poder sexual te permite entregarte más completamente a la dicha, no reprimirte, no resistirte. Desde la caricia de la luz del sol sobre tus hombros hasta el sensual tacto de tu amante, sumérgete en la dicha adecuada y lentamente. No pases con excesiva rapidez a lo siguiente que tengas que hacer. Deseo transmitir lo misteriosa y sagrada que puede ser la dicha, cómo ha estado siempre dentro de ti para reunirte con ella. Sumérgete en la dicha de la vida cotidiana y de la pasión sexual: están unidas, no separadas. Ser consciente de esto lo cambia todo.

En numerosas tradiciones espirituales, la poesía erótica celebra la sagrada unión del cuerpo y el espíritu. Los místicos ven el mundo como si fuera una continua canción de amor sobre Dios. El cuerpo, una forma de lo No-formado, es una manifestación del amor divino. En el judaísmo, el *Cantar de los cantares,* un poema épico de amor, exalta el placer sensual y la figura de Dios. De igual modo, las místicas cristianas Teresa de Ávila e Hildegarda de Bingen —ambas vírgenes, por supuesto— escribieron una arrebatada poesía de amor erótico a Dios y utilizaron las metáforas del *Cantar de los cantares.* En el hinduismo, se cree que el mundo ha sido creado mediante un acto sexual. Por eso, el poeta indio Mirabai elogia lo erótico del sexo y de la creación. Los grandes poetas místicos sufíes Hafez y Rumi rinden culto a la unión con Dios mediante la entrega al amor erótico, el amor divino y el amor propio de la amistad. Me dan escalofríos al pensar en la profundidad de la entrega sobre la que Rumi escribe: «Me fundí por completo con el amor / y estaba tan unido que me convertí en amor / y el amor se convirtió en mí». Recomiendo que leas ese tipo de poesía erótica con tu pareja, para honrar el sacramento sensual de vuestra relación.

Un invierno tuve el privilegio de visitar Konya, Turquía, el lugar donde murió Rumi. El día en que murió, el 17 de diciembre, se llama cariñosamente «el día de su boda», la reunión de Rumi con lo divino. Cada año, miles de personas viajan como peregrinos a Konya en esta fecha para rendir honores al poeta del amor. Esa noche vi una representación de derviches giróvagos, una entrega extática al movimiento espontáneo, a la pasión, al luto y a lo divino. Su danza no sirve sólo para entretener. Los derviches, vestidos con sencillas batas blancas, giran porque rinden culto a lo que no puede verse, mientras permanecen en trance. Contemplando sus radiantes caras y la fluidez, sin ningún esfuerzo, de sus constantes giros, me sentí transportada también al goce. Me marché sintiéndome feliz y enamorada con todo de nuevo.

Cuando miras a los ojos de tu ser amado, estás mirando siempre a los ojos de Dios. Sigue entregándote al éxtasis del acto sexual. Considéralo una forma de hacer el amor con todo el universo. La pasión sexual te conecta con el goce del cielo, la Tierra y los mundos que hay más allá. Estarás iluminado. Confía en las muchas encarnaciones de la dicha. Una vez que las contemplas, ya no hay vuelta atrás.

---

### AFIRMACIÓN DE ENTREGA PARA EL PODER SEXUAL

*Soy un vibrante ser sexual. Utilizaré este poder con respeto y cariño. Me permitiré entregarme por completo al placer. Me deleitaré en la dicha de mi sensualidad. Me entregaré para dar y recibir amor.*

---

*Si te entregaras al aire, podrías montar sobre él.*

TONY MORRISON

# 9

# LA NOVENA ENTREGA

## *Descubrir la sensual esencia del mundo natural*

Desde mis primeros años, el mundo natural me ha aportado vitalidad. Los árboles, las estrellas y los océanos secretos que frecuento han sido mis amantes y compañeros. Como podrás ver, la naturaleza y todas sus criaturas conceden un tipo especial de éxtasis cuando sabes recibirlo y entregarte a él.

Imagina un cóndor, con unas alas de casi tres metros, planeando sobre las corrientes de aire que hay sobre un profundo océano de color azul verdoso. Imagina las frondosas praderas ondulantes de doradas flores silvestres. Una estrella fugaz. O el dulce aroma del jazmín en una cálida noche de verano. La naturaleza nos transporta a un mundo de belleza que acaba con nuestras preocupaciones y nuestro estrés, y que los sustituye por el asombro ante algo superior. Hay también un notable encanto presente en cada pétalo, cada franja de lluvia, cada nube. Me gustaría que fueras consciente de todo esto, y que para ti no fuera una simple escena que observar, de modo que te abrieras a los sensuales poderes mágicos de la naturaleza.

La naturaleza tiene la respuesta a todo. Es una profunda maestra de la entrega. La naturaleza te trae de vuelta al momento presente. Cuando te encuentras en este momento, te entregas con sólo poner un pie por delante del otro. La naturaleza no se limita ni se reprime. Se deja llevar por completo en su éxtasis. Por ejemplo, la naturaleza ofrece modelos para las soluciones a los problemas humanos cotidianos. Observar, aprender, imitar. La naturaleza nos enseña a fluir dejando atrás los obstáculos que encontramos; por tanto, a liberarnos de la rigidez. ¿Lucha el arroyo contra la roca que le bloquea el paso? No, el agua se adapta a las formas y simplemente se desplaza en torno a ella. ¿Se ponen rígidas las ramas durante las tormentas? No, se doblan. La naturaleza también nos instruye sobre la temporalidad y la paciencia perfectas. Las semillas no intentan germinar en invierno, ya que están predestinadas a florecer en primavera. Esperan y se quedan gestando, sin forzar ningún cambio cuando no ha llegado el momento. Aún más, la naturaleza exuda alegría. Las flores se deleitan ante la luz del sol, la neblina y la lluvia. Nunca están demasiado ocupadas o preocupadas para mostrarse alegres; y quieren que nosotros participemos de su júbilo. En mis talleres siempre tengo un ramo de flores a mi lado, y una guirnalda de flores adorna la puerta de mi casa durante todo el año. También hago mezclas con pétalos de rosas de mi jardín. Eso me da tanto placer que estoy segura de que pude haber sido una herborista del bosque en alguna época pasada. (De hecho, mi amiga, la escritora Caroline Myss, me ha puesto el apodo de «Pétalo»). Las flores me hacen sentir contenta, y a veces me susurran secretos también. Antes de una charla, o cuando me siento abrumada, recito una oración a Santa Teresa: «Pequeña Flor, en esta hora, muéstranos tu vigor».[15] Es el tipo de alegre y juguetón poder de las flores que quiero tener. En toda la naturaleza hay ritmos y ciclos que generan un equilibrio perfecto. Cuando sintonicemos y nos entreguemos a ellos, nuestros cuerpos y nuestras almas florecerán; nuestra hambre será satisfecha. Como dice el libro del Eclesiastés: hay «un tiempo para cada propósito bajo la luz del cielo».

Ningún ser vivo se aleja de la naturaleza ni puede funcionar bien, y menos aún alcanzar el éxtasis, sin estar en armonía con ella. La naturaleza humana y el mundo natural son uno y lo mismo. Cada uno fluye orgánicamente a partir del otro.

Tomemos como ejemplo nuestros ritmos circadianos, los cambios biológicos que experimenta nuestro cuerpo cada día. El reloj neuroendocrino (hormonal) de nuestro cerebro se resetea cada veinticuatro horas, en relación con la hora de la Tierra, al salir el sol, mediante la glándula pineal. Esta glándula la controla el movimiento del sistema solar. Por eso, los ciclos del día y la noche dictan nuestros patrones de sueño y vigilia.

---

15. En el libro original en inglés es «Little Flower, in this hour, show your power». Hemos traducido la frase de forma que conserve la rima. *(N. del T.)*

Cuando éstos se ven perturbados, tu salud física y tu salud mental sufren. Todos sabemos cómo podemos estar después de una sola noche durmiendo mal, o por culpa del desfase horario[16] al viajar a una zona con una hora muy distinta a la existente en nuestro lugar de residencia.

De igual modo, los ciclos de la luna pueden afectar a nuestro bienestar. Cuando trabajaba como psiquiatra residente en salas de emergencias, pude ver lo extremadamente agitadas y frecuentadas que estaban las salas en las noches de luna llena. De hecho, el término «lunático» está asociado con la locura producida por la luna llena. Además, la atracción gravitacional de la luna regula la bajada y subida de las mareas (la bajamar y la pleamar son extremas cuando hay luna nueva o luna llena), y se vincula con los ciclos menstruales de las mujeres, el tiempo de ovulación y los partos. Ya puedes ver qué sofisticada conexión tienen nuestros cuerpos con el mundo natural, aunque muchas personas no hayan recibido la formación necesaria para apreciar este milagro.

Además, el clima expresa de modo asombroso los cambiantes estados de ánimo de la naturaleza y de la atmósfera de la Tierra. Desde que yo era muy pequeña, me he sentido hipnotizada por el clima. Solía subir al tejado de nuestra casa sólo para contemplar las nubes y sentir el viento. Incluso en la actualidad, no puedo dejar de observar el clima echando miradas a través de la ventana sin importar dónde me encuentre. Si me despierto en plena noche, siempre miro al cielo y el alineamiento de los planetas, para ver lo que sucede. Considero mis amigos a los rayos de sol, la lluvia, las tormentas, el viento, la niebla y las nubes. Son místicos y están vivos. Continúan diciendo lo que necesito escuchar. Puedo perderme en el clima, y después encontrarme a mí misma una y otra vez. El clima también está en nuestro interior. Nuestro clima emocional es tan real como las condiciones atmosféricas externas. Todas las cosas de la naturaleza que son claras y oscuras, calientes y frías, tranquilas y agitadas, nosotros también lo somos.

La naturaleza es complicada; a veces amable, a veces terrible. Puede ser también destructiva cuando los tsunamis, los fuegos incontrolados, los huracanes o los terremotos arrasan comunidades enteras. No nos interesa romper el equilibrio de la naturaleza y hacer que se enfade. Es nuestra

---

16. El conocido efecto del *jet lag*. (*N. del T.*)

anfitriona y benefactora, mientras que nosotros sólo somos visitantes, una diferencia importante. La naturaleza exige respeto. Cuanto más puedas vivir en armonía con ella y sensualmente vinculado con el clima, mayor será el éxtasis que sentirás. La paz de la naturaleza transmitirá tranquilidad, y su lado salvaje alimentará tu lado salvaje, tribal e instintivo, uno de los secretos de la pasión.

Lo que me atrae del taoísmo es su enseñanza de que la vida humana forma parte del proceso más amplio de la naturaleza, y que las únicas acciones que tienen sentido son las acordes con ella. Los taoístas creen en la doctrina del *wu-wei,* o no-acción. Esto no conlleva no hacer nada; significa no hacer nada antinatural que impida el libre fluir de la naturaleza. Forma parte de la entrega, tomarse tiempo para intuir el curso normal de las cosas y moverse a su ritmo. Para mi práctica personal del taoísmo, implica asumir lo que es espontáneo y simple, escuchar siempre las señales del mundo natural y recibir su irradiación.

En este capítulo te enseñaré a honrar la naturaleza y a experimentar el éxtasis que nace de entregarse a ella. Para ayudarte a hacerlo, me concentraré en cada uno de los cuatro elementos: tierra, agua, aire y fuego. Estas fuerzas elementales nos conceden un poder y una pasión enormes. Es posible que sintonices más con una que con otra –en mí predomina el elemento agua–, pero me gustaría que examinaras todas. Las culturas indígenas creen que cada uno de nosotros contiene todos los elementos, aunque tenemos una mayor afinidad por uno de ellos que por los demás. El elemento con el que tenemos mayor relación es el que mejor representa la esencia y la genialidad de nuestra vida. Aumentar tu conocimiento de los elementos en la vida cotidiana te permitirá ser más sensual, más vibrante, sintonizar con voces instintivas más grandes y estar menos pendiente de tu charla mental. Además de esto, el silencio y la soledad pueden mejorar tu habilidad para conectar con la naturaleza, con lo divino y con la intuición. Con tu mente más calmada, serás más receptivo a las visiones curativas que pueden quedar oscurecidas por el adormecedor ruido de la civilización. Igual que los norteamericanos nativos emprenden búsquedas visuales en la naturaleza para captar con mayor precisión sus espíritus guías y los animales de poder, tú también aprenderás a acceder a todo esto.

Durante esta fase de tu viaje hacia la entrega, sigue poniéndote en presencia de cosas verdes que crecen. Observa cómo todo lo relacionado con la vida se mueve y respira. Empieza a descansar en la gracia del mundo natural. Para comenzar, puedes rendir culto a los ciclos de la naturaleza haciendo estos sencillos votos diarios.

---

### AFIRMACIONES DE ENTREGA A LA NOCHE Y AL DÍA

*Deseo entregarme al amanecer.*
*Deseo entregarme al sol al mediodía.*
*Deseo entregarme a los árboles y a todas las cosas silvestres, al final del día.*
*Deseo entregarme al ocaso.*
*Deseo entregarme a la noche y a la luna.*

---

## ENTREGARSE A LA TIERRA

*Muy pocas cosas crecen en las abruptas rocas.*
*Sé tú mismo el suelo. Ábrete, para que broten flores silvestres en el lugar donde estés. Has sido pétreo durante demasiados años. Prueba algo distinto.*
*Entrégate.*

Rumi

La tierra no tiene problemas con el amor. Dale simplemente una semilla y pronto florecerá una planta. Nosotros cosechamos lo que nos da la tierra. Bebemos su agua fresca. Nos da oxígeno, fuego y madera para construir refugios. Entregarse a la tierra conlleva amar y ser receptivo a la naturaleza y a nuestro entorno. Los árboles, los ríos y los océanos son una expresión del cuerpo de la tierra, y también una extensión de nosotros mismos. Debemos considerar el mundo natural no como una cosa distinta a nosotros, sino como una parte querida de nosotros mismos, con la que interactuamos constantemente.

Para obtener una perspectiva clara sobre la Tierra, es importante ser conscientes de que no siempre ha existido. Los científicos creen que nuestra Tierra y nuestro sistema solar se formaron aproximadamente hace 4500 millones de años, a partir de una enorme nube de polvo interestelar y gas. (Se piensa que el Big Bang supuso la creación del universo hace 30.000 millones de años). Al principio, la Tierra estaba compuesta principalmente por material fundido y metal al rojo vivo, procedentes de volcanes y de colisiones con cuerpos cósmicos. Se cree que una gran colisión sacudió la Tierra, hizo que comenzase a girar inclinada y dio lugar a la luna: un acontecimiento impresionante sobre el que medito para dar alas a mi imaginación. Los cometas y los asteroides trajeron agua, que se condensó en forma de nubes y después originó nuestros océanos. Nuestras formas de vida más antiguas enriquecieron la atmósfera con oxígeno. Aproximadamente hace 580 millones de años nació la vida multicelular, que después se diversificó con rapidez. Es interesante pensar en que el *Homo sapiens* (los seres humanos actuales) lleva existiendo sólo unos 200.000 años. Por tanto, en el gran conjunto del universo, ni la Tierra ni la vida humana han existido todo el tiempo, ni está garantizado nuestro futuro, teniendo en cuenta el curso del cosmos. El don que hemos recibido es una oportunidad especial para vivir, aprender y amar en este precioso planeta. Nunca des eso por supuesto. Haz que nuestra veneración por la naturaleza sea la expresión diaria de nuestra gratitud.

### Entra en el santuario del silencio

Para sentir la tierra y los demás elementos, es importante aprender a bajar nuestro ritmo vital y a guardar silencio, para que puedas realmente ver y oír. El silencio es un período de tiempo sin habla ni ruido. No estarás con tu móvil, revisando tus mensajes o haciendo planes. El silencio también conlleva acallar tu charla mental, para que puedas participar completamente en la sensualidad de la naturaleza. En mi opinión, el acto de hablar está demasiado sobrevalorado. Supone un gran alivio dejar de hablar y de pensar por un momento, simplemente estar en el mundo de la naturaleza con un amigo (es maravilloso acordar guardar silencio cuando estamos con otras personas en un entorno natural) o en solitario. Hay belleza en ello, y también santidad. En un reciente viaje para impartir charlas, en el cual ya estaba harta de hablar, mi compañero sentimental me llamó y nos limitamos a permanecer en silencio estando al teléfono. El silencio es la llave secreta de la puerta secreta que permite que entre la santidad.

Nuestro espíritu se desarrolla con el silencio, cuando tiene espacio de sobra para respirar. Al no ser perturbado por el ruido, puedes volver a tu centro. El exceso de pensamiento y de ruido sobrecarga nuestros circuitos. El silencio permite que se disipe la confusión mental y mantiene despejado nuestro espacio interior. Elimina las capas de estrés y resistencia para que puedas entregarte a los sonidos y las señales del mundo natural. Te gustará saborear los extáticos colores del cielo, el energizante sonido de una catarata y los suaves movimientos de los pájaros en los arbustos. No querrás cambiar tu foco de atención ni detenerte. Los sonidos y vistas de la Tierra te permitirán revivir, te darán inspiración y desencadenarán intuiciones de modo que puedas oír la voz de tu alma y conocer el gran misterio. No necesitas dejar la Tierra para experimentar otros mundos. Cuando estás en silencio, todo lo que tienes que hacer es entrar en tu interior.

Como psiquiatra, entiendo nuestra aversión al silencio. Al principio, tener tanta calma puede parecer extraño, generar ansiedad o ser sinónimo de soledad. Tu mente sigue agobiando: «¿Cuál es el sentido de limitarme a estar aquí sentado? Estoy perdiendo el tiempo. Tengo mucho que hacer». O bien: «¿Quién soy yo cuando no estoy hablando con personas en mi vida?». También puedes sentir miedo o preocupación. Por eso, igual que algunos de mis pacientes, tal vez te resistas a estar en silencio. (Sin embargo, una vez que se acostumbran, varios incluso piden que iniciemos cada sesión con una meditación en silencio). De acuerdo con eso, te sugiero que te inicies gradualmente en la práctica de guardar silencio. Empieza con varios minutos diarios cuando estés caminando fuera de casa. Aumenta el silencio gradualmente, en distintos entornos que sean hermosos. A la mayoría de nosotros no nos han enseñado el poder del silencio; se tarda algún tiempo en acostumbrarse a él. Pero experimentar la reposición de fuerzas del silencio en la naturaleza será reforzante por sí mismo.

### Siente el éxtasis de los árboles, las flores y las cosas verdes silvestres

Te mereces una escapada de la responsabilidad y el estrés, un tiempo para desconectarte del mundo. Cuando necesites recargarte de energía, o si sientes que te has metido en un callejón sin salida, no sigas esforzándote.

En lugar de eso, busca refugio en la presencia de las cosas verdes silvestres. Te ayudarán a liberarte de cargas porque te recibirán en los brazos de la Tierra. Me encanta que el taoísmo y las culturas indígenas rindan culto a los espíritus de las plantas, las flores y los árboles. Consideran a esos espíritus una parte real de los bosques, los cañones, la vegetación y los arroyos, y yo también lo hago. En la naturaleza habitan espíritus. ¿Te has fijado alguna vez en lo sagrado que uno se siente al estar bajo un montón de hojas, o al ser acogido por el abrazo de un prado de flores silvestres? Ralph Waldo Emerson escribió que «la Tierra se ríe mediante las flores». Recientemente tuve un bonito sueño, la noche anterior a mi cumpleaños, que me decía que «activase flores». Desperté emocionada e interpreté eso como un alegre imperativo para que activase todas las flores que pudiera en mí misma, en otros y en todas las cosas vivientes; una misión que acepto con todo mi corazón.

Planifica descansos periódicos para comunicarte con la naturaleza, aunque incluso un breve paseo obra maravillas. Dale a tu mente inquisitiva permiso para descansar. Vive el momento. Estés caminando junto a una fila de árboles, o sobre hectáreas de flores silvestres fértiles, inhala el frescor. Absorbe la paz. Date permiso para entregarte a todo lo que sea verde y esté floreciendo. La Tierra te transmitirá vitalidad y claridad. Después volverás a tu vida cotidiana, preparado para cualquier cosa que te espere.

Lo verde no sólo es bello. Debemos nuestra supervivencia a las cosas verdes que crecen. Nos dan sombra y enfrían el suelo. La clorofila, el pigmento que da a las plantas su color verde, captura la energía de la luz solar, la cual desencadena el proceso de fotosíntesis. En este proceso brillantemente diseñado, las hojas capturan el dióxido de carbono procedente de la atmósfera y de los seres humanos (lo expulsamos en cada espiración). Después la planta procesa el carbono para su propio uso –almacena gran parte de él en los troncos, las raíces y las ramas– y libera oxígeno para que nosotros lo respiremos. Es un milagro en el que la mayoría de nosotros no piensa. En el colegio aprendemos sólo los aspectos técnicos de la fotosíntesis y nos perdemos lo más importante.

Las plantas son inteligentes. Su sabiduría es evidente en la elegante biología de su modo de comunicación. La revista *Science Daily* informa de que las plantas pueden enviar señales de peligro a otras genéticamente idénticas que se encuentren cerca. Un estudio descubrió que los arbustos de artemisa alertaban a otros de su mismo tipo de que estaban siendo devorados por saltamontes. Los científicos sospechan que las plantas avisan a otras de su misma especie sobre peligros inminentes mediante la secreción de sustancias químicas que alejan a los animales herbívoros, o que hacen que la planta sea menos atractiva para cualquier bicho que pueda comérsela.

Las plantas también tienen poderes curativos. Desde tiempos remotos, se ha creído que los botánicos están en contacto con los secretos de la naturaleza. Plantas medicinales como el áloe alivian las quemaduras, lo mismo que hace la camomila con la ansiedad. Los chamanes usan hongos alucinógenos para propósitos espirituales, con el objetivo de abrir las puertas de la percepción y experimentar otras realidades. En la homeopatía, se destila la esencia de la planta para «que sea más ella misma». Estos remedios homeopáticos tratan distintas enfermedades, desde la depresión hasta el cansancio, y te protegen de los virus cuando viajas. Por ello, cuando te encuentres diversas especies de arbustos, ten en cuenta que son multifacéticos e incluso curativos.

Espero que consideres que todos los procesos físicos de la Tierra, incluidas la fotosíntesis y la aplicación medicinal de las plantas, son sagrados. Todo, *cada pequeña cosa,* es la mano del espíritu. Los chamanes creen que la realidad material es simplemente un «sueño consensuado». Sólo porque la mayoría esté de acuerdo en «lo que es real», eso no significa que sea cierto. Por muy útil que sea, la mente analítica a veces no puede ver más allá de su propia nariz. El espíritu está oculto, pero podemos descubrirlo accediendo por distintas puertas de entrada: el corazón es una de ellas, la naturaleza es otra. Te invito a «ver» la naturaleza tal como lo hacen los chamanes: con tu corazón, no con tu ego. El hecho de estar preocupado por uno mismo mantiene el corazón cerrado. Apreciar humildemente la santidad de la Tierra te ayudará a ver con tu corazón. De este modo, cuando busquemos guía en la naturaleza, cuando estemos dispuestos a entregarnos a otras formas de conocimiento, la naturaleza responderá enviándonos mensajes, algo que todos nosotros podemos recibir intuitivamente cuando estamos abiertos a ello.

Cada día, practica cada vez más la entrega al próspero mundo natural. Cuando te encuentres en presencia de una flor o una brizna de hierba, siente, no pienses. Escucha. Huele. Absorbe. ¡Abraza un árbol! Mantente abierto a las imágenes que ofrece la Tierra. La naturaleza contiene más misterios de lo que el intelecto puede llegar a comprender. Cuando veamos la Tierra y toda la vida de color verde como compañeros y portadores de sustento y conocimiento, podremos empezar a participar del éxtasis de la naturaleza. Las ciudades no pueden hacer eso por nosotros. Siempre que puedas, aléjate de ellas. Un paciente me dijo: «Todo lo que amo se encuentra al final de un camino de tierra».

## Conoce a tus animales y mensajeros de poder

*Los instintos son una protección mucho mejor*
*que toda la sabiduría intelectual del mundo.*

CARL JUNG

Los animales están en sintonía con la Tierra. Ellos no cuestionan la naturaleza, tal como hacemos nosotros. El poeta Robert Hass ha escrito que los animales están «en su hogar en el mundo, de una forma ajena a los seres humanos». Contempla a un potro galopar o a un águila echar a volar. Están en sus cuerpos en el momento; son instintivos. Nunca olvidaré las dramáticas fotografías de elefantes corriendo hacia tierras más altas antes de que el tsunami del año 2004 devastara varias zonas de Asia. Los animales son extremadamente sensibles y sintonizan con la Tierra, así que tal vez sintieran la vibración de una lejana inundación. Aunque se perdieron doscientas mil vidas humanas en el desastre, sólo se registró un pequeño número de muertes de animales, porque muchos pudieron correr y escapar de la inundación. Los animales tienen un sexto sentido para el peligro.

Los hombres primitivos rendían culto a los animales, y los dibujaban en pinturas rupestres, en joyas y les erigían figuras de tótem. Los norteamericanos nativos atribuyen distintos poderes a diferentes animales. Por ejemplo, el cuervo es un tramposo cuyo poder, tanto en la parte positiva como en la destructiva, debe ser domesticado para que sea beneficioso: lo que se conoce como «sabiduría del cuervo». Los osos transmiten curación y valor. Los búhos se asocian con la sabiduría y la muerte. El búfalo blanco

—una criatura tan rara que aparece sólo en aproximadamente 1 de cada 10 millones de animales de esa especie– se considera sagrado, y según la leyenda lakota, el nacimiento de uno es indicio de una nueva esperanza y el despertar de nuestro planeta. Va gente de todo el mundo para verlo y rezar.

Los chamanes dicen que todos nosotros nacemos con un animal de poder, un guardián (similar a un ángel) que nos protege y nos guía. Siempre los hemos tenido presentes, por muy difícil que sea de aceptar por la mente analítica. Los ositos de peluche son una versión en miniatura de esto mismo. Los niños y algunos adultos (mi amigo de ochenta años de edad se vuelve loco por ellos) abrazan a los suyos en busca de seguridad durante toda la noche. Yo abrazo a mi foca blanca todas las noches. No te reprimas ni pienses que ya eres demasiado «mayorcito» para hacerlo también. Alimenta al niño que hay en ti; pero hay más: cada animal de poder tiene atributos que complementan nuestra disposición emocional. Un león no tiene por qué ser más poderoso que un ratón. Para uno de mis pacientes, un jugador de hockey con sobrecarga de testosterona en sangre, es un ciervo el que le enseña ternura. Un abogado de empresa que vive a un ritmo frenético tiene una tortuga que encarna la paciencia y el valor de moverse despacio. Al conectar con tu animal, por ejemplo un jaguar, estás sintonizando con el espíritu de todos los jaguares: tremenda energía arquetípica, lo llamaba Carl Jung.

¿Cómo puedes identificar a tu animal de poder? En primer lugar, observa por qué animales te sientes atraído, o cuáles se aproximan a ti. Piensa en tu niñez. ¿Había algún animal que te protegía o consolaba? En tu vida actual, pasas algún tiempo con el perro, gato, caballo o conejo de un amigo. Observa cómo os relacionáis. O bien camina por la naturaleza y observa las mariposas, los colibríes, las garcillas, las lagartijas; cualquiera de ellos que se cruce en tu camino. Además, mira fotografías y vídeos de animales domésticos y salvajes. ¿Atrae alguno tu curiosidad o te pone contento? ¿Sientes afinidad con, por ejemplo, una ballena, un coyote o una iguana? ¿A qué criaturas amas sin necesitar ningún motivo? Asimismo, puedes pedir a tu animal de poder que aparezca mientras meditas o en un sueño. Nada de forzar, nada de expectativas; simplemente ver lo que llega y darle la bienvenida. Sigue aprendiendo de tu animal y entregándote a su poder. Esto pondrá en marcha tu lado más salvaje e instintivo, y elevará tu fuerza vital.

Mi paciente Jill siente afinidad por los halcones de cola roja. Cuando asciende por algún cañón,[17] siempre hay alguno cerca. Recientemente, mientras hacía un crucero por la costa del océano Pacífico, en Malibú, un halcón de gran tamaño bajó en picado para pasar por delante de la ventana de su coche y se quedó mirándola con sus penetrantes ojos negros durante varios segundos muy intensos. Cuando Jill se siente confusa, agobiada o con el ánimo bajo, medita en algún cañón y solicita sabiduría al halcón (para sus adentros o, si ve uno, en voz alta). Por ejemplo, durante un período de dolor, preguntó cómo podía salvar su matrimonio. Después espera, sintonizándose con el halcón, cuyo poder es su piedra de toque. Mientras permanecen en comunicación, le llegan respuestas, como por ejemplo ver realmente la cara de un terapeuta a quien Jill acudió y que la ayudó. En el silencio, su amigo el halcón le concede su guía para solucionar problemas y eliminar obstáculos.

Para encontrar tu animal de poder, conéctate con la Tierra y crea vínculos con sus criaturas. Sigue aprendiendo de las cualidades de estos animales, sean astutos o feroces, carroñeros o cazadores. Aprovechar su poder y entregarte a él te fortalecerá y te equilibrará.

Mi animal de poder se manifiesta en forma de bandada de pájaros blancos que presagian cambios favorables para mí. Puedo encontrarme caminando por la calle más concurrida de una ciudad, y de repente los veo aparecer dejando atrás los edificios y el tráfico, indicándome la abundancia que me espera. También pueden llegar en un sueño o en mis meditaciones. Para mí, los pájaros son las más entregadas de todas las criaturas, porque pueden volar. El día de Navidad, reúno una bandada de gaviotas en torno a mí, en la playa, ofreciéndoles migas de pan. Me siento agraciada cuando se sientan formando un círculo, una delicada sarta de brillantes perlas blancas. Me quedo muy quieta. No puedo acercarme mucho sin que se dispersen por el cielo, así que me quedo sentada allí todo el tiempo que ellas deseen, con el sonido del romper de las olas, recibiendo el sacramento de estos seres llenos de paz. Aunque ha habido diversas ocasiones en que bandadas de pájaros blancos me han guiado en la vida, sospecho que también me escoltarán en mi viaje final a un lugar lejano de luz desconocida.

---

17. Evidentemente, la autora se refiere a «cañón» con el sentido de accidente geográfico, un paso estrecho entre dos montañas, producto de la erosión de un río. *(N. del T.)*

## Examina rocas y cuevas y haz viajes místicos

Me parece maravilloso ver piedras, rocas y peñascos: forman la base de la Tierra, transmiten fuerza de determinación y son un refugio seguro. Me siento muy viva cerca de las rocas rojas de Sedona y Utah. Me asombraron las clarísimas fotos de rocas rojas que se extienden por la superficie de Marte. Disfruto llevando una piedra en la mano cuando camino por colinas, sintiéndola bien sólida en la palma de mi mano. La encuentro reconfortante de formas distintas a la fluidez del agua. A veces cojo una piedra, la meto en el bolsillo y después la vuelvo a coger.

Cuando se acababa de publicar mi libro *Libertad emocional*,[18] escribí el título en un trozo de papel y lo coloqué bajo una piedra para que estuviera en un lugar seguro, en el cañón de Topanga, un lanzamiento perfecto en el mundo natural, antes de hacer presentaciones en el mundo de las ciudades.

También siento una fuerte atracción por las cavernas. Recomiendo que todo el mundo encuentre una adonde poder retirarse. Una cueva es un pasadizo natural por debajo o dentro de la Tierra, con una salida a la superficie. Es una fuente de tranquilidad y ecos, de retiro, de luz y sonido amortiguados. Allí puedes hibernar y curarte en silencio, reunirte contigo mismo, sintonizar intuitivamente con temas confusos de tu vida y entregarte a lo que contemples.

Me sentí cautivada al ver la película en tres dimensiones *La cueva de los sueños olvidados,* sobre la magnífica cueva de Chauvet, en Francia. En este espacio oscuro y cavernoso, entre las brillantes estalactitas, están las pinturas rupestres más antiguas del mundo. Con el objetivo de describir la naturaleza y todas sus criaturas, estas pinturas se crearon hace más de treinta mil años. El arte rupestre es primigenio y reverencial. A mí también me gusta pintar en las paredes de las cuevas; mezclar pigmentos del color de la tierra para elogiar las formas de vida que consagran nuestro mundo en el siglo XXI.

A lo largo del tiempo, los maestros espirituales han vivido en cuevas alejadas del mundo, situadas en lugares místicos, imposibles de encontrar con mapas ordinarios, sino sólo utilizando el corazón como brújula. Lo

---

18. Hay versión en castellano, de Ediciones Obelisco, Barcelona, 2011. *(N. del T.)*

que estas personas dotadas de gran poder hacen allí es misterioso, no se revela; una forma distinta de ser que se basa en la quietud. A nuestro propio modo, podemos emularlos en la vida cotidiana.

Cuando estoy escribiendo un libro, entro en «modo caverna» durante gran parte de la semana, envuelta por la soledad y por un entorno seguro, ventilado y tranquilo, en el que puedo quedarme mirando fijamente al vacío, escuchar voces interiores y crear.

Mi oficina de casa, donde escribo, es mi caverna, aunque también medito en mi caverna favorita, en el cañón de Topanga. También deseo algún día experimentar las cuevas de cristales brillantes de Pensilvania y Arkansas. Especialmente cuando me siento agobiada, dolida o necesitada de curación, convierto mi dormitorio en un espacio parecido a una cueva, perfectamente oscura y sin ruido, o bien me retiro bajo la ropa de cama, dentro de una tienda de campaña hecha de mantas y sábanas, oculta de todo.

Te insto a que encuentres uno o varios escondites cavernarios para ti mismo. Puede ser en la naturaleza, pero también puede ser un lugar de tu casa, o incluso en tu propia mente. Si te sientes bloqueado, agobiado, con necesidad de curarte, o estresado de alguna otra forma, tomarte solamente unos momentos para visualizar una cueva fresca y tranquila puede transportarte a un lugar de paz y de poder. Me pone contenta que la cita de Ovidio sobre las cuevas esté grabada sobre un banco, en la Biblioteca Central de Los Ángeles: «Mi palacio, labrado en roca viva, lo hace la mano de la naturaleza; una espaciosa y agradable oscuridad, que el calor no puede penetrar ni el frío puede invadir». Las cuevas proporcionan un refugio primordial para olvidar las preocupaciones mundanales y entregarte a tu yo más primitivo.

Si deseas buscar una cueva o explorar otros lugares sagrados de la Tierra, te recomiendo que viajes. Si quieres expandir tu mente y tu capacidad visionaria, es obligatorio tomarte pequeños descansos de tu rutina, incluyendo las facturas, las reparaciones y otras exigencias.

Mi amigo Michael Crichton, en su última época, escribió un libro maravilloso, *Viajes y experiencias*,[19] en el que explicó como utilizaba los viajes como terapia para curar bloqueos creativos, depresiones e ideas mezqui-

---

19. Título original en inglés: *Travels*. Edición en castellano de Plaza & Janés, Barcelona, 1994. (*N. del T.*)

nas. En un capítulo, Michael recuerda nuestras experiencias en la década de los ochenta en un retiro situado en un lejano desierto de California con Brugh Joy, un médico reconvertido en maestro espiritual. En el lugar llamado rancho Sky High, sin teléfonos ni contacto con el mundo exterior, Michael y yo aprendimos sobre campos de energía y éxtasis experimentado, encantadores estados de conciencia que levantaron la barrera para quien quería ser yo como mujer y como médico. Ésa fue mi iniciación a las posibilidades de curación, más allá de la medicina convencional. Posteriormente, Michael y yo compartimos la continua aventura de cómo mantener estas revelaciones en casa, en Los Ángeles.

En mis viajes más recientes, un verano visité las formaciones de piedras de Avebury y Stonehenge, en el sur de Inglaterra. Después de un taller sobre intuición que ofrecí en la iglesia de San Jaime, en Londres, un amigo y yo nos dirigimos en coche por un brillante y dorado campo hasta Avebury, una pequeña ciudad situada al final de una tortuosa carretera de cuento de hadas. Celebramos una merienda sobre una manta rodeada por masivas piedras neolíticas que se cree que se colocaron en aquel lugar hace cuatro mil años para celebrar ceremonias. A diferencia de Stonehenge, que era amplia, pero acordonada y llena de turistas, Avebury –el santuario de anillo de piedras más antiguo– estaba sin gente y era más íntimo. Mientras permanecía descalza sobre la hierba, al lado de esas piedras de cuarenta toneladas, la adivina que hay en mí se levantó para tocar su noble y anciana presencia: para recordarme a mí misma, para reclamar el tiempo en que la naturaleza dirigía mis movimientos, mi respiración, mi corazón. Resonando a través de la palma de mi mano, sentí el trueno y la lluvia de otras épocas, tal vez incluso igual que hacen las mismas piedras. Madre, Padre, Dios, mi cuerpo, mi espíritu y la Tierra, todo es uno; nada que sea inferior a este yo así integrado cumplirá mis expectativas.

Las piedras son pacientes y duraderas. Contienen la sabiduría del tiempo. Déjate sentirlo intuitivamente. En nuestro agitado mundo, no solemos ser conscientes de la santidad que hemos perdido. Hemos sacrificado demasiado al altar de la tecnología y de la mente analítica. Como dijo William Wordsworth, la civilización tal vez esté «demasiado presente en nosotros». Las piedras pueden recordarnos quiénes fuimos en cierta época y qué podemos ser si nos mantenemos cerca del latido de la naturaleza.

Los viajes místicos te ayudan a entregarte, te hacen íntegro de maneras que la psicoterapia no puede por sí sola. La tierra en sí transmite mensajes y curación cuando puedes entregarte a sus mensajes intuitivos. Te animo a prestar atención a los lugares que te atraen y a viajar hasta ellos. Después descubre el sentido que te espera. La historia de un lugar es fascinante, pero debes ir más allá de los hechos registrados para experimentar qué tiene que transmitir esa parte de la Tierra. La tierra conlleva recuerdos, oraciones, emociones; todo lo que ha tenido lugar allí, pasado y presente. Te estoy pidiendo que amplíes tu forma de ver las cosas. Sé totalmente consciente de las intuiciones, los sueños y las partes de ti que de repente cobran sentido y se fusionan.

Por ejemplo, sentí el impulso de viajar a la sagrada cumbre de Delfos, en Grecia, sólo para poder soñar allí. Soñar en distintas partes del mundo puede conferir diferentes tipos de sabiduría. Puedes tener una idea de lo que encontrarás, pero en realidad debes hacer ese viaje para experimentarlo. Hace más de tres mil años, las profecías del oráculo servían de guía a reyes y comunidades. Mis propios sueños en Delfos accedieron a ese filón visionario. Me revelaron nuevas profundidades de autoconocimiento y conexiones pasadas cristalizadas en una época en que la intuición jugaba un papel central en la cultura. Soñar en Los Ángeles y soñar en Delfos tienen cualidades distintas, mediadas por el legado de la tierra y de su pasado.

La Tierra no es una masa inerte. Tiene energía, lecciones y misterios para compartir con todo el mundo. La Tierra se siente unida con cada uno de nosotros, aunque nuestras mentes estén demasiado distraídas como para darse cuenta de ello y para corresponder a esa relación.

## CÉNTRATE CON LA TIERRA

Los coches, el ruido y los cables telefónicos que tapan el cielo pueden separarnos de lo natural. Cuando te sientas agobiado o cansado, o cuando ansíes tener más contacto con la Tierra, prueba estas estrategias. Adóptalas y disfruta de ellas.

- *Anda descalzo.* Tocar el suelo con los pies aporta solidez de forma literal y energética. Anda descalzo en casa o en el jardín, baila descalzo, masajea tus pies con aceite, caliéntalos colocándolos sobre piedras. Personalmente, no me gusta demasiado llevar zapatos puestos. Los tacones siempre han estado fuera de mi alcance, inseguros y complicados para caminar, aunque puedan resultar atractivos. Suelo estar descalza en casa, conduzco descalza, en los restaurantes me quito los zapatos por debajo de la mesa, y adoro los masajes en los pies y la pedicura. Nuestros pies son una parte terrenal nuestra que nos da placer.

• *Al meditar, imagina que eres un árbol.* Permanecer sentado al meditar permite trazar una línea vital entre el centro de tu cuerpo y la Tierra. Cierra los ojos. Concéntrate en tu respiración. Visualízate como un árbol, con las raíces extendiéndose por debajo del suelo. Después lleva tu atención hacia abajo, a través del suelo, las rocas y los minerales. Desde la base de tu espina dorsal, comienza a sentir una continuidad con la Tierra. Ya sea que medites cinco minutos o una hora, deja que este enraizamiento te estabilice.


## ENTRÉGATE AL AGUA

*Mío, oh, tú, señor de la vida,*
*envía mis raíces a la lluvia.*
GERARD MANLEY HOPKINS


El elemento agua representa la entrega. El agua es impresionante porque puede tomar cualquier forma. Es flexible, logra su objetivo fluyendo, llena cualquier vacío y puede erosionar lo que es rígido. Es limpiadora, y también apaga los fuegos y evita la sequía. Los taoístas dicen que los hombres y las mujeres superiores siguen su ejemplo en su vida. Mi mantra diario, que recomiendo a mis pacientes, es «fluye como el agua». Intento no resistirme ni oponerme a lo que hay, aunque una situación no sea ideal. No quiero luchar con mis emociones, con las personalidades tóxicas de la gente ni con las fuerzas negativas que pueden afectarme. Cuando una ola monstruosa está a punto de golpearte, es sensato deslizarse bajo la superficie, por debajo de las turbulencias de la espuma. Recuerda esto a modo de ejemplo sobre cómo relajarte respecto de las cosas intensas de la vida. Si luchas, te arriesgas a verte dañado. Por eso, me dedico a aprender a dejar fluir el sufrimiento y la adversidad, para no incrementarlos reprimiéndome; y para fluir con la dicha, con el objetivo de poder disfrutar de ella.

El océano es una de mis principales relaciones. Cuando estoy escribiendo, suelo pasar más tiempo en el agua que con personas. El rugido del oleaje es para mí el sonido de la entrega, un rugido que también escucharon nuestros antepasados. Escucho cómo se rompen las olas cuando se liberan a sí mismas en la orilla, una y otra vez, sin detenerse nunca, siglos de olas que marcan el paso del tiempo con total certidumbre. Suelo caminar hasta el extremo del embarcadero de Venice Beach, cercano a mi casa, para observar a los surfistas. Sobresale sólo unos cien metros de la orilla. Mi posición queda más allá de las olas, lo cual me permite mirar a las docenas de surfistas desde detrás. Es sublime: el agua se hincha, sus cuerpos se esfuerzan, y después, en perfecto equilibrio, se dejan llevar por la ola. Los surfistas saben que el océano es más poderoso que ellos. No dominan la ola, sino que hacen el amor con ella. Las olas son energía en movimiento a través del agua. Mis amigos surfistas dicen que cuando practican su deporte, se funden con una fuerza superior a ellos, sin olvidar nunca que el océano podría destruirlos si no se dejan llevar lo suficiente. Para mí, el *surfing* es el espíritu en movimiento: eso es lo que hace que observarlo y practicarlo resulte hipnótico.

El agua nos enseña a surfear las fases más rápidas de la vida sin ponernos tensos. Cuando confías en esto y te dejas llevar, siempre acabarás donde necesitabas ir. Por supuesto, utilizas todo tu poder cerebral para tomar las decisiones correctas. Sin embargo, además de la lógica, sé plenamente consciente para elegir lo que hay en ese fluir, para no luchar contra la naturaleza y sufrir. Valora a las personas y a las situaciones que llegan a ti orgánicamente, sin forzarlas para que encajen. Cuando algo fluye, es un buen indicio de que es tal como debe ser. Por ejemplo, elige la atractiva perspectiva romántica que te sonríe al llegar a la puerta de tu casa, no a la persona misteriosa e inaccesible que estás intentando que se enamore de ti. O bien, acepta el estupendo trabajo que te han ofrecido, en lugar de dar más vueltas para encontrar aquel «mejor» que de momento es inaccesible, a pesar de todos tus esfuerzos. Solemos juzgar incorrectamente lo que es «mejor» para nosotros, cuando nuestros egos se aferran de modo obsesivo a un deseo, en lugar de intuir con sobriedad lo más adecuado.

## Disfruta de la fisicidad del agua

Los caminos del agua son tan importantes para nosotros porque ella conforma las dos terceras partes de nuestros cuerpos, baña nuestras células y cubre más del 70 por 100 de la superficie de la Tierra. El agua está compuesta de dos átomos de hidrógeno y uno de oxígeno, una configuración básica para la vida. Se manifiesta en forma líquida, sólida o gaseosa: agua potable, un copo de nieve, un témpano de hielo, un banco de niebla, dulce lluvia, una gota de rocío, una lágrima. Sudar nos permite mantenernos frescos y acabar con la fiebre. Cuando era pequeña, mi madre me hacía inhalar vapor para acabar con la congestión si estaba resfriada, un medio anticuado, pero eficaz. Actualmente, se sabe que los baños de vapor y las saunas sirven de ayuda a las infecciones respiratorias y nos permiten tener una piel más limpia, además de ser todo un placer sensual. El agua hidrata, cura, lubrica y protege nuestros órganos para que nuestros cuerpos puedan estar sanos.

Nosotros, los humanos, y la mayor parte de la vida orgánica, hemos evolucionado a partir del mar, nuestro hogar original. Nuestros cuerpos nunca lo olvidan, independientemente de lo «avanzados» que seamos. De hecho, nuestro cuerpo contiene minerales similares a los que hay en el agua del océano. Pasamos nuestros primeros meses, después de la concepción, desarrollándonos en líquido amniótico, hasta que podemos sobrevivir independientemente. (Es interesante que muchas comadronas piensen que los partos en el agua son los más naturales, una transición menos traumática desde el útero hasta el mundo). Más pruebas de nuestra naturaleza acuosa son los fluidos del cerebro y la médula espinal, o el «cuerpo relacionado con las mareas», bajamar y pleamar. El estrés acelera estos ritmos; la meditación los ralentiza.

El vínculo entre el agua y el hogar está preconfigurado en nuestra biología. Para algunas criaturas, es muy fuerte el instinto de volver al mar. Fui testigo de esto cuando contemplé el impresionante espectáculo de cientos de bebés de tortuga eclosionando del cascarón simultáneamente en una hermosa playa de Costa Rica. (Sus madres se van después de poner los huevos). En sus primeros momentos de vida, luchan con fuerza para romper el cascarón. Después, como si estuvieran guiadas por el radar, las tortugas comienzan instintivamente a arrastrarse en masa hacia el océano color turquesa, que se encuentra a cientos de metros de distancia: un paseo propio de Sísifo para estos recién nacidos de menos de un centímetro, en el que tardan aproximadamente media hora. Un grupo de nosotros nos ofrecimos voluntarios para protegerlas tirando piedras a las bandadas de buitres que en el aire esperaban para lanzarse en picado y comérselas. Cada uno protegimos a varias tortugas a la vez hasta que llegaron a la orilla del mar, un trabajo que la gente del lugar suele efectuar con gran cariño. Una vez que las tortugas alcanzaron el océano, nadaron sobre las corrientes, que las acogieron con amor. Así que les dijimos adiós y las vimos desaparecer en el interior del mar.

El agua no sólo está presente en la Tierra, sino que ha sido prevalente a lo largo de la mayor parte de la existencia del universo. Todos sabemos que la NASA ha estado buscando agua, como indicio de vida, en Marte. ¿Sabías también que los científicos han descubierto recientemente una nube de vapor gigante, en torno a un quásar, a 12.000 millones de años luz de nosotros? Contiene una cantidad de agua 100.000 billones de veces mayor que todos nuestros océanos juntos. Intenta asimilar la maravilla que eso supone. El agua es un elemento común que unifica la vida interestelar.

### Descubre la naturaleza espiritual e intuitiva del agua

Las cualidades físicas del agua se ven complementadas por sus propiedades espirituales e intuitivas. Los antiguos egipcios y los antiguos cristianos relacionaban el agua con la espiritualidad y la conciencia. Ambos utilizaban el bautismo para limpiar las impurezas y como preparación para abrir el espíritu. De igual modo, en la tradición judía, la inmersión ritual en el agua se llama *mikva*. Se cree que purifica a la novia antes de su boda. Los druidas de Europa y los shintos de Japón creían que las acumulaciones de agua eran aperturas consagradas a mundos internos, y celebraban ceremonias sagradas en ellas. Los profetas de numerosas culturas han contemplado los reflejos en el agua, ya fuera en un estanque o una taza de té, para adivinar el futuro, y, según dicen, algunos para contactar con la muerte. Desde mi niñez he mirado instintivamente el agua en busca de respuestas, sin saber en todo momento lo que estaba preguntando, pero me llegaban ciertas ideas. También me da gran placer ver el cielo nocturno reflejado en los ríos, el mar, o incluso charcos de la calle: al tener agua, la fusión de la luna y las estrellas es mi versión del paraíso. Numerosas tradiciones curativas consideran que el agua es sagrada. Los cristianos se bendicen con agua sagrada. Los pueblos indígenas utilizan agua para purificarse. En mi práctica taoísta, dos veces al mes, bendigo un vaso de agua con una oración y todo mi amor, y después me lo bebo para renovarme, un ritual que llevo practicando desde hace veinticinco años. Lo hago en las noches de luna nueva y luna llena, tiempos propicios para el desarrollo espiritual, marcados por el comienzo y la finalización de ciclos.

El agua también puede ofrecer protección. Cuando estés estresado o trates con gente que te agota, bebe agua conscientemente (no te limites a engullirla) y toma un baño o ducha para limpiar la negatividad de tu organismo. Además, puedes visualizar el acto de colocar alguna acumulación de agua entre tú y alguien tóxico, como por ejemplo un adicto al enfado. Esto hace posible una amortiguación que evita que su enfado te afecte. Para una purificación y rejuvenecimiento diarios, recomiendo que te sumerjas en agua, ya sea en una bañera, en un *jacuzzi* o, siempre que sea posible, en el océano o en fuentes minerales.

Además, el agua es un medio perfecto para que se transmita la intuición. A mi ducha la llamo mi «cabina de teléfono psíquica». Un paciente dice sobre su ducha: «Aquí es donde veo la luz». Permanecer bajo una corriente de agua caliente, dejándome llevar completamente por ese lujoso momento, me ha permitido tener potentes intuiciones e innovaciones creativas a lo largo de los años. El acto de la entrega me parece más natural en el agua que en cualquier otro sitio. Mi charla mental se convierte en un estado similar al sueño. ¡Es mucho más difícil preocuparse en una ducha! El agua no sólo hace que no se transmitan nuestros pensamientos obsesivos. Además, tranquiliza nuestras ideas, deja que surja la fuerza intuitiva que hay en nosotros y elimina el estrés. Una amiga dice que cuando se siente emocionalmente bloqueada, tomar una ducha le permite llorar y liberar sentimientos reprimidos. El agua aligera nuestros músculos y nuestra mente, para que podamos pensar de forma más amplia.

En mis viajes, un lugar celestial que he visitado es el templo público de agua de Glastonbury, Inglaterra (la isla de la diosa de Avalón, en la sabiduría celta). Afortunadamente, sólo se permitía estar en silencio. En el instante en que entré en este cavernoso edificio de piedra gris, iluminado por velas, y escuché el caer del agua por todas partes, me sentí más completa. Aunque la misma estructura (antiguamente una presa) estaba al nivel de la calle, sentí como si hubiera entrado por un acceso bajo el suelo. El agua de las fuentes fluía por las paredes, generando caídas libres en algunas partes del suelo de piedra, de una textura sedosa, en la cercana oscuridad. Hombres jóvenes de aspecto beatífico, con coleta, colocaban en silencio los numerosos altares de flores que descansaban en la piedra. Llevada por este otro mundo sensual, permanecí en un prolongado estado de asombro durante quién sabe cuánto tiempo. Ese día, me entregué a la calma líquida y al profundo consuelo del hogar.

Deja que el agua te inspire para fluir con fuerzas superiores a tu ego y a tu mente analítica. Del mismo modo que todos los ríos confluyen en el océano, haz que tu vida gravite hacia una conciencia superior. Una simple gota de rocío sobre un pétalo te puede transportar hasta allí. Presta atención al gua. Abandónate a su forma de fluir. Saborea el olor de la lluvia, el susurro de la niebla, la calma de un brillante lago. Adoptar estos éxtasis de la naturaleza permitirá que tu luz interior brille más.

En el siguiente ejercicio me gustaría que aplicaras la sabiduría del agua a tu vida cotidiana. Deja que el agua te enseñe sobre el acto de la entrega y cómo afrontar la adversidad y la incertidumbre sin problemas.

## PRACTICA FLUIR COMO EL AGUA

Cuando te encuentres en un estado de bloqueo o si te falta una dirección clara acerca del futuro, utiliza estas estrategias. Te ayudarán a liberar tensión, a mantenerte flexible y a encontrar respuestas.

- *Observa el agua.* Pasa algún tiempo sentado al lado de un arroyo, una catarata, el océano, una fuente o cualquier otra forma de agua. Si no tienes ninguna cerca, ponte a ver un vídeo de agua. Observa la naturalidad con que la corriente se desliza en torno a los obstáculos, la rítmica subida y bajada de las mareas. Asimismo, observa qué tranquila puede estar el agua. Es el tipo de facilidad con el que abordar un dilema.

- *Resuelve un problema.* Pregúntate: «¿Cómo puedo fluir en una situación de la forma en que lo hace el agua?». Por ejemplo: «¿Puedo ser menos rígido y comprometerme más con mi cónyuge? ¿Puedo dar marcha atrás y dejar que un proyecto tome impulso, en lugar de forzar promesas? ¿Puedo decir "sí" con más frecuencia a las buenas oportunidades que llegan a mí orgánicamente?». En lugar de enredarte o de intentar controlar en exceso el logro de un resultado, sigue practicando el flujo.

- *Entrégate al no-conocimiento.* En períodos de cambio, incertidumbre o caos –por ejemplo, durante un divorcio o un grave problema de salud–, fluir es esencial. Acepta la incertidumbre; no luches con ella. La resistencia sólo causa sufrimiento. La ansiedad reprime el libre fluir. La fe lo potencia. Esta entrega conlleva confiar en que se nos revelará una solución. Por ahora, concéntrate en lo que sabes, como por ejemplo «Necesito estar ahí para los niños» o «Debo consultar a un especialista del dolor». Observa también las opciones que llegan espontáneamente o modifica tus esfuerzos para conseguir soluciones. Sigue valorando qué opciones parecen buenas a tu intuición. Atente a ellas. Cuando te relajes, las piezas del rompecabezas se unirán porque el futuro se dejará ver a sí mismo. Por ello, entregarte a «no saber» puede ser divertido.

## ENTRÉGATE AL AIRE

*Estaba buscando el aire sólo para entregarme.*

LEONARD COHEN

Cuando era niña y estaba tumbada en mi cuna, recuerdo que me atraía el aire, mirar al cielo, la luna y las estrellas, por fuera de la ventana. Había una fuerza superior que yo entendía y que ella me entendía. Lo que estaba a mi mismo nivel, lo que había justo delante de mis ojos, incluido el mundo de la gente y los padres que yo quería, no me despertaba la misma fascinación instintiva ni la misma sensación de seguridad. Siempre me he sentido una hija de las estrellas, más que de este mundo.

¿Qué es el aire? Aunque físicamente hace referencia a nuestra atmósfera –que consta principalmente de nitrógeno y oxígeno, valiosos gases que respiramos–, extiendo su alcance al espacio exterior y a la infinidad que hay dentro de ti. Nuestros átomos (y todos los átomos) son espacio vacío en más de un 99,9 por 100, y los científicos postulan que también podemos estar hechos de polvo de estrellas. ¡Fascinante! Del mismo modo que el universo se expande constantemente a la velocidad de la luz, nosotros también tenemos el impulso de expandir nuestra conciencia más allá de los horizontes conocidos. El aire nos da suficiente espacio y tiempo para convertirnos en quienes deseamos ser. Proporciona una apertura en torno a todo, para que no nos sintamos claustrofóbicos. Especialmente en períodos de frustración, o cuando tenemos el ánimo bajo, genera un espacio dentro de ti que está dotado de posibilidades.

Entregarnos al aire se manifiesta de diversas formas. En primer lugar, conlleva que experimentes la grandeza de tu espíritu. En sánscrito, *akasha* es el espacio, o éter, del cual surgimos tanto los mortales como los inmortales, la sustancia espiritual de la creación. Concentrarte en el aire te vincula con esto y con el espacio y el amor ilimitados que hay en torno a ti, una verdad que es fácil de olvidar por las exigencias de la vida. A continuación te explico cómo entrenarte para recordar. Cada día, proponte mirar al cielo, las nubes y el paraíso. Di «hola» al hermano sol y a la hermana luna, como los llamaba san Francisco. Esto te recordará que eres más que el mundo material, y que ese «más» es increíblemente bello. A veces recuerdo esto bailando la canción de los Beatles «Across the universe», moviéndome y contoneándome siguiendo el ritmo cósmico. Mi amigo y colega Edgar Mitchell, astronauta del Apollo 14, describe sorprendentemente su despertar espiritual en su viaje desde la Luna hasta casa. Viendo surgir la Tierra desde el espacio, experimentó *samadhi,* una sensación extática de unicidad con toda la existencia que transformó de una vez por todas su perspectiva sobre la vida. De igual modo, cuando nos entregamos a la maravilla de ser testigos del cosmos, también podemos conocer la excitante sensación de unicidad.

Explorar tu cosmos interior también sirve para ampliar tu conciencia. Una forma en que disfruto haciéndolo, y que te sugiero, es que, habitualmente, dejo la mente vagar hacia lo invisible, los espacios aéreos que hay entre las cosas. Durante minutos, o más, dejo de enfocar mis ojos y me limito a mirar al vacío. En este estado de entrega, no estarás pensando ni resolviendo problemas lógicos; solamente vagando sin rumbo en algo poderoso si puedes olvidarte de ti mismo el tiempo suficiente para hacerlo. Esa «desconexión» o sueño de día, te transporta a un mundo interno infinito, enciende tu imaginación y te permite la entrega a universos paralelos de imaginación.

## Cómo situarte por encima de problemas y miedos

Otro beneficio de entregarte al aire es que transmite una ligereza de ser, el antídoto a volverse demasiado serio, intenso o pesado. Un conflicto no siempre se puede solucionar a su mismo nivel. Para elevarte sobre el nivel propio de los problemas, debes saber convertirte en ligero como el aire, una herramienta práctica que enseño a los pacientes y a mí misma. Para asimilarlo, observa globos, burbujas o nubes flotando en el cielo. Observa cómo se mueven sin esfuerzo, nunca con prisa ni erráticos; es un estado del que podemos aprender. (En ese sentido, me encanta lo que mi amiga Ann, una romántica y practicante de zen, dice sobre la ligereza de nuestra amistad: «Es como dos bonitos globos flotando juntos»).

Aunque es más fácil sentirse ligero cuando estás contento, es una estrategia muy sensata para hacer también durante los momentos tensos. Cuando detectes que estás haciendo esfuerzo, que quieres algo o a alguien en exceso, ésa es tu pista para imitar al aire. En lugar de seguir llamando a una puerta que aún no se ha abierto, prueba a levitar un poco. Imagínate unos cinco metros, o más, por encima del suelo. Después observa la situación como si fueras un pájaro –o un ángel– desde una perspectiva superior, más entregada.

Desde una orientación espiritual, nada consiste sólo en una carrera profesional, una persona o un objetivo. Es importante que interactuemos con una fuerza superior a nosotros, para unir lo positivo de nuestras vidas. Evocar y entregarnos al aire te permitirá elevarte más alto, a fin de comprobar la realidad en cualquier situación. Nunca estarás tan limitado o solo como pueda parecer. Con una visión más amplia, podrás ver las posibilidades y la protección que han estado siempre allí.

## La magia de la interpretación de las nubes

Observar nubes puede enseñarte a ser más ligero. Las nubes están formadas por gotitas de agua y cristales de hielo que surcan el cielo. Los cirros con forma de pluma son los más altos. Los cúmulos se encuentran en un espacio intermedio y parecen bolas de algodón gigantes. Los estratos bajos se parecen a sábanas. Cuando tocan el suelo se convierten en niebla. Soy una ávida observadora de nubes y pertenezco a la Sociedad de Apreciación de las Nubes (créeme, es un club real). Las nubes son elegantes, siempre cambiantes, siempre abiertas a nuevas formas.

Yo defiendo la interpretación de las nubes, el arte de encontrar conocimiento en sus formas y movimientos. Las nubes pueden parecer el velo más fino, o bien dragones, ángeles o extravagantes criaturas de tiempos pasados. Del mismo modo que el test de Rorschach, en el que nuestras interpretaciones de manchas de tinta revelan aspectos de nuestra psicología, las nubes pueden revelar nuestros deseos, miedos y motivaciones más profundos. A veces pido a mis pacientes que me comenten qué ven en las nubes, para que yo lo interprete. Un arquitecto que tenía fobia a nadar veía horribles monstruos marinos en las nubes de lluvia. En terapia, conocerlo le ayudó a descubrir y curar una experiencia traumática infantil, un accidente en el que estuvo a punto de ahogarse. Otra paciente, que estaba preocupada por un trabajo muy exigente, de muchas horas, vio una nube que era una cuadriga dorada gigante. Imaginarse cómo la montaba le permitió sentirse libre en el trabajo. Del mismo modo, observa lo que ves y sientes cuando miras nubes. Permítete jugar. Independientemente de lo que descubras, valora cuál es la sensación para ti. La formación de las nubes refleja la oscuridad y la luz de tus emociones y tu alma. Forman parte de tu ser, igual que de la naturaleza.

Para lograr la ligereza de tu ser, imita los movimientos de las nubes. Paso a explicar lo que quiero decir. Cuando experimentes preocupación, miedo o ansiedad, imagina todo esto surcando el cielo como si fueran nubes, sin apegarte a ese sentimiento.

Haz lo mismo con todas las emociones difíciles. Sigue respirando lenta y profundamente. Deja que el aire de tu respiración las mueva. Practica dejar que las emociones pasen por el cielo, como si fueran plumas, que tomen forma, y que después desaparezcan sin tener forma alguna. Los budistas hablan sobre el llegar y el marcharse de todas las cosas. Por eso, intenta aproximarte a las fluctuaciones de la vida con levedad. Cuando no te aferres a ellas demasiado, sino que sean como nubes, será más fácil entregarte a cualquier cosa.

## Deja que el viento te purifique y te ayude a volar

El viento es el aire en movimiento, una ráfaga de corriente con una dirección concreta. Los patrones globales del viento son dirigidos por una combinación de irradiación solar, corrientes oceánicas, masas de tierra y la rotación de la Tierra. La interconexión del mundo natural se ve asegurada por el equilibrio sensual de las fuerzas elementales.

El viento puede ser purificador, limpiar los desechos de la tierra, las calles y la atmósfera. Proporciona circulación a nuestro entorno interno y externo. Después de una tormenta de arena en la playa, es espectacular ver la arena blanca impoluta, sin ninguna huella, sin haber sido tocada por los humanos o las gaviotas, una pizarra lista para comenzar de nuevo. El viento también puede ser destructivo, como por ejemplo durante los huracanes, los tornados y la Santa Ana cálida o «vientos endiablados» que provocan fuegos incontrolados en los áridos cañones de Chumash, en Malibú. Desde que era niña, me he sentido atraída a deambular durante los vientos de Santa Ana.[20] Me siento viva contemplando cómo agitan los eucaliptos y hacen circular plantas rodadoras por las calles de las ciudades. Estos vientos son seductores, inquietantes y transmiten cierto sentido del peligro.

Entregarse al viento conlleva dejar que su poder te penetre y te purifique. El especialista en medio ambiente John Muir escaló a lo alto de un abeto en Yosemite, en pleno invierno, para experimentar qué sentía con el viento. Naturalista y místico, se conectó con las energías de la naturaleza.

En tu propia vida, puedes apelar a la energía del viento para eliminar los bloqueos de tu sistema. Estate atento a la suave brisa que acaricia tu cara y que permite que entre esa amabilidad. También sal a exteriores

---

20. Vientos característicos del sur de California y el norte de Baja California, normalmente cálidos y secos. *(N. del T.)*

durante los vientos racheados, sin oponerles resistencia. Deja que la corriente de aire te penetre y te despeine. Siéntete más ligero, más joven, libre de problemas. Imagina que tus miedos y problemas se eliminan, que dejan de ser una carga. El viento puede ayudarte a dejarte llevar si estás preparado. Entrega conscientemente tus problemas al viento, como muestra de gratitud.

El viento y el vuelo están conectados. Yo era niña cuando por primera vez soñé que podía volar. Fue una pura dicha. En cada ocasión, al comienzo, mis pequeños pies empezaban a correr por una llanura totalmente abierta, hasta que una ráfaga de viento me elevaba apenas un par de centímetros del suelo; pero lo suficiente para proporcionar el impulso necesario para elevarme. Después del empuje del viento, mi propia habilidad para volar se hacía cargo de todo. No existía el peso de la gravedad. Yo despegaba y planeaba sobre las montañas y los valles, tan libre en el aire como podía serlo. Normalmente, todo lo que necesitamos es el comienzo, a fin de hacer aquello por lo que siempre hemos sentido afinidad, como por ejemplo volar, ya sea en tu cielo interno o en tu vida diaria. Ahora pruébalo tú. Deja que el viento te ayude a volar y ser consciente de la completitud de tu espíritu.

## DÉJATE LLEVAR: SIÉNTETE VOLAR

Tómate algunos minutos de silencio para meditar. Cierra los ojos. Respira profundamente. Relaja tu cuerpo. Imagínate caminando lentamente en un espacio natural abierto, como un prado, y a continuación moviéndote más rápido hasta que empiezas a correr. Después siente que te elevas en el aire y que echas a volar. Es estimulante. Saborea el placer del aire fresco acariciando suavemente tu cara y tu cabello. Siente tu cuerpo más alto a una velocidad cómoda. Con los brazos extendidos, planeas sobre océanos, cumbres de montañas y ciudades, incluso en el espacio. Nada puede detenerte. Eres ligero. La pesada carga ha desaparecido. Tus cargas se han ido. Permítete entregarte a este éxtasis.

# ENTRÉGATE AL FUEGO

*Quiero estar en llamas.*

Rumi

El fuego puede ayudarte a entregarte a tu pasión, calor y ganas de vivir. Te inspira a estar en llamas en tu propia vida, no indiferente, aburrido o desconectado. Entregarte al fuego interior transmite a tu fuerza vital que tú la veneras. Entiendo perfectamente cómo el estrés y las exigencias de la vida pueden hacerte perder de vista tu fuego. También sé que las opiniones de otras personas sobre cómo «deberías» comportarte pueden impedir que seas tu yo más fiero y salvaje. Tal como es cierto en muchos pacientes que inician psicoterapia conmigo, tal vez te sientas «viejo», «cansado» o «sin energía»; experiencias muy reales que yo también he tenido en distintos períodos. Aun así, no concluyas que esos estados son irreversibles. Escucha esto: independientemente de tu edad o de las luchas que hayas resistido, tus llamas están siempre ahí, esperando con ansia que las reavives.

¿Qué es el fuego? En un plano físico, el fuego proporciona calor y luz. Nos permite cocinar comida, un lujo que actualmente podemos dar por supuesto (la evidencia de comida cocinada data sólo de 1,9 millones de años). La combustión tiene lugar cuando se calienta un combustible como la madera, la mecha de una vela o el carbón, hasta su «punto de encendido» –igual que mediante la fricción que conlleva encender una cerilla–, y se combina con oxígeno. Es deslumbrante: cuando se juntan los elementos adecuados con suficiente calor, generas fuego. Recuerda este principio en todas las áreas de tu vida, incluyendo la formación de equipos en el trabajo, o cuando quieres lanzar un proyecto a la sociedad. No te reprimas. Caliéntate hasta tu punto de encendido y quema. Mantén el fuego de tus pasiones.

Nuestra principal fuente de energía y de luz es el sol, la estrella que nos da la vida y que se encuentra en el centro de nuestro sistema solar. Imagina: la Tierra lleva girando en torno a ella 5000 millones de años, todos los días. El Sol está encendido, pero, al no tener oxígeno, su núcleo se quema a 15 millones de grados debido a una reacción nuclear, una especie de bomba de hidrógeno. Lo que aturde mi mente es que la mayoría de nosotros no se acuerda de dar las gracias al Sol, aunque nuestro bienestar depende de él. De hecho, algunos científicos creen que, cuando la actividad del Sol entra en erupción –por ejemplo, con las tormentas solares–, altera el campo magnético de la Tierra. Esto hace que nosotros, los seres humanos, seamos partículas electrónicas inquietas y cargadas. Esas fases del Sol se han asociado con revoluciones políticas, epidemias, grandes problemas tecnológicos, así como con una mayor ansiedad e inquietud a escala global.

Los antiguos tenían un profundo respeto por el sol, hacían ofrendas al dios sol y construían relojes de sol para seguir el curso de las estaciones. Los eclipses solares se consideraban eventos de un poder espiritual increíble, y provocaban adoración y meditación. Muchas culturas realizaban tributos en tumbas ceremoniales a los solsticios de verano y de invierno (los días más largo y más corto del año, con el sol en su punto más alto y más bajo en el horizonte). En Irlanda, visité la cavernosa tumba de New Grange. Estaba construida para ver los primeros rayos de la salida del sol en el solsticio de invierno, mediante una delgada apertura en una pequeña cámara de piedra, negra como el carbón. (Vimos una versión simulada porque estuve allí en mayo). En el momento en que comienza el solsticio, la luz pasa a través de ella, llena la sala, un cambio tremendamente bello desde la oscuridad hasta el brillo, el augurio de un nuevo año de esperanza. Lo exquisito sobre los solsticios es que conllevan un perfecto equilibrio de luz planetaria. Cuando una de las participantes de mis talleres, que vive en Sudáfrica, me escribió un correo electrónico para desearme un feliz solsticio de invierno, me recordó que era el día más luminoso del año en el hemisferio sur. Todo está en armonía.

El sol nos ofrece experiencias directas de luz y poder que no debemos ignorar. Para apreciarlas, contempla la grandeza del Sol y de nuestro sistema solar. Aunque este milagro tal vez sea demasiado grande para que lo asimilen nuestras mentes, tu intuición podrá empezar a captarlo cuando sientas y no pienses. Igual que con todos los milagros, la chispa del éxtasis está allí. Sintoniza con ella. Ábrete a ti mismo. Permítete experimentarlo. En un plano intuitivo, no existe separación entre tú y el universo. Sentir esta unicidad –el fuego en mí, el fuego en ti, el fuego en todas las cosas–, incluso durante algunos segundos, es la gran explosión que puede acabar con el trance del letargo. Si no seguimos entregándonos al mundo natural, nos arriesgamos a volvernos tediosos, paralizados, separados de nuestro propio fuego. Si nos entregamos, encontraremos la pasión.

En términos espirituales, el fuego tiene un significado muy profundo. Para los norteamericanos nativos, el fuego representa la limpieza. Se utiliza humo para limpiar artículos sagrados como los tambores y las pipas antes de las ceremonias. Las cabañas para sudar son ritos de purificación en los que una choza hecha de ramas de sauce mira hacia el este para rendir honor al sol naciente y al sagrado fuego donde sus guardianes calientan las piedras. Durante la ceremonia de la cabaña para sudar, se arroja agua sobre estas piedras calientes para generar vapor, que provoca el sudor. El objetivo es rezar y estar en contacto con el mundo de los espíritus. Los norteamericanos nativos también creen que el fuego ofrece renovación. Igual que el fénix mitológico estalló en llamas y después resurgió de sus cenizas, de las cenizas nace el potencial para un nuevo crecimiento y nuevas ideas. Desde esta perspectiva, incluso cuando tu casa se quema y te ves forzado a abandonar todas tus posesiones –una prueba de fuego literal, así como una forma de demostrar el valor–, siempre existe la oportunidad para el renacimiento y una nueva vida. Vi esta actitud aplicada de primera mano con mi amiga íntima Ann, quien perdió su casa en el devastador incendio de Malibú de 1993.

Históricamente, las mujeres visionarias no siempre han tenido una buena relación con el fuego. En épocas pasadas, las sacerdotisas paganas celebraban abiertamente festivales de fuego, y las mujeres judías siempre han encendido las velas en el Sabbath, para dar la bienvenida a la luz de Dios. Sin embargo, durante la Inquisición, más de dos mil supuestas «brujas» (en su mayor parte mujeres) fueron quemadas en la hoguera. Este terrible uso inadecuado del fuego tenía como objetivo erradicar las brujas y «limpiar sus almas», un intento desesperado por acabar con el poder intuitivo por parte de una sociedad patriarcal que le tenía miedo. Para mí y para muchas curanderas contemporáneas, este recuerdo de haber padecido una caza subyace inconscientemente en nuestro interior. Es vital que lo identifiquemos como algo que surge del pasado. Con ello no dejaremos a ese miedo, o a personas con mentalidad de «caza de brujas» (he tropezado con muchas de ellas), acallar nuestras voces actualmente.

En muchas tradiciones místicas orientales, a nuestra fuerza vital esencial, o energía kundalini, se la llama el «fuego sinuoso». Cuando la activas mediante el yoga o la meditación, puede parecer un arrebato de calor que comienza en la base de nuestra columna vertebral y que rápidamente asciende, mediante un movimiento similar al de una serpiente, por la espalda, hacia la cabeza. Un paciente lo describió como «conectarte a un enchufe e iluminarte como un árbol de navidad». Para hacer aflorar tu energía kundalini mientras estás sentado en silencio, meditando, o durante una sesión de yoga, visualiza un fuego que comienza en la parte baja de tu espina dorsal y que va subiendo. Es una intensa forma de volver a la vida, una señal para que se despierte la energía dormida en tu interior. Independientemente de lo que sientas —calor, frío, hormigueo o electricidad—, intenta dejar que suceda, sin ponerle trabas. Entregarte a estas sensaciones te asegura que todos tus sistemas están listos para reavivar la pasión.

Estar en contacto con tu propio fuego también conlleva encender tu sexualidad, tu yo erótico, que está configurado dentro de las fuerzas más elementales. Después de todo, la expresión «nuevas llamas» hace referencia al nuevo amor, una expresión evocadora que identifica el amor con el fuego. También existe el ardor del amor apasionado y de la pérdida, lo cual incluye la persistente y lenta quemazón de «aún no te he olvidado», después de una ruptura dolorosa y no deseada. Sin embargo, tal como insistí en el capítulo 8, aunque no tengas pareja sentimental, puedes mantener ardiendo el fuego erótico con sólo permanecer conectado a tus propias vibraciones y a la naturaleza. Esto no tendrá lugar si estás constantemente dando vueltas a la cabeza o preocupándote. Por eso transmito la pasión que siento al conectar con el fuego y los otros tres elementos: la tierra, el agua y el aire. Tu mente analítica siempre pensará que tiene mucho que hacer. Pero el fuego que hay en ti desea brillar y palpitar si se lo permites. Eres espiritual y sexual. Estás vivo y ardiendo.

La creatividad y la pasión están relacionadas. El sol es una fuente de poder creativa, que proporciona luz constante para nuevas empresas. Cuando me encontraba bloqueada en mi proceso de escribir algo, mi maestro de taoísmo me aconsejaba: «Mira al sol en busca de inspiración, y a la luna en busca de sentimiento». Salvajemente enamorada de ambos, yo protesté: «Siempre los contemplo». Él me dijo: «Sí, pero no estás asimilando su poder». Era cierto. Los admiraba guardando las distancias, pero sin absorber su entusiasmo creativo. Para entregarnos a la creatividad, debemos ser permeables y receptivos a los destellos de imaginación, para que puedan gestarse dentro de nosotros. Implican sensualmente todo nuestro cuerpo, no sólo los ojos. La creatividad sonríe a nuestra disposición para entregarnos a ese fuego. Responde con inspiración y visiones, y permite que el sol se eleve en nuestro interior cuando parece que no podemos encontrarlo en ningún sitio.

Para explorar el elemento del fuego, debes pasar algún tiempo contemplando las llamas de las velas y las chimeneas, observando tormentas y permaneciendo cerca de fogatas. Uno de mis mayores placeres es sumergirme en un baño, rodeada por un círculo de velas parpadeantes. También debes ser consciente del poder del sol. Disfruta de sus variaciones de luz, desde el rosa brillante del amanecer hasta los tonos violetas del ocaso. No obstante, date cuenta de que el sol no se limita a estar ahí fuera. Visualízalo en tu vientre: una esfera brillante, cálida y luminosa. Introdúcete en su brillo. Yo lo veo. Siento tu fuego. Quiero que tú también experimentes ese calor.

Entregarte al fuego conlleva reclamar nuestra propia irradiación. Emitimos llamas, tal como lo hace el fuego. Los otros las sienten como la calidad de nuestra presencia. Debes ser la llama para ti mismo y para quienes estén en contacto contigo. Avivar las antorchas de otros se siente como algo maravilloso. Si todo el mundo se oscureciese, seguiría sin haber razón para tener miedo porque, cuando puedas encender tu propia llama, te veremos a ti y nos veremos los unos a los otros. Una llama es suficiente para iluminar el mundo y combatir las fuerzas de la oscuridad.

Te recomiendo que examines lo que el fuego significa para ti. En vistas a tu entrega, arrodíllate para honrar al sol, al fuego, a todas las cosas al rojo vivo y vibrantes. Absorbe el calor; imítalo. Todos tenemos ese brillo dentro de nosotros, una razón para estar contentos.

## ENCIENDE TU FUEGO INTERIOR: PRACTICA EL SALUDO AL SOL

Esta serie de sencillas posturas de yoga te ayudarán a entregarte al fuego del sol. En la antigua tradición védica, el sol se veneraba como la fuente de toda la vida. El saludo al sol es un acto de agradecimiento al sol y a la naturaleza. Mientras practicas suavemente estas posturas, imagina que el sol se eleva ante ti. Siente el calor de sus rayos. Acoge el sustento del fuego.

**Figura 5.** *Postura de yoga del saludo al sol*

Ojalá este capítulo suponga el inicio de tu constante relación amorosa con los cuatro elementos: tierra, agua, aire y fuego. Déjalos seducirte para experimentar la esencia sensual de la existencia. Entregarte al mundo natural te hará más íntimamente físico, así como más trascendente. Potenciará todos tus objetivos, entre ellos los relativos a la economía, el amor, la salud y tus éxitos, al sintonizarte con el fuego de la fuerza de tu vida. Las habilidades que hemos expuesto –cómo fluir igual que el agua, ser sólido como la tierra en medio del caos, elevarte como el aire por encima de tus miedos y encender tu propia llama– conllevará enormes beneficios en tu carrera profesional y en tu vida personal. Los demás se sentirán más atraídos por ti. Tomarás decisiones más sensatas y experimentarás el creciente sentido del éxtasis que nace del acto de dejarte llevar.

Te reto a que pruebes las técnicas que recomiendo, para que puedas aprender de la naturaleza. Hazte amigo de tu vida, en lugar de convertirla en una agotadora lucha. Abandona la lógica por un momento: deja de protestar por lo que te ha tocado, aunque sea doloroso e injusto. Por supuesto que tienes derecho a protestar, pero si te limitas a eso, ¿adónde llegarás? Te reto a dejar de intentar controlar las situaciones y a la gente, vayan o no las cosas de la forma que tú deseas. Todas las tormentas pasan, igual que los días soleados. Por ello, danza con todo, sé flexible, inclínate hacia el ritmo del momento para saber cómo actuar. Hacerte amigo de la naturaleza es una de las mayores victorias que obtendrás en toda tu vida. ¿Por qué no empezar ahora? Independientemente de adónde te lleven los ciclos de la vida –la mortal y la del más allá–, tendrás la virtud de saber fluir al ritmo de los cambios.

---

**AFIRMACIÓN DE ENTREGA PARA CONECTAR CON LA NATURALEZA**

*Hoy miraré hacia arriba, al cielo y a las estrellas. Contemplaré cómo pasa una nube y disfrutaré de la luz del sol. Bajaré mi ritmo vital y observaré la radiante belleza de la naturaleza. No me mantendré alejado de ella. Sentiré el placer de las vistas, los olores y los sonidos del mundo natural. Apreciaré cada momento con gratitud.*

---

*Cuarta parte*

# MORTALIDAD
# E INMORTALIDAD:
# CICLOS LUMINOSOS

*Cada cuerpo es valiente como un león, y una cosa valiosa para la Tierra.*

MARY OLIVER

# 10

# LA DÉCIMA ENTREGA

*Estar en armonía con la enfermedad y el dolor*

Al ser médico, la gente me suele preguntar: «¿Cuál es el elemento más importante para gozar de salud y recuperarse de la enfermedad?». Ante su sorpresa, mi respuesta siempre es la entrega. Esperan recomendaciones más convencionales y proactivas, como la dieta, los medicamentos apropiados o reducir el estrés; todas ellas potencialmente beneficiosas para el bienestar. Sin embargo, la entrega debe ser el motor que dirija todas las decisiones relacionadas con la salud. ¿Por qué? Es inevitable que la vida atraviese distintos ciclos, algunos motivo de celebración y otros dolorosos, algunos saludables y otros no. Aun así, la forma en que fluyas con ellos, incluida la enfermedad, puede marcar la diferencia entre la serenidad y el sufrimiento. Entregarse no significa darse por vencido ni abandonar. Consiste en aceptar un curso de acción y no preguntarte sin cesar ni obsesionarte con lo que estás «haciendo mal». La enfermedad es una llamada a la valentía y a la firme autocomprensión, para que puedas elevarte por encima del miedo. La entrega es tu oportunidad para triunfar sobre el sufrimiento. En lugar de salirte de tu propio cuerpo durante los períodos de enfermedad y entregárselo a otra persona para que lo «cure», puedes vivir en cada molécula de tu ser y cambiarte a ti mismo de las maneras más increíbles.

La enfermedad puede servir para despertarte física, emocional y espiritualmente. Pero puede ser una especie de prueba para despertares que tú no pediste y que preferirías haber evitado. Eso es lo que le ocurrió a mi paciente Ginger, quien con veinticinco años era una persona importante en el sector de la moda. Era una extrovertida chica asidua de las fiestas, que alternaba en los eventos de pasarelas de moda llevando puestas las ropas más *sexys*. Sin duda, ella estaba más centrada en su carrera, en los chicos y en la vida nocturna que en el desarrollo espiritual. La enfermedad ni se le pasaba por su imaginación.

Una noche, de camino a un club, un conductor borracho se estrelló contra su coche deportivo. Ginger me dijo: «Lo siguiente que recuerdo fue despertarme de una operación con la zona inferior de la espalda nueva, hecha de placas de titanio y tornillos. Mi pierna derecha estaba paralizada. Necesitaba una silla de ruedas». Aunque los médicos pensaban que Ginger llegaría a recuperar la movilidad de su pierna, se hundió en una tremenda depresión, convencida de que su vida había acabado. Su desesperación me partió el corazón. Ginger era joven y tenía toda una vida por delante. Después, en un instante, tenía delante de su cara su condición mortal y unas horribles limitaciones físicas; un tremendo giro inesperado para una chica de oro. De repente, Ginger se veía obligada a soportar una realidad antes impensable.

Nuestro trabajo con la entrega supuso un punto de inflexión. Sin ella, Ginger se dirigía, a una velocidad endiablada, hacia un vórtice de desesperación. Después de varias semanas de terapia, se dio cuenta de que el primer paso hacia la entrega era volver a vivir el momento. «En lugar de enfurecerme por mi situación y hacerme la víctima, tenía que volver a aprender a caminar. Una vez que me entregué a ello, di un paso tras otro, literalmente. ¡Hay que empezar por el principio!». En ese mismo período de tiempo, nos concentramos en que dejara de pensar siempre en lo peor; se estaba volviendo loca por el miedo a quedarse inválida, a perder su trabajo y sus amigos. El miedo es el enemigo de la esperanza y la curación, pero no es algo insuperable. Abandonar el miedo fue para ella bastante difícil, tal como lo sería para cualquiera de nosotros en su situación, pero también sabía que era la única buena salida de que disponía.

La recuperación de Ginger fue un reto para su cuerpo, sus emociones y su espíritu. Pero también despertó la fe en sí misma y un nuevo nivel de gratitud. Y, por primera vez, recurrió a una fuerza espiritual que la guiara para conseguir fuerzas. Todas estas herramientas de la entrega la ayudaron a celebrar cada pequeño paso que daba, en lugar de seguir rumiando posibles catástrofes. Estoy encantada de informar de que, un año después, Ginger había logrado su completa recuperación. Igual que fue cierto para ella, nosotros podemos resistirnos a la enfermedad, despotricar contra ella y atormentarnos, o bien podemos entregarnos a las oportunidades para el crecimiento y el amor que también tenemos a nuestra disposición. Ése es nuestro mayor reto.

## ¿QUÉ ES LA ENFERMEDAD?

Ya sea que tengas la gripe o que necesites una operación cardíaca, siempre hay elementos de relación cuerpo-mente-espíritu. Físicamente, la enfermedad es un desequilibrio en tu cuerpo, una condición negativa que dificulta las funciones adecuadas, como es el caso de una infección, el cáncer, la diabetes o la hipertensión. También es el resultado de un traumatismo; por ejemplo, si te rompes un hueso o sufres una concusión. Con la fibromialgia y la artritis puedes experimentar dolor, una señal que transmiten al cerebro las neuronas sensoriales, que indican que algo no funciona bien en alguna parte de tu cuerpo. A nivel emocional, la enfermedad puede manifestarse en forma de depresión, ataques de pánico u otros diagnósticos psiquiátricos (aunque también pueden afectar físicamente). Gracias a los pacientes, he aprendido que no tiene sentido separar lo físico de lo emocional. Están íntimamente entrelazados en cualquier enfermedad.

Para curarse más rápidamente, hay que esforzarse por abandonar el miedo. Como expondremos, el dolor es especialmente engañoso. Incluso una pequeña incomodidad puede desencadenar recuerdos dormidos que requieren curación. Uno de mis pacientes sólo se había torcido el codo, pero de repente le inundó la angustia porque su esposa se había divorciado de él diez años antes. Su codo era un satélite de otra constelación de dolor y pérdida que también necesitaba atención. La recuperación de su lesión también incluía tratar su dolor no resuelto en torno a su matrimonio. Espiritualmente, la enfermedad es una llamada para que crezca tu alma. Por muy duro que sea este proceso, recuerda que toda enfermedad es una oportunidad para revelaciones de comprensión.

Dado que examinamos cómo la entrega puede acelerar la curación, también quiero que tengas claro qué *no es* la enfermedad. Esto te ayudará a mantener una actitud positiva y a que dejes de perjudicar tus propios progresos. La enfermedad no es:

- Un castigo.
- Un síntoma de que eres mala persona o no lo suficientemente espiritual.
- Una excusa para torturarte u odiarte.
- Un motivo para avergonzarse.
- Una razón para rendirte o cerrar tu corazón.
- Una prueba de que no existe Dios.

Fundamentalmente, la base para la curación es la comprensión. Tal vez no siempre estés en ella, pero aproximarte a ella es lo que importa. Sigue intentándolo. Dice el adagio que «Dios ayuda a aquellos que se ayudan a sí mismos». Aunque nunca hayas cuidado bien de tu salud, la enfermedad es tu oportunidad para abandonar viejos hábitos y comenzar de nuevo: comer bien, dejar de fumar o de abusar del alcohol, hacer ejercicio, meditar, escuchar las señales de tu cuerpo, vivir el momento. Creo que el objetivo de los seres humanos es curarnos a nosotros mismos, estemos o no diagnosticados con una enfermedad. Cuando estás enfermo, es natural sentir miedo, soledad o desesperación, pero la entrega es una práctica constante de la comprensión, que consiste en no dejar que las emociones negativas te controlen.

La enfermedad te pide que te ames a ti mismo y a tu cuerpo más de lo que creíste posible. Si un órgano contrae una enfermedad, trátalo como a un amigo herido, no como a un enemigo que te haya traicionado. Durante su diálisis, un paciente dijo: «Me estoy concentrando menos en "luchar" contra el fallo renal y más en amar el "suave animal" que es mi cuerpo», haciendo referencia a un poema de Mary Oliver. Otra paciente a la que se le practicó una histerectomía preguntó: «¿Qué sucede si me quitan el útero?». Mi respuesta: «Ama el espacio que quede allí».

Si necesitas medicamentos, intenta aceptarlo dando gracias, en lugar de luchar contra ello, de sentir que eres débil o de que has fracasado espiritualmente. Recuerda que Dios está en el laboratorio, con los científicos que descubrieron los medicamentos que te ayudan, del mismo modo que está en cualquier otra parte. Por supuesto, te conviene diferenciar entre tipos de medicamentos y tener cuidado de no excederte con ellos, pero la comprensión que tienes sobre tus elecciones puede determinar tu paz mental.

Durante un problema de salud, o si el dolor persiste independientemente de lo que hagas, amar tu cuerpo tal vez parezca imposible. Pero esa conclusión no es exacta. Ciertamente, nunca se nos da más de lo que podemos manejar. Me gustaría reconocer por completo que quizás sea una idea difícil de aceptar, y mucho más entregarse a ella. Seguirás captando su verdad con mayor profundidad a largo plazo, conforme desarrolles fe y tengas pruebas de tu capacidad para resistir y crecer. Aun así, quizás no lo parezca al principio, cuando la vida parece más dura de lo que puedes soportar. Esta sensación de desesperación, de estar quemado y frágil, empeora si intentas estar solo, sin acudir a amigos que te apoyen, o si los tratamientos que estás probando no funcionan. Tu reacción es humana y comprensible. Por eso es vital conseguir el tipo adecuado de asesoramiento espiritual y médico, especialmente si el dolor crónico te obliga a doblegarte o si estás deprimido.

A lo largo de los años, he tenido el privilegio de rescatar del borde del acantilado a muchos pacientes, devolviéndoles la esperanza cuando ya la habían perdido. De todas formas, me doy cuenta de cómo nuestros limitados egos, nuestros «pequeños yoes», pueden negarse a poseer fuerza para afrontar la enfermedad. El diálogo negativo del ego sobre la enfermedad y el dolor añade una capa de crítica que causa sufrimiento, además de toda la incomodidad que ya hay allí. Puesto que el ego, él solo, no es capaz de afrontar una enfermedad que desmoraliza, es comprensible que sientas: «Estoy agobiado y enfadado. Es injusto. Llevo sufriendo demasiado tiempo». Aunque esta reacción esté justificada, no te va a ayudar mucho. Para tratar eficazmente con la enfermedad, debes tener una perspectiva más amplia. ¿Cómo? Entregando el ego, extrayendo valor y curación de una fuente más profunda. Te enseñaré formas de activar tu «gran yo», que tiene contacto directo con el espíritu, una alianza terapéutica que lo cambia todo. Después tu poder aumentará y tendrás más recursos a los que recurrir. A lo largo de los años, ha habido mucho que he pensado y no he podido resistir, pero, echando la vista atrás, cuando me expandí hacia mi ego superior, vi que sí podía, y que estaba más preparada para la experiencia.

A veces, la única forma de entregarse a la enfermedad o al dolor es poco a poco. Entregarse conlleva saber que *tú no eres sólo tu diagnóstico, tus genes, tu dolor, tu adicción, ni siquiera tu cuerpo.* Eres un alma radiante que se vuelve más radiante gracias a la comprensión que desarrollas. La entrega que recomiendo consiste en estar en armonía con la enfermedad y el dolor, no en resistirte a ellos, una práctica taoísta que aprenderás y que facilita la curación. *La resistencia puede aumentar el sufrimiento, mientras que fluir con los síntomas lo disminuye.* Esto te permitirá estar cerca de tu resplandor y considerar a la enfermedad un camino hacia un mayor corazón y una mayor luz.

Tengo bien claro lo que la medicina convencional sabe, y también lo que no sabe. Si tienes un ataque cardíaco, una cadera rota o apendicitis, debes estar bajo los cuidados de un médico convencional. La ciencia ha hecho muchos avances sorprendentes, como el diagnóstico y tratamiento del cáncer, la cirugía artroscópica, que evita el estrés que supone la anestesia general, y las terapias con láser para conservar la vista. Sería estúpido ignorarlo. Sin embargo, como veremos, la medicina convencional no entiende muchas cosas, entre otras la curación intuitiva y energética, además de otras valiosas terapias complementarias, como la acupuntura, el yoga para conseguir flexibilidad, la meditación y los ajustes quiroprácticos. La enfermedad es una oportunidad para acceder a una matriz infinita de energía curativa mediante las modalidades convencional y complementaria.

En este capítulo, examinaremos el papel de la entrega en la salud y en la recuperación de la enfermedad. ¿Cuándo hay que entregarse a la enfermedad? ¿Cuándo negarse a sucumbir a los síntomas? ¿Cómo pueden ayudar a curar la intuición y la espiritualidad? ¿Cuál es la diferencia entre dolor y sufrimiento? ¿Qué es la resistencia y cómo puedes superarla? ¿Eres un hipocondríaco o un empático que absorbe los síntomas de otras personas? ¿Eres adicto a los médicos? ¿Cómo puedes acceder a tus propios poderes autocurativos? Aunque nos concentraremos en la enfermedad física, también trataremos los elementos emocionales de la curación; por ejemplo, las lágrimas son una forma muy saludable de entregarse. Conforme aprendas a estar en armonía con la enfermedad, podrás curarte más rápidamente con menos esfuerzo.

La curación consiste por completo en fluir y tener valor. Consiste en creer en ti mismo y en la capacidad regenerativa de tu cuerpo. Como indica el ideograma chino para el término, una crisis es una oportunidad. Espero que aproveches esta oportunidad para descubrir el verdadero poder dentro de ti mismo que no sabías que tenías. Y si está enfermo algún ser querido, también puedes ayudar a esa persona a encontrar su propio poder. Deja que la enfermedad *refine* tu corazón, no que te *defina*. Deja que la enfermedad te ayude a abandonar el miedo. Mi maestro espiritual dice: «Si es oro verdadero, no debes tener miedo al horno».[21]

## PREPARÁNDOTE PARA CURARTE: TRES ESTRATEGIAS PARA ELIMINAR LAS COMPLICACIONES EMOCIONALES Y FÍSICAS

Imponerte el claro propósito de curarte permite prepararte para numerosos actos de entrega, que a lo largo del camino pueden acelerar tu recuperación. Como parte de este proceso, es vital estudiar tu actitud, las personas que te rodean y la calidad de tu espacio físico. Una vez empieces a eliminar complicaciones emocionales y físicas, podrás acceder más fácilmente a las poderosas fuerzas curativas que esperan tu llamada.

### Estrategia número 1. Despeja tu mente: Ábrete al espíritu, abandona los miedos

La mente tiene el poder de pensar positiva o negativamente. La dirección que elijas puede configurar el proceso de curación. *No todos los pensamientos han sido creados iguales. Algunos son más agresivos que otros y ocupan más espacio en tu psique.* Por eso, si te permites caer en el miedo, un seductor experto que se aprovecha de tus dudas, habrá menos espacio para la esperanza, la fe y el amor. Es todo un infierno quedar atrapado en los enmarañados límites de una mente temerosa. Pon toda tu determinación para no estar en esa situación. Aunque creas que no puedes hacerlo, aunque lo veas todo negro, tú *puedes* y *debes*. Aunque los miedos legítimos te adviertan que hay peligro, para que puedas evitarlo —por ejemplo, si un huracán se dirige hacia donde tú estás—, los miedos acerca de las enferme-

---

21. El dicho hace referencia al horno para fundir metales, proceso por el que se sabe si el oro es puro o no. *(N. del T.)*

dades que suelen ser menos positivos, basados en la preocupación, acaban con tu instinto de curación.

Puede ser útil definir la palabra *miedo* como una «falsa evidencia que parece real», una enorme ilusión de la mente analítica. Te entrenaré para que te des cuenta de ese engaño. El miedo es muy seductor porque el futuro parece real, aunque no haya ocurrido aún. Haz todo lo posible por resistirte a él utilizando las técnicas de este capítulo. El desafortunado efecto de bola de nieve consiste en que desencadena la respuesta biológica de estrés de tu cuerpo, que inunda tu sistema de cortisol y adrenalina, lo cual, a su vez, eleva la ansiedad y reduce tu inmunidad: algo que no te interesa que te suceda cuando te estás recuperando de una enfermedad o trauma. La preocupación, una forma de miedo, es tan sólo el intento de la mente por controlar el futuro. La entrega es el antídoto de la preocupación, ya que te mantiene en el momento presente, en lugar de obsesionarte con las situaciones espeluznantes que pueden tener lugar.

Despejar tu mente requiere un compromiso diario de abandonar el miedo dejándolo pasar a través de ti, a medida que te vas abriendo al espíritu. Un sagaz paciente me dijo: «Haber sido criado por un padre alcohólico fuera de control fue un campo de entrenamiento para el acto de la entrega. Un niño en mi situación se encierra en sí mismo y se enfada con todo el mundo; o bien, como hice yo, decide que hay un poder superior en funcionamiento, y que todo ocurre exactamente como se supone que debe suceder. He pasado toda mi vida creyendo en esta verdad y viviéndola». De igual modo, el espíritu también puede ayudarte a superar intensas pruebas físicas y emocionales. Cuanto más practiques el siguiente ejercicio, más rápidamente te curarás.


## ENTRÉGATE AL PODER CURATIVO DEL ESPÍRITU

Cuando aparecen el miedo o la incomodidad, debes efectuar una conexión espiritual. En primer lugar, haz varias respiraciones para relajarte. Cierra los ojos y repite este mantra: «Yo no soy sólo mi miedo o mi dolor. Soy más que eso». Después, conecta también con una fuerza amatoria mayor que tu miedo o tu dolor. Tu corazón está a punto de expandirse más allá de tu incomodidad, a medida que te unas con el amor infinito. Ya no debes hacer todo por ti mismo. La ayuda está aquí. Entrégate al calor, a la luz, a la protección. Deja que este bienestar te infunda valor para ser positivo. El mundo espiritual contiene una curación que va más allá de la mente analítica. Déjalo elevarse sobre tus miedos y tus penas. Mantente en un lugar donde la luz sea intensa. Déjate saturar. La luz puede acabar con el control por parte del miedo y obrar milagros. Vuelve a ella una y otra vez, a lo largo de tu viaje curativo.

## Estrategia número 2. Despeja tus relaciones: Rodéate de personas positivas, deshazte de los vampiros energéticos

Las personas son como las medicinas, buenas y malas. Para curarte, debes estar rodeado de personas que te amen. Cuando estás enfermo es cuando eres más vulnerable. Mereces estar rodeado de personas que te apoyen, no de quienes agoten tu fuerza con su miedo, odio, críticas, narcisismo o dependencia emocional.

Cuando la mujer de mi amigo Stephan recibió tratamiento para su cáncer de colon, él me dijo: «Mi tarea consiste en crear una burbuja positiva alrededor de ella, y evitar que entre algo negativo». Eso incluía a las personas que desgastan la energía, las que se quejan, y los toscos y violentos telediarios, así como cualquiera que tuviese una actitud negativa hacia el papel milagroso del amor y el espíritu en el camino curativo hacia la recuperación.

Su actitud no está basada en ninguna forma de negación. Al contrario: es simplemente una intervención eficaz para generar energía positiva cuando más se necesita. De igual modo, debemos crear una burbuja positiva en torno a *nosotros mismos* cuando nos estemos curando.

Un factor clave para mejorar es entregarse al amor de los amigos y la familia. Como ángeles tuyos que son, emiten un intenso resplandor que tiene poder para hacerte sentir bien y aliviar el dolor. Cuanto más absorbas estas vibraciones, mejor estarás. Sin embargo, si no estás muy dispuesto a hacer vida social, o no puedes contestar a muchas llamadas telefónicas y correos electrónicos, inscríbete en páginas web como www. mylifeline.org (pensada para quienes tienen cáncer) o www.carepages.

com,[22] para compartir amor a tu propio ritmo. Mis pacientes se han sentido apoyados leyendo las cariñosas respuestas a los mensajes que ellos o sus familias han escrito. Además, se han beneficiado de ofrecimientos de ayuda cuando más la necesitaban. El amor es una poderosa medicina. Mi maestro de taoísmo dice: «Cuando vives en el corazón de la gente, no tengas miedo de pasar por momentos difíciles».

## La opción de los padres suplentes

Crear una burbuja de positividad en torno a ti puede ser sensato si incluye a tus padres. Si cuando estabas creciendo no recibiste los cuidados que merecías, es poco probable que cambie la situación cuando estés enfermo. Quizás tus padres sean alcohólicos, maltratadores, supercríticos o egocéntricos; o tal vez simplemente carezcan de la capacidad emocional para amarte incondicionalmente. Esperar que cambien de repente te predispone a la decepción. Es cierto que algunos padres son la excepción. Sin embargo, en su mayor parte, he observado que mis pacientes gastan la valiosa energía que necesitan para recuperarse esperando que sus padres les sirvan de apoyo, y después se vienen abajo cuando ven que no es así. Aunque resulte doloroso reconocer esta realidad imperfecta, es necesario para tu curación. Para ayudarte a hacerlo, repite con cierta frecuencia esta maravillosa versión de la Plegaria de la Serenidad: «Dios, concédeme la serenidad para aceptar los padres que no puedo cambiar».

Aun así, la buena noticia es que puedes encontrar padres suplentes; figuras distintas para la madre y el padre que pueden estar a tu disposición, independiente de aquello por lo que estés pasando. Durante las dos últimas décadas, he tenido la bendición de contar con tres madres suplentes, todas ellas espíritus libres supersensatos que me aceptan como soy, incluido mi lado intuitivo. Aunque es preferible encontrar un padre suplente cuando te encuentras bien, si estás enfermo no es demasiado

---

22. Las dos páginas que cita la autora están principalmente enfocadas a pacientes de cáncer residentes en Estados Unidos. En España, la Asociación Española Contra el Cáncer cuenta con una red social, a la que puede accederse desde su página principal, www.aecc.es.

tarde. Hay muchas personas que te amarán incondicionalmente adoptando el rol de un padre. Comienza a informarte sobre las diferentes posibilidades. Podrían ser padres, abuelos o amigos, mentores de tu trabajo, incluso el cajero del supermercado, con un corazón tan grande como este planeta.

Haz caso a tu intuición. Busca personas con corazones abiertos y sabiduría vital, a quienes les guste desempeñar este papel. Empieza a compartir tus sentimientos y tu vida con ellos.

## Abandona a los vampiros energéticos

Cuando estés enfermo, identifica a los vampiros energéticos de tu vida para que no te roben tu vitalidad y tu paz mental. Entre ellos se incluyen quienes se dedican a echar la culpa a otros, los narcisistas y los adictos al enfado (*véase* capítulo 5). Si estas personas ocupan un lugar periférico en tu vida, como por ejemplo un peluquero o un manitas, simplemente deja de utilizar sus servicios. Si tienes que tratar con un amigo o familiar negativo, intenta ponerle límites claros diciendo en un tono amable, pero firme: «Necesito que seas positivo cuando estés cerca de mí, mientras me esté curando». Sin embargo, si dependes de estas personas para obtener ayuda y es poco probable que cambien, visualiza una cápsula de radiante luz blanca en torno a ti, la cual te protege. Esto mantendrá alejada su negatividad para que no la absorbas. Comunica a tus seres queridos que necesitas que te ayuden y te quieran. Si no pueden cumplir estas normas, limita el tiempo que pasas con ellos.

## Estrategia número 3. Prepara tu espacio: Entrégate al silencio y la belleza

Tu entorno físico influye en tu curación. Independientemente de los metros cuadrados, un hogar despejado, tranquilo y lleno de luz te proporcionará el espacio abierto que necesitas para mejorar. Un entorno oscuro, lleno de cosas, ruidoso y caótico puede ralentizar tu recuperación porque tendrás que gastar energía en luchar contra las desagradables distracciones y el paralizante desorden. No podrás relajarte ni entregarte en paz a las fuerzas curativas.

Los médicos antiguos eran mucho más sensatos sobre la estética de la salud que la mayoría de los actuales. En el siglo V antes de Cristo, Hipócrates, el padre de la medicina, creó un oasis curativo en la isla griega de Cos. El enfermo se recuperaba allí en un ambiente natural y tranquilo, con la suave brisa del mar, calmado por el ritmo del romper de las olas. Los médicos de aquella época sabían que la curación llegaba del cielo, de la luz de la luna, del agua. Sabían que había que evitar el terrible ruido y las habitaciones mal iluminadas. Todos nosotros debemos aprender de estos principios y crear paz en torno a quienes están enfermos; o preguntar qué podemos hacer por ellos.

## La toxicidad del ruido

El ruido intrusivo es tóxico para la curación. Las investigaciones han demostrado cómo puede dañar tu salud aumentando el estrés, el insomnio, la agitación, la hipertensión, la enfermedad cardíaca e incluso los defectos de nacimiento, así como los problemas de inmunidad. Por eso, necesitas tranquilidad cuando te estás curando.

Una participante en uno de mis talleres me dijo: «Nos pasamos dos años efectuando una horrible reforma en nuestro apartamento de Nueva York. Mi marido y yo acabamos agotados y enfermos. Además, para resistir el estrés, me daba atracones de hidratos de carbono, por lo que estaba engordando. Y, trágicamente, una mujer anciana murió de un ataque al corazón cuando los trabajadores taladraban el techo que había debajo de su dormitorio».

Aunque éste es un ejemplo extraordinario de ruido tóxico —hay muchos tipos de menor grado, como el tráfico, las sirenas, los ladridos de los perros, las televisiones con el volumen alto y los vecinos que organizan fiestas—, entendía su problema. Mientras yo estaba escribiendo este libro, en mi bloque de apartamentos se inició una construcción interminable. Siguiendo mi práctica taoísta, durante varios meses intenté realmente fluir en medio de las taladradoras y la aglomeración de trabajadores en el exterior de mis ventanas. Pero se convirtieron en cosas imposibles tareas como escribir, meditar o incluso pensar. Doy gracias por no haberme encontrado recuperándome de una enfermedad, pero me estaba volviendo irritable y había cogido el hábito de lanzar insultos como un camionero en relación con los ruidos. Después de un tiempo, mi sistema empático se estaba agobiando tanto que tomé la dolorosa decisión de vender el santuario donde había escrito todos mis libros.

Por supuesto, no era una casualidad que estuviera escribiendo un libro sobre la entrega. Ciertamente, enseñamos lo que necesitamos aprender. Mi reto con la mudanza, y posteriormente, fue seguir dejándome llevar y confiar, incluso en los momentos más bajos, cuando me preguntaba si había hecho lo correcto. Aun así, en mi vida he prometido confiar en la intuición por encima de todo lo demás y no dejar que el miedo me venza. Éste es siempre el mayor objetivo espiritual de la adversidad, la pérdida y el cambio. El ruido hizo comenzar en mí una fantástica entrega hacia lo desconocido que aún está teniendo lugar.

En tu vida, cuando necesites curación física o emocional, despejar tu entorno puede ser útil. Prepara el espacio donde vives, de forma que esté libre de ruido tóxico en la medida de lo posible. Cuando sufras dolor o estés enfermo, te mereces al menos sufrir en paz. Una paciente que se estaba recuperando de la enfermedad de Lyme me dijo: «El ruido hace que me duela el cerebro». Otro paciente, con un hijo epiléptico y autista, dice: «Un exceso de ruido hace que sufra una convulsión». Si estás en una habitación de hospital, o recibiendo tratamiento ambulatorio, pide al personal que haya silencio en tu entorno. Una de mis pacientes, que recibía un goteo intravenoso de quimioterapia (que duraba varias horas), me dijo: «Un hombre, en la clínica, que también recibía quimioterapia, estaba con su teléfono móvil, haciendo negocios todo el tiempo». Esto la molestó, pero se sintió demasiado enferma e incómoda para decir algo. Ciertamente, el hombre estaba siguiendo su modo de afrontamiento: proseguir con sus negocios como siempre podía ser un camino vital hacia la normalidad. Aun así, si dependiera de mí, prohibiría los teléfonos móviles en los lugares donde hay curaciones en curso —o al menos tener zonas libres de teléfonos—, para que esa charla tan intrusiva no interfiera con el derecho de los demás pacientes a la tranquilidad. Sin embargo, también recomendé a mi paciente que escuchara en su iPod los cánticos místicos que más le gustaran, lo cual mejoró la situación.

En casa, si no siempre está en silencio y si mudarse es imposible, existen soluciones. Puedes conseguir máquinas de encubrimiento de ruido, que utilizan los sonidos del océano, de la lluvia u otros sublimes estados de ánimo de la naturaleza, para bloquear los molestos ruidos de otros. Para añadir belleza y comodidad, coloca ramos de flores en torno a tu espacio, perfumes encantadores, como el de gardenia o el de sándalo, y edredones y sábanas suaves. También puedes obtener fuerza de los talismanes, igual que los que llevaban los norteamericanos nativos, del cristal de cuarzo, o quemando salvia para eliminar la negatividad, un ritual utilizado por muchas culturas indígenas. En mi casa, yo siempre tengo una estatua Quan Yin con un tazón de frutas y con velas. Además, empieza a eliminar el desorden despejando las superficies visibles, como las encimeras de cocina o los tocadores. Lo que veas, huelas, respires, escuches o toques puede mejorar tu bienestar.

### Entrégate a la belleza y la tranquilidad

Encuentra un lugar tranquilo en tu casa donde puedas descansar y relajarte. Establécete en un entorno tranquilo cuando te entregues a la paz y la belleza. Nada de prisas. Nada de presión. Tómate tu tiempo en el espacio. Inspira los dulces aromas; admira la calidad de la luz, las preciosas flores, el lujo de contar con un tazón de fruta. Disfruta de música relajante que te inspire para curarte. Siente veneración por tus estatuas sagradas: Quan Yin, Buda, Jesús o de cualquiera con quien sintonices. Medita. Siente su poder y comprensión. Absorbe la bondad, la curación y el rejuvenecimiento que inspira tu entorno.

## PRACTICA EL ARTE DE LA ENTREGA
## EN LA ENFERMEDAD Y LA CURACIÓN

*Curar*
*no es una ciencia,*
*sino el arte intuitivo*
*de atraer a la naturaleza.*

W. H. AUDEN

*Curar* literalmente significa «hacer íntegro». Se trata de la milagrosa capacidad de nuestro cuerpo para regenerarse cuando está herido, comprometido o con dolor. Tómate un momento para pensar en la maravilla de la curación. Si tienes una infección, ejércitos de glóbulos blancos y el sistema inmunitario al completo acuden al rescate para acabar con virus y bacterias. Si te cortas, las plaquetas corren para formar coágulos y que dejes de sangrar; las células se dividen para proteger el tejido dañado cubriéndolo y formando cicatrices. Si tienes dolor, las endorfinas, analgésicos naturales similares a los opiáceos, entran en acción para reducir tu sufrimiento. Enfermamos cuando nuestros cuerpos se desequilibran. Esto puede deberse al estrés o a toxinas como la nicotina y el exceso de alcohol, o a factores que escapan a nuestro control, como trastornos genéticos, cáncer o disfunciones de órganos (por ejemplo, el páncreas, cuando genera una cantidad insuficiente de insulina para reducir el azúcar sanguíneo, como ocurre en la diabetes).

La entrega acelera la curación de la enfermedad. Conlleva aceptar con comprensión la necesidad de atender los desequilibrios o las incomodidades de tu cuerpo, en lugar de resistirte, luchar o negarlas. Como médico, he visto la batalla que tiene lugar cuando los pacientes no se entregan durante una enfermedad. Un hombre, un importante fotógrafo de moda que conocí, cogió un avión hacia París para una sesión de *Vogue* justo después de un tratamiento de quimioterapia para un cáncer con metástasis. Ni siquiera necesitaba el dinero, pero estaba negando lo enfermo que se encontraba. No es de extrañar que empeorase durante la sesión y que tuviera que ser hospitalizado. Es triste decir que murió poco tiempo después. Negar la enfermedad y no entregarse a la necesidad de los autocuidados complica los problemas de salud. Te pones tenso, ansioso y dejas de estar en contacto con tus impulsos para salvar la vida. No puedes relajarte, respirar ni fluir para solucionar los problemas de tu cuerpo y poder curarte.

Por muy antiintuitivo que pueda ser, suavizar todo lo relativo a la incomodidad reduce el sufrimiento. Un principio básico de la entrega es que lo que resiste, persiste. Estar en armonía con el dolor y el miedo (no sucumbir a ellos) te permite llegar al otro lado de éstos con mayor rapidez. Hacerlo es decir a los síntomas: «Vendré a por vosotros. Cabalgaremos juntos las corrientes de las sensaciones dolorosas». Irónicamente, hacerte uno junto con la incomodidad es el primer paso para neutralizarla.

Hay un flujo sagrado de energía para curar. Describiré cómo sintonizar con él y cómo no temer ni menospreciar los bloqueos que ponen a prueba tu salud. Al nivel de energía sutil, todos tenemos bloqueos que tal vez no se manifiesten como síntomas, sino que limitan nuestra capacidad para brillar. Forma parte de la naturaleza del ser humano estar bloqueado en cierta manera. Pero el bienestar se predica por nuestro deseo de curarnos, para que podamos disolver los bloqueos y empezar a sentir el éxtasis que es consecuencia del libre movimiento de la energía del cuerpo. Recuperarte de una enfermedad te ofrece la oportunidad para experimentar esta liberación, quizás por primera vez.

### Visualiza el cuerpo como una planta, no como una máquina

Nuestras ideas sobre el cuerpo deben evolucionar. La medicina moderna se ha vuelto tan tecnificada y acelerada que los médicos tienden a ver el cuerpo tan sólo como una máquina que necesita repararse. La medicina puede hacer maravillosas intervenciones que ayudan a la curación mediante, por ejemplo, la colocación de una escayola en una muñeca rota, o utilizando antibióticos para tratar las infecciones resistentes; pero debemos ser claros: la naturaleza hace el mayor trabajo de curación, y nosotros sólo ofrecemos asistencia. Por eso sintonizo con el trabajo de Hildegarda de Bingen, una monja, mística y sanadora que comparaba al cuerpo con una planta que crece, florece y se repara a sí misma. Hildegarda llamaba a este instinto de autocuración de las plantas y los humanos *veriditas*, «poder rejuvenecedor». Por tanto, cuando Hildegarda trataba a un paciente, se concentraba en lo que agotaba este poder y en cómo podía mejorarlo, no en lo que estaba estropeado. Dando tranquilamente pequeños pasos, fortalecía el entorno interno y externo de un paciente con prescripciones específicas sobre dieta, ejercicio, sueño, medicamentos y tranquilidad. Después esperaba a ver lo que ocurría.

De igual modo, la doctora Victoria Sweet, una doctora cuyo trabajo se basa en el de Hildegarda de Bingen, practica lo que llama «medicina lenta», en la que los médicos escriben extensas notas a mano, prestan atención a los detalles y revelan el progreso pequeño, pero diario, de un paciente. La doctora Sweet habla sobre la enfermedad como una peregrinación para aprender sobre el espíritu y el yo. Ella espera, observa y escucha intuitivamente a sus pacientes, en un servicio hospitalario para indigentes «náufragos» del mundo que sufren de enfermedades crónicas, un viaje trascendente que la doctora Sweet describe en su libro *God's Hotel*.[23]

Mi alma se siente motivada por estas dos mujeres de distintos siglos, que urgentemente nos ayudan a reclamar la esencia de la medicina que se ha perdido en nuestro excesivo deseo por cuantificar las funciones orgánicas sin hacer honor al misterio. Debemos entregarnos a todo lo que no sabemos y a lo que podemos aprender de la naturaleza. Nosotros, los médicos, no somos sino sirvientes del misterio y de la naturaleza. Nuestro deber sagrado es aproximarnos a los cuerpos y las almas de nuestros pacientes. Así es como surgen las grandes curaciones.

### Honra estas entregas naturales en tu cuerpo

Durante una enfermedad, y siempre, es vital dejarse llevar por las fuerzas curativas naturales del cuerpo, las cuales describiré más adelante. El cuerpo quiere repararse a sí mismo si dejamos que haga su trabajo. ¿Qué nos impide entregarnos a nuestros instintos innatos de curación? Varias cosas: las tensiones propias de la sociedad, actitudes erróneas sobre lo que significa ser estoico y fuerte, nuestras mentes preocupadas y excesivamen-

---

23. «El hotel de Dios». No hay versión en castellano. *(N. del T.)*

te activas, nuestro miedo a perdernos en el dolor y nuestras inhibiciones relacionadas con permitir que la alegría penetre en nosotros. Quiero ayudarte a pasar todo esto, para que tus impulsos de recuperación tomen el control.

## *Déjate llevar por la curación de las lágrimas*

Las lágrimas son la válvula de escape de nuestro cuerpo para el estrés, la tristeza, la pena, la ansiedad y el dolor. También tenemos lágrimas de alegría, como cuando nace un hijo, o lágrimas de alivio, como cuando superamos un problema. Me siento agradecida cuando puedo llorar. Me gustaría poder hacerlo más. Se siente como una limpieza de emociones reprimidas, para que no se enquisten en mi cuerpo como síntomas de estrés, como por ejemplo fatiga o dolor. Para permanecer sanos y liberarnos del estrés, animo a mis pacientes a llorar. Tanto para hombres como para mujeres, las lágrimas son un síntoma de valor, fuerza y autenticidad.

Las investigaciones han demostrado que las lágrimas conllevan muchos beneficios. Igual que el océano, las lágrimas son agua salada. Lubrican tus ojos, eliminan los cuerpos irritantes, reducen las hormonas del estrés y contienen anticuerpos que combaten la infección. Nuestros cuerpos producen tres tipos de lágrimas: reflejas, continuas y emocionales. Cada tipo tiene distintas funciones curativas. Por ejemplo, las lágrimas reflejas eliminan las partículas perjudiciales de tus ojos cuando están irritados. El segundo tipo, las lágrimas continuas, mantienen lubricados los ojos y la nariz. El tercer tipo, las lágrimas emocionales, estimulan la producción de endorfinas, los analgésicos naturales de nuestro cuerpo, que nos ayudan a recuperarnos de los acontecimientos traumáticos. Llorar también ayuda al cuerpo a eliminar hormonas del estrés. Lo interesante es que los humanos somos las únicas criaturas que se sabe que derramamos lágrimas emocionales, aunque los elefantes y los gorilas es posible que también lo hagan.

Llorar nos hace sentir mejor, incluso cuando persiste algún problema. Junto con la desintoxicación física, las lágrimas emocionales sanan el corazón roto. No conviene reprimir las lágrimas. Los pacientes dicen a veces: «Por favor, discúlpeme por llorar. Estaba intentando no hacerlo porque así me siento débil». Yo sé de dónde nace ese sentimiento: padres que no soportaban las lágrimas, una sociedad que nos dice que somos débiles si lloramos, y sobre todo que «un verdadero hombre no llora». Además, podemos sentir que es demasiado doloroso llorar, que pueden abrirse torrentes de angustia que después no podemos cerrar. Yo rechazo todas etas ideas. El nuevo paradigma de iluminación de lo que constituye un hombre o mujer con poder es el de alguien que tiene la fuerza y el conocimiento de sí mismo para llorar; y si es necesario, la disposición para buscar apoyo a fin de tratar los sentimientos que le agobian. Ésas son las personas que me impresionan, no quienes se ponen la careta de macho y la exhiben como fachada.

Intenta abandonar las concepciones estereotipadas sobre el llanto. Llorar es necesario para superar la aflicción. Cuando oleadas de lágrimas nos bañan después de experimentar una pérdida, nos ayudan a procesarla para que podamos seguir viviendo con los corazones abiertos. De lo contrario, nos abrimos a la depresión, la amargura y los síntomas físicos (el dolor emocional puede convertirse en enfermedad en nuestros cuerpos), si reprimimos esos potentes sentimientos. *Lo importante no es quedar consumido por el dolor emocional, sino solucionarlo.* Cuando una amiga pedía disculpas por adoptar la posición fetal sobre el suelo de mi casa y llorar por una relación fracasada, le dije: «Tus lágrimas bendicen mi suelo. No hay nada de lo que disculparse». Demos gracias a Dios porque nuestros cuerpos pueden llorar. Espero que tú también puedas entregarte a tus lágrimas. Deja que purifiquen el sufrimiento y la negatividad.

*Déjate llevar por la curación del acto de dormir y por los sueños*

Cuando estás enfermo necesitas dormir mucho. Intenta no luchar contra ello. El sueño es un mecanismo natural de curación de tu cuerpo, y tu cuerpo sabe lo que hace. Entrégate a su bendición. Escucha en qué medida tu cuerpo quiere dormir, echar una siesta y soñar. Si tienes insomnio, o la cabeza llena de preocupaciones que te impiden entregarte al sueño, practica la respiración profunda y concéntrate en alguna imagen relajante como el océano, una margarita, la brillante luna o mariposas volando de flor en flor. También puedes rezar «que mis preocupaciones se vayan», a la vez que transmites tus problemas a un poder superior. Esta concentración mental consciente te puede ayudar a dejarte ir. Durante una enfermedad, no te esfuerces más allá del punto de fatiga, ni te obligues a permanecer «conectado» cuando tu cuerpo necesita hibernar. Tus necesidades de sueño pueden cambiar diariamente. Tu cuerpo te dirá lo que necesitas, si escuchas con atención.

Desde mi niñez, yo he sentido que durante el sueño, las fuerzas curativas amorosas, con toda su ternura, se dan cuenta de lo vulnerables que somos, lo cansados que estamos o el dolor que tenemos. Entregándonos al sueño, bajamos nuestra guardia y somos más receptivos al tipo de curación que puede tener lugar sólo cuando la mente y sus preocupaciones mundanas se alivian.

Físicamente, el sueño te cura de muchas maneras. Aumenta la producción de células inmunitarias y te protege de la infección. Recarga la parte de tu cerebro que controla las emociones, lo cual aumenta tu energía emocional cuando estás despierto. Además, cada noche que obtienes un «sueño de belleza», las células de la piel se regeneran y se repara el daño procedente del estrés, el envejecimiento y la radiación ultravioleta. Cuando tienes un mejor aspecto, te sientes mejor.

Junto con estas ventajas, el acto de dormir es también una oportunidad para soñar. Entrénate para recordar tus sueños (una técnica que explico más adelante, en este mismo capítulo). Te proporcionan guía sobre temas de salud, o bien te ofrecen curación ellos mismos. He tenido pacientes que recibían información sobre qué profesional médico elegir, consejos acerca de qué tipos de terapias examinar, e incluso información consoladora para aliviar sus miedos sobre la enfermedad. Afortunadamente, el alivio emocional llega con los sueños. Una vez, cuando me sentí terriblemente dolida por un amante, soñé que un mantón de perdón se colocaba sobre mis hombros. Notar ese profundo sentido de comodidad me ayudó a relajarme y a aliviarme, de forma que él y yo pudiéramos resolver la situación desde una posición más cariñosa. Ya sea que surjan espontáneamente o que pidas respuestas específicas, los sueños están destinados a servir de apoyo a tu bienestar.

## Déjate llevar por la curación de la risa

La risa es terapéutica, un bálsamo para el cuerpo y la mente. Estar constantemente serio durante una enfermedad, independientemente de lo complicado que sea el diagnóstico, añade gravedad a una situación ya difícil. Una cosa que me encanta de los budistas es que se ríen y sueltan carcajadas con todo —enfermedad, muerte, dolor, problemas sentimentales—, no por falta de respeto, sino con inocencia y luz cósmica, en torno a las pruebas muy reales, en ocasiones humillantes, que tiene que soportar la condición humana. Mi mejor amiga, Berenice, de ochenta y tantos años (sus pacientes la llaman psicoterapeuta, pero en realidad es una verdadera chamana), el otro día se reía mientras hablaba conmigo por teléfono, aunque estaba afrontando un difícil problema de salud. Le pregunté por qué se reía. Sin inmutarse, incluso alegre por la pregunta, me contestó: «¿Por qué no?». Sí, Berenice tiene valor. Pero tiene más: se le ilumina la cara aunque sufra dolor, un grado de logro espiritual que yo llevo intentando toda mi vida, si bien todavía tengo tiempo para conseguirlo.

La risa es profundamente curativa a muchos niveles. Físicamente, relaja la tensión muscular, aumenta la energía, alivia la fatiga. Emocionalmente, la risa eleva el estado de ánimo y suaviza las rígidas defensas y preocupaciones que nos mantienen tensos e incapaces de entregarnos. Las investigaciones han demostrado que la risa eleva nuestra respuesta inmunitaria y las endorfinas, nuestros analgésicos naturales. Permite eliminar lo peor del estrés, la ansiedad y la depresión, y previene la enfermedad cardíaca. El periodista Norman Cousins, el querido padre de la terapia de la risa, trató su propio dolor, procedente de una enfermedad articular peligrosa para la vida, con una dosis diaria de diez minutos de risa.

Yo suelo prescribir risa a mis pacientes. Es una entrega a la hilaridad, una forma de salir de su cabeza y entrar en su corazón. Pulsamos el botón de pausa sobre los problemas para poder ser tontorrones y despreocupados. Una mente preocupada puede dificultar el acto de reír cuando tal vez parezca que no hay buenas razones para hacerlo. Sin embargo, te insto a no dejarte llevar por tu guerrero interno. Su tendencia a seguir siendo desdichado parece lógica, pero no tiene ninguna base. Mi constante mensaje de entrega consiste en luchar para encontrar el modo de que penetre la luz en todas las cosas; no sucumbir a la desdicha cuando las circunstancias son desalentadoras. Un amigo lo expresa perfectamente: «Nací con parálisis cerebral. He tenido muchos sufrimientos y dolores. Aun así, siempre encuentro una forma de hacer un chiste sobre ello y no un elogio a la pena. Cuando tu deseo de vivir plenamente es más fuerte que cualquier dolor que experimentes, la risa te impulsa a seguir adelante». Igual que mi amigo, sigue entregándote a la risa. Intenta contestar a la enfermedad de forma distinta. Deja que la risa revele la luz que existe incluso en los lugares más oscuros.

## MANIFIESTA EL PODER DE LA CURACIÓN INTUITIVA

¿Has sabido alguna vez que tu salud estaba en peligro, pero no hacías caso a los síntomas que transmitía tu cuerpo? ¿Has sabido alguna vez que una relación conllevaría maltrato, pero te has implicado en ella de todas formas? Si es así, no estás solo. La mayoría de nosotros no nos hemos entrenado para escuchar a nuestra intuición, y hemos sufrido enormemente tanto en el plano físico como en el emocional a consecuencia de ello. Si deseas tener una salud radiante, o si estás enfermo, tu intuición es el mejor amigo que tendrás nunca. Está ahí para protegerte y hacer posible tu felicidad. En algunas ocasiones, tu vida incluso puede depender de ello. La energía curativa no es estática. Tiene un movimiento ondulatorio, fluye hacia el interior de los principales canales y afluentes de tu cuerpo, dependiendo de tus necesidades. La intuición te permite entregarte al lugar adonde la fuerza curativa quiere ir. Es una brújula interna que nunca falla.

¿Qué es la curación intuitiva? Es escuchar las señales de tu cuerpo: tu voz interior, tus instintos, tu nivel de energía, tu conexión espiritual. Al sentir los síntomas de aviso, puedes actuar antes para recuperar la inmunidad. Durante una enfermedad, la intuición revela procedimientos innovadores para acelerar la curación, regenerar y reparar, aunque la ciencia carezca de soluciones. La curación intuitiva es integradora. Conlleva respetar su mente analítica, y también recurrir a una sabiduría más profunda para que te sirva de guía. Como médico, yo he visto la frecuencia con que a mis pacientes les han dicho otros médicos con buenas intenciones: «Su enfermedad es crónica. Simplemente tendrá que vivir con ella», o «La única forma de sentirse mejor es tomar una pastilla». Ese tipo de consejo puede ser peligroso y falso, una especie de maleficio. No puedes sacártelo de tu cabeza. Debes ser consciente de que siempre hay alternativas. Para encontrarlas, debes convertirte en una especie de revolucionario. Haz caso a tu intuición y tendrás claras otras respuestas.

Deja que la enfermedad te impulse a entregarte a un conocimiento más comprensivo e intuitivamente matizado de la curación. *Una premisa básica de la medicina occidental que hay que reconsiderar es que la única forma de sanación conlleva una cura.* En realidad, podrás encontrar sanación incluso en las fases más tensas de tu vida si eres capaz de percibirla. En algunos casos, sanar quizás signifique estar libre de enfermedades, pero me gustaría que olvidaras la idea de que siempre debe estar asociado con una curación. La sanación también puede nacer de sufrir depresión, vivir con dolor crónico o sobrevivir al cáncer. ¿Es un fracaso la enfermedad? No, sin duda. Cuando intentamos controlar los términos de nuestra sanación, eclipsamos una sabiduría mayor que puede interceder en nuestras vidas. Aunque ninguno de nosotros elegiría estar enfermo, sigue siendo cierto que sería sensato entregarnos a una sanación que puede tener lugar de formas insospechadas.

Déjame que te cuente algo sobre mi amiga Jill Bolte Taylor. Era una neurocientífica formada en Harvard, de tendencia cientificista, pero también siempre intuitiva. Con treinta y siete años sufrió un ictus masivo en el hemisferio izquierdo (el lógico) de su cerebro. De repente, no podía caminar, hablar, leer ni escribir. La cariñosa y desconsolada madre de Jill la describía como «sólo un cuerpo que respiraba mientras estaba tendida en la cama». Tumbada allí, esta científica experta tuvo que aceptar que nunca recuperaría el funcionamiento de la parte izquierda de su cerebro. No obstante, estaba ocurriendo un milagro: se abrió el cerebro intuitivo de Jill, y ella notó una sensación de paz, euforia y conexión con algo superior. Por primera vez en su vida, estaba experimentando *todo* como energía; todo sentimiento de separación había desaparecido. Tenía que depender del lado intuitivo de su cerebro. Esto implicó un cambio radical en la conciencia que la obligó a abandonar su percepción analítica del mundo. Ella describe su metamorfosis en su libro famoso en todo el mundo, *My Stroke of Insight.*[24]

---

24. Hay edición en castellano: *Un ataque de lucidez: un viaje personal hacia la superación.* Editorial Debate, Barcelona, 2009. *(N. del T.)*

Jill considera que su ictus fue una revelación que la indujo a tener una vida más intuitiva, despierta espiritualmente y alegre. Ocho años después, Jill ahora celebra tanto el cumpleaños del día en que nació como el del día del ictus, que ella llama «el día de su renacimiento». Su mensaje es que cualquiera –incluido quien padezca una lesión cerebral– puede encontrar la paz interior; que la intuición y la lógica son complementarias. Jill dijo: «Mi formación científica no me enseñó nada sobre el espíritu humano». Ella defiende que médicos, científicos y pacientes pueden, todos ellos, alcanzar la excelencia utilizando las partes lógica e intuitiva del cerebro. Igual que Jill, podemos vernos iluminados entregándonos a la iniciación que supone la enfermedad y a todo lo que nos puede enseñar.

## ENTRÉGATE A LA INTUICIÓN: CINCO FORMAS DE CURARTE

Si estás enfermo, a continuación ofrezco algunos pasos para acceder a la intuición que recomiendo a mis pacientes y que describo con más detalle en mi libro *Guide to Intuitive Healing*.[25] Utiliza todo esto, junto con la información que tu médico te ofrezca sobre las diversas opciones de tratamiento. Si no sabes qué hacer con un problema de salud, si tienes miedo, estás deprimido o te encuentras bloqueado, sintoniza intuitivamente en alguna dirección. Sigue sintonizado con ella hasta que lleguen las respuestas. Sé paciente. No hagas nada a menos que sientas que es adecuado.

### Ten en cuenta tus creencias

Tus creencias ponen las bases de tu salud y tu curación. Una actitud positiva –como por ejemplo concentrarte en tener un cerebro sano o un pecho sano, en lugar de limitarte a prevenir la enfermedad de Alzheimer o el cáncer– es beneficiosa para el cuerpo. También lo es tener la creencia de «Confío en mi sabiduría interior». Una actitud negativa perjudica la recuperación y genera las llamadas profecías autocumplidas. La entrega

---

25. «Guía de la intuición curativa». No hay edición en castellano. *(N. del T.)*

consiste, en parte, en abandonar actitudes como «Nunca me curaré» o «Esta enfermedad es culpa mía». Ningún sistema orgánico se mantiene al margen de tus pensamientos. Tus creencias programan las sustancias neuroquímicas de tu cuerpo.

## Haz caso a tu cuerpo

Tu cuerpo es un sensible receptor intuitivo. Sin embargo, muchos de nosotros, los occidentales, estamos condicionados para vivir en nuestras cabezas e ignorar el resto de nuestro cuerpo. En lugar de eso, debes prestar atención a las formas naturales de entrega que tu cuerpo te pide. Date permiso para llorar. Date permiso para reír. Date permiso para dormir cuando necesites curarte. Sigue a tus instintos internos. Pregúntate: «¿Me siento bien con el tratamiento o las recomendaciones de este médico, o por el contrario me siento mal? ¿Siento que mi cuerpo está intoxicado? ¿Cansado? ¿Con dolor? ¿O relajado y cómodo». A continuación, da los pasos necesarios para remediar la situación. Sintoniza con los primeros síntomas de aviso que tu cuerpo te envíe.

## Siente la energía sutil de tu cuerpo

Estamos hechos de carne y hueso, pero también de energía sutil, lo que la medicina china llama *chi*. (*Véase* capítulo 7). La energía sutil influye en tu salud. Por eso, es importante que aprendas a sentir esta energía, que te des cuenta de cuándo la agotas y que corrijas los desequilibrios. Para empezar, observa qué situaciones o personas elevan o reducen tu energía. Presta atención a las fluctuaciones de tu energía, de forma que puedas recuperarte rápidamente y rodearte de lo que para ti es positivo.

## Solicita guía interior

Para obtener respuestas sobre tu salud, aprende a encontrar la paz interna mediante la meditación o la contemplación en silencio. Pasa varios minutos diarios escuchando lo que te dice tu intuición. Plantéate internamente preguntas del estilo de «¿Cómo puedo tener más energía?», «¿Es apropiada la alternativa de que me operen la espalda?» o «¿Debo tomar medicación?». A continuación, permanece en silencio y escucha. La intuición puede aparecer como una sensación interna, una corazonada, una imagen, un recuerdo o un conocimiento instantáneo, como una bombilla que se enciende de repente. Después aplica la respuesta a tu situación. Cuanto más lo hagas, más confiarás en los resultados.

### Haz caso a tus sueños

La intuición es el lenguaje de los sueños. Soñamos cada noventa minutos, durante la fase REM del sueño. Los sueños proporcionan respuestas sobre tu salud. El secreto consiste en recordarlos. Ten un diario de sueños al lado de tu cama. Antes de dormir, hazte alguna pregunta; por ejemplo: «¿Es esta relación buena para mí, o debo romper con ella?». A la mañana siguiente, registra inmediatamente cualquier sueño que hayas tenido, antes de salir de la cama. Prueba a repetir la pregunta cada noche, hasta obtener una respuesta.

Pon en práctica estos enfoques en todos los aspectos de tu salud. Tal vez te convenga experimentar con ellos de uno en uno, hasta que les cojas el truco. Después podrás pasar a otro. Algunos de estos enfoques te parecerán más adecuados que otros, con lo cual no hay problema. Cíñete a aquellos que consideres más factibles y relevantes. Prueba cada uno de ellos y observa si seguir el consejo te permite sentirte mejor. Ninguna intuición está ausente de significado. Por ejemplo, si te surge la idea específica de comer más melón, como hizo una de mis pacientes que sufría fatiga crónica, limítate a hacerle caso. Después verás si te resulta beneficiosa, como le sucedió a ella. Acostúmbrate a sintonizar para obtener alguna respuesta, y después aplica esta información para solucionar tus problemas de salud. Esto te permitirá desarrollar tu capacidad para curarte intuitivamente.

## ENFERMEDADES EMPÁTICAS:
## ¿ABSORBES LOS SÍNTOMAS DE OTRAS PERSONAS?

Las enfermedades empáticas son aquéllas en que manifiestas síntomas que no son tuyos propios. Muchos pacientes han llegado a mi consulta con trastornos de pánico, depresión crónica, fatiga, dolor o misteriosas dolencias que responden sólo parcialmente a los medicamentos o a la psicoterapia. Algunos estaban prácticamente recluidos en sus casas o llevaban enfermos varios años. Lo que tenían en común era que todos ellos decían: «Temo encontrarme en medio de una multitud. El enfado y el estrés de otras personas me agota, y necesito mucho tiempo libre para recuperar mi energía». Cuando tuve un historial preciso de todos estos pacientes, descubrí que eran lo que yo llamo «empáticos físicos»: personas cuyos cuerpos son tan permeables que absorben los síntomas de otras personas.

Lo cuento porque yo soy una de ellas. Los empáticos físicos no disponen de las defensas que otros tienen para impedir que todo esto entre en su cuerpo. Saberlo cambió de modo significativo mi forma de tratar a estos pacientes. Se convirtió en tarea mía enseñarles a centrarse y protegerse a ellos mismos, a poner límites saludables y a manejar su manera de procesar la energía.

Si eres propenso a absorber el estrés de otras personas, es posible que seas un empático físico. Observa si tienes alguna semejanza con alguno de mis pacientes. Una madre se despertó sudando, sintiéndose enferma. Corrió instintivamente hacia la habitación de su bebé y vio que tenía fiebre. Una vez que se dio cuenta de que era el niño quien estaba enfermo y le puso a tratamiento, sus propios síntomas desaparecieron. Otra de mis clientas era una enfermera que se deprimía siempre que trataba a pacientes deprimidos. Y también está el asistente legal que empezó a sufrir un agotamiento extremo en el trabajo, aunque las pruebas de laboratorio no demostraron nada. Sin embargo, observó que cuando la nueva compañera que ocupaba la sala contigua se fue de vacaciones, se sintió bien. Para comprobar si se trataba de empatía física, le recomendé que se trasladara a otra oficina. Su agotamiento desapareció. Resultó que la compañera tenía trastorno de fatiga crónica. Mi paciente era tan empático que sentía el cansancio de esa mujer.

Puesto que yo misma soy una empática física, quiero ayudar a mis pacientes a desarrollar esta capacidad y a sentirse cómodos con ella. Igual que sucedía con las necesidades especiales de los empáticos de las relaciones (que describí en el capítulo 6), si eres un empático físico, debes tomarte en serio el asunto de cuidar de ti mismo. De lo contrario, el intenso sufrimiento físico y emocional que tal vez sufras podría perjudicar tu propia salud. Es esencial saber cómo evitar absorber el estrés de un individuo o la ansiedad que flota en el ambiente en todos los lugares donde hay multitudes. En mis pacientes he observado que el hecho de compartir los problemas de otro puede desencadenar ansiedad o depresión; también abuso de comida, sexo o drogas; y una larga serie de síntomas físicos que supone un desafío para el diagnóstico convencional. El Centro para el Control y Prevención de Enfermedades informa de que más de 2 millones de estadounidenses padecen fatiga crónica. Es probable que muchos de ellos sean empáticos físicos que deben ser conscientes de sus capacidades y desarrollar mejores recursos para afrontar el problema.

Las enfermedades, fatiga y otros síntomas emocionales que experimentas quizás no siempre sean tuyos. Puedes estar «captándolos» de otras personas; una idea que la medicina convencional está empezando a reconocer, aunque muchos médicos no la definan en términos de energía sutil.

Para determinar si eres un empático físico, haz el siguiente cuestionario.

### TEST: ¿SOY UN EMPÁTICO FÍSICO?

- ¿Me han etiquetado como extremadamente sensible o como hipocondríaco?
- ¿Alguna vez me he sentado al lado de alguien que parecía estar bien, pero de repente mis párpados se sintieron pesados y parecía que fuera a echarme una siesta?
- ¿Me siento molesto, cansado o enfermo en medio de las multitudes, y las evito?
- ¿Siento la ansiedad o el dolor físico de otras personas en mi propio cuerpo?
- ¿Me siento cansado al tratar con personas enfadadas u hostiles?

- ¿Voy de médico en médico, haciéndome pruebas, pero me dicen que me encuentro bien?
- ¿Tengo agotamiento crónico o muchos síntomas que no logro explicarme?
- ¿Suelo sentirme agobiado por el mundo y prefiero quedarme en casa?

Ocho «síes» indican que eres un empático físico total. Seis o siete «síes» indican que tienen un alto grado de empatía. Cuatro o cinco «síes» indican que tienes un nivel moderado de empatía. Entre uno y tres «síes» indican que eres empático, al menos parcialmente. Una puntuación de cero indica que no eres un empático físico.

Descubrir que eres un empático físico puede ser toda una revelación. Debes estar tranquilo porque no estás loco. No eres un falso enfermo. No estás imaginando cosas, aunque posiblemente tu médico te trate como a un pesado. Eres una persona sensible, con un don que debes desarrollar y manejar con éxito.

A menudo, los empáticos se confunden con los hipocondríacos porque no hay ninguna causa médica evidente para explicar sus síntomas. Además, ambos tipos de personas tienden a verse impulsados a encontrar la respuesta recurriendo a médicos, curanderos y videntes. Si todos estos profesionales se reafirman en el hecho de que no tienes nada mal, es que no te creen. Los empáticos saben que sucede algo. Peor aún, llegan a pagar costosos –pero inútiles– chequeos médicos, o recurren a pruebas holísticas muy caras que no resuelven su problema.

La enorme cantidad de información médica que hay en Internet y en la publicidad televisiva que nunca descansa, pagada por empresas farmacéuticas, puede convertir incluso al individuo más sensato en un hipocondríaco (en gran medida, de la misma manera que los estudiantes de Medicina se vuelven propensos a tener este trastorno). Un dolor de estómago puede significar una hemorragia interna. Un pequeño constipado puede ser un cáncer de pulmón. Un sentimiento natural de tristeza puede querer decir que necesitas medicamentos para la depresión. Aunque tanto los empáticos como los hipocondríacos pueden vivir con el temor de tener una terrible enfermedad, estas dos condiciones no son iguales. A continuación ofrezco algunos consejos para ayudarte a diferenciarlas.

## CÓMO DIFERENCIAR ENTRE UN EMPÁTICO Y UN HIPOCONDRÍACO

- El cuerpo de un empático absorbe las emociones (positivas y negativas) y los síntomas físicos de otros. Los verdaderos hipocondríacos no absorben las emociones ni los síntomas de otras personas, sino que simplemente se preocupan por su incomodidad o sus propios miedos.
- Las enfermedades y la ansiedad de un empático responden a las intervenciones basadas en la energía que recomiendo, como por ejemplo la meditación y el hecho de poner límites (*véase* el siguiente ejercicio); los problemas de un verdadero hipocondríaco no responden a esas intervenciones.
- La preocupación del hipocondríaco por su mala salud se basa más en las emociones que en el cuerpo. Responde a una psicoterapia cognitiva que trate sus primeros miedos, así como a la terapia cognitivo-conductual, que abandona la atención sobre los síntomas y se dedica a reafirmar los pensamientos. También se han utilizado antidepresivos para aliviar los miedos obsesivos. Ninguna de estas terapias mejorará significativamente los síntomas de un empático.

### Estrategias para combatir la energía tóxica

La empatía emocional no tiene por qué abrumarte. En mi caso, ahora que puedo centrarme en mí misma y dejar de absorber el dolor de otras personas, la empatía ha hecho mi vida más comprensiva, consciente y rica. A continuación expongo algunos de los secretos que he aprendido para que ser una empática física no conlleve problemas de salud.

Cuando me encuentro cansada, enferma, molesta o descentrada, aumenta mi tendencia a absorber los síntomas de otras personas. En esos momentos, debo entregarme a la inmediata necesidad de los autocuidados. Me detengo, me reorganizo y no intento combatir ese estado precariamente abierto; créeme, no funcionaría. Personalmente, cuidarme a mí misma conlleva retirarme del mundo durante una hora, un día, o más tiempo, y recuperarme. A veces esto implica quedarme en casa, en plena naturaleza, y especialmente cerca de algún sitio con agua. Esto me permite penetrar en mi interior, en el espacio que hay entre distintos mundos, de forma libre y clara: sin hablar, sin personas difíciles con las que luchar, sin nada que interrumpa mi flujo interno. Comparto la eterna fuente interior y me recupero. Sólo entonces me siento preparada para volver a lo que los budistas llaman *mara,* el mundo material de las emociones, del deseo, el sufrimiento y el éxtasis.

Para nosotros, los empáticos, esos retiros periódicos son necesarios para conservar la energía y la claridad. Aunque no puedas tomarte ese tiempo libre, relájate planificando pequeños descansos, períodos de cinco minutos a lo largo del día, en los que puedes dar un paseo, respirar aire fresco o meditar. Incluso estos pequeños momentos de paz interior harán mucho por iniciar el proceso de recuperación de energía.

Además, he descubierto que si estoy lesionada, soy más propensa a absorber energía. Esto se debe a que (1) el dolor debilita nuestro campo energético, (2) el miedo que tenemos a padecer problemas atrae más miedo hacia nosotros, un cumplido propio de la ley de la atracción, y (3) después de una lesión, el mundo parece conspirar para volver a dañar esa misma parte, un fenómeno muy común. Por ejemplo, después de romperme un dedo del pie, tanto los seres humanos como los perros estaban más predispuestos a pisármelo, de repente las cosas caían sobre él o cerca de él, las puertas prácticamente lo golpeaban, y las sillas de ruedas parecían estar buscando una oportunidad para rodar por encima de él. De igual modo, una paciente me dijo que, después de que le pusieran una vacuna antitetánica que le dejó el brazo ardiendo, hinchado y dolorido, un pariente juguetón que no sabía nada sobre la inyección le dio un puñetazo precisamente allí.

Ya sea que esto suceda por la ley de Murphy –cualquier cosa que pueda ir mal saldrá mal–, o porque la parte lesionada de tu cuerpo sea más propensa a los accidentes, debes ser especialmente cariñoso y protector con la zona dolorida. Asimismo, prosigue el proceso de abandonar cualquier miedo relacionado con la lesión para no atraer ningún problema no deseado. Esto te permitirá curarte en paz.

Si vas a estar contento y energético siendo un empático, tu mantra debe ser: «No es tarea mía absorber el dolor de otras personas ni del mundo». Estamos acostumbrados a que, como personas amables, sea admirable reducir las dificultades de los demás. Pero muchos de nosotros no nos detenemos ahí; nos agotamos o enfermamos. Esta pérdida de nuestro centro no nos sirve de nada (a no ser, por supuesto, que quieras estudiar el arquetipo del mártir, cosa que hacen algunas personas). Además, no es asunto nuestro privar a otros de las experiencias de sus respectivas vidas, sean problemáticas o estimulantes. A veces, el sufrimiento tiene un ciclo propio que debe ser respetado, por muy duro que resulte para quienes sean testigos suyos.

He logrado conocer el valor de ayudar al crecimiento de otras personas sin poner en peligro mi salud. Fue una lección que tuve que aprender cuando era una joven doctora: los pacientes me han enseñado que yo no puedo hacer su trabajo. La comprensión y el deseo de consolar son humanos. Sin embargo, hay una línea muy fina entre el hecho de ayudar a alguien y absorber sus problemas. Independientemente de tus buenas intenciones, hacer demasiado no es un acto de amor, sino un perjuicio. Puedes ser amable y honesto con los demás, pero dejarles que sean ellos mismos. No identifiques el acto de respetar su proceso de crecimiento con abandonarlos. Es esencial conseguir un equilibrio entre saber conservar tu energía y ayudar a otras personas.

Las estrategias que explico a continuación te ayudarán a manejar tu empatía más eficazmente y a mantenerte centrado sin absorber los problemas de otros.

## GUÍA DE SUPERVIVENCIA PARA EMPÁTICOS: ESTRATEGIAS PARA DEJAR DE ABSORBER LAS ENFERMEDADES Y EL DOLOR DE OTRAS PERSONAS

- *Valora.* En primer lugar, pregúntate a ti mismo: «¿Es este síntoma o esta emoción míos, o de otra persona?». Podría ser ambas cosas. Si una emoción como el miedo o el enfado es tuya, afronta tranquilamente qué la está causando, ya sea por ti mismo o con ayuda profesional. Si no es tuya, intenta identificar qué la causa. Por ejemplo, si acabas de ver una comedia, y después vuelves a casa del cine sintiendo depresión o con dolor en la parte inferior de la espalda, tal vez hayas absorbido la dolencia de alguna persona sentada a tu lado. Lo mismo puede ocurrir mientras estás en el centro comercial o en el aeropuerto. Los campos de energía se solapan cuando hay gente muy cercana.

- *Aléjate.* Si es posible, aléjate al menos seis metros de lo que sospechas que es la fuente. Observa si notas alivio. No caigas en el error de no querer ofender a personas extrañas. En un lugar público, no dudes de cambiarte de asiento si notas una sensación de malestar que cae sobre ti.
- *Conoce tus puntos vulnerables.* Cada uno de nosotros tiene una parte corporal que es más propensa a absorber el estrés de los demás. La mía es el vientre. Revisa tu cuerpo para determinar la tuya. ¿Es el cuello? ¿Sufres dolor de garganta? ¿Dolor de cabeza? ¿Infecciones de vesícula? Cuando comiencen los síntomas en esas zonas, coloca allí la palma de la mano y transmite cariño a esa zona, a fin de aliviar las molestias. En una depresión o un dolor a largo plazo, utiliza este método a diario para fortalecerte. Es reconfortante y permite desarrollar sensación de seguridad y optimismo.
- *Entrégate a tu respiración.* Si sospechas que estás absorbiendo los síntomas de otra persona, concéntrate en tu respiración durante unos minutos. Esto permite conectarte con tu propia energía. En cambio, retener la respiración mantendrá la negatividad alojada en tu cuerpo. Para purificar el miedo y el dolor, espira el estrés e inspira tranquilidad. Imagínate el dolor como una niebla gris que sale de tu cuerpo, y el bienestar como una luz clara que entra en él. Esto puede producir rápidos resultados.
- *Practica la meditación de guerrilla.* Para contrarrestar el malestar emocional o físico, actúa rápidamente y medita durante varios minutos. Puedes hacerlo en casa, en el trabajo, en fiestas o en conferencias. Cuando sea necesario, refúgiate en el baño. Si es público, cierra la puerta del cubículo. Medita allí. Tranquilízate. Concéntrate en la positividad y en el amor. Esto me ha salvado muchas veces en aeropuertos llenos de gente, o en eventos sociales en los que me sentía agotada por culpa de otros.
- *Pon límites y fronteras saludables.* Controla cuánto tiempo pasas escuchando a personas estresadas y aprende a decir «no». Recuerda: «no» es una frase completa.
- *Visualiza protección a tu alrededor.* Las investigaciones han demostrado que la visualización es una técnica curativa para el cuerpo y la mente. Una forma práctica de protección que utiliza mucha gente, incluidos los profesionales de la salud, conlleva visualizar una envoltura de luz blanca en torno a todo tu cuerpo. O bien, si debes interactuar con personas extremadamente tóxicas, visualiza un fiero jaguar negro que vigila tu campo de energía para mantener alejados a los intrusos.

- *Desarrolla la visión en rayos X.* Los espacios que hay entre las vértebras de la parte inferior de tu espalda, la columna lumbar, son especialmente indicados para eliminar el dolor del cuerpo. Es útil aprender a expulsar activamente el estrés por esta zona. En Internet o en un libro de anatomía, encuentra una radiografía de la columna lumbar. Estúdiala para aprender su anatomía básica. Después podrás visualizar cómo el dolor sale de tu cuerpo a través de estos espacios. Despídete de él conforme se mezcla con la enorme matriz energética de la vida.
- *Toma un baño o una ducha.* Una forma rápida de acabar con el estrés es sumergirte en agua. Mi baño es mi santuario después de un agitado día. Permite eliminar todo, desde el cansancio por el autobús hasta las largas horas de vuelo, pasando por los molestos síntomas que he absorbido de otras personas. Asimismo, sumergirte en fuentes de agua mineral te purifica divinamente de todo lo que te perjudica.

Sigue practicando estas estrategias. Protegiéndote a ti mismo y a tu espacio, podrás crear una mágica burbuja de seguridad en torno a ti, a la vez que te alejas de las personas negativas, para que tengas menos estrés con el que tratar. No te asustes si alguna vez absorbes dolor o algún otro síntoma desagradable. Suele ocurrir. Con estrategias a mano para ayudarte a resistir, podrás dar respuestas más rápidas y positivas a las situaciones estresantes. Esto te permitirá sentirte más seguro y más sano, y podrá florecer tu sensibilidad.

## CÓMO ENTREGARTE CUANDO TIENES DOLOR

No hay muchos sufrimientos que puedan compararse a ser un alma enloquecida por el dolor. Soy consciente de que es muy fácil para alguien que no lo tiene recomendar que te entregues a tu dolor. Hay muchos tópicos sobre este tema.

Sin embargo, también quiero decirte que luchar o resistirte al dolor no es la forma más eficaz de aliviarlo. Curar el dolor requiere un delicado equilibrio de armonización incluso con lo que más daño que te hace, aunque esto tampoco implica que te hundas en la intensidad de esa desdicha.

A veces, la curación conlleva fluir con las molestias; a veces, implica elevarse por encima de ellas. Tal vez sea un difícil juego de malabarismo, pero no es imposible. Quiero mostrarte cómo maximizar tus posibilidades de librarte del dolor, o al menos de aceptar los síntomas actuales con más serenidad.

Nunca creas a quien afirme que siempre tendrás dolor crónico. Aunque se han conseguido numerosos y excelentes avances médicos en el manejo del dolor, la naturaleza de éste es fundamentalmente compleja y misteriosa. En la experiencia del dolor participan múltiples factores, desde los físicos y emocionales, hasta los espirituales y kármicos. He visto a muchos pacientes que tienen todos los motivos posibles para experimentar dolor crónico, pero no lo sufren. Sus resonancias magnéticas revelan problemas alarmantes –discos espinales inflamados, artritis, esta cosa y esta otra colapsadas–, pero se sienten bien, en términos generales. Por otra parte, algunas personas muestran mínimas evidencias de padecer dolor, y sin embargo se sienten desdichadas y a veces permanecen en cama. Expliquemos los factores que marcan la diferencia.

¿Qué causa el dolor? A nivel biológico, los impulsos nerviosos alertan al cerebro sobre un daño físico que puede seguir existiendo –aunque sea mínimo–, o que ya no existe. A veces, una lesión o enfermedad puede aumentar tu sensibilidad al dolor: tienes un umbral de dolor muy bajo y lo sientes más. Hay factores sociales y psicológicos que también influyen en el dolor. Un cariñoso apoyo te ayuda a ser más resistente a él, y la necesidad de resolver tu vida hace lo contrario. Emociones estresantes como la ansiedad y la pérdida pueden agravar las molestias de cualquier tipo. Las investigaciones han demostrado que si mantienes tu atención fija en el dolor y te sigues contando historias terribles como «nunca me sentiré bien», te debilitarás más; si quitas importancia a los síntomas y tienes una actitud más ligera y positiva, lo aguantarás mejor. Es interesante ver que las personas con dolor crónico por una lesión relacionada con su trabajo mejoran más rápidamente si les gusta su trabajo que si no les gusta.

Nadie quiere tener dolor. No obstante, presenta un profundo reto espiritual si puedes imaginarte la lección de comprensión que el dolor te ofrece. A continuación expongo el enfoque que recomiendo. El dolor, como un maestro, te pide que aguantes y sobrevivas de formas que nunca creíste posibles: arriesgarte, encontrar nuevas habilidades aunque creas que no puedes. Los budistas dicen que algunos actos de entrega consisten en «aprender a llevar el buey hacia atrás». El buey está perdido y descontrolado; algo parecido a nuestras mentes hiperactivas o a nuestro dolor. Debemos controlarlo y después dejar que nos lleve a casa. Para sobrevivir al dolor, debes hacerte versátil, romper con todas tus resistencias a cambiar. Es un golpe para el ego que puede reforzar la humildad y desarrollar la autocomprensión. Deja al descubierto tus puntos ciegos, esas zonas que tensas, reprimes o de las que tienes miedo. El dolor te permite ver que no puedes superarlo tú solo. Te impulsa a buscar algo más fuerte en el interior y más grande en el exterior. Si no te dejas vencer por él, el dolor te permite desarrollarte. Cuando tienes dolor, puedes elegir: puedes ponerte tenso o puedes entregarte al camino de la recuperación. La espiritualidad conlleva respiración, inspiración, buscar algo superior; y efectivamente en eso consiste, pero el dolor también te enseña más. Nadie puede decirte la forma adecuada de manejarlo. Momento a momento, debes confiar en tu intuición en relación con lo que sientes adecuado, con lo que te reconforta y con la manera de mejorar.

El dolor de la adicción suele ser el impulso espiritual de los dependientes de sustancias a entregarse al cambio. Mis valientes pacientes que están en proceso de recuperación tuvieron que tocar fondo en lo relativo al dolor antes de poder estar limpios y sobrios. Muchos llevan la adicción hasta el extremo del fallo renal, de destruir su matrimonio, de la bancarrota o del intento de suicidio, hasta que por fin llega la entrega. Seguían teniendo problemas porque seguían dejándose llevar por su adicción, rechazando tratar el dolor. Una vez que lo afrontaron, pudieron empezar a curarse y a recuperarse, con lo que por fin dejaron atrás los problemas.

Desde la perspectiva de los programas de doce pasos, la entrega subsiguiente a haber tocado fondo es la experiencia espiritual del despertar, el don de tener un nuevo camino. Después, para quienes se encuentran en proceso de recuperación, la entrega se convierte en un estilo de vida, la solución para aliviar la agonizante obsesión por beber, consumir o entrar de otro modo en la oscura resaca de la adicción, día a día. Entre los poderosos mantras de los programas de doce pasos se incluyen: «Soy impotente ante mi adicción y mi vida se ha convertido en insoportable» y «Entrego mi vida y recurro a un poder superior a mí mismo». Esta afirmación diaria de poder espiritual y de la renuncia del ego ayuda, a quienes de otro modo serían «impotentes» adictos, a tener unas vidas más amables y gozosas, ya no gobernadas por el ansia de consumir y por el dolor.

Los practicantes de la meditación consciente hablan sobre la importancia de no desconcentrarse por el dolor u otras distracciones. Su hermosa práctica espiritual consiste en seguir centrados, sin importar lo que pase en el interior o en el exterior. El dolor se considera una distracción digna de ser conquistada. Lo mismo sucede con los efectos secundarios tóxicos de los medicamentos que a veces debes tomar para sanar.

Me gusta recordarme a mí misma la instructiva historia de Valmiki, quien recurre a un gurú en busca de iluminación y desapego. El gurú le dice que se siente sobre un hormiguero y que se concentre para no distraerse. Con fe en su maestro, Valmiki se sienta durante horas, después días, que después llegan a ser cientos, tal vez miles de años. Ya puedes imaginar las terribles molestias de Valmiki, con esas diminutas hormigas mordiéndole y subiendo por su cuerpo. Pero con el paso del tiempo aprende a coexistir en armonía con el hormiguero. Al ver esto, el gurú le proclama un sabio de primer orden. Lágrimas de júbilo brotan de los ojos de Valmiki. A continuación parte para establecer su famoso *ashram*[26] de frutas y flores, sobre el Ganges.

Cada uno de nosotros tiene sus propios hormigueros. Sea cual fuere el tuyo, haz todo lo posible por coexistir en armonía con esas molestias, en lugar de hacer la guerra a lo que hay. Sí, estoy defendiendo una rigurosa postura espiritual para tratar las molestias. Te estoy pidiendo que consideres un maestro incluso al peor de los dolores, que lo utilices como trampolín para superar las distracciones en la medida de lo posible, que luches sin cesar por el autoconocimiento. Aun así, como médico que soy, sé que el dolor puede ser un maestro muy duro. Por eso debes contrarrestarlo con todo lo que tengas y superar cualquier resistencia que impida la curación.

---

26. Monasterio hinduista. *(N. del T.)*

## EL LADO POSITIVO Y EL LADO NEGATIVO
## DE RESISTIRSE A LA ENFERMEDAD Y AL DOLOR

La resistencia puede tanto ayudar como perjudicar la curación. ¿Qué es la resistencia? Es cuando te niegas a acatar una situación y ejerces una fuerza de oposición que tiende a ralentizar el movimiento y el crecimiento. Consiste en defenderse contra algo o alguien. Por ejemplo, puedes resistirte a hacer dieta o a dejarte enamorar. Tal vez no sepas por qué, pero algo te detiene. La resistencia es lo opuesto a la entrega. Es la energía que manifiestas, consciente o inconscientemente, para detener el libre fluir.

¿Cómo puede ayudar a tu salud la resistencia positiva? Considera la habilidad natural de tu sistema inmunitario para resistir las enfermedades. Desarrollar resistencia te permite formar anticuerpos a los virus, las bacterias y las toxinas. Además, resistirse al dolor agudo en las situaciones de riesgo –por ejemplo, apartar la mano del fuego– sirve de protección. En términos de emociones, la resistencia positiva te permite rechazar la alternativa de hundirte en el dolor o la desesperación. La resistencia positiva también te concede los recursos para alejarte de tu lado oscuro interno, en el que podrías perderte. Me sentí impresionada por la historia que me contó el oficial de una cárcel: «Trabajo en la prisión federal en la que se recluyó a McVeigh y Nichols después de la bomba de Oklahoma, el acto más destructivo de terrorismo realizado por ciudadanos estadounidenses en el suelo de su país. Algunos de los guardias más antiguos se sentían amargados por todos los crímenes, toda la violencia, todos los inocentes dañados por reclusos que no tenían ningún remordimiento. Yo estuve cerca de llegar a eso. Pero no me permití rendirme a esa amargura. En lugar de eso, elegí una perspectiva más esperanzadora».

De igual modo, la resistencia positiva a la negatividad te permite cambiar el curso de las cosas para evitar el desastre emocional. Por tanto, la resistencia a lo que es dañino y nada saludable –se trate de microbios, emociones o personas tóxicas– puede salvar tu cuerpo y tu alma. Por el contrario, la resistencia negativa incrementa el estrés y el dolor, lo cual puede perjudicar a tu inmunidad. Físicamente, la resistencia tensa tus músculos y tu mandíbula, te hace retener el aliento, agrava el estreñimiento y el síndrome de colon irritable, y te hace estar rígido, lo cual no es exactamente el estado fluido que mejora el bienestar. Emocionalmente, la resistencia te impide expresar las emociones difíciles y la alegría, y te impide también el llanto como recurso terapéutico. La resistencia emocional negativa suele ser una feroz defensa contra el hecho de sufrir daño, una fortaleza interna de miedo que levantas para protegerte de la desesperación, la decepción y el dolor de todo tipo. Aunque sea triste decirlo, también acaba con tu capacidad para amar y curarte. Por tanto, puedes encerrarte en ti mismo, deprimirte, aferrarte a los resentimientos y quedarte bloqueado en el dolor físico y emocional, y con todo ello dejarte sin espacio para maniobrar. Espiritualmente, puede impedirte la apertura a una fuerza curativa superior a ti mismo. No es de extrañar que la resistencia negativa suela describirse como enemiga de la creatividad: el pesado bloqueo que te impide escribir, pintar, entregarte a la intimidad o aprovechar las fuerzas curativas. Alimenta la procrastinación y la distracción, por lo que haces de todo *excepto* arte o curarte.

Por eso, la resistencia negativa es la parte de ti que no se siente segura al fluir, al experimentar, al entregarte a lo necesario para recuperarte del dolor o para vivir con él, aunque el camino no sea fácil ni claro. La resistencia puede ser consciente, como cuando te plantas y dices: «Me niego a afrontar el hecho de estar enfermo. Es demasiado doloroso». Y así caes en la negación o embistes inútilmente contra lo que hay en lugar de aceptarlo y, de algún modo, mediante algún procedimiento, aprender a vivir con una realidad imperfecta. Cuando te resistes a lo que hay, estás luchando con lo que no puedes controlar en ese momento, y eso constituye una fórmula segura para la desgracia. Es natural preguntarse: «¿Qué he hecho yo para merecer esto?», y pasar por todas las demás versiones de «pobre de mí». Pero aferrarte conscientemente a esto, por odio, miedo o frustración, es como la lucha contra Behemoth, el invencible monstruo del caos que Job se encontró cuando puso en duda a Dios. No puedes ganar.

No obstante, en su mayor parte, la resistencia no es algo consciente. Vive en ti en forma de miedos y traumas reprimidos. Puedes desenterrarlos mediante el seguimiento de un diario, meditación, psicoterapia o guía espiritual. Una vez que salen a la superficie pueden curarse. Además, la resistencia inconsciente puede ser una defensa contra los sentimientos incómodos que te llevan a evitar emprender ciertas acciones. Por ejemplo, un paciente, un tremendo procrastinador, me dijo: «Procrastino porque no quiero sentir la ansiedad de pagar mis facturas médicas, ni obtener resultados de pruebas médicas que pueden asustarme». Cuando la resistencia inconsciente queda sin tratar, puedes encontrarte sin pistas sobre hasta qué punto te controla o te aleja de la curación del dolor, en todos los ámbitos de tu vida.

## ALIVIAR TU DOLOR: LA DIFERENCIA ENTRE DOLOR Y SUFRIMIENTO

A fin de utilizar el acto de la entrega para aliviar la enfermedad y el dolor, es importante conocer la diferencia entre dolor y sufrimiento. Al nivel más básico, el dolor consiste en las propias sensaciones fisiológicas de incomodidad. O bien, como en la medicina china, en un bloqueo del *chi,* tu fuerza vital. El sufrimiento, en cambio, es tu respuesta al dolor: tus pensamientos y reacciones emocionales a las sensaciones.

Mi enfoque para reducir el sufrimiento incluye utilizar la resistencia positiva para responder al dolor con tanto optimismo como puedas reunir, y decir «no» al miedo y a los «y si». *El sufrimiento se ve intensificado por las terribles historias que te cuentas sobre el dolor.* Te proporcionaré una meditación que puede ayudarte a dejar de hacerlo. Además, quiero ayudarte a eliminar la resistencia negativa al dolor haciendo que tengas armonía con él. Esto conlleva colocarte en la misma frecuencia que el dolor, en lugar de oponerte a él. Cuando te preparas –por ejemplo, para una dolorosa prueba médica antes de tomar medicamentos con desagradables efectos secundarios, o para una conversación subida de tono con tu cónyuge–, te encuentras tenso y ansioso ya antes de que ocurra nada. Esta anticipación te hace sufrir más. Por el contrario, cuando estás en armonía con la incomodidad, no la estás amplificando por ponerte tenso, ni la estás afrontando con miedo. La estás dejando pasar adentro y afuera, sin apegarte a ella con tu mente asustada. Quiero asegurarte que no te estoy recomendando hacer nada inseguro o que te abrume. Si el dolor se vuelve demasiado intenso, siempre podrás retirarte y reorganizarte. Estar en armonía con el dolor o con sensaciones desagradables es un proceso de desensibilización gradual mediante el cual haces desaparecer el miedo y la aversión a la incomodidad.

Practica la siguiente meditación para aprender a entregarte al dolor y a la enfermedad. Conténtate con dar pequeños pasos de progreso. La idea es dejarte llevar, dejar que intervenga el Espíritu y hacerte uno con la incomodidad, de forma que puedas relajarte al sufrir dolor, en lugar de inflamarlo con miedo y tensión.

## UNA MEDITACIÓN DE ENTREGA PARA ESTAR EN ARMONÍA CON EL DOLOR Y LA ENFERMEDAD

- *Relájate dentro de las molestias.* No intentes cambiarlas o librarte de ellas. No te enfrentes al dolor o a la incomodidad; eso los empeora. Simplemente déjalos estar. Respira suavemente para eliminar cualquier tensión, miedo o resistencia. Afloja tu tensión. Proponte conocer las características de tu dolor o tus molestias. Haz una descripción de ellos. Familiarízate con ellos.
- *Sintoniza intuitivamente con las molestias.* ¿Tienen color? ¿Textura? ¿Emociones? ¿Se sienten calientes? ¿Frías? ¿Se desplazan o están localizadas en un solo lugar? ¿Observas imágenes? ¿Sonidos? ¿Olores? ¿Recuerdos? Pregunta a tus molestias: «¿Qué puedo aprender de vosotras? ¿Cómo puedo aliviar mi dolor?».
- *Concéntrate ligeramente en las molestias.* Siéntelas por completo, pero no te quedes fijado en ninguna sensación. A medida que inspiras, respira con ello todo tu dolor. Visualízalo como una nube hecha de humo negro. Déjalo fluir por todo tu cuerpo, directo al núcleo de tu comprensión. A continuación, imagínate cómo se disuelve cada pequeño pedazo del humo negro, purificado por el amor. Conforme espiras, imagina este amor como una luz blanca brillante, y después vuelve a enviarlo a la zona de las molestias. Inspira el dolor. Espira comprensión. Inspira el dolor. Llena el dolor con el aliento curativo de la comprensión.
- *Céntrate con un mantra.* Utilizar un mantra, una frase positiva, puede ayudar a apartar tu mente de la obsesión por el dolor o las molestias. Utiliza el mantra tantas veces como sea necesario. Cuando las molestias se vuelvan demasiado intensas o empieces a sentir agobio o desesperanza, repite tu nombre y apellidos tres veces. Esto te ayudará a reconectar

con tu propio poder. Otro mantra de entrega que me encanta es: «Esto también pasará», un recordatorio de que todas las cosas vienen y van, incluido el dolor; ningún estado mental es permanente.

- *Elévate por encima del dolor.* En cualquier momento, siéntete libre para alejarte de las molestias. Cambia de dirección. Concéntrate en una parte de tu cuerpo que esté libre de dolor; siente esas sensaciones. Además, puedes afirmar: «Este dolor es terrible. Pero no voy a dejar que me derribe. Tendré el control sobre mis pensamientos y me concentraré en algo positivo». Dirige tu atención a una imagen o pensamiento que te haga feliz, como por ejemplo un amanecer o una catarata. Recuerda que tu poder superior siempre estará ahí. Asegúrate de seguir pidiendo: «Por favor, alivia mi dolor para que pueda vivir sin problemas y feliz». A continuación, haz todo lo posible por atender a lo que hay delante de ti, como por ejemplo el trabajo, las tareas del hogar o la familia. Vive por completo en el presente.

Nota: Durante esta meditación, si surgen recuerdos dolorosos, como enfrentamientos con padres maltratadores o una niñez solitaria, es importante trabajarlos más adelante, por ti mismo o con un guía, para eliminar cualquier bloqueo a la curación que no hayas previsto.

Comprometiéndote activamente con las molestias, podrás cambiarlas. Se trata de una forma de alquimia mística que nunca debe interpretarse como un acto de sucumbir a la debilidad o de admitir la derrota. Estarás en posición de poder, en lugar de alejarte de los problemas que te abaten, por estar asustado. En todo momento, practica el acto de la comprensión, y otra vez, de nuevo, el acto de la comprensión. El dolor es una fiera, pero el corazón es más fuerte. Sigue aproximándote al corazón. Sigue contrarrestando el dolor con amor y podrán tener lugar milagros.

A lo largo de los años –en hospitales, hogares y clínicas, incluso con alguien que siente dolor en plena calle–, me he encontrado con pacientes, amigos, familiares y extraños que tenían dolor. El mero acto de sentarse con alguien, el poder de una presencia amable, puede marcar la diferencia entre una pesadilla para una persona y un refugio protector. Un paciente que hablaba poco, y que había sido hospitalizado por una depresión después de perder a su hijo, me dijo con declaración poco común: «Tú haces que el solitario no parezca serlo tanto». Además, sólo porque no conozcamos a alguien, eso no quiere decir que no podamos ayudarle cuando se presenta la ocasión. Recientemente, en una sala para señoritas de un Starbucks, una adolescente que estaba en el compartimento próximo al mío tenía los ojos llorosos (era el tipo de llanto que suele tener lugar por algún chico). Aunque yo no la conocía, le dije con tranquilidad: «Sea lo que fuere lo que te ha pasado, saldrás de esta situación. Te lo prometo». Con una voz apagada, dijo simplemente: «Lo sé. Gracias». También hay ocasiones en que no puedes hacer nada por aquéllos a quienes quieres, excepto sentarte a su lado de alguna manera. Piensa en sentarte con alguien en un velatorio. Le estás observando. No subestimes el impacto que tu leal presencia tiene sobre alguien que está dolido, perdido o destrozado. De algún modo, sabes que a todos nosotros nos ocurren estas cosas. Con las personas que tienen un dolor grave, simplemente sucede que es menos evidente.

Por tanto, con el corazón abierto, trata tu dolor y el dolor de otros. Especialmente si es crónico o agonizante, el dolor no siempre tiene sentido. En esos momentos de confusión, intenta aceptar el hecho de no conocer y programa tu mente en el modo de esperar a ver, mientras también haces todo lo posible para conseguir los mejores tratamientos. Soy consciente de que la paciencia es algo difícil de tener cuando se sufre dolor. Aun así, intenta dejar que las soluciones se expresen y fluyan con el movimiento de progreso de tu vida, a pesar de tu comprensible necesidad de alivio en este momento.

En lo relativo a curar el dolor, debes entregarte a todas tus impotencias y a todos tus poderes, dependiendo de lo que necesites. Esto puede cambiar cada día. Es una apasionante interacción entre cuándo «hacer» y cuándo dejarse ir. Con toda tu fe, comprueba con tu intuición qué dirección tomar, incluso cuando todo lo que hay a la vista parezca necesitar salvación. Muestra gratitud por las pistas sobre el dolor que vas descubriendo. Entrégate a la amable enseñanza espiritual que el dolor te ofrece.

En este capítulo, he expuesto varios aspectos de cómo entregarse al dolor y a la enfermedad. Espero que tu mente se haya abierto un poco más. Espero haber despertado tu curiosidad sobre cómo tratar las molestias de forma distinta. El camino de la curación propio del guerrero consiste en ser derribado; y después, cuando te hayas recuperado, comenzar de nuevo, siempre de nuevo. Mantén tus ojos puestos en la luz. Sí, es una empresa agotadora que puede hacerte sentir derrotado. Exige todo de tu parte. Pero no sucumbas. Moverte hacia la luz –aunque lo hagas arrastrándote– es el gran logro de tu alma. Quiero compartir contigo lo importante que es esto para tu evolución, y cómo tu valor lo hace más fácil para el resto de nosotros.

Hay mucho dolor sobre la Tierra. Cuando eres tú quien lo padece, cuando es tarea tuya afrontar la desdicha en tu cuerpo o tu alma, nos estás haciendo un gran servicio a todos nosotros. Al nivel humano más profundo y primigenio, tu dolor resuena en todo el género humano, y en los pasos que todos nosotros damos para superar el dolor individualmente, que es mejor si lo hacemos juntos. En cada punzada de dolor, quiero que sientas que te quiero, que sientas que nos queremos el uno al otro. El amor es nuestro hechizo más duradero. Darnos cuenta de nuestra interconectividad intuitiva y formar redes de amor es crucial para superar lo que parece insuperable. Hacerlo requiere fe y dejarse llevar por una fuerza superior en la que tal vez no creas por completo. Aun así –y éste es el milagro–, hazlo de todas maneras. La fe en medio de la incredulidad tiene un poder enorme. Puede reconfortar tu cuerpo y el mundo entero.

---

### AFIRMACIÓN DE ENTREGA PARA CURARTE

*Prometo honrar y amar mi cuerpo en la enfermedad y en la salud. Prometo seguir abandonando los pensamientos y comportamientos negativos que perjudican mi sanación. Durante un problema de salud, seguiré entregándome al dolor y acogiendo la dulzura, la paciencia y la fe en el poder del amor.*

---

*Si quieres ver qué aspecto tendrá tu cuerpo mañana,*
*examina tus pensamientos hoy.*

DICHO DE LOS INDIOS NAVAJO

# 11

# LA UNDÉCIMA ENTREGA

*Experimentar un envejecimiento radiante:*
*el secreto de lograr que el tiempo transcurra más lento*

¿Qué sucedería si el envejecimiento pudiera sentirse como algo natural, no como una lucha o una gran tragedia? ¿Qué sucedería si no te obsesionaras con el miedo a entregarte al proceso? ¿Qué sucedería si te sintieras cómodo manejando los cambios que son inevitables? Con cada año que pasa, imagina la posibilidad de sentirte cada vez más conectado y que eres tú mismo, en lugar de temer cada cumpleaños. No estás luchando contra los ciclos de los años que pasan ni negándolos, sino entregándote profundamente a tu gran poder y tu luz durante los momentos duros y los períodos de bonanza. Ése es el camino de un envejecimiento radiante.

Nuestra sociedad tiene fobia al envejecimiento. Si te lo crees –y es bastante fácil hacerlo–, tu optimismo sobre el envejecimiento tal vez no encaje con el violento ataque a los estereotipos basados en el miedo que dictan que no puedes hacer tal cosa o tener cierto aspecto. La verdad es que preocuparse por el hecho de envejecer sólo sirve para que envejezcas más rápidamente. Si te ves viejo, entonces lo serás. De hecho, las investigaciones han vinculado las percepciones negativas sobre el envejecimiento con personas con una esperanza de vida de siete años menos que la media. Recuerdo que incluso cuando tenía cuarenta años, la gente empezó a utilizar conmigo frases molestas como «con tu edad», y después a hacer presuntuosas predicciones como «Pronto perderás tu energía sexual» o «Ya estás casi en lo alto de la cumbre». (Comprobación de la realidad: tal vez *ellos hayan* estado siempre sobre la colina, pero no tiene por qué ser así en tu caso). Cuanto más viejo seas, más te bombardearán con esos maleficios que intentan acabar con la vida intuitiva y apasionada. En defensa de la intuición y la pasión, quiero reexaminar la prevalente idea occidental sobre el envejecimiento, así como derribar supuestos que no tienen sentido o que erróneamente se consideran inevitables.

El envejecimiento radiante es algo que permite cambiar el juego y que está íntimamente relacionado con la entrega. Lo defino como un proceso del ciclo de la vida que está conectado con los ritmos de la naturaleza, la divinidad y el flujo universal. El envejecimiento radiante consiste en dejarse llevar, fluir y no ponernos tensos, pase lo que pase. *Conlleva ver todas las expresiones creativas de tu cuerpo relacionadas con los cambios a través de la lente de la luz.* Cada día, momento a momento, emplearás tu bienestar físico, emocional, espiritual y energético para mejorar tu salud y reducir la negatividad. Para envejecer radiantemente, debes acoger todos estos elementos, aunque la medicina convencional se centre principalmente en el envejecimiento físico. Cada elemento te mejora de formas distintas, y crea un intrincado mosaico de fuerzas vitales.

El envejecimiento radiante comienza en el momento en que nacemos. Considéralo un ingenioso desarrollo de tu esencia. Puedes perfeccionar tu intensidad a cualquier edad, a pesar de los problemas biológicos habituales de envejecer, como por ejemplo el desgaste generalizado, el desgaste de las articulaciones y la reducción de la masa muscular. Necesitas concentrarte en las expansiones energéticas y espirituales. La edad cronológica es menos importante que el modo en que lleves los años, cómo brilles energética y espiritualmente. Es cierto que, en momentos anteriores de tu vida, tus hormonas y tu biología pasan por fases de aceleración, como por ejemplo ganar altura, la pubertad y prepararte para tener hijos; y que van decayendo posteriormente. Tus prioridades pueden cambiar en diferentes fases, pero no son siempre tan predecibles como algunos «expertos» afirman.

El envejecimiento, el proceso del tiempo que pasa durante la experiencia humana sobre la Tierra, debe estar configurado por la intuición. Por eso no tiene sentido generalizar sobre el envejecimiento, ni esperar que todos lo pasemos de la misma manera. Tal vez te cases con veinte años, con sesenta o nunca. Quizás con noventa años estés preparado para tratar ciertos problemas sobre tu madre. No hay problema. No hay nada que juzgar. Limítate a agradecer que te sientes preparado y ve a por ello. Lo que importa es que debes confiar en tu intuición.

La vida es maravillosa, a cada pequeño instante; ojalá pudieras verlo de esta manera. Lo importante para envejecer bien es no odiar el paso de los años ni los cambios que llegan, aunque sufras enfermedades y limitaciones. Entregarse al envejecimiento conlleva abandonar tu apego a los años y décadas que ya han pasado, por muy agridulce o molesto que sea. El gran poeta Rumi escribió que el arroyo en el que te sumergiste ayer no es el mismo arroyo en el que te sumerges hoy. Es el mismo lugar, pero el agua que corre junto a tus pies es nueva.

Personalmente, voy inventándome el envejecimiento conforme sigo la corriente. Tenemos dentro de nosotros alegría, pena y sabiduría por cada año que hemos vivido. Sólo porque pases una edad, eso no significa que esos estados mentales se hayan marchado. Están incluidos en tu ser. Puedes acceder a todas tus experiencias sin aferrarte a ellas. La niña de catorce años que hay en mí está tan viva como la mujer de cuarenta. Si tienes cincuenta, sesenta o setenta, no siempre tienes por qué «comportarte de acuerdo con tu edad», sin importar lo que eso signifique. La travesura implícita en la edad consiste en que puedes actuar de acuerdo con lo viejo o joven que decidas ser. Emplear distintas edades en ti mismo sirve para transformar tu apariencia y cómo otros se relacionan contigo. Es una elección de la conciencia.

## EL ENVEJECIMIENTO NO ES PARA COBARDES

Aunque la experiencia de envejecer sea distinta para cada persona, se trata de un viaje de valentía que te exige entregarte de formas para las que tal vez te sientas incapaz; pero lo cierto es que tú sí eres capaz. El envejecimiento viene determinado por numerosas variables, entre ellas la genética, la actitud, el estilo de vida y el karma. Sin embargo, el espíritu con que afrontes los cambios y aceptes tu mortalidad determinará la calidad de tu viaje.

En su mayor parte, creo que la actitud cultural occidental hacia el envejecimiento es engañosa y discriminatoria hacia la edad. En las culturas asiáticas, es un privilegio estar en compañía de un anciano iluminado.

Debemos inventar un nuevo vocabulario para describir el proceso del paso del tiempo, que rinda homenaje al misterio. Aquello que definió a nuestros padres tal vez ya no valga para nosotros. Muchos de nosotros no nos uniremos a un centro de ancianos para realizar actividades o hacer viajes en autobús a los casinos, aunque esta opción sea perfecta para algunos.

En este capítulo, explicaré la ciencia del envejecimiento, incluyendo lo que nos lleva a envejecer, desde el acortamiento de los telómeros celulares hasta los radicales libres, pasando por el estrés y el resentimiento; y también examinaremos lo que te mantiene en forma. ¿Cómo puedes abandonar tu miedo al envejecimiento y a la mortalidad? ¿Cómo puedes ralentizar el paso del tiempo y valorar tu vida? Expondremos los cuatro tipos de envejecimiento –físico, emocional, energético y espiritual–, y describiremos estrategias para optimizar cada uno de ellos en vistas a una mejor condición física. Aunque envejecer puede hacerte afrontar las conmovedoras entregas de la pérdida o la enfermedad, la práctica del envejecimiento radiante conlleva esforzarse por entregarse a todos los cambios, crecimientos y milagros que lleguen.

¿Qué es lo que suele convertir al envejecimiento en una lucha?: cuando intentamos controlarlo, negarlo, luchar con él, o definir rígidamente el proceso. La verdad es que, para nuestro ego, la idea del cambio da miedo. Nos hace sentir la pérdida del control sobre nuestras vidas y sobre el universo. Nuestros hijos se van de casa, nuestros cuerpos se hacen más lentos, vemos morir a algunos amigos. El maestro espiritual Ram Dass dice: «Es cierto, algunas puertas se nos cerrarán, pero los cambios nos ofrecerán oportunidades. Detrás de todo el drama, y aferrado al pasado, hay un lugar del alma».

El envejecimiento es la encarnación de un misterio que debe resolverse. Nuestra entrega consiste en sentir la emoción del viaje, fluir tanto con las alegrías como con los problemas, mientras hacemos lo que podemos para estar sanos y felices. Algunas personas pierden la esperanza y se resignan, pero esto no es lo mismo que entregarse. Lo importante no es abandonar la pasión ni tu espíritu salvaje. En lugar de eso, entregarse es una forma consciente de ralentizar el tiempo, de estar *presentes en este momento;* no el momento que hay por delante ni por detrás, sino el eterno ahora. No intentes predecir tu futuro, sino que debes saborear los momentos. Estar dispuesto a entregarse al misterio de todo ello permitirá que el envejecimiento sea algo más parecido a una aventura.

Aquí nos centraremos en cómo la entrega puede liberar los cuatro tipos de envejecimiento: físico, emocional, energético y espiritual. Durante milenios, se han contado en diversas culturas historias sobre la Fuente de la Juventud, una fuente legendaria que da vigor a quienes beben de ella. Se dice que Alejandro Magno y su sirviente cruzaron la Tierra de la Oscuridad en busca de esta fuente rejuvenecedora. Pero creo que se trata sólo de un lugar mítico y simbólico. Está cerca de nosotros, es nuestra sagrada fuerza vital que podemos utilizar. Baña nuestros cuerpos, pero también la llena la luz de nuestra alma. Te mostraré cómo acceder a esta Fuente de la Juventud en cuerpo, mente y espíritu.

## EL ARTE DE LA ENTREGA
## EN EL ENVEJECIMIENTO FÍSICO

Tal vez debas adoptar la definición brutalmente empírica y no espiritual de la medicina convencional sobre el envejecimiento. Considérala solamente un punto de partida para expandir tu conciencia sobre este tema. *Envejecer no es una enfermedad.* Es una evolución orgánica que podemos honrar y acrecentar cuando aprendamos a utilizar nuestras energías vitales y abandonemos nuestros miedos.

La ciencia define el envejecimiento como el deterioro progresivo de las funciones fisiológicas asociadas con la menor capacidad de responder al estrés. Entre los síntomas de envejecimiento físico están:

- Reducción de la inmunidad.
- Digestión más lenta, más estreñimiento.
- Pérdida de fuerza muscular, movilidad y equilibrio (mayor riesgo de caída).
- Cabello gris.
- Pérdida de altura: entre las edades de cuarenta y ochenta, los hombres pueden perder 2,5 centímetros, y las mujeres 5 centímetros, debido al hundimiento y aplastamiento de los discos vertebrales.
- Menos saliva y fluido lubricante en las articulaciones.

- Peor oído, vista, gusto y olfato.
- Pérdida de memoria (especialmente nombres de personas, dónde están las llaves o por qué entramos en una habitación).
- Deterioro grave de la memoria, como por ejemplo la enfermedad de Alzheimer u otras formas de demencia.
- Menor producción de colágeno, elastina y grasa en la piel, lo que causa sequedad, arrugas o flacidez, que empeoran con la radiación ultravioleta, el tabaco, la contaminación y el tirón de la gravedad hacia abajo.
- Aumento de peso, especialmente grasa en el vientre, difícil de perder y asociada a la resistencia a la insulina, la menor capacidad del cuerpo para descomponer la glucosa y los hidratos de carbono.
- Disminución de las células madre, a partir de las cuales se desarrollan todos los tejidos orgánicos.
- En las mujeres, cese del período fértil, lo que conlleva una reducción de las hormonas sexuales, la lubricación vaginal y en ocasiones la libido; además de un debilitamiento de los huesos.
- En los hombres, reducción de la testosterona y de la función eréctil, y menos espermatozoides útiles.
- Mayor riesgo de enfermedades relacionadas con la edad, incluidas presión sanguínea elevada, artritis degenerativa, diabetes tipo 2, cáncer, cataratas y enfermedades cardíacas.
- Muerte (aunque «la edad avanzada» no es una causa científicamente reconocida de la muerte, sí lo son enfermedades concretas como el derrame cerebral).

De acuerdo, es una lista abrumadora. Pero ahora quiero negar la idea de que todos estos cambios problemáticos sean inevitables. Asustarían a cualquier persona sensata. Una cosa es aceptar con elegancia el ritmo del envejecimiento y tratar los problemas conforme ocurren –si es que ocurren–, y otra atormentarse por pensamientos catastrofistas sobre lo que puede suceder. Por eso, es importante seguir abandonando tu miedo al envejecimiento y no presuponer que te sucederá algo malo. Recuerda que el envejecimiento incluye una serie de experiencias, desde estar sano (o más sano que nunca), hasta sufrir limitaciones pequeñas o moderadas o tener que soportar una enfermedad debilitante como un ictus. El sufrimiento extremo, que podemos experimentar en cualquier momento de nuestras vidas, incluidos nuestros primeros años, está simplemente en el extremo más lejano del espectro. Dado que los pensamientos influyen en tu salud, en lugar de llegar a temer lo peor, cambia tu foco de atención y entrégate a las soluciones.

El modo en que envejezcas puedes controlarlo más de lo que puedas pensar. Las investigaciones han demostrado que la mala salud no es una consecuencia necesaria del envejecimiento. Si practicas conductas saludables, te beneficias de los servicios de prevención y te comprometes con tu familia y tus amigos, es más probable que estés en buenas condiciones y que padezcas menos problemas médicos. Aunque aproximadamente el 80 por 100 de las personas de más de sesenta y cinco tienen una enfermedad crónica, y el 50 por 100 tienen al menos dos, entre las claves para mantenerse bien están prevenir las enfermedades crónicas y mantener activamente el propio bienestar. Es esencial abandonar la idea de que eres demasiado viejo, o que estás demasiado enfermo, para generar cambios positivos en tu cuerpo. A continuación, describiré seis factores del envejecimiento que debemos tener en cuenta. Aunque hayas descuidado tu salud antes, poner en práctica las estrategias antienvejecimiento que explicaré pueden ayudarte a mejorar los síntomas crónicos y aumentar el bienestar.

## Factor del envejecimiento número 1: La genética

Aproximadamente el 30 por 100 de los cambios relacionados con el envejecimiento están fuertemente influidos por la genética. Por ejemplo, los genes controlan el metabolismo del colesterol, el cual influye en la salud cardiovascular. Regulan citoquinas que participan en la inflamación y la inmunidad. Entre las enfermedades hereditarias están el alzhéimer de inicio temprano, la diabetes, el párkinson y las enfermedades cardíacas. Conocer el historial familiar te hace ser consciente de los factores de riesgo, para que puedas tomar medidas con vistas a una dieta adecuada, la práctica de ejercicio y otras formas de prevención.

Aunque hay aún mucho que la ciencia no conoce sobre la relación entre la genética y las enfermedades, la longevidad parece ser hereditaria. Los centenarios, las personas que superan los cien años, comparten algunos rasgos genéticos, incluyendo mutaciones que tal vez prolonguen la vida. Muchos son altos y delgados. Pocos son obesos. La mayoría no muestran síntomas de deterioro cognitivo ni de demencia antes de los noventa, y no han sufrido enfermedades típicas de la edad, como la diabetes y las dolencias cardíacas. También suelen tener una profunda creencia en la espiritualidad y una habilidad innata para resistir el estrés. Muchos residen en zonas no industriales, sin contaminar. Son comunes a todos estos grupos una dieta basada en alimentos vegetales, una ingesta calórica relativamente baja, poco o nada de tabaco, ejercicio moderado, hacer de la familia una prioridad y tener un grupo social de apoyo.

Las investigaciones indican que los hijos de centenarios tienen más probabilidades de llegar a los cien años y menos de sufrir enfermedades graves. Un estudio de la Asociación Americana del Corazón concluyó que los hijos de padres centenarios tienen una incidencia bastante menor de enfermedades cardíacas y de ictus cuando llegan a una edad anciana que aquéllos cuyos padres murieron con setenta y tantos años. Por tanto, si tus padres vivieron mucho, cuentas con una protección extra en tus genes.

## OPTIMIZA TU GENÉTICA ABANDONANDO LOS MALOS HÁBITOS: IMITA LA DIETA, EL EJERCICIO Y LOS HÁBITOS DE SUEÑO DE LOS CENTENARIOS

- *Restricción calórica.* Las investigaciones han demostrado que reducir la ingesta calórica en un 40 por 100 aumenta la esperanza de vida de los ratones en casi un tercio. También reduce los niveles de glucosa e insulina, así como la tasa de tumores en ratas propensas a padecerlos. En Okinawa, tierra natal de muchos centenarios, hay un dicho: *hara hachi bu* («deja de comer cuando ya no tengas hambre»). En cambio, los habitantes de los países occidentales suelen atiborrarse muy por encima del punto en el que ven saciado su apetito. Reducir la ingesta calórica, junto con una dieta de alimentos más frescos, vegetales y a base de granos integrales, y el rechazo a los alimentos procesados, evita acelerar el envejecimiento con hábitos poco saludables. Además, es importante permanecer hidratado. Beber cinco vasos de agua al día elimina toxinas, transporta los nutrientes a las células y reduce el ansia por la comida.

- *Ejercicio.* Encuentra una actividad física con la que disfrutes, y practícala de forma habitual. Puede ser ir al gimnasio, hacer ejercicios aeróbicos, excursionismo, estiramientos o arreglar tu jardín. El secreto es mantener el cuerpo flexible y móvil. Las investigaciones indican que el riesgo de enfermedad cardíaca disminuye tanto como un 50 por 100 en personas que se implican en la práctica habitual de ejercicio moderado entre veinte y treinta minutos diarios. Nuestro mundo es demasiado lineal, así que puedes efectuar movimientos curvos para otorgar una atractiva flexibilidad a tu cuerpo. Esto contrarresta los rígidos movimientos lineales que se utilizan, por ejemplo, en el levantamiento de peso. Bailar el *hula hoop* es una estimulante manera de conseguirlo realizando movimientos circulares con tus caderas, para que participe todo el tronco.

- *Sueño.* Los centenarios informan de que duermen bien e ininterrumpidamente durante al menos siete horas cada noche, y algunos hasta nueve horas. El sueño rejuvenece el cuerpo y mejora el equilibrio hormonal y la inmunidad.

### Factor del envejecimiento número 2: Acortamiento de los telómeros

La ciencia más avanzada está investigando los telómeros como secreto del antienvejecimiento. Un telómero es una zona del extremo de un cromosoma que lo protege del deterioro y de la unión con otro cromosoma. Con el paso de los años, con cada división celular, los telómeros se acortan, lo cual limita a las células a un número fijo de divisiones en el período de una vida. Esto determina el envejecimiento y establece un límite a cuánto podemos vivir. (Hay una prueba sanguínea que mide la longitud de los telómeros). En consecuencia, el número de veces que una célula se ha replicado puede ser más importante que la edad cronológica. La Asociación Americana del Corazón ha publicado un informe que relaciona el acortamiento de los telómeros con los ataques al corazón y la muerte prematura. Algunos científicos postulan que evitar que los telómeros se rompan puede prolongar la vida de nuestras células y ralentizar el envejecimiento. A un grupo de investigadores genéticos se le concedió el Premio Nobel por descubrir una enzima llamada telomerasa, que puede revertir el envejecimiento. Esta enzima parece impedir el acortamiento, y por tanto protege nuestro ADN.

Considero interesante el dato de que la mayoría de los cánceres son el resultado de «células inmortales» cuyos telómeros no degeneran. Estas células tienen un potencial reproductor infinito. Aunque no nos gusten las células inmortales que generan el cáncer, sí nos gustan las que perpetúan la salud y la vida. Tener más telomerasa a medida que envejecemos podría permitirnos esto al proteger de la degeneración a los genes de las células normales. En cambio, los niños con progeria, una enfermedad genética poco común en la que nacen siendo viejos, carecen de telomerasa y tienen los telómeros cortos. Envejecen prematuramente y mueren aproximadamente con trece años.

Es estimulante que los biólogos que estudian los telómeros estén investigando innovaciones prácticas para el antienvejecimiento y la salud. Entre las posibilidades están los inhibidores de la telomerasa para el cáncer y para los activadores de la progeria. Los científicos postulan que si pueden encontrar un procedimiento para activar el gen de la telomerasa en todas nuestras células, la gente vivirá más tiempo.

### ABANDONA TU MENTE CERRADA: MANTENTE INFORMADO DE LOS AVANCES SOBRE LA TELOMERASA

Aunque no hay un consenso definitivo entre los científicos, es posible que suplementos como la vitamina D, el aceite de pescado, los polivitamínicos, el TA-65 (un activador de la telomerasa, obtenido del astrágalo), la carnosina (un aminoácido antioxidante) y un estilo de vida saludable mejoren la resistencia de los telómeros. Lo que sí sabe la ciencia es que ciertos factores, como la obesidad, la falta de ejercicio, el exceso de alcohol y la producción de radicales libres aceleran la degradación de los telómeros. Puedes hacer cambios en tu estilo de vida para evitar estos riesgos. Este excitante campo promete mucho. Yo intento seguir de cerca la investigación sobre los telómeros, y te recomiendo que tú también lo hagas.

## Factor del envejecimiento número 3:
## Los radicales libres y el estrés oxidativo

Las investigaciones indican que, en parte, envejecemos porque los radicales libres (moléculas con electrones no emparejados) se acumulan y dañan a otras células, además de a los telómeros. El daño de los radicales libres a tu ADN aumenta con la edad y está implicado en enfermedades relacionadas con el envejecimiento, desde el cáncer hasta el alzhéimer, junto con las arrugas y otros síntomas del envejecimiento de la piel. Aunque se necesitan algunos radicales libres para una función celular y un metabolismo energético normales, con el envejecimiento, a nuestro cuerpo le cuesta más mantenerlos bajo control o eliminarlos. Estas moléculas inestables son un subproducto del estrés oxidativo, el proceso que hace que un plátano se ponga marrón y que las tuberías se oxiden. El estrés oxidativo puede dañar al cuerpo y se ve acelerado por las toxinas, las infecciones, los traumas, un estilo de vida sedentario y el consumo de grasas calentadas a temperaturas elevadas (la oxidación tiene lugar más rápidamente en las grasas que en los hidratos de carbono y las proteínas). Para ralentizar el envejecimiento, es importante reducir los radicales libres y el estrés oxidativo.

### REDUCE LOS RADICALES LIBRES Y LAS ARRUGAS CON ANTIOXIDANTES

Los antioxidantes ayudan a retardar el envejecimiento porque evitan que los radicales libres dañen las células. Es una sabia decisión ampliar tu dieta para incluir los antioxidantes presentes en las frutas frescas de colores brillantes (arándanos, bayas de asaí, granadas), hortalizas, granos germinados y té verde. También puedes considerar la posibilidad de tomar suplementos como la vitamina A (betacaroteno), vitamina C, vitamina E (alfa-tocoferol), L-carnosina y reservatrol. Estos antioxidantes mejoran el funcionamiento cerebral y reducen los síntomas del envejecimiento en tu cuerpo y tu piel. Para reducir las arrugas, puedes utilizar cremas antioxidantes e hidratantes (¡o frotarte bayas por la cara!), además de utilizar cremas solares, eliminar la nicotina, llevar gafas de sol para prevenir el estrabismo, dormir boca arriba para evitar las marcas que deja la almohada y permanecer hidratado bebiendo mucha agua.

## Factor del envejecimiento número 4:
## La inflamación crónica

Las investigaciones indican que la inflamación crónica es un elemento muy importante en el deterioro relacionado con la edad. La inflamación aguda es la primera respuesta del cuerpo a las lesiones, la alergia y las enfermedades. Tu sistema inmunitario se pone en estado de excesiva alerta y ataque a los invasores no deseados: los tejidos se ponen rojos e hinchados, como cuando duele la garganta. Sin embargo, la inflamación crónica es poco saludable y puede degradar los tejidos cuando no está bajo control. Algunos estudios indican que puede ser la causa de todas las enfermedades degenerativas asociadas con el envejecimiento. Es el resultado de un sistema inmunitario demasiado activo; piensa en las alergias constantes, la artritis reumatoide y otras enfermedades autoinmunes. Cuando hay inflamación crónica, el cuerpo cree que se encuentra sometido a un ataque. En respuesta a él, se liberan citoquinas que matan células del cerebro, de las paredes arteriales y de cualquier otro lugar donde haya sustancias químicas oxidativas y tóxicas. Se han relacionado con todo esto el ataque al corazón, el ictus, el aumento de depósitos de colesterol en el corazón y los vasos sanguíneos, el cáncer y el alzhéimer. Entre los desencadenantes de la inflamación se encuentran las infecciones, los alérgenos (incluida la comida), las toxinas (incluida la contaminación ambiental y el humo que respiramos como fumadores pasivos), la obesidad, una mala dieta, la falta de ejercicio, un nivel elevado de LDL (colesterol «malo»), y unos niveles elevados de azúcar y de insulina en la diabetes. La conclusión es que si tu cuerpo sufre inflamación crónica, degenerará y envejecerá más rápidamente.

La buena noticia es que puedes hacer cambios específicos en tu estilo de vida para tratar la inflamación y retardar el envejecimiento. Comienza a poner en práctica las siguientes estrategias ahora mismo.

## ABANDONA TU RESISTENCIA AL CAMBIO: SIGUE ESTAS ESTRATEGIAS PARA REDUCIR LA INFLAMACIÓN

- *Hazte pruebas.* La prueba sanguínea más común para detectar la inflamación en tu cuerpo y tus vasos sanguíneos es la prueba de alta sensibilidad de la proteína C-reactiva. Tu médico puede prescribirte sin problemas esta prueba de laboratorio convencional (aunque los resultados pueden arrojar un falso positivo si tienes un resfriado u otro problema temporal que aumente los niveles de inflamación).

- *Sigue una dieta a base de alimentos integrales.* Come suficiente fibra y montones de alimentos frescos, especialmente hortalizas. Además, los alimentos alcalinos, como la sandía, las verduras, las hortalizas de las que se come la raíz, los limones, el ajo y el melón, pueden limitar el estrés que el ácido genera en tu cuerpo. Evita los azúcares, los almidones y los alimentos procesados y los considerados «basura», la harina refinada y las grasas trans y saturadas. Todos estos hacen que tu cuerpo acumule grasa, en lugar de quemarla en forma de energía.

- *Reduce la grasa del vientre haciendo ejercicio.* El exceso de grasa en el vientre libera citoquinas (sustancias inflamatorias). El ejercicio habitual te ayudará a perder peso y grasa del vientre, y mejorará tu sistema inmunitario y tu condición cardiovascular.

- *Come grasas saludables.* Puedes obtener grasas omega-3 procedentes del pescado de agua fría, como el salmón salvaje, la caballa y las sardinas; o del aceite de oliva, frutos secos, aguacates; o bien de un suplemento diario de aceite de pescado. También hay disponibles huevos omega-3, de gallinas alimentadas con una dieta especial.

- *Evita los alérgenos.* Dos alergias alimentarias muy comunes son al gluten y a los lácteos. Puedes probar a eliminar estos productos de tu dieta, para ver si te sientes con más energía y menos dolorido y fatigado. Identifica y elimina los alérgenos de tu entorno y tu dieta. Las pruebas de alergia pueden ser útiles.

- *Mantén el vientre sano.* Tomar probióticos ayuda a reducir la inflamación y a eliminar las bacterias perjudiciales.

## Factor de envejecimiento número 5:
## Resistencia a la insulina/glucagón

La resistencia a la insulina aparece como parte del proceso de envejecimiento. Ocurre cuando tus células se hacen menos sensibles al azúcar y a la hormona insulina, que procesa los hidratos de carbono. ¿Cómo te afecta esto? Cuando eres joven, estás en forma y sano, utilizas los hidratos de carbono como fuente de energía, y sólo una mínima parte se convierte en grasa. Cuando hay resistencia a la insulina, tienes un nivel más alto de glucosa y de insulina, lo cual te hace ganar peso, especialmente en el vientre. También te hace más propenso a la diabetes tipo 2, que surge con la obesidad o en una fase posterior de la vida. La resistencia a la insulina puede hacer que envejezcas prematuramente porque daña tus riñones, ojos, nervios y vasos sanguíneos. Además, la glucosa adicional que no se procesa se une a tu ADN, proteínas y lípidos, en un proceso llamado glicación, que inhibe el funcionamiento de los elementos citados y origina enfermedades y envejecimiento.

### PRESCRIPCIONES PARA REDUCIR LA RESISTENCIA A LA INSULINA, LA GLICACIÓN Y EL EXCESO DE PESO

- *Ejercicio.* El ejercicio aeróbico intenso reduce la resistencia a la insulina. Comienza gradualmente cualquier nueva rutina de ejercicios y ponte como objetivo llegar a entre treinta y cuarenta y cinco minutos diarios.
- *Duerme suficiente tiempo.* La privación de sueño está asociada con la resistencia a la insulina. Necesitarás al menos entre seis y ocho horas de sueño.
- *Reduce los hidratos de carbono y el azúcar.* Cíñete a los alimentos ricos en fibra y de bajo índice glucémico: los hidratos de carbono que generan un pico menor de insulina, como los granos integrales, las legumbres, la fruta y las verduras. Recorta los alimentos de alto índice glucémico, que generan un gran pico de insulina, como el puré de patatas, la pasta, el arroz blanco, el pan blanco, las galletas, las golosinas, las patatas fritas y el azúcar.
- *Incrementa la proteína magra.* La proteína magra es excelente para evitar la resistencia a la insulina. No sólo es saciante, sino que también obliga a

tu cuerpo a quemar sus reservas de grasa en forma de energía. Incluye en tu dieta proteína magra, como por ejemplo pechuga de pollo sin la piel, salmón salvaje, yogur sin grasa, tofu, legumbres o carne magra biológica, en cada comida.

- *Utiliza suplementos.* El cromo es un mineral que puede ayudar al cuerpo a utilizar glucosa y a quemar grasa. Además, el ácido alfa-lipoico, la vitamina $B_6$ y la coenzima $Q_{10}$ han demostrado reducir la resistencia a la insulina.

### Factor del envejecimiento número 6: Desequilibrio hormonal

El envejecimiento genera desequilibrios hormonales que empeoran la calidad de vida. Estos desequilibrios contribuyen a la depresión, la inflamación y la ralentización del metabolismo, con los consiguientes aumento de peso, osteoporosis, bloqueo de las arterias coronarias y pérdida de deseo sexual. Para muchas (pero no todas) mujeres menopáusicas, los niveles más bajos de estrógeno, progesterona, testosterona y DHEA pueden suponer un desastre para el estado de ánimo, la energía, los ciclos del sueño, la lubricación vaginal y el deseo sexual. Además, un nivel bajo de hormonas tiroideas puede causar fatiga, cabello frágil, uñas débiles, piel seca y depresión. De igual modo, con la edad, en los hombres puede reducirse la testosterona y aumentar el estrógeno. Esto conlleva que tengan menos masa muscular, más grasa en el vientre, problemas de memoria y una menor capacidad para tener erecciones. Si quieres estudiar la opción del reemplazo hormonal, el primer paso es que tu médico te haga pruebas sanguíneas para determinar tus niveles. Después discute con él si esta alternativa es adecuada para ti.

## REEMPLAZA LAS HORMONAS CON OTRAS BIOIDÉNTICAS

Se cree que las hormonas bioidénticas tienen la misma estructura química que las tuyas propias, producidas de forma natural, y que son mucho más adecuadas que las versiones sintéticas antiguas que se solían prescribir.

Sin embargo, no hay ninguna prescripción que satisfaga todos los casos. Mediante un cuidadoso seguimiento de tus pruebas sanguíneas y de la respuesta de tu cuerpo a las hormonas, tú y tu médico podréis dar con la dosis adecuada. Tanto para mujeres como para hombres, el reemplazo hormonal es una decisión que se debe pensar muy bien y tomar por recomendación del médico. Conlleva muchos posibles beneficios; entre ellos, una drástica mejora de la calidad de vida, la salud, el deseo sexual y el aspecto físico (un cabello más brillante y una piel más suave). Pero los riesgos, entre los que se incluye una mayor incidencia de cánceres, aún no están claros. Se requiere más investigación para ofrecer conclusiones definitivas. También pueden influir tu historial familiar, tu estado de salud y tu estilo de vida actual.

¿Por qué es esencial la entrega para que el envejecimiento físico sea un proceso más fácil? Te ayuda a superar la sensación de impotencia hacia tus procesos orgánicos y te permite examinar alternativas que te mantengan en un estado vital. Si tienes limitaciones físicas, sé amable contigo mismo. Si, por ejemplo, necesitas gafas para leer la letra pequeña, consigue unas que sean bonitas o que estén de moda (o ponte lentillas), y empieza a amar el nuevo accesorio, en lugar de poner defectos a las gafas y a ti mismo. O bien, si tu energía no es la que solía ser, permítete descansos para recuperarte. No dejes que nadie te diga que es imposible un camino más luminoso hacia el envejecimiento. Prueba las técnicas antienvejecimiento que he descrito. Si te sientes mejor, ahí tienes la prueba. Sigue haciendo caso a tu intuición y a cómo tu cuerpo responde a tus nuevos hábitos. Cíñete a las estrategias que funcionan. Envejece a tu propio modo. Descubre lo que es cierto para ti. Date permiso para vivir con originalidad.

## EL ARTE DE LA ENTREGA EN EL ENVEJECIMIENTO EMOCIONAL: LA DIFERENCIA ENTRE ENVEJECER Y SENTIRSE VIEJO

¿Qué es el envejecimiento emocional? Por el lado positivo, es la sabiduría y el resplandor que ganas, con el paso del tiempo, en cosas como el compromiso, la comprensión, el amor y la apertura de tu corazón. Es la luminosidad del ser que sigues intentando alcanzar, el hecho de dedicarte a abandonar el miedo y la negatividad, para que no te quiten el brillo de tus ojos. Es vivir una vida guiada por la intuición, de dejarte mecer por el viento, en lugar de intentar controlar todo con tu voluntad. La clave es relajarte y ser más feliz conforme pasa el tiempo.

Por el lado negativo, el envejecimiento emocional puede manifestarse como rigidez, amargura y resentimiento, todo lo cual deja marcas en tu cara y tu espíritu. Sientes una pesadez de tu ser, un embotamiento, una cerrazón que proviene de aferrarte a heridas y rencores; la rigidez de no entregarte, año tras año. Sé que la vida a veces parece robarnos nuestro optimismo y nuestra fe. Aun así, no puedes dejar que tenga lugar la tragedia de la cerrazón emocional. Además de hacerte sentir viejo, desde la perspectiva de la pura vanidad no es algo atractivo. Tus músculos faciales se mueven de determinadas maneras con cada emoción; por ejemplo, la preocupación te hace fruncir el ceño, mientras que la paciencia lo relaja. Por ello, para envejecer bien, sentirte energético y tener buen aspecto, te interesa que tu equilibrio emocional se incline hacia el lado positivo.

Debemos ser conscientes de que hay una gran diferencia entre envejecer y sentirse viejo. Envejecer es natural, pero lo que proyectamos durante ese proceso es lo que determina si nos sentiremos atormentados o tranquilos. Los budistas hablan sobre la primera y la segunda flecha. La primera flecha es lo que ocurre en el exterior: pierdes tu empleo, enfermas, tu cuerpo envejece. La segunda flecha es lo que te haces a ti mismo en términos de pensamientos negativos. Presta atención a la segunda flecha para no hacerte daño. Haz las paces con el proceso de envejecimiento.

Igual que yo intento hacer, dedícate a abandonar las ideas negativas sobre el envejecimiento, que hacen que te sientas viejo de verdad. Por ejemplo, evita pensamientos como «¿Quién me va a querer ahora?», «Estoy demasiado gordo», «Estoy flácida y tengo arrugas» o «Ya ha pasado la mejor fase de mi vida». Aunque entiendo la tendencia a ponerte bajo el microscopio, obsesionarte con tus defectos, decepciones y cosas que te dan vergüenza es como echarte un maleficio a ti mismo. Aún peor, es la llamada profecía autocumplida. Cuanto más te repitas estas ideas, más estresado —y viejo— estarás. (Entérate: la mayoría de la gente está demasiado absorta en sí misma como para examinarte tan atentamente como puedes suponer). Especialmente en la cultura occidental, muchos de nosotros acabamos aterrorizados, mirando el agujero negro de la autocrítica hacia nuestros cuerpos. No te dejes llevar por eso. Para revertir el curso de las cosas, decídete a convertir la entrega en una disciplina intelectual. Esto significa que debes apartar tu mente de la negatividad y apuntar a lo positivo.

La manera en que percibas tu cuerpo y tu espíritu es vital. Una paciente de cincuenta y seis años contemplaba su encantador yo y no veía más que su papada, las manos «viejas» y celulitis. La entrega en la que me centré con ella, y que te recomiendo a ti, consiste en abandonar la necesidad de obsesionarte por los síntomas de la edad. En lugar de eso, adapta tu perspectiva. Convierte tu mente en un refugio, un sitio seguro donde estar. Tu cuerpo escucha todos tus pensamientos. Puedes conseguir que se sienta más joven si dices cosas agradables sobre él, y más viejo si no lo haces. (*Véase* capítulo 7). Al nivel más puro, cuando te deshaces de todas las distorsiones del ego y los miedos culturales sobre el envejecimiento, te conviertes en perfecto, hermoso y capaz de renovarte. En apoyo de esto, concéntrate en lo que notas más vivo, como por ejemplo tus brillantes ojos, tu radiante sonrisa o tu trato estimulante. Defínete por tus pasiones, como caminar en plena naturaleza, el trabajo creativo, la sensualidad o tus servicios al mundo; no por tus inseguridades, dolores e imperfecciones físicas. Sí, lo ideal es que quieras amar y aceptar cada parte de tu cuerpo, incluidas las arrugas, pero si aún no has llegado a ese punto, puedes empezar apreciando tus cualidades.

Me preguntan con frecuencia qué pienso sobre la cirugía plástica. Aunque el sentido común dicta que es más saludable evitar la cirugía y la inyección de sustancias extrañas como el bótox (toxina botulímica) o de relleno dentro de tu cuerpo, la decisión depende de ti. No hay respuesta correcta o equivocada. Tienes que sopesar los beneficios estéticos de parecer más joven en relación con los riesgos de toda cirugía, como la infección, la erosión, la hemorragia, la insensibilización, un largo período de recuperación y unos resultados inadecuados. Con las sustancias de relleno y el bótox, debes tener en cuenta riesgos como las alergias, las manchas, la flacidez muscular y la ausencia de expresión facial, conocida como «el aspecto de actor cadavérico» (consecuencia de que los nervios quedan paralizados). He conocido a muchas personas que están encantadas con sus intervenciones cosméticas. Me han dicho: «Mi aspecto está rejuvenecido, y eso me hace sentir mejor conmigo mismo». Sin embargo, he visto a otras hacerse adictas a la cirugía plástica y abusar de ella. Aunque sea triste decirlo, nunca se sienten suficientemente bellas ni perfectas, sin importarles cuántas operaciones se hayan hecho. Seamos claros: la cirugía plástica no te puede convertir en una persona feliz si no lo eras antes. Una atractiva paciente de cuarenta años, con implantes en los senos, soñó que, en su funeral, la única parte de su cuerpo que la gente admiraba en el ataúd eran sus grandes pechos. Nuestro trabajo en terapia consistió en ayudarla a desarrollar autoestima y fuerza emocional por medios importantes que fueran más allá del tamaño de sus pechos. La cirugía plástica u otros cambios cosméticos no son curas milagrosas si te odias a ti mismo o a tu cuerpo.

La discriminación por la edad es evidente. Tomemos como ejemplo los renqueantes ancianos con el cabello de color gris que en televisión anuncian medicamentos para la demencia, y las alegres jóvenes parejas que publicitan hipotecas inmobiliarias para comprar una casa nueva. Por muy difícil que sea ignorar esa explotación de los estereotipos, debes estar preparado para mantener un enfoque más equilibrado hacia el envejecimiento. He tratado a muchas actrices de más de cuarenta años que sufrían la discriminación por la edad de Hollywood. Ya no reciben la atención que solían recibir gracias a su belleza, y apenas les dan papeles de madres o abuelas. En la misma línea, mi amiga Berenice, de ochenta y tantos años, quería comprar un coche, pero salió enfadada de un concesionario cuando, tal como me dijo ella misma, «El vendedor me trató como si yo estuviera senil».

Debo admitir que no me sentí muy contenta cuando estuve cenando con varios amigos más jóvenes, con quienes practico yoga, y una grosera mujer a la que no me habían presentado me preguntó si yo era la madre de uno de los atractivos hombres que había allí. Había llegado sintiéndome *sexy*, pero en cuanto me dijo eso me sentí vieja. Espero que el lector no tenga una idea equivocada: creo que las madres son como diosas, pero dada mi inseguridad por el envejecimiento en aquel momento, junto con el hecho de no haber tenido nunca mucho instinto maternal, el comentario me hizo sentir como si me hubiesen ignorado. Por supuesto, me esfuerzo por ser más madura y segura. Sin embargo, el envejecimiento es un tema sensible, y las presuposiciones y menosprecios de los estereotipos por la edad pueden doler. Cada uno tenemos nuestros propios mecanismos desencadenantes que nos hacen sentir viejos. Aun así, debemos intentar utilizarlos como base para rechazar esos estereotipos y ganar confianza en nuestro atractivo.

Lo último que la mayoría de la gente quiere, cuando va envejeciendo, es ser tratada como si *fueran* viejos o enfermizos. El mayor cumplido que puedes hacer a cualquiera, a cualquier edad y en cualquier estado de salud, es reconocer el espíritu salvaje y la belleza de esa persona. Cuando la nieta de diez años de mi amiga de setenta y cinco dijo: «¡Vaya, abuela, estás vieja!», mi amiga contestó: «Querida, es cierto que he acumulado bastantes años, pero en realidad sólo tengo treinta y cinco años por dentro». Así que, cuando pienses en ti mismo y en otros, asegúrate de responder a la luz y a las maravillas que habitan en el interior de todos nosotros. Trata a todo el mundo como si fuera atractivo.

La conexión mente-cuerpo está íntimamente relacionada con el envejecimiento. ¿Cómo podría no estarlo? Una revelación de la medicina del siglo xxi es que la ansiedad y el odio no son sólo sentimientos. Ni tampoco lo son el amor y la alegría. Todas las emociones desencadenan reacciones biológicas. La forma en que respondas a cualquier situación es decisión tuya; y esas decisiones, según se van acumulando, dan forma a tu salud y a cómo envejeces.

Numerosos estudios han vinculado el estrés emocional crónico con el envejecimiento prematuro, una peor agudeza mental y el hecho de sentirse viejo. Las investigaciones demuestran que la soledad y el aislamiento social aumentan el riesgo de enfermedad cardíaca. Además, las mujeres que han sufrido años de agotador estrés por haber cuidado de un hijo enfermo tienen los telómeros acortados y un mayor nivel de estrés oxidativo y de radicales libres. Por supuesto, nuestras hormonas del estrés –adrenalina y cortisol– nos rescatan en situaciones de emergencia; sin embargo, cuando se van quemando lentamente pero de modo continuo, envejecemos más deprisa y nuestra salud se resiente. Tiene sentido. La adrenalina acelera la frecuencia cardíaca, constriñe los vasos sanguíneos, tensa los músculos y suele acelerar tu organismo sin que éste tenga tiempo para reponer combustible. El cortisol eleva la presión sanguínea y el azúcar en sangre, debilita tu sistema inmunitario, te hace engordar y endurece las arterias. No es de extrañar que cuando nos encontramos en condiciones de estrés crónico, nuestros cuerpos muestren síntomas –tanto externos como internos– de envejecimiento.

Aun así, a pesar de nuestras mejores intenciones, la vida es como es. El estrés puede ser inevitable. Tus relaciones se rompen. Sufres pérdidas. Te deprimes. Para amarnos a nosotros mismos y a otras personas con la mayor dicha, debemos tener un plan para no llegar a agobiarnos. Aunque el estrés en sí mismo no te condena a envejecer mal, la manera en que lo manejes es vital. Recuerda: *el estrés sin controlar es el enemigo. La tranquilidad es tu amiga.*

Mantener la calma es la salvación de una persona emocionalmente estresada: un descanso respecto de las perturbaciones cuando estás centrado y relajado. Un estado de tranquilidad biológica inunda tu cuerpo con la bendición de las endorfinas, los analgésicos naturales de nuestro cuerpo, que reducen las hormonas del estrés. Aumentan los niveles de serotonina, un antidepresivo natural, con lo que los problemas diarios parecen más manejables. El doctor Herbert Benson llama a esto la «respuesta de relajación», un bálsamo para la tensión. La respuesta para envejecer bien, a pesar del estrés, es aprender a encontrar calma en medio de la tormenta.

En resumen, el estrés te envejece y te hace sentir viejo, mientras que la tranquilidad ralentiza el envejecimiento y te hace sentir más joven. Hay también pruebas de que reducir el estrés mediante cambios en el estilo de vida –como por ejemplo ejercicio físico, descanso, dieta y aprendizaje de nuevas habilidades intelectuales–, junto con los consejos que ofrezco a continuación, puede mejorar la neuroplasticidad de tu cerebro, la capacidad para regenerar las células incluso a una edad avanzada.

## CONSEJOS PARA ELIMINAR EL ESTRÉS, AUMENTAR LA NEUROPLASTICIDAD DE TU CEREBRO Y SENTIRTE MÁS JOVEN

- *No te preocupes por cosas sin importancia.* Adopta la costumbre de dejar pasar las molestias y preocupaciones menores. Esto reduce tus hormonas del estrés y ralentiza el envejecimiento.
- *Cultiva la gratitud y el pensamiento positivo.* Sé agradecido por cada respiración y cada momento. Cultivar una «actitud de gratitud» se ha vinculado con una mejor salud, un mejor sueño, menos ansiedad y depresión, una mayor amabilidad hacia los demás y una mayor satisfacción a largo

plazo con la vida. Por ejemplo, en lugar de maldecir el hecho de cumplir años, agradece el don de vivir otro año más.

- *Sé juguetón.* Con cierta frecuencia, tómate tiempo libre de las responsabilidades y las preocupaciones y diviértete. Jugar aumenta las endorfinas, la felicidad y la longevidad. Juega con tus hijos, tus nietos, tus amigos. Juega a lanzar aros, a las palabras cruzadas, a saltar por la acera, ve películas, asiste a salidas al campo, cuenta chistes, haz el loco. Incluye el juego en tu vida, todos los días.

- *Incluye el humor en tu vida.* La risa aumenta la longevidad. Ser demasiado serio y concentrado disminuye la esperanza de vida por culpa del estrés crónico. En lugar de eso, ríete de las cosas. Como hacía Bob Hope, mantén el sentido del humor acerca del envejecimiento. Decía: «Yo no me siento viejo. Yo no siento nada hasta el mediodía. Y es el momento en que me echo la siesta».

- *Adopta una mascota.* Las investigaciones han demostrado que las mascotas aumentan la longevidad y la salud, gracias a que aportan compañía y amor incondicional. También reducen el estrés y la presión sanguínea, mejoran el apetito de los pacientes de alzhéimer y aumentan la esperanza de vida de los supervivientes de ataques cardíacos. ¡Permítete disfrutar de su amor incondicional!

- *Practica el perdón.* Guardar rencor es algo vinculado con la presión sanguínea elevada, lo cual puede producir ictus, fallo renal o cardíaco, o incluso la muerte. El odio ha demostrado acortar la vida. Perdonar consiste en decidir olvidar el odio, los resentimientos y las ideas de venganza. Elige perdonar. Reúne todas tus fuerzas para olvidar una ofensa, y de ese modo poder seguir adelante, ser más feliz y vivir más tiempo.

- *Medita.* La práctica habitual de la meditación te mantiene más calmado, menos ansioso y más joven al mejorar la neuroplasticidad de tu cerebro. Las investigaciones han demostrado que quienes meditan todos los días viven más tiempo y tienen niveles más altos de telomerasa, la enzima que evita que las células envejezcan. Al reducir las hormonas del estrés, la meditación contrarresta el agotador modo de lucha o huida como forma de afrontamiento emocional. Comienza con diez minutos diarios y aumenta la duración conforme te sientas más cómodo mientras meditas.

# EL ARTE DE LA ENTREGA EN EL ENVEJECIMIENTO ENERGÉTICO: DESPIERTA EL FUEGO INTERNO

Tener una cantidad abundante de energía es un valioso don. Está asociado con la juventud, aunque he tenido muchos pacientes de veintitantos y treinta y tantos años que están crónicamente agotados por esforzarse demasiado, así como radiantes pacientes de setenta y tantos que me han dicho que se sentían mejor que nunca.

No obstante, muchas personas ancianas suelen decir: «No tengo la energía que solía tener», un cambio que mi amiga Berenice no experimentó hasta los ochenta. La experiencia es real, y respetar los cambiantes ritmos de tu cuerpo es muy importante; pero limitarse a entregarse o sucumbir a la fatiga no es la respuesta. La Escuela de Medicina de Harvard informa sobre los siguientes elementos que contribuyen a la baja energía relacionada con la edad. Algunas soluciones son tradicionales, pero otras te retan a despertar tus energías sutiles (expuestas en el capítulo 7) y el fuego interior.

## FACTORES ASOCIADOS CON LA MENOR ENERGÍA PROPIA DEL PROCESO DE ENVEJECIMIENTO

- *Tus ritmos circadianos cambian.* Con la edad, tiendes a irte a dormir antes y a despertarte más temprano. A los sesenta y cinco años, pasas aproximadamente el 5 por 100 de la noche en fase de sueño profundo, en comparación con el 20 por 100 de cuando tenías veinte. El insomnio aumenta, igual que los frecuentes despertares, de forma que no te sientes tan descansado por la mañana. Lo que explica estos cambios es que la melatonina, la hormona que te hace sentir cansado de noche, disminuye con el paso de los años y se encuentra a un nivel mucho más bajo en la vejez. **Solución:** respeta este cambio de tus ritmos circadianos adaptando tus hábitos de sueño, además de tomar un suplemento de melatonina. El yoga y la meditación también pueden incrementar la melatonina.
- *La menopausia y otros cambios hormonales.* Conforme disminuyen los niveles de estrógenos, muchas mujeres sufren sofocos, insomnio y perturbaciones del sueño, lo cual genera fatiga. **Solución:** despierta y equilibra

las energías sutiles de tu cuerpo utilizando técnicas como la medicina china, plantas, medicina energética y meditación para el desarrollo del *chi*. Puedes utilizar todo esto, además del reemplazo con hormonas bioidénticas.

- *Un estilo de vida sedentario.* A los setenta años, puedes haber perdido el 30 por 100 de la masa muscular que tenías con veinte. Tu tasa metabólica disminuye, por lo que tiendes a ganar peso. Tus ligamentos y articulaciones se hacen rígidos, por lo que te mueves más lentamente. Todos estos factores limitan tu fuerza y agravan la fatiga. La paradoja es que el ejercicio mejora tu energía, pero querrás hacer menos ejercicio cuando tu energía esté baja. **Solución:** practica habitualmente alguna forma de actividad —no importa lo ligera que sea— con la que te encuentres cómodo. Hazlo gradualmente, progresa a pequeños pasos, pero muévete de algún modo. El entrenamiento con pesas, caminar, los ejercicios aeróbicos, el yoga ligero y los estiramientos pueden contrarrestar el desgaste físico y la ausencia de energía —o escasa energía— que puede acompañar al envejecimiento.

- *Enfermedad.* Las enfermedades relacionadas con la edad pueden dejarte sin energía e interferir con el sueño. La fatiga es un síntoma del hipotiroidismo, la anemia, la diabetes, la enfermedad cardíaca, la depresión, el cáncer y otras enfermedades. Además, los efectos secundarios de los fármacos con receta o sin receta pueden causar fatiga e insomnio. **Solución:** busca tratamiento médico si estás enfermo, y haz cambios positivos en tu estilo de vida, como por ejemplo una dieta saludable, un descanso adecuado y meditación, a fin de acelerar la curación. Asimismo, infórmate sobre los efectos secundarios de los medicamentos para no complicar el agotamiento propio de la enfermedad con las reacciones tóxicas de los fármacos. Añadir a la medicina convencional técnicas de energía sutil, entre ellas la acupuntura y el trabajo energético, acelerará la curación y aumentará tu vitalidad.

Para contrarrestar el declive de la energía propio de la edad, debes ser consciente de que hay un fuego en nuestro interior que pocas personas conocen. Se llama energía kundalini, el poder en forma de serpiente enrollada que hay en la base de la espina dorsal. Si quieres que funcione al máximo, envejecer de forma radiante y vivir más, es esencial despertar esta fuerza. Después podrá ascender por su espina dorsal, como una corriente eléctrica, hasta tu coronilla, nutrir tus células y la fuerza vital, una experiencia que mis pacientes han llamado «estimulante», «vigorizante», incluso «orgásmica». En el misticismo hindú, la kundalini se considera la diosa Shakti, que aparece para unirse con su amado, el señor Shiva, el Ser Supremo. En tu cuerpo, el resultado es la dicha total. Es una pena que en la mayoría de las personas –especialmente nosotros, los occidentales superintelectuales– la energía kundalini permanezca dormida. Una vez que aprendas a ponerla en marcha y a aproximarte a ella como lo harías con un fuego, emitirás una chispa que te convertirá en intemporal y radiante.

A continuación ofrezco un dibujo para que visualices dónde se localiza la energía kundalini dentro de tu cuerpo. Utilizando las prácticas que recomiendo, podrás sentir cómo esta energía asciende desde la parte inferior de tu cuerpo hasta la cabeza.

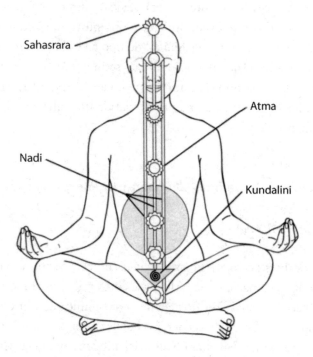

**Figura 6.** *Diagrama de la energía kundalini*

El acto de la entrega es clave para despertar tu fuego interior. No se puede conseguir por medios intelectuales. Por ejemplo, durante una sesión de yoga o un masaje (ambas cosas despiertan tus energías), debes rendirte, abrirte, dejarte llevar y fluir con las sensaciones, emociones, curación y éxtasis que están por venir. Si tu mente está ocupada con su típica charla, o si te reprimes, disminuyes los beneficios. ¿Qué bloquea tu kundalini? El exceso de pensamiento, el exceso de trabajo, forzar, esforzarse, las enfermedades, el declive hormonal, el estrés no controlado, el miedo e incluso el bondadoso abandono. Muchos de nosotros envejecemos prematuramente porque simplemente no sabemos cómo nutrir esta energía.

Te invito a explorar las siguientes prácticas para mantener vivo tu fuego. Observa con cuáles de ellas disfrutas más. Su objetivo es despertar tu kundalini y tu sistema energético sutil mediante diversos procedimientos. Aunque es preferible comenzar estas prácticas cuando eres joven, en mis pacientes he visto que la kundalini puede abrirse a cualquier edad si eres receptivo. A veces, tu mente se verá afectada inmediatamente por una sensación de gozo y rejuvenecimiento. Sin embargo, aunque no sientas nada al principio, da a tu sensibilidad tiempo para sintonizar con las sutilezas de estas intervenciones. Durante las sesiones, mantente entregado y relajado, cada vez con más profundidad y más tiempo. Después de varias semanas, los beneficios de una mayor claridad, equilibrio y bienestar te resultarán evidentes.

## Seis prácticas para despertar tu energía kundalini

### 1. Entrégate al yoga

Los practicantes de yoga son las personas con el aspecto más juvenil que conozco. El yoga nació en la India hace cinco mil años como un camino sagrado para la realización (la palabra *yoga* significa en sánscrito «unión con el espíritu»). Estimula la energía vital llama *prana* a través de la respiración y las posturas. Muchos de mis pacientes que evitan el ejercicio adoran el yoga. Los científicos han descubierto que el yoga ayuda a enderezar la curvatura anormal de la espalda, llamada cifosis, que puede aparecer con la edad; también reduce el dolor de espalda. El ejercicio habitual puede servir para mantener la fuerza muscular, el tono, la densidad ósea, la flexibilidad articular, el equilibrio y la movilidad. Tu postura mejora, lo cual impide que te encorves. En la mayoría de disciplinas de yoga, hay clases específicas para ancianos y personas con limitaciones físicas.

Aunque todas las formas de yoga elevan tu energía vital, el yoga kundalini va más allá de las posturas físicas para incluir también la meditación sobre tus *chakras* (los centros de energía de la línea central del cuerpo). Una clase de kundalini comienza con un pequeño cántico, seguido por un calentamiento para estirar la columna vertebral y mejorar la flexibilidad. El núcleo de la clase se llama *kriya,* una secuencia de posturas, de respiración alternando las dos fosas nasales, *mudras* (posiciones con las manos) y activación de los *chakras,* para que la energía ascienda por la espina dorsal y encienda tu fuego.

## 2. Entrégate a la meditación de la flor dorada kundalini

- *Siéntate con las piernas cruzadas en posición de meditación.* Ponte cómodo. Si no puedes cruzar las piernas, no hay problema en mantenerlas extendidas o que te sientes en una silla. Cierra los ojos. Céntrate en ti mismo enfocando suavemente en la punta de tu nariz. No pienses demasiado en el hecho de concentrarte. Limítate a sentirlo de forma intuitiva.
- *Bloquea toda la charla mental.* Intentar calmar la mente por métodos directos no funciona. En lugar de eso, debes distraerla asignándole una tarea, como por ejemplo contar tus respiraciones o tan sólo concentrarte en tu respiración. Puedes inspirar contando hasta cuatro y espirar contando también hasta cuatro, para mantener la mente ocupada, de modo que no se concentre en la incesante charla mental.
- *Redirige la respiración con el método del flujo inverso.* Adopta el hábito de respirar con el vientre, expandiendo el vientre cuando respires, en lugar hacerlo sólo con el pecho. Siente tu respiración llegar a tu pelvis, a tus genitales y a la base de tu espina dorsal. Con cada inspiración, siente cómo se dilata tu vientre, lo cual deposita el *prana* de la respiración en esas zonas. Inspira y espira cinco veces; siente allí la acumulación de *prana.* A continuación,

los hombres: centrad vuestra atención levemente en el esperma de vuestros testículos. Las mujeres: concentraos en los fluidos de vuestros genitales. Después, utilizad la respiración para elevar la energía desde los testículos o mediante la apertura del cuello del útero, por la espina dorsal, en sentido ascendente, hasta la parte superior de la cabeza. El propósito de este método del flujo inverso es dirigir la energía de los fluidos seminales o cervicales, mediante la respiración, hacia el cerebro, un secreto antienvejecimiento para una energía continua. Visualiza y siente moverse esta energía. Estás dirigiendo la respiración para que cambie de dirección, y después llevarla hacia arriba. Practica esta meditación a diario, con el objetivo de nutrir tu fuerza kundalini.

### 3. Entrégate al placer del trabajo corporal

Un buen masaje calma la mente, alivia la tensión, mejora las enfermedades y te lleva a un estado entregado y alterado. El objetivo es relajar tu cuerpo y hacer que la energía fluya por tu sistema sutil. El masaje aligera todos los puntos que comprimas, tenses o en los que tengas vestigios de lesiones antiguas, para eliminar el estrés y que no te haga envejecer. Si no efectúas trabajo corporal, ¿adónde crees que se va el estrés? Tu cuerpo se pondrá más tenso, más rígido y más contraído cada año, lo cual no es una bonita ni saludable forma de envejecer. En lugar de eso, ¿por qué no te haces más fluido y flexible?

Los músculos y los tejidos también albergan emociones y recuerdos. Por ejemplo, masajear tus hombros puede estimular una catarsis emocional y el surgimiento de los recuerdos pasados allí alojados. Te interesa que salgan a la superficie y se liberen. La manipulación física suele ser necesaria para conseguirlo. Durante un masaje, si te sientes impulsado a llorar o reír, déjate llevar. Si aparecen otras emociones –por ejemplo, odio o alegría–, entrégate también a ellas. No te reprimas. Te mantiene joven eliminar la negatividad y el estrés que de otro modo reduciría tu energía. Desde hace décadas, hago que me den masajes habitualmente, con una frecuencia ideal de una vez por semana, y recomiendo a mis pacientes lo mismo. Las técnicas pueden ir desde la suave variedad sueca hasta el *rolfing* (trabajo de los tejidos profundos), pasando por el *shiatsu* (presión en puntos específicos).

## 4. Entrégate a la curación de la acupuntura

La medicina tradicional china incluye una serie de terapias, como por ejemplo la acupuntura y las plantas, además del *qi gong* y el taichí (movimientos sutiles que desarrollan energía). Mientras que la salud se considera un equilibrio armonioso del *chi* (energía vital) en el cuerpo, las enfermedades –incluidas las relacionadas con el envejecimiento– son reflejo de una falta de armonía en el *chi*. La acupuntura trabaja con agujas para estimular los meridianos de energía, desde la cabeza hasta los dedos de los pies, a fin de restaurar la armonía. La Organización Mundial de la Salud ha reconocido que la acupuntura es eficaz para ciertos trastornos; entre ellos, el dolor, la artritis, las migrañas, las náuseas, la hipertensión y la fatiga. La acupuntura es terapéutica en las enfermedades relacionadas con la edad porque reduce el dolor en tu espalda y tus articulaciones, lo cual incrementa la movilidad y alivia el estrés y los traumatismos. La acupuntura cosmética, llamada «*lifting* de la piel de la cara mediante acupuntura», consiste en insertar agujas en las líneas del ceño o las arrugas; parece ser que esto estimula el flujo sanguíneo y la formación de nuevo colágeno. Un paciente me contó: «Aporta un subidón de *chi* a mi cara, y me hace sentirme radiante». Otro no notó resultados evidentes. Mi practicante de medicina china dice que funciona en algunas personas, pero no en todas. Aunque se dice que la acupuntura facial ayuda a tu propio cuerpo a generar un aspecto más juvenil, no hay aún estudios científicos que apoyen esta afirmación.

Conforme envejeces, la acupuntura y otras prácticas médicas chinas tradicionales te serán extremadamente útiles. Pueden equilibrar tu energía y reducir el desgaste y los estragos del envejecimiento. Si tienes que hacerte alguna operación (especialmente con anestesia), estás enfermo o tienes una lesión, la acupuntura puede acelerar tu recuperación y reducir las molestias y la toxicidad. La acupuntura es una de las mejores cosas que puedes hacer para que tu cuerpo se mantenga contento. Puesto que la medicina convencional no suele ocuparse del equilibrio de las energías sutiles, la acupuntura es esencial para la curación y el bienestar. También recomiendo una sesión de acupuntura al mes, aunque no estés enfermo. Rejuvenece tu cuerpo para mantenerte más radiante a cualquier edad. Y el taichí y el *qi gong* permiten que los ancianos sean más estables y ágiles.

## 5. Entrégate a la renovación de la medicina energética

La medicina energética es una rama de la medicina complementaria en la que aprovechas la energía kundalini de tu cuerpo, y otras energías sutiles, con vistas a la salud y la longevidad. Me siento privilegiada de formar parte de un renacimiento que está influyendo en el actual cuidado de la salud, y por el cual los médicos, los enfermeros y otros profesionales están incorporando la medicina energética en los métodos convencionales de tratamiento de los pacientes. Tomemos al doctor Mehmet Oz, por ejemplo. Es un valiente cirujano de cardiotórax que lleva curanderos energéticos a la sala de operaciones durante las cirugías a corazón abierto. Estos curanderos transmiten energía vital a los pacientes con sus manos, una técnica que se ha demostrado que acelera la recuperación posterior a la operación. «Los campos energéticos influyen en nuestras vidas, sin duda –dice Oz–. Entender qué es la energía nos da una nueva perspectiva sobre cómo funciona el cuerpo».

Lo que más valoro de la medicina energética es que, igual que la acupuntura, equilibra tu sistema de energía sutil, lo que a su vez mejora tu vivacidad. Es también una alternativa suave para aliviar todo tipo de síntomas, desde dolores hasta dolencias relacionadas con las enfermedades en cuerpos extremadamente sensibles, como por ejemplo el mío. Entre las distintas técnicas se encuentran el reiki y el tacto terapéutico. El profesional canaliza la energía hacia la persona que la recibe, con el objetivo de aportar un empujón adicional que ayude a iniciar los propios mecanismos de curación de la persona. En mi consulta, con el paciente tumbado boca arriba en un sofá, coloco mis manos unos cuantos centímetros por encima de su cuerpo y siento dónde necesita curación. Después toco ligeramente el cuerpo y transmito energía, tal como surge de mí. Y lo más importante, envío energía desde mi corazón para despertar al corazón del paciente, que es el centro de la sanación y la juventud. Yo soy solamente un recipiente de esa energía. No «intento» hacer nada, ni involucro mi ego. A veces, los resultados son inmediatos: el pánico desaparece, los ojos brillan, la fatiga cede. No obstante, con mayor frecuencia, hay una mejora gradual que nace del equilibrio.

Recientemente, ofrecí a un amigo una sesión de curación energética en la habitación de su hospital, después de habérsele diagnosticado dolor abdominal por intoxicación alimentaria. A mi amigo le encanta cantar, pero no lo hace cuando hay alguien delante, porque teme que su voz no sea lo suficientemente buena. Cuando puse mis manos sobre su cuerpo, a fin de enviarle energía, cerró los ojos y cantó una bonita canción italiana. Este emotivo momento juntos fue recuperador para él, y también para mí.

La medicina energética también está especializada en aliviar los síntomas psicosomáticos y el dolor. Mi paciente Peg, una directora de oficina que había consultado a numerosos médicos por su fibromialgia (dolor extremo en los músculos y las articulaciones), mejoró con la curación energética. Rompió el ciclo de su dolor y pudo reducir su dependencia de los fármacos antiinflamatorios. Gracias a eso, consiguió parecer, sentirse y actuar como si fuera más joven.

Recomiendo la medicina energética como una práctica antienvejecimiento, así como para complementar los tratamientos médicos convencionales. Puede acelerar la curación y reavivar tu fuego después de una operación o durante una enfermedad.


## 6. Entrégate a la danza extática

La bailarina Gabrielle Roth fue la pionera de la moderna danza extática, una forma de movimiento espontáneo meditativo que permite soltar la energía kundalini del cuerpo en una gozosa entrega de estilo libre al espíritu y al universo. Se basa en el antiguo rito chamánico del viaje interior mediante el movimiento, para recibir guía y alegría, siguiendo la tradición de los derviches giróvagos sufíes. La danza estática de Roth se centra en cinco ritmos básicos: flujo, staccato, caos, lírica y calma. No hay una regla fija que te permita salirte de tu cabeza y entrar en tu cuerpo. Algunas danzas son específicas para hacerlas una sola persona; otras son interactivas. No ves a la gente; te limitas a cerrar los ojos y sentir la música o los tambores. Los bailarines se dejan llevar y se entregan a los ritmos de sus cuerpos para revivir su placer y su claridad. Las clases de danza extática de Gabrielle Roth y de otros bailarines se ofrecen a nivel internacional, y su programación puede verse en Internet.

Despertar tu fuego kundalini se potencia con las técnicas mencionadas para un envejecimiento radiante, pero también va más allá de toda técnica. Es un *darshan* orgánico momento a momento, una transmisión energética de sabiduría que permite llevar la pasión a todo. Sentir tu fuego consiste en lo entregado que estés en tu cuerpo mientras caminas por la calle. Es el éxtasis de tus ojos cuando coges la maravilla de un capullo de rosa. Es reír y amar; ser auténtico, juguetón y salvaje. Mi amigo Rabbi Don Singer dice: «Una recompensa de cultivar la viveza de la energía sutil conforme envejecemos es ser capaz de ver las cosas vibrar». Gran júbilo y satisfacción nacen de este multidimensional ensueño del resplandor. Despertar tu energía kundalini permite que tu fuerza vital se comunique con la fuerza vital universal. No puedo imaginarme una diversión mayor que danzar con ese misterio. Cuando entres en contacto con el asombro que implica todo ello, disfrutarás de ligereza de ser a cualquier edad.

## EL ARTE DE LA ENTREGA EN EL ENVEJECIMIENTO ESPIRITUAL: EL PODER DE LA LONGEVIDAD DE TU ALMA

Cuando contemplas el envejecimiento desde una perspectiva espiritual, todo cambia. El envejecimiento espiritual te permite ver que hay más en tus experiencias vitales que tan sólo el mundo material y el ego. El alma tiene vida propia, está fuera del *continuum* espacio-tiempo. Como sabía bien Einstein, el tiempo es sólo una ilusión. El alma pasa por ciclos de luz, en este mundo y en el otro. Creer en esto te predispone a contemplar tu envejecimiento, y lo que viene a continuación, en términos de lo eterno. Si no crees en esto, contemplarás el envejecimiento y la mortalidad en términos del deprimente punto de vista del mundo material y del simple declive.

En las reuniones con los antiguos compañeros del instituto, me siento intrigada por cómo la gente ha envejecido de forma distinta. Por ejemplo, la deslumbrante reina de la graduación, cuya belleza se ha visto afectada por años de depresión crónica. O el empollón de la clase, que lleva décadas practicando yoga y parece radiante y juvenil. O el ceñudo matón de la clase, que se ha convertido en un intemporal y hermoso monje budista. Evidentemente, los antiguos compañeros que han seguido caminos espirituales parecían más jóvenes y menos rígidos, reían más y no jugaban a hacerse las víctimas, ni parecían haber sido pisoteados por los vaivenes de la vida.

Numerosos estudios han encontrado un fuerte vínculo entre la espiritualidad, la longevidad y la salud física y emocional. La espiritualidad tiene muchas ventajas, incluidos un mayor optimismo, menos estrés y menos soledad, y un mayor sentido de pertenencia a una comunidad. Creer en un poder superior ha demostrado proporcionar fuerza durante situaciones difíciles, como la lucha contra enfermedades graves y contra las pérdidas. Si te encuentras en paz, y las hormonas del estrés no inundan tu organismo, envejecerás menos y vivirás más.

La espiritualidad te hace más poderoso y atractivo con la edad. No hay ningún inconveniente en el hecho de cultivarla. Aquí, el tiempo es tu amigo; la juventud no suele ser una ventaja en este caso. Aunque la vida te haya tratado un poco mal, desarrollar una conexión espiritual puede mejorar tu aspecto y ayudarte a encontrar la paz interior. Con el paso de los años, sigues entregándote a la luz, a la comprensión y a una fuerza superior a ti mismo. Sientes aumentar el éxtasis que nace de esto, sin sucumbir al miedo. Tienes una perspectiva más sincera sobre la eternidad de tu espíritu y no te sientes aterrorizado por la idea de tu muerte. Además, si meditas y desarrollas tu corazón, emanarás un carisma irresistiblemente amable, con unos ojos inmortales y una profundidad de espíritu que se vuelve impresionante.

Aun así, por muy gratificantes que sean los beneficios del envejecimiento espiritual, las entregas que nos exige –como por ejemplo, abandonar el apego del yo a versiones más jóvenes de nuestro cuerpo– no son para los débiles de espíritu. Los cambios atemorizan al ego. Por eso se aferra a lo que creemos que sabemos, o a lo que nos gustaría ser. Con todo lo saludables y *sexys* que podamos sentirnos a cualquier edad, debemos aceptar que nuestros físicos y nuestras prioridades van cambiando, y no dejarlas ancladas en ideales pasados. Debemos emprender una buena lucha para entregar nuestros egos. Debemos considerarnos almas, no solamente cuerpos. Me siento inspirada por cómo el maestro espiritual Ram Dass, con ochenta y tres años, expresa esto en *Aging Body, Ageless Soul:*[27]

> *Todo el viaje del envejecimiento es algo diseñado para hacer que dejemos de pensar en nosotros mismos como egos y que nos conozcamos como almas. Tenemos una oportunidad tras otra para practicar el acto de dejarnos llevar, y para cambiar nuestro punto de vista desde el del ego al de la perspectiva del alma. No obstante, si el envejecimiento no hace esto por nosotros, entonces la siguiente fase, la muerte, por supuesto que lo hará. Porque con la muerte el ego deja de existir; el alma, por el contrario, sigue adelante. El alma no envejece de la forma que lo hace el cuerpo, por lo que envejecer y morir son viajes del ego y de nuestra manifestación física.*

Te guste o no, no puedes aferrarte al tiempo. El tiempo que tardaste en leer esta frase ya ha pasado. Cuando te entregas al envejecimiento, te interesa avanzar fluidamente en mente, cuerpo y espíritu, no quedarte enfangado en lo bueno o lo malo del pasado. Reconozco que cuando me siento nostálgica o triste, a veces me distraigo perdiéndome en los recuerdos. Obtengo placer mirando el trozo de madera flotante en el que mi novio artista pintó diecinueve velas en un campo soleado, por mi cumpleaños. Y me siento feliz de pensar en los provocativos vestidos que llevaba cuando tenía veinticinco años y un cuerpo perfecto. Recuerdo haber amado a personas y haber perdido a otras, y pasear a mi querido perro bajo el viejo parque del malecón, en Venice Beach, hace mucho tiempo. Incluso disfruto recordando el momento en que corté la fotografía de mi agenda del instituto porque no me gustaba mi aspecto. Esa chica insegura tiene todas mis simpatías. Revivo esos recuerdos, pero intento no obsesionarme con ellos.

Nuestros viajes –los míos y los tuyos– apuntan hacia el futuro, hacia el envejecimiento, el cambio y el destino; un movimiento arquetípicamente evocado por la carta del Carro, del tarot. Y con la edad, el espíritu crece, de modo atractivo, para convertirse en algo más grande y más cercano, como la luz del otro lado. Entregarse a estos misterios, aunque nunca esté

---

27. «Cuerpo que envejece, alma sin edad». No hay edición en castellano. *(N. del T.)*

completamente segura de lo que va a ocurrir, es para mí el placer que conlleva. Hay mucho sobre el envejecimiento que supera nuestro frágil poder de manipulación. Ciertamente, puedes intentar luchar contra el discurrir del tiempo y contra todas las otras fuerzas que no puedes controlar, pero, ¿con qué objetivo?

## Por qué la gente quiere vivir eternamente: El problema de la inmortalidad

Me sorprendo de saber que muchas personas occidentales a las que se les pregunta dicen que quieren vivir eternamente, o al menos cientos de años, si pudieran estar sanos. En realidad, un grupo conocido como «los inmortalistas» congelan sus cuerpos con una técnica no demostrada, conocida como criogenia, con la esperanza de que los avances del futuro puedan «curar el envejecimiento» y sus enfermedades, así como resucitar sus recuerdos y personalidades.

¿Qué motiva este deseo por la inmortalidad? Para algunos de mis pacientes, está vinculado a un terror primigenio a la muerte, de tener que dar la despedida final a su forma física. Nuestro cerebro reptiliano, configurado para la supervivencia, está inconsolablemente apegado a mantenernos vivos. Simplemente, no puede entender las ventajas de entregar el cuerpo o de que el espíritu sigua viviendo. (Más sobre la otra vida en el capítulo 12). Yo intento mostrar a esos pacientes la forma de obtener un sentido visceral de la espiritualidad y de sus seres eternos mediante la meditación, la contemplación y el rezo. Las ideas teóricas del espíritu son inútiles en este caso. Están solamente en la cabeza; no es un conocimiento suficientemente profundo para mantenernos a través del radical rito iniciático del envejecimiento y de la entrega que nos exige. Quiero ayudar a mis pacientes a experimentar la inmortalidad de sus espíritus en el interior de su ser integral.

El trabajo que hago con mis pacientes, junto con los ejercicios espirituales que explico en este libro, despierta su conciencia intuitiva y no cerebral de una inteligencia amable y superior. Hemos sido, y siempre seremos, parte suya. Es nuestro hogar, el ser conscientes de que reduce el miedo al envejecimiento y a la muerte. Durante todas las sesiones que sean necesarias, me siento con mis pacientes para ayudarles a sentir intuitivamente su espíritu, de forma no verbal, en silencio. Les enseño a cerrar sus ojos, meditar y sentir quiénes son realmente. Les enseño a eliminar su charla mental mediante la respiración, para que sepan que son mucho más que su pensamiento analítico. Este proceso para hacer que despierte su parte más importante es muy hermoso. En primer lugar, mis pacientes pueden sentir un parpadeo de luz interior. Después un resplandor de éxtasis. Después una idea de paz. Se descubren a sí mismos, y su proceso de despertar se mantiene en continuo desarrollo. Una vez que asumen esta perspectiva más amplia, prolongar su estancia aquí no les parece tan atractivo.

Sinceramente, por mucho que ame este maravilloso planeta, no estoy interesada en volver aquí. Reconozco, incluso con mi edad, que suelo sentirme como el ET de la película, que anhelaba su verdadero hogar. Aun así, estoy agradecida porque mi maestro de taoísmo me ha enseñado a confiar en la longevidad del alma después de nuestra muerte. Como dice mi maestro, «El trabajo del alma continúa».

No estoy intentando decir cuánto tiempo es el ideal para vivir. No obstante, te insto a tener expectativas realistas. Aunque hagas todo lo que puedas por tener una buena salud, debes tratar con los miedos, las obsesiones, el dolor, la ansiedad y los innumerables intentos en el mundo material, conocido por su intenso nivel de sufrimiento. Los numerosos avances científicos innovadores sobre la longevidad te ofrecerán más alternativas. Espero que puedas valorarlos desde el punto de vista de la espiritualidad, no sólo desde el del alargamiento de la vida.

Desde la perspectiva de la vida pasada/vida futura, el tema de la longevidad adopta nuevas dimensiones. Sonreí cuando una paciente dijo de sí misma que tenía cuarenta años y que iba a cumplir cuatro mil. Los budistas creen en la reencarnación, que nuestras almas siguen volviendo en otros cuerpos para limpiar el mal karma (errores emocionales y otras deudas que hemos acumulado en vidas pasadas), y para crear buen karma mediante el desarrollo espiritual y los actos de servicio y amor. Estoy de acuerdo con ellos. Una vida no puede ser suficiente para que aprendamos todas nuestras lecciones espirituales. En este sentido, dispones del tiempo necesario para completar el trabajo de tu alma. Dicen que hay almas jóvenes (las personas menos expertas, con sólo algunas reencarnaciones) y almas viejas (quienes han ganado sabiduría gracias a sus innumerables vidas). Seamos almas jóvenes o viejas, todos nosotros somos trabajos en progreso que gradualmente se dirigen hacia la iluminación y que aprenden a trascender sus apegos a la gente, las cosas y los deseos. Cuando llegas a ese punto de liberación, ya has hecho tu trabajo. Ya no hay más necesidad de permanecer en el plano físico. Pasarás a otras formas de existencia, más elevadas y dichosas. Ésta es la perspectiva de las tradiciones que creen en la reencarnación.

Fundamentalmente, la gente quiere vivir para siempre porque no confían en que haya nada más que este mundo, ni creen en la longevidad del alma. Por eso, intentan desafiar o negar el proceso de envejecimiento con el deseo de ser inmortales. Espero que no se me malinterprete: entiendo lo difícil que es entregarse a los inexorables cambios del tiempo que pasa. Madre, padre, amante: queremos la seguridad de estas relaciones. Estoy tan apegada como cualquiera a las personas que adoro y a mis otros placeres. Pero mi objetivo más apremiante es no aferrarme demasiado, ni siquiera a lo que más quiero, sin comprometer la entrega de mi corazón, la paradoja de entregarse al amor en una situación de impermanencia. Aun así, llegará un momento en que incluso esto habrá pasado y en que la única realidad que tengamos por delante será nuestro resplandor. Nuestra única opción será entregarnos.

En consecuencia, insisto en la práctica del arte de la entrega espiritual como parte del envejecimiento. Asumir que eres más que un cuerpo te libera del miedo para que puedas relajarte y disfrutar de la vida. El envejecimiento espiritual celebra el lujo de la vida interior, un capítulo de satisfacción que no tiene nada que ver con los logros externos. Entregarse se convierte en un acto más fácil si no tienes nada que demostrar. Según una antigua tradición taoísta, se asume que, a los sesenta años, los ancianos son recompensados por haber aportado mucho y se les permite abandonar todas las obligaciones mundanas. Literalmente, dejan todo atrás, incluidas sus familias y su trabajo, para vivir en el bosque y profundizar más en su interior. Por fin tienen espacio y tiempo para una expansión espiritual sin molestias. Aunque la mayoría de nosotros no tendremos la libertad o el deseo de dejar a nuestros seres amados y nuestras profesiones para servir a lo invisible, ese tipo de cambio de prioridades con la edad es digno de imitar.

## Mantén tu conexión espiritual al corriente

Lo que puede resultar desconcertante sobre el hecho de establecer conexión con lo divino es que siga cambiando. Cada día, durante mi meditación, permanezco abierta a redescubrir cuál es mi conexión, asegurándome de que encaja con la persona que soy y con la edad que tengo actualmente. Nada es estático; ni siquiera este vínculo. Yo no supongo nada sobre el espíritu. Sintonizo con él una y otra vez, reencendiendo nuestra relación amorosa. Conforme caen las antiguas capas de mi ser, recurro a mi poder superior de nuevas maneras. Ocasionalmente, llego a perder la conexión. Cada vez que sucede me siento hundida y me hace ponerme de rodillas. Aun así, estos períodos perdidos tienen lugar. Entonces es cuando me muestro paciente, o al menos intento serlo. Ando a tientas por la oscuridad, sintiendo mi camino poco a poco, hacia la más leve iluminación divina. Mi intuición se encarga de salvarme. A lo largo de los años, entregarme a ella me ha permitido encontrar mi camino, conforme se desarrolla mi comunión con el espíritu.

El envejecimiento conlleva cambios. Eso es inevitable. No consiste en permanecer estable. Ram Dass dice correctamente: «En lo que respecta a envejecer, podemos elegir: aferrarnos al pasado (y sufrir), o dejarnos llevar y disfrutar del viaje espiritual». Mi objetivo es venerar la madurez que llega con la edad, entregarme a las expansiones y sacrificios de mi metamorfosis cuerpo-mente-espíritu. Se dice que esa veneración agrada al Señor. La veneración también suaviza tu miedo a envejecer y asegura tu vínculo divino con el universo. Para ayudarte a fluir con la edad, te recomiendo que practiques este cántico de entrega, ya sea hablando o cantándolo con la melodía que elijas.

### CÁNTICO DE ENTREGA ESPIRITUAL

Me entrego al envejecimiento, al cambio y a todos los ciclos de luz que tengo el privilegio de encontrarme. Con cada año que pase, daré un gran salto hacia los brazos del espíritu con una pasión creciente. Tendré una gran fe en que estos brazos me recogerán y me aceptarán. No me reprimiré. Me entregaré a los misterios del tiempo, la vida y la eternidad.

En este capítulo, hemos explicado cómo maximizar los cuatro componentes del envejecimiento –físico, emocional, energético y espiritual– para ralentizar el paso del tiempo. Espero que mi enfoque te haya ayudado a librarte de quedarte anclado en tu ego basado en el miedo. La edad no puede definirse sólo por una cifra. Lo que importa es la persona. Desde la perspectiva de la entrega, envejecer consiste en madurar y evolucionar, no en quedarse emocional o espiritualmente atrofiado. Acumulas resplandor y te liberas de ataduras del pasado. Ganas mucho, y dejas ir también muchas cosas. El envejecimiento es el ejercicio de conciencia por antonomasia, un estiramiento continuo hacia el corazón, aceptando la impermanencia del cuerpo y perdonándole por no durar para siempre. La entrega nace de entenderlo y de acoger todos los ciclos de luz por los que pasas.

En un concierto reciente, un crítico observó que el gran cantante Leonard Cohen, budista a sus setenta y nueve años, «saltó del escenario como un colegial enamorado», y el resorte de su paso recordaba a «un ágil adolescente», «un romántico del zen». Eso es lo que yo quiero ser. Nunca abandonar mi esperanza, mi creatividad ni mi pasión. Seguir enamorándome del mundo. De vez en cuando, besar el suelo. Tu vida es una ofrenda del espíritu. Tu cuerpo es el altar dentro del cual crece tu alma. Algo bueno ha comenzado. Se había venido fraguando desde tiempo atrás. Te ilumina conforme envejeces. Te ilumina, siempre.

---

**AFIRMACIÓN DE ENTREGA PARA UN ENVEJECIMIENTO RADIANTE**

*Soy una persona bella, sensual y espiritual en todas mis edades. Agradezco cada respiración. Cada mañana tengo la promesa de un nuevo día. Seguiré abandonando mi miedo a envejecer. Seguiré abandonando las críticas a mi cuerpo. Me entregaré a mi resplandor, a mi alegría y a lo sagrado del viaje de mi vida.*

---

*Oh, guau. Oh, guau.*

Últimas palabras de Steve Jobs, fundador de Apple Computer

# 12

# LA DUODÉCIMA ENTREGA

*Hacer las paces con la muerte y con la otra vida*

La muerte es la entrega definitiva. Todos nosotros, incluidos los miembros de la profesión médica, sabemos que es una cita a la que no podemos faltar. Pero desde mi perspectiva intuitiva, es también una audaz expansión de nosotros mismos a la que estamos destinados: el mayor acontecimiento espiritual de nuestra vida. Quiero disipar cualquier miedo que puedas tener y mostrarte que no hay nada que temer. No estás perdiendo poder; lo estás ganando. La muerte tiene mala fama en la medicina y la cultura de Occidente. La misma transición está envuelta de un aura de innecesario drama. Cuando al Dalái Lama le preguntaron sobre su propia muerte, encogió los hombros, rio y la llamó un simple «cambio de ropa». Imagina sentirte tan relajado ante la muerte. Ésa es la paz y la aceptación para liberarte del drama que tú también conocerás cuando te entregues.

Todo el contenido de este libro ha conducido hasta la entrega final. Practicar el acto de la entrega en diversos aspectos de tu vida, desde la economía hasta el sexo, pasando por el envejecimiento, te prepara para el gran salto de entregarte a lo que hay más allá. Ya sea que tengas cuarenta o noventa años, aceptar la muerte es necesario para tu serenidad en este instante, y te ayuda a vivir más plenamente. Las investigaciones indican que entre las mayores lamentaciones de los moribundos están: «Ojalá no hubiera trabajado tanto», «Ojalá hubiera tenido el valor para ser sincero conmigo mismo, no limitarme a hacer lo que los demás esperaban de mí» y «Ojalá me hubiese permitido ser más feliz». ¿Por qué no establecer ahora esas prioridades y conseguir una vida verdaderamente significativa?

Hacer las paces con la muerte te permite vivir más plenamente y lograr un final de tu vida consciente cuando llegue el momento.

Con esto en mente, examinaremos: ¿qué significa para ti entregarte a la muerte? ¿Qué puedes ganar? ¿Dejas de existir? ¿Cómo es realmente la muerte? ¿Es real la otra vida? ¿Cómo podemos curar nuestra fobia a la muerte? Es natural sentir miedo o confusión hacia la muerte. Es cierto que el tránsito en sí mismo requiere tanto improvisación como confianza. Es la madre de todos los ejercicios de humildad en los que debes entregar tu ego y abandonar el control. Incluso así, desde éste, nuestro mundo actual, describiré cómo puedes obtener una sensación intuitiva de lo que ocurre después, lo seguro y bello que es.

Desde la perspectiva de la entrega, ¿qué es la muerte? En primer lugar, te entregas físicamente. Nosotros no poseemos nuestros cuerpos. Simplemente nos los han prestado durante un breve período de tiempo. La ciencia define la muerte física como el cese de nuestras funciones biológicas, incluida la circulación sanguínea mediante el corazón y la respiración (muerte cardíaca), así como la actividad cerebral (muerte cerebral). Cuando comienza la muerte, perdemos la conciencia en cuestión de pocos segundos. Nuestras ondas cerebrales aparecen planas en un electroencefalograma en unos cuarenta segundos, aunque el sistema cerebral puede registrar aún impulsos durante algunos minutos. Igual que muchos de mis pacientes, es comprensible que te preguntes si la muerte es dolorosa. No te preocupes. Como médico que soy, puedo asegurarte que la respuesta es negativa. Puesto que el cerebro es el mediador del dolor, y el cerebro ha dejado de funcionar, quedas libre de toda molestia.

En segundo lugar, en la hora de la muerte, te entregas espiritualmente a una fuerza mayor que tú mismo. No es una mala noticia; sólo una apertura y una liberación de toda constricción. No tienes que «hacer» nada, solamente relajarte y dejarte llevar. Qué es esa fuerza superior te resultará evidente cuando mueras. Anticipa todo lo que quieras, pero no puedes saber por completo lo que hay más allá: es una gran fiesta sorpresa que te espera. *El libro tibetano de los muertos* llama a la revelación de la muerte «ver claramente la luz principal». El cerebro es un filtro que embota la conciencia. Cuando mueres, tu conciencia queda liberada para ascender a un nivel superior. Ya no tienes trabas debidas a las limitaciones de tu cuerpo, y el sufrimiento se alivia de formas que no puedes ni imaginar. Durante mi formación médica en la Universidad de California, Los Ángeles, y en la sección para enfermos terminales del Hospital de Veteranos de Wadsworth, tuve la gran fortuna de estar presente en numerosos lechos de muerte, presenciando la belleza de esta liberación final, especialmente cuando los pacientes han soportado enfermedades terribles. Inmediatamente antes de la muerte, cuando el cuerpo del paciente se iba apagando gradualmente y ya no contenía a la persona, no había dolor. Entonces ocurría la extraordinaria entrega, seguida por un sentimiento de paz, incluso de éxtasis. Suele ser difícil para nosotros, en este planeta tan ocupado y lleno de dolor, imaginar que la entrega a un éxtasis de esa clase es el legado de nuestro espíritu, el lugar de donde procedimos y al cual volveremos algún día. Así son las cosas.

La muerte no es nuestra enemiga, ni tampoco es una desconocida, ni una cosa siniestra. Por el contrario, me gustaría que la considerases una maestra y una sanadora. Y la explicación es ésta. Fundamentalmente, la muerte es una energía creativa que genera cambios tanto destructivos como constructivos. A lo largo de la vida experimentamos esta energía: la muerte de una relación nos permite encontrar algo mejor; nos libramos de una parte negativa de nosotros mismos y nos hacemos más libres; la pérdida de un ser querido o de un animal de compañía genera tanto dolor como crecimiento. En francés, al orgasmo lo llaman *le petit mort*, «la pequeña muerte», una entrega que te ofrece gozo. El sueño es parecido a la muerte: abandonamos temporalmente la mente analítica y el ego, hasta que despertamos el día siguiente. Y también están los ciclos de muerte y renacimiento de la naturaleza a través de las estaciones, para que los contemplemos: la maravilla del otoño, el invierno, la primavera y el verano. Pero, para mí, la demostración creativa más impresionante de la muerte consiste en que canaliza nuestra transición de la materia hacia el espíritu. La muerte es energía en movimiento. No es algo que podamos domesticar. No puedes controlarla. Darle la espalda no es posible. No puedes librarte del hecho de tener que traspasar ese límite. Debes pasar por él. Déjame ayudarte a superar el miedo, para que te entregues sin problemas a esta transición y no te preocupes demasiado por ella.

# LA MUERTE COMO MAESTRA Y SANADORA: ABANDONA TUS MIEDO Y TU FOBIA A LA MUERTE

*No tengo miedo de morir; simplemente no quiero estar allí cuando me ocurra.*

WOODY ALLEN

¿Por qué el tema de la muerte conlleva tanta carga y nuestro miedo hacia ella es tan grande? ¿Cómo podemos reconfortarnos y curar nuestra fobia colectiva a la muerte? Reí en voz alta cuando leí encuestas que decían que la única cosa que la gente teme más que la muerte es hablar en público. Puedo entender que la muerte ocupe el segundo lugar en el *ranking*. Delante del público, te encuentras desnudo, hablando metafóricamente, y de repente no puedes escapar a la preocupación de si serás capaz de hablar, qué pensarán los demás de ti, quién eres tú en realidad y qué representas. La muerte demanda el mismo autoexamen, aunque desde la perspectiva del día a día parece más lejana.

Durante mi formación como médico fue evidente, pero también triste, lo fuerte que es la fobia a la muerte entre los médicos y otros profesionales de la salud. A la muerte se la llamaba fríamente «fallecimiento», «fin» o «expirar»: nada de luz ni de sagrado en esas palabras. A los pacientes terminales se les solía dejar solos, abandonados en salas de hospital, al final de largos y deprimentes pasillos, con pocas visitas por parte del personal médico, excepto los encargados de comprobar las constantes vitales. O bien a los moribundos se les hablaba con un lenguaje tan técnico y estéril que resultaba terriblemente despersonalizante, además de un completo insulto hacia ellos. ¿Puedes imaginarte que te traten con esa clase de jerga psicológica –tan sólo una defensa contra el miedo, para distanciarse– en ese crítico momento? Gracias a Dios que hay cariñosos parientes y amigos que se sientan con sus seres queridos que van a pasar ese momento de tránsito, sin abandonarlos en una situación desgarradora, si bien con dolor y llorando por lo que está por llegar.

Con bastante frecuencia, los médicos consideran la muerte un fracaso, en lugar de utilizar su puesto para derramar luz y júbilo sobre el moribundo durante su sagrado tránsito. Por el contrario, hay valientes trabajadores de las secciones de enfermos terminales que guían a los pacientes y a sus familiares en ese momento tan complicado. Para perjuicio de los pacientes, los médicos normalmente no han firmado la paz con su propia muerte, y menos aún se consideran guías para la entrega final del paciente en su viaje espiritual. Por eso proyectan sus miedos en el enfermo terminal que necesita amor y apoyo, más que ninguna otra persona, mientras se prepara para el fin de la vida. No creo estar siendo excesivamente dura si digo que esto es una forma involuntaria de maltrato al moribundo.

¿Qué es lo que nos aterra de la muerte? ¿Qué es lo que nos lleva a encogernos hasta nuestro yo más pequeño? Puesto que no puedes controlarla ni saber exactamente qué va a suceder, alarma la parte de nuestro ser que teme el cambio, que de forma legítima ansía seguridad, y que quiere respuestas infalibles. El hecho de ser algo desconocido convierte a la muerte en la perfecta *tabula rasa* en la que proyectamos nuestro miedo al coco. Pero la entrega a la muerte conlleva por fuerza algo de incertidumbre.

En un reciente taller sobre intuición que dirigí en el Centro para la Investigación de la Conciencia de la Universidad de California, Los Ángeles, una mujer me preguntó con una feroz urgencia: «¿Tienes tú miedo a la muerte?». Tuve que detenerme. La mejor respuesta que pude darle, la única que sentí auténtica para ofrecerle fue: «No en este momento». Actualmente, aún sigo creyendo que no tendré miedo cuando llegue ese momento, debido a que he sentido que el otro lado es magnífico, en mis intuiciones y sueños desde la niñez. He encontrado lo eterno y no lo temo. No obstante, nunca se sabe. Puede que me aferre a mis últimos instantes y a mi último aliento con tanta fuerza como otros han hecho. De hecho, vi a mi madre, que era doctora, que tenía cáncer y se encontraba claramente en sus últimos días, llevar a mi padre a la tienda de Armani de Beverly Hills, para comprar otro vestido de diseño para su guardarropa. Mamá era terca y estaba dejando claro que no quería tener nada que ver con la muerte. Entiendo lo doloroso que era para ella dejarse llevar, como lo es para muchos de nosotros. Pero, para hacer las paces con la muerte, es necesario tratar y abandonar el miedo.

Para abandonar la zona del miedo, debes examinar sincera y comprensivamente de qué tienes miedo. No tiene sentido negar los miedos. No se van a ningún sitio. Los miedos simplemente acechan en tu interior y son un lastre para tu corazón, tu intuición y tu capacidad para dejarte llevar sin problemas en todos los ámbitos. ¿Cuáles son tus peores miedos? Vayamos al grano. A continuación tenemos algunos.

| | |
|---|---|
| Dolor físico | Estar solo y perdido |
| Pérdida de poder y del control | Abandono |
| Imposibilidad de elegir | Depresión |
| Asuntos no terminados | Desorientación |
| Oportunidades perdidas | Distanciamiento de las personas |
| El infierno | que amamos |
| El diablo | No existe Dios |
| El purgatorio | Separación de la Tierra |
| Quedarte en el limbo | Ser juzgado |
| Aniquilación de todo tu ser | Castigo |
| Soledad | |

Un temor que me resultó difícil de abandonar era lo que sucedería a mi cuerpo después de morir. Me sentía extremadamente apegada a mi cuerpo, a este particular trozo de ser que me han otorgado en esta vida concreta. Me sentía muy triste por tener que abandonar mis libros, mi oficio de escritora, el océano, los árboles, mis amigos, mis amores, mis luchas, mis alegrías. Y la idea de degenerar en un cadáver con gusanos comiéndome, o de ser quemada, me parecía horrible. Por no hablar de la pérdida de tiempo: todas esas cremas faciales, las interminables horas de gimnasio, el tiempo pasado en la peluquería, los ajustes quiroprácticos: todos mis esfuerzos por estar sana, guapa y en forma terminaban así. Era evidente que me estaba quemando de mala manera. Así que llamé a mi amigo Rabbi Don Singer, que es también un *roshi* zen. Se rio y dijo que creía que la intensidad con la que estaba abordando este dilema era fabulosa. Me dijo: «El cuerpo sabe qué hacer cuando llega el momento. Limítate a confiar en él». Me pareció tan intuitivamente correcto que me relajé inmediatamente.

Procesar los miedos del destino de mi cuerpo después de la muerte me permitió apreciar lo mucho que adoro este cuerpo y el resto de mi ser en este preciso momento. Mientras yo sea «yo» en esta forma, pretendo disfrutar cada momento de mi carácter físico. Además, me di cuenta de que, después de morir, no me preocuparé por la degeneración física. Estaré de camino a nuevas empresas. Mi maestro de taoísmo dice sobre el más allá: «El trabajo continúa». Todo esto me ayudó a abandonar mi miedo.

Para mí, librarme del miedo a morir, o a cualquier otra cosa, es un proceso. No es tan simple como cambiar mi modo de pensar, aunque eso forme parte del asunto. A veces soy difícil de convencer. Los «expertos» ofrecen una gran cantidad de buenas soluciones para librarse del miedo, que para mí son imposibles de realizar sin una confirmación intuitiva. Para saber que una solución es válida, debo sentir oleadas de escalofríos haciéndome temblar desde la cabeza hasta los pies, que mi interior diga «sí», que mi guía interno me comunique: «¡Has descubierto un secreto! Confía en él». En tu propia vida, entrénate para ser también consciente de tus intuiciones. Personalmente, ésas son las estrellas que he decidido seguir, y también pueden ser las tuyas.

¿Cómo puedes abandonar tu miedo a la muerte y ser consciente de que todos somos seres eternos? En primer lugar, examina la actitud que interiorizaste mientras crecías. ¿Tus padres tenían miedo o la ignoraban? ¿Te lo transmitieron consciente o inconscientemente? De cuando yo era niña, recuerdo varias ocasiones en que había algún pez dorado flotando ominosamente boca arriba, en la parte superior de la pecera. Mi bien intencionada madre, sin decir nada bueno hacia ellos, los tiraba con malos modos por el retrete (lo que para mí fue chocante, teniendo en cuenta qué otras cosas bajaban por esas tuberías). Decía, intentando ser agradable: «No te pongas triste. Te compraremos otro». En realidad, yo estaba triste *de verdad* –todas las veces–, y nunca creí que los peces dorados o cualquier otra criatura fuera tan fácil de reemplazar. Me habría gustado que mamá me hubiese enseñado más sobre cómo son la muerte natural y la tristeza de la pérdida. Pero igual que muchos cariñosos padres, sólo quería que yo estuviese contenta y ahorrarme el disgusto. Además, como ya he dicho, ella misma no estaba dispuesta a afrontar la muerte. Así que me sentí frustrada, sin poder nunca procesar la pérdida o saber: «¿Qué le ha pasado realmente a mi pez dorado? ¿Dónde está? ¿Ha ido al cielo o a otro lugar?». Para todos nosotros, resulta útil recordar nuestras primeras reacciones ante la muerte. ¿Cuándo fue la primera vez que la presenciaste? ¿Murió algún familiar? ¿Un animal de compañía? ¿Viste alguna vez una gaviota tirada en la playa? ¿Fuiste testigo de alguna muerte en un accidente de tráfico? ¿Recuerdas tus emociones? ¿Te asustaste? ¿Sentiste náuseas? ¿Confuso? ¿Impactado? ¿Sin consuelo? ¿Compartiste tus sentimientos y te dieron una explicación satisfactoria? ¿O bien reprimiste tus sentimientos o no te dieron una respuesta útil? Identificar la fuente de los miedos y los equívocos facilita la labor de reemplazarlos por las actitudes positivas que voy a explicar.

## ¿HAY ALGÚN DESTINO PEOR QUE LA MUERTE? REPROGRAMA TUS MIEDOS

He visto incluso a las personas más cordiales perder su cordialidad en torno al tema de la muerte. Mantener una perspectiva equilibrada te ayuda a centrarte y a evitar crisis nerviosas. Estoy de acuerdo con el padre Greg Boyle, valiente líder de Homeboy Industries, un programa de rehabilitación para miembros de bandas de Los Ángeles, quien recomienda a los chicos: «Hay destinos peores que la muerte. Por ejemplo, no ser amado o que tu violenta madre psicótica te hunda la cabeza en el retrete». Cuando tuve el honor de visitar Homeboy Industries, en su barrio, el padre Greg me dijo: «Durante las peleas entre bandas, muchos chicos no temen a la muerte. Temen el horror de sus vidas. La muerte sería un distintivo de honor». Piensa: ¿hay destinos peores que la muerte para ti? Examinar las cosas de esta forma te ofrecerá una perspectiva más realista cuando quieras vencer tus miedos.

Para reprogramar el miedo, una entrega intelectual clave es que abras tu mente a la idea de que *la conciencia no está limitada al espacio y el tiempo*. No somos solamente seres basados en nuestro cerebro. Piensa de modo más amplio. Nuestra conciencia es mucho más resistente y polifacética que las limitaciones que tu mente analítica pueda inventar. Esto es aplicable a tu tío Mario, que murió; a tu gato Micifuz; y a todas las formas de vida que han dejado de existir. La conciencia es energía; sobrevive. En este capítulo, ofreceré investigaciones sobre experiencias cercanas a la muerte que revelan que la conciencia es «no local», que existe fuera del cerebro y del cuerpo, que continúa después de la muerte en estimulantes fases de desarrollo del alma. Además, podrás empezar a reprogramar tus miedos examinando los siguientes conceptos.

## Concepto número 1. La revelación espiritual de observar un cuerpo muerto

Ser testigo de la ausencia del alma puede llevarte a sentir mejor lo que es tu alma. El alma anima el cuerpo haciéndolo luminoso y comprometido. Cuando se ha ido el alma, el cuerpo parece vacío y sin luz. Ser testigo de esta chocante diferencia te permite asimilar que tú eres más que tu cuerpo físico. Por eso recomiendo a mis pacientes –y te recomiendo a ti– que veas un cuerpo muerto. Soy consciente de que la simple mención de ver uno puede provocar miedo y aversión. Se supone que no debemos mirarlo. Se supone que no debemos tocarlo. Es repulsivo y desagradable. Cuando seas capaz de cambiar esta perspectiva, una intuición sorprendente confirmará el duradero resplandor de tu espíritu. Por tanto, si estás presente, y eres testigo de la muerte de alguien y tienes también tiempo para quedarte con el cuerpo, considera la posibilidad de no mirar hacia otra parte o irte. Sé específico. Observa la piel, los ojos, la cara. ¿Cómo son tus impresiones, comparadas con las de la misma persona, cuando estaba viva? ¿Parece extraña esa persona? ¿Está fría? ¿Deformada? ¿Correosa? ¿Inerte? ¿Distante? ¿En paz? ¿Más hermosa? ¿De qué manera? Intenta no estar alerta, intuitivamente. Es natural sentirse mal. Pero intenta seguir adelante. ¿Qué más puedes sentir? Observa cualquier posible idea fugaz, imagen o conocimiento que puedas tener. Coloca la palma de tu mano unos centímetros por encima del cuerpo. ¿Puedes sentir su energía? ¿O se ha ido? Toca la piel. ¿Qué sientes? Con la experiencia se adquiere sabiduría. Otras alternativas son visitar exposiciones en museos, sobre anatomía humana, como por ejemplo *Bodies: The Exhibition*[28] (que también está en Internet), ir a un museo de cera (que tiene un efecto menos auténtico, pero similar) y estudiar libros de anatomía.

---

28. «Cuerpos: La exposición». Se exhiben cuerpos humanos reales, procedentes de personas muertas, preservados y disecados. Puede verse en la dirección www.humanbodies.eu. *(N. del T.)*

## Concepto número 2: Cultivar la fe

Para superar el miedo, las diversas tradiciones espirituales del mundo ofrecen el tan necesario consuelo. Por ejemplo, los budistas creen en la liberación, al alcanzar el nirvana, cuando te curas más allá del ámbito del karma y tu espíritu evoluciona. Sonreí cuando un amigo budista dijo alegremente: «Puesto que probablemente hayamos tenido miles de reencarnaciones, ya sabemos cómo morir, así que podemos estar tranquilos». Los taoístas creen que todos los caminos conducen a una divinidad, el Tao. También tenemos las distintas ideas cristianas e islámicas sobre el paraíso. En la tradición sufí, el día de la muerte del poeta místico Rumi se describe como «el día de su boda», cuando se unió en éxtasis con lo divino. La fe en el más allá es una potente herramienta para superar el miedo. Sin embargo, la fe es algo intensamente personal. Cuando te despiertes a las tres de la madrugada con la cabeza llena de miedo, mirando al techo, la fe debe ser algo auténtico, no sólo una idea teórica o políticamente correcta.

## Concepto número 3. La muerte es un universo paralelo: Abandonar la zona del miedo

Lo que importa más que todo lo que yo pueda decir, para reconfortarte acerca de la muerte, es tu propia experiencia de lo que hay más allá. Puedo decirte que todos los miedos son sólo proyecciones de tus inseguridades. Puedo asegurarte que no hay nada que temer. Aun así, esto no será suficiente si no estás convencido intuitivamente. Es importante entender: *la muerte es simplemente un universo paralelo que existe simultáneamente a nuestras vidas. No es el fin.* La frontera que nos separa a nosotros del otro lado es más estrecha de lo que piensas. Puedes acceder a la muerte mediante la intuición. Con eso en mente, ofrezco el siguiente viaje de meditación para que experimentes la muerte y la otra vida por ti mismo.

## UN VIAJE DE MEDITACIÓN HACIA LA MUERTE

La tradición chamánica utiliza el potente proceso del viaje interior para explorar los distintos niveles de conciencia y obtener ideas que nos ayudarán a entendernos mejor a nosotros mismos y al universo. Aquí lo emplearemos para explorar la muerte.

1. *Relájate y déjate llevar.* Siéntate erguido, en una posición cómoda. Haz varias respiraciones lentas y profundas. Siente el calor de tu respiración conforme el aire pasa por tus pulmones y sale por tu boca. Debes estar totalmente presente. Durante algunos minutos, inspira y después espira. Procede lentamente. Afloja tus hombros, pecho, vientre y piernas. No estés vigilante ni te reprimas. Después concéntrate en lo que más quieras. Puede ser una persona, un animal, un lago de color azul intenso o lo divino. Sea lo que fuere lo que elijas, deja que la belleza y el amor te rodeen. Permite a tu corazón que se abra hasta que te sientas centrado y seguro.

2. *Invita a la muerte a entrar.* Cuando estés cómodo, prepárate para invitar a la muerte en silencio. Si irrumpen antiguas ideas o miedos, déjalos pasar como nubes en el cielo. Visualiza la muerte como una presencia, una fuerza. A un ritmo seguro, pide a la muerte que se aproxime más. Procede con la lentitud que desees, mientras exploras este ámbito de energía, sonidos, visiones y sensaciones. En primer lugar, visualiza la muerte como si estuviera a tres metros de ti. ¿Qué sientes? ¿Colores? ¿Olores? ¿Sonidos? ¿Se te saltan las lágrimas? ¿Sientes alivio? Déjate rodear por todo. Después, acorta gradualmente la distancia. Dos metros…, un metro…, medio metro. No hay prisa. A cada paso, ponte más cómodo. ¿Cómo cambian tus percepciones? ¿Qué más estás aprendiendo? Fíjate en cualquier visión espontánea o idea, pero no te aferres a ellas. Concéntrate en tu respiración. Confía en tu intuición para saber cómo proceder.

3. *Entrégate a la muerte.* Suave, lentamente, déjate unir con la muerte. Hazte uno con ella. Disuélvete en espíritu conforme se desvanece la conciencia de tu cuerpo. Pura energía. Toda la gravidez ha desaparecido. Te vuelves más y más ligero. Espera un momento para orientarte. ¿Cómo te sientes? ¿Tranquilo? ¿En paz? ¿Confuso? ¿Estimulado? ¿Qué estás observando? ¿Hay silencio? ¿Música? ¿Luz? ¿Alguien o algo te parece familiar? ¿Sientes alivio? ¿Bienvenido a casa? Fíjate bien en todo. No te aferres a

nada. Inspira la dulzura, libre de restricciones físicas. Espira todo el dolor y la preocupación. Inspira el éxtasis del espíritu. Inspira los vínculos del amor. No hay separación. No te reprimas. Deja que la muerte te acoja. Te estás elevando. Estás resplandeciente. Estás flotando como una pluma en un cielo interminable. Permanece dentro de la experiencia hasta que sientas que ha terminado. Recuerda lo que ha pasado. En el futuro, puedes volver otra vez a este punto.

4. *Vuelve a tu cuerpo.* Gradualmente, prepárate para regresar a tu cuerpo. Imagínate claramente tu yo físico: tus ropas, color y peinado del cabello, complementos, maquillaje: cuantos más detalles, mejor. Deja que la gravedad te devuelva a tu cuerpo, a la Tierra y al mundo material. Expresa gratitud internamente por lo que has contemplado. Después, vuelve a conectar sólidamente con tus pies, piernas, brazos, manos, abdomen, pecho, cuello y cabeza, materializándote por completo. Tarda todo lo que quieras en hacer la adaptación.

Si te sientes asustado o dudas durante esta meditación, no hay problema en detenerte. Asimila lo que hayas aprendido. Más adelante, cuando te sientas bien, sigue adelante. Algunas personas prefieren practicar esta meditación de entrega por fases. Compruébalo por ti mismo. Haz honor a tu propio ritmo.

Hacer un viaje hacia la muerte es posible y seguro. Muchas personas temen que, si intentan explorar la muerte, morirán. Están equivocadas. Mi maestro de taoísmo dice: «Cuando eres capaz de aceptar la muerte, el camino se hace más largo». La línea de tu vida se extiende verdaderamente hacia la eternidad y se enriquece en el ahora. A veces, después de un día agotador, decido meditar sobre la muerte para recuperarme. También lo hago si estoy bloqueada creativamente. Siento como si estuviera volviendo a sintonizar con un antiguo y eterno redoble. Ya pueden llegarme destellos de nuevas ideas. La muerte es una musa que inspira. Por eso, tiene sentido que nos beneficiemos del mismo impulso creativo cuando por fin salgamos de nuestro cuerpo. No hay ningún problema, en absoluto.

Yo ofrezco esta meditación a mis pacientes, terminales o no, para que se relajen ante la muerte. A menudo, cuando alguien se acerca a la muerte, hay cierta urgencia por entrever lo que hay después. En esos casos, integro esta meditación en la psicoterapia. Como médico, quiero ayudar a mis pacientes en esa transición. Aunque alguien tenga una salud perfecta, experimentar la muerte mediante la meditación puede servir para cambiar la vida. No es sólo un mirar hacia delante, sino una entrada, a través del tiempo, hacia un lugar sagrado en el que participamos de la divinidad. Después, continuamos con nuestras vidas estando más descansados.

## LA ENTREGA ESPIRITUAL ANTE LA MUERTE Y EL DUELO: UN EJERCICIO DE HUMILDAD Y LIBERTAD

En último término, El éxtasis del fluir espiritual conlleva dejarse llevar por el duelo, la muerte y el más allá. Requiere humildad y la renuncia al control. Esto es aplicable tanto si perdemos a un ser querido como si somos nosotros los que estamos listos para hacer el tránsito. Muchos pacientes me han preguntado: «Judith, ¿qué sucede cuando morimos?». Mi respuesta, que he tardado años en tener dentro de todo mi ser es: «No morimos». Como médico, he pasado décadas con personas con problemas, atormentadas, muy enfermas y moribundas. Todo esto constituye el núcleo de mi práctica médica y de lo que he aprendido sobre nuestras vidas. También he dedicado décadas al crecimiento espiritual y la intuición, incluyendo el estudio del taoísmo. Por eso, lo que digo a mis pacientes sobre la muerte está basado en un profundo compromiso con aquello para lo cual he trabajado tan duramente para reconocerlo y darle sentido. Entonces, estoy convencida de que sí, de que entregas el recubrimiento temporal que es tu cuerpo, pero que tu alma, que es mucho mayor que tu ego, perdura.

Aun así, el viaje de tu alma necesita cambios: cambio de lugar, cambio de naturaleza, cambio de forma. Como dice el libro del Eclesiastés: «Para todo hay una estación, y un momento para cada propósito bajo el cielo». Aunque es natural que te duela la pérdida de tu vida actual y de las personas que amas, el cambio es cosa cierta. Mi maestro de taoísmo también dice: «El cielo no es una carretera que tenga final. El trabajo dura más que la vida».

Nada perdura para siempre. Llegará un momento en que se habrá acabado nuestro tiempo. Entregarse espiritualmente a la muerte conlleva arriesgarse a la aniquilación total en servicio de la integración. Pero no te preocupes: el propósito de deshacerte de tu identidad física es que tu alma se desarrolle, no destruirte. Despiertas una y otra vez en distintas formas, un proceso infinito que consiste en hacerte más completo. Los ciclos vida-muerte están diseñados para ayudarte a evolucionar hacia la luz más seductora que puedas imaginar.

Una razón muy importante por la que yo –y espero que también tú– practico con avidez las técnicas de entrega de este libro es prepararme todo lo posible para la entrega espiritual de la muerte. ¿Eres consciente de lo enormemente importante que es esto? Cuando tengas que hacer el tránsito, te conviene hacerlo suavemente, no dejarte llevar por apegos terrenales que aún tengas. Los budistas tibetanos creen que hay distintos *bardos,* estados intermedios entre la vida y la muerte. Lo ideal es que veas la luz pura y que asciendas a niveles superiores de conciencia. El problema es cuando los deseos no resueltos, las obsesiones y los resentimientos por dinero o posesiones, o bien hacia personas (incluido tu excónyuge o antiguo jefe, que parecen carecer de cualidades positivas) te impiden seguir adelante.

Estos desagradables apegos tienen un intenso magnetismo que puede hacer que tu alma se quede estancada en estados *bardo* de sufrimiento. Para algunos, la misma Tierra se considera un *bardo* de obsesión, con el infernal dolor emocional que nace de aferrarse a cualesquiera preocupaciones a las que estés atado. Estamos apegados (*samudhaya,* en sánscrito), y por eso sufrimos (*duhkha*). Ésa es la perspectiva del budismo tibetano. Como médico, al haber trabajado con tantas personas que han sufrido de formas tan diversas, conozco demasiado bien el coste de las obsesiones, el poder que tienen para generarte un infierno personal.


### Abandonar tus obsesiones:
### Ten cuidado con los fantasmas hambrientos

La rueda budista de la vida, que describe los seis ámbitos de existencia, incluye los fantasmas hambrientos, o *pretans,* situados entre el reino animal no humano y lo que se llama los ámbitos infernales del fuego y el hielo. Los budistas nos previenen de los fantasmas hambrientos: insaciables, criaturas atrofiadas que sufren los tormentos de la codicia, el abuso de poder y otras obsesiones poco saludables. Su hambre nunca puede saciarse, sin importar cuánto consuman.

Los fantasmas hambrientos no existen en otros ámbitos. Están dentro de nosotros, y también en las demás personas. Puesto que no me resulta extraña la experiencia del infierno de las obsesiones, me dedico a liberarme de esta trampa emocional, una humillante empresa que me ha hecho ponerme de rodillas en más de una ocasión. ¿Cómo podemos curar el fantasma hambriento que llevamos dentro? En primer lugar, con humildad. Las partes de nosotros que tienen hambre también tienen un poder increíble. Demandan respeto. En segundo lugar, debemos ser honestos, comenzar por aliviar estas cosas en nosotros mismos. La comprensión hacia nuestro propio vacío alimenta nuestra hambre y resulta de apoyo para la realización espiritual mediante la apertura de nuestros corazones.

El erudito budista Robert Thurman me contó una escena que tradujo de un *sutra*, un verso sagrado. Dijo: «Un *bodhisattva*[29] de compasión va al infierno y lo inunda de lágrimas, gracias a sus mil ojos, para apagar el achicharrante fuego al rojo vivo. Su brillante compasión saca del infierno a los seres que allí sufren». Nuestra compasión puede salvarnos a nosotros, y también a otras personas. Entregarse espiritualmente conlleva aceptar que los deseos obsesivos son inabarcables agujeros de necesidad que no pueden ofrecer la felicidad permanente. Ya seas un adicto al *crack* o estés enganchado al placer o al dinero (me encanta la descripción de Charles Dickens, del fantasma de Scrooge encadenado a su caja llena de dinero), la continua práctica espiritual del abandono de estos apegos puede liberarte ahora, aquí y en la otra vida.

## UN MANTRA PARA ABANDONAR ESPIRITUALMENTE TUS OBSESIONES

Para liberarte a ti mismo y a todos los fantasmas hambrientos del sufrimiento de los deseos obsesivos, recita esta plegaria de compasión: «Om mani padme hum».[30] Utiliza este mantra siempre que lo necesites. Además, quienes van

---

29. Ser que busca la iluminación por el bien de toda la humanidad. *(N. del T.)*
30. «La joya en el loto». Es uno de los mantras más conocidos del budismo. *(N. del T.)*

a morir pueden repetirlo para tener sensación de paz conforme se van. En la tradición budista, se dice que cada sílaba de cada una de sus palabras tiene el poder de enviar rayos de luz revitalizadores, para cualquier infierno en que estés inmerso, a fin de sacarte de él.

## El abandono espiritual de la aflicción

La aflicción es la entrega espiritual en acción: pena y sufrimiento profundos producidos por la pérdida y la muerte. Abandonas con valor los apegos cuando alguien o algo que amas –una relación, un trabajo, tu salud– ha desaparecido, o cuando tiene lugar la muerte física.

El amor es una entrega de alto riesgo. Cuando amas profundamente, te arriesgas a todo, incluido al dolor de la pérdida y la aflicción. Ninguna medida tomada a medias ennoblecería el corazón. Un paciente con una dedicada práctica espiritual me dijo: «He oído todas las teorías y las prácticas sobre la muerte, pero aún hay una profunda tristeza por tener que dejarme ir. Ése es el precio del amor».

Cuando estés afligido, te insto a permanecer abierto y valiente. No hay duda: la aflicción es dura. Sé lo brutalmente injusto que es perder a alguien. Entiendo por qué algunos de mis pacientes quieren cerrarse sobre sí mismos y protegerse de la aguda agonía de la pérdida, en lugar de abrirse a ella en vistas a su curación. Aun así, combatir la potente energía de la aflicción sólo conduce a la depresión, el dolor físico y otros síntomas, además de a una inquietante disociación de ti mismo y del resto de la vida. A diferencia de la fuerte inercia de la depresión, la aflicción tiene una trayectoria curativa que parece resolverse ella misma. Digo a mis pacientes y te digo también a ti: para curarte, debes entregarte a la aflicción, porque en última instancia te permite avanzar con un corazón más abierto.

*Fluir con las oleadas de aflicción: El duelo y sobrevivir a la pérdida*

Me siento atraída por la profundidad de las personas. La aflicción es una reacción ante una pérdida que puede convertirte en una persona más profunda. Es extraño, pero maravillosamente liberador, poder penetrar en ella en toda su intensidad. Para mí, *la aflicción es una forma de pasión*. Intenta fluir con ella, en lugar de intentar cambiarla, resistirte o librarte de ella. Tal como he aprendido por la experiencia de la muerte de mis queridos padres, la aflicción llega en forma de oleadas. Sufres, después te encuentras mejor, y luego surge una oleada de pena que te supera de nuevo. No se puede controlar ni acortar la aflicción. El dolor disminuye con el paso del tiempo, pero puede seguir apareciendo espontáneamente durante años, especialmente en los aniversarios de los fallecimientos. Siempre que aparezca la aflicción, es esencial darte permiso a ti mismo para llorar. Entregarte a las lágrimas de la aflicción, no reprimirlas limpia tu alma y acelera la curación.

En el ya clásico libro *On Death and Dying*,[31] de la psiquiatra Elisabeth Kübler-Ross, se describen las fases habituales de la aflicción. Negación: «Esto no puede estar ocurriendo». Enfado: «Me siento furioso por la pérdida». Negociación: «Prometo que seré mejor persona si me lo —o la— devuelves». Depresión: «¿Cómo voy a poder seguir adelante? ¿Por qué intentarlo? La vida es injusta». Aceptación: «Estoy roto, pero voy a intentar asumir la pérdida». Todos nosotros tenemos una disposición temporal distinta para estas fases. Y pueden tener lugar en un orden diferente. Nos entregamos cuando permitimos que nuestras emociones fluyan espontáneamente, mientras guardamos el duelo.

Estar de luto es una expresión saludable de la aflicción. Los rituales de duelo que preferimos los configura nuestra cultura, nuestra religión y nuestras creencias. En términos concretos, ¿cómo puedes guardar el duelo? Visitar la tumba de un ser querido en fechas especiales puede ser reconfortante. Asimismo, conservar un álbum de fotografías para recordar a la persona nos permite revivirla. En el judaísmo, la familia y los amigos guardan el *shiva* durante una semana. Se reúnen para rezar, traen comida y evocan recuerdos para ofrecer apoyo a los familiares cercanos. Quienes están de luto saben que no se encuentran solos durante este período tan difícil. El despertar irlandés es un período de regocijo por la vida de una persona querida, en el que se cuentan historias sobre ella, se

---

31. Edición en castellano: *Sobre la muerte y los moribundos*. Debolsillo, Barcelona, 2003. *(N. del T.)*

cantan canciones tradicionales y se lanzan lamentos, se bebe y se comparten comidas. En otras culturas, hay diferentes y en ocasiones dramáticas expresiones de luto, incluido el acto de romperse la propia ropa. Haz lo que para ti sea más reconfortante. La forma en que lleves el luto es algo personal. No hay una forma «correcta» de hacerlo.

Igual que muchos de nosotros, tal vez descubras que un aspecto doloroso de la aflicción es el hecho de abandonar el apego que sientes por la forma física de una persona querida: el aspecto que tenía, su olor, cómo era su voz o cómo la sentías en tus brazos. Aunque tengas una fuerte fe espiritual, puede ser un camino difícil y solitario. Lo más duro es que esa persona ya no puede relacionarse contigo mediante procedimientos que dependen de ti. No puedes hablar con ella por teléfono, recibir o darle un abrazo, ni hacer el amor; todo lo cual es extremadamente triste de afrontar. Aun así, para llegar a una conclusión, debes aceptar esta nueva realidad y conservar tus recuerdos como si fueran un tesoro. Conforme te vas adaptando más a haberte despedido de la versión física de esa persona, tu entrega espiritual permite abrir tu mente a modos distintos de contactar con el ser querido mediante la intuición, la meditación y los sueños. En la próxima sección te enseñaré cómo sentir cerca a tus seres queridos durante los momentos de silencio.

Recurrir al apoyo de otra persona querida te ayudará a curar y olvidar tu pena. Aunque tu aflicción sea algo privado, ponerte en plan estoico o aislarte puede conducirte a una depresión. Habla con amigos que te apoyen, con familiares, con un terapeuta o guía espiritual. Escribe un diario con tus sentimientos. No los reprimas. Clama al universo. Enfádate con Dios. Haz lo que necesites hacer. La ayuda a quienes están de luto es un gran servicio que las secciones de enfermos terminales de los hospitales prestan a las familias. El período que sigue a la pérdida de alguien puede convertirse en una montaña rusa de emociones, una adaptación tentativa que incluye problemas económicos y ayudar a los hijos a superarlo. El asesoramiento especializado en duelos proporciona una cariñosa atención y guía para ayudar a adaptarte a esta nueva realidad.

Entregarse espiritualmente a la aflicción y liberarte del apego físico a otras personas se facilita cultivando la humildad hacia la elegancia del ciclo de nacimiento-muerte. Incluso en plena terrible melancolía, es posible asombrarse ante la alquimia del cambio; una paradoja emocional que experimenté cuando mi madre estaba en coma y a punto de morir en el hospital. Sentarse ante el lecho de muerte de una madre es el acto más puro que se pueda imaginar. Al permanecer allí durante interminables horas, entré en trance ante la belleza de su cuerpo, sus bonitas manos, su vientre de color rosa claro subiendo y bajando con cada laboriosa respiración. Mirándola, vi el corte horizontal de la cesárea sobre su útero, y me vi a mí misma como un bebé recién nacido, saliendo de su interior hacia el mundo. Los ciclos se completan. Los roles padres-hijos se invierten. Igual que mamá había marcado mi inicio en esta vida, yo tuve el honor de acompañarla en su despedida. No podía haber consuelo ante su pérdida, pero los roles que desempeñamos la una por la otra, en el tiempo que pasamos juntas, parecían satisfactorios, ricos y completos.

La naturaleza nunca nos promete que nada en el mundo material dure para siempre. La gran rueda sigue girando. Lo que la naturaleza sí nos da es la bendición de los ciclos, el desarrollo y el misterio del cambio. Ciertamente, perder a un ser querido de noventa años que ha tenido toda una vida completa puede parecer más natural que sentir aflicción por una persona más joven, o un niño, que muere de repente a causa de un accidente, un acto violento o un cáncer mortal. Pero por muy destrozado que estés por la pérdida, el proceso de duelo es necesario si quieres sanar. No ofrecer resistencia, ni siquiera durante la desgarradora entrega de la pérdida, puede suponer un éxtasis insospechado de formas que podrían sorprenderte y ampliar tu experiencia del mundo.

### El sagrado lecho de muerte: Honrar los momentos finales del amor

La aflicción no es sólo para quienes sobreviven. Es también una entrega espiritualmente importante para quienes están muriendo. Cuando trabajo con pacientes terminales, les ayudo a abandonar sus cuerpos con ligereza, así como esta vida y todo lo que han conocido y amado. Les ayudo a ver que se están deshaciendo de una vieja identidad, en favor de otra, más luminosa. Es cierto, se trata de una tarea difícil, pero puede cumplirse a conciencia si la persona que va a hacer la transición se muestra abierta. ¿Cómo? Guío a mis pacientes para que encuentren la fe en un poder superior. Medito con ellos para que puedan vislumbrar la luz del otro lado. Les cojo la mano cuando sienten pena o cuando están muriendo, enviándoles energía, esperanza y fe para que puedan estar en paz, incluso sonriendo, mientras se van. Conforme los pacientes se encuentran más cerca de la muerte, su interés por la vida suele desvanecerse, como si preparasen su atención para lo que viene después. Cuando el moribundo puede sentir pena de forma adecuada durante las últimas pérdidas que deben afrontar, les queda menos equipaje por soltar para comenzar a volar.

Aun así, no todos los que están muriendo quieren tratar estas emociones, ni ninguna de las entregas a la aflicción que he mencionado. Algunos pacientes no temen irse, por lo que no se necesitan muchas palabras para prepararlos. En cierta ocasión, cuando trabajaba en una sección para enfermos terminales, había una superviviente del Holocausto que tenía cáncer de pulmón. Justo antes de morir, se sentó en la cama, pronunció la *shema* (una oración sagrada con la que promete su amor por Dios) en hebreo, se volvió a tumbar, cerró sus ojos y falleció. Sabía que había llegado el momento y efectuó una despedida extraordinariamente elegante.

Soy consciente de que la gente experimenta la aflicción y la muerte de formas muy distintas; algunos con más calma que otros. No es conveniente que importunes a tu padre o tu madre para que exprese sus emociones, o para «encontrar a Dios», si no es su estilo. Uno de mis pacientes, un fanático del deporte, sólo quiso ver un partido de los Lakers en sus momentos finales, y su mujer respetó sus deseos. Sin embargo, he visto a algunas personas amables y con buenos propósitos imponer expectativas ridículas a sus familiares moribundos. ¡Eso no resulta útil! Aunque la conciencia espiritual puede mejorar en gran medida el tránsito –y siempre se lo explico a los pacientes terminales–, que una persona descubra un poder superior es asunto suyo. Se lo encontrarán muy pronto.

*Seamos claros: si alguien está muriendo, ése es su propio momento. Es su lecho de muerte. No es el tuyo. Debes acatar las necesidades y deseos de esa persona.* Es tarea tuya ayudar a tu ser querido a que esté feliz y dejarle en paz. Aldous Huxley escribió: «Jovialmente, querida, jovialmente. Incluso en lo relativo a la muerte. Nada agotador ni de mal presagio… Sólo el hecho de morir y el hecho de la Luz Clara». A pesar de cómo cada persona decida resistir externamente, recuerda que la aflicción forma parte del proceso de morir. Al final, todos sabemos que tenemos que dejarnos ir. Otorgar reconocimiento a una persona es un signo de respeto.

Además, debes tener en cuenta que el momento en que tú o un ser querido vaya a morir escapa a tu control. Hace años, cuando mi compañera del alma, mi perra labrador Pipe, estaba muriendo (esperó hasta que me gradué en la Escuela de Medicina), llamé a mi madre desde el hospital de animales. Cruzó rápidamente toda la ciudad para reunirse conmigo. Al llegar, me vio sentada en la perrera, llorando, con Pipe en mis brazos. «Debes decirle adiós e irte –recomendó con delicadeza–. Pipe luchará por estar viva si te quedas». Sabía que mamá tenía razón. Mi amor estaba reteniendo a Pipe en esta vida. Agonizando como estaba, mi madre y yo nos fuimos a casa. Mi dulce perra murió poco después.

En un lecho de muerte, intenta abandonar todas las expectativas sobre cuándo tendrá lugar la muerte. Mi maestro de taoísmo cree que el momento de nuestra muerte está predestinado. Dice: «Puedes huir de la muerte, pero si estás destinado a irte, aunque viajes al confín de la Tierra, allí mismo te caerá encima un avión». El mismo sentido de predestinación es cierto en quien está presente, cuando somos nosotros los que vamos a morir. He sabido de algunos psicoterapeutas que han muerto en medio de una sesión con un paciente: ciertamente, todo un reto para que el paciente lo procese. O tal vez querías estar con tu hermana en el momento de su muerte y estuviste allí, adorándola por completo. Lo que deseabas estaba predestinado a ocurrir. Con frecuencia, he visto cómo un cónyuge abandona el lecho de muerte durante sólo unos minutos –para tomar una taza de café, para ir al baño–, y de repente su ser querido fallece. Si te ocurre esto, no es que hayas hecho algo mal. Debes confiar en el momento biológico del fallecimiento de una persona. Estar presente para una persona, de una manera tan profunda, es un testamento sagrado de la fuerza de tu corazón y tu devoción.

Un lecho de muerte sagrado es una experiencia extremadamente íntima. Debe arroparse con una burbuja de cariñosa protección para la persona que va a hacer el tránsito, y para que estén presentes los amigos y la familia. Lamentablemente, no todos honran su santidad. Recientemente, me sorprendí cuando recibí una llamada del productor de un *reality show* de televisión que preguntaba: «¿Puede usted recomendar a algún paciente moribundo que nos permita grabar sus últimos momentos, para instruir a millones de espectadores acerca de la muerte?». Fueran las motivaciones del productor altruistas o quisiera simplemente explotar al moribundo para elevar la audiencia, su afirmación de que «las cámaras no constituirán una molestia» demostró una audaz falta de respeto por la privacidad del lecho de muerte. ¿Un equipo de cámaras que no va a molestar? Venga ya. Con todo el aguante que pude reunir, rechacé participar en el programa. También le expliqué lo absurdo del comportamiento de un psiquiatra que puso en peligro la confianza que le tenía un paciente, y la confidencialidad de la terapia, al preguntarle si le gustaría que le filmara mientras moría. Aunque mi respuesta seguramente impresionó poco al productor, me siento contenta de decir que nunca he oído sobre un *reality show* de ese estilo en televisión.

Para que abandonar este mundo parezca un poco más seguro y menos caótico, resulta liberador (no macabro) visualizar tu muerte perfecta y poner en claro tus propósitos para el tránsito. Aclarar tus intenciones aporta claridad a la experiencia. Por ejemplo, el chamán Hank Wesselman me dijo que desea «una salida limpia». Dannion Brinkley, incansable defensor de los veteranos moribundos, dijo: «Quiero una muerte de la que no pueda regresar». Estoy de acuerdo con ambos hombres en preferir (si la decisión fuera mía) marcharme de este mundo de sufrimientos sin reencarnarme aquí de nuevo. Por mucho que desee estar viva, estoy deseosa de experimentar lugares de un amor superior. También me siento motivada por las siguientes respuestas de una miniencuesta que hice a amigos y pacientes cuando les pregunté por sus deseos en el momento de su muerte (*véase* a continuación).

Una amiga me contó una encantadora historia de la muerte de su abuela. Dijo: «Mi abuela nos anunció a todos, a los noventa y cinco años, que iba a acudir a la peluquería porque se marcharía esa misma noche. Mi padre la llamó la mañana siguiente, y mi abuela contestó al teléfono diciendo "¡Mierda! Todavía estoy aquí". Murió la noche siguiente, después de toda una vida con su sentido del humor intacto».

## ¿CÓMO ES TU MUERTE PERFECTA?

1. Saber que no armo mucho jaleo.
2. Rápida y sin dolor.
3. Contemplando el amanecer con mis seres queridos.
4. Morir durmiendo, al final de un masaje de tres horas (pero no será demasiado agradable para el masajista).
5. Cuando sea viejo y durmiéndome rápidamente.
6. Teniendo un orgasmo.
7. A causa del chocolate.
8. Rápidamente, a la hora de orinar por la mañana, sin que nadie me vea.
9. Rápidamente; sin prolongación de la vida, demencia, dolor ni fármacos.
10. Cogiendo la mano a mi pareja, o cogiéndomela ella a mí.
11. Estar completamente vivo, en un extático momento de dicha.
12. En una magnífica bola de fuego.

A día de hoy, mi muerte perfecta sería escribir durante el día, tomar un baño caliente, hacer el amor con mi pareja y después morir mientras duermo, en un sueño; en todo momento permaneciendo lúcida y disfrutando de mis últimos toques de sensualidad en todo. Natalie Goldberg, maestra de budismo y gurú escritora, habla sobre «escribir como práctica» en vida, y cómo se puede utilizar también la escritura como práctica hacia la muerte. Por última vez, me gustaría escribir como una mujer salvaje. Después dejaría que mi ser físico se fuera. Cuando llegue el momento, veremos lo que sucede en realidad. Pero, por ahora, mi perspectiva de la muerte me parece como el nirvana.

A fin de prepararte para esta entrega, ten en cuenta tus prioridades. Piensa qué escenario te atrae para morir. Tratar la muerte con ligereza en lugar de con temor resulta liberador. También aclara tu lugar en el universo con un amable sentido de realismo. Te animo a iniciar esta conversación sobre la muerte contigo mismo y con otros, para aliviar tu aflicción sobre el hecho de irte algún día. El siguiente ejercicio te ayudará a aceptar la muerte como parte de la vida, y te permitirá entregarte espiritualmente al viaje que tienes por delante.

## IMAGINA TU MUERTE PERFECTA: ABANDONA LA PENA, EL MIEDO Y LOS TABÚES

Pregúntate: «¿Cómo me gustaría morir? ¿Dónde estaría? ¿Con quién me gustaría, o no me gustaría, estar? ¿Me gustaría estar solo? ¿Cuál es el ambiente ideal? ¿Estaría despierto y consciente? ¿Dormido? ¿Me gustaría oír música? ¿Qué olores preferiría? ¿Qué hay sobre la iluminación? ¿Me gustaría marcharme rápidamente o más despacio?».

Imagínate los detalles de lo que sería más perfecto y reconfortante para ti. Anótalos en un diario, para tenerlos registrados. Asegúrate de informar a tus seres queridos sobre tus deseos, para que puedan llevarlos a cabo.

## ENTRÉGATE AL MISTERIO DE LA OTRA VIDA

Después de morir, ¿adónde vamos? ¿Hay otras dimensiones? ¿Sobrevive nuestra identidad? ¿Podemos estar seguros de la luz de la eternidad? ¿Cómo podemos dejar de preocuparnos y saber que estaremos bien? Te ofreceré datos científicos e intuitivos que respaldan la idea de que tu conciencia sobrevive en realidades no locales, más allá de nuestro mundo físico local.

Puesto que la palabra *muerte* ha quedado arruinada por muchas connotaciones siniestras, propongo eliminarla de nuestro vocabulario. Es más útil considerar a la muerte simplemente una extensión natural de la conciencia no local hacia ámbitos más atemporales. Nuestro ser no está limitado a vivir en California, Kansas o París, ni siquiera en este cuerpo o en este planeta. Piénsalo de esta manera: con la muerte, nos liberamos de un pequeño recubrimiento para aventurarnos en un cielo infinito, mucho más allá del mundo que conocemos. Se trate de una nueva dirección, o sólo una pausa antes de reencarnarnos aquí para proseguir el trabajo de nuestra alma en un cuerpo distinto (como creen los budistas y los cabalistas), siente las maravillas y las posibilidades de todo ello. No pienses demasiado en esto. Entregarte al misterio de una vida después de la muerte es cuestión de confiar en tu mente, tu corazón y tu intuición.

## Evidencias científicas de la supervivencia de la conciencia: Investigaciones de experiencias cercanas a la muerte

Con los extraordinarios nuevos avances en resucitación cardiopulmonar, que pueden revivir a pacientes después de paros cardíacos (la muerte clínica es reversible durante varias horas), numerosos supervivientes de todo el mundo han ofrecido relatos de experiencias cercanas a la muerte. De hecho, un increíble 4,2 por 100 de estadounidenses –más de 13 millones de personas– han informado de que han tenido una experiencia cercana a la muerte. ¿Quiénes? Supervivientes de crisis con riesgo para la vida, como un paro cardíaco en la mesa de operaciones, un derrame cerebral, un colapso debido a una hemorragia, así como ahogamientos casi mortales o accidentes de automóvil.

¿Qué es una experiencia cercana a la muerte? Tiene lugar cuando personas que han cruzado el umbral de la muerte han vuelto para informar sobre lo que allí se encontraron. Sus descripciones son sorprendentemente parecidas. A menudo, la gente ve una hermosa luz blanca, un túnel, y parientes y amigos fallecidos que se reúnen con ellos. Sienten un amor enorme, incluso euforia, seguridad y la sensación de estar en casa. A veces informan sobre la sensación de un fuerte impulso a seguir avanzando hacia la luz. Suele haber un sentido de hiperrealidad: los colores son más nítidos, los sonidos resuenan más, las emociones y los recuerdos son más intensos. Algunos vuelven a la vida después de oír: «Aún no ha llegado tu hora». Mientras tienen una experiencia cercana a la muerte, la gente recuerda cada detalle de sus vidas; no hay amnesia.

Además, muchos supervivientes informan de haber tenido dramáticas experiencias extracorporales en las que se situaban por encima de ellos mismos mirándose a sí mismos desde arriba. Ésa es la situación más común. Un paciente sufre un paro cardíaco, o se le para el corazón durante una operación. El equipo médico se apresura a administrarle la resucitación cardiopulmonar. Mientras tanto, el paciente observa todo esto tranquilamente desde varios metros por encima, viéndolo todo, escuchando nítidamente todas las conversaciones (verificado después en forma de datos precisos, cuando el paciente recupera la conciencia). El investigador de experiencias cercanas a la muerte, y médico, Pim van Lommel, me dijo: «Recuerdo un hombre de quien la enfermera de urgencias dijo que estaba cianótico [de color azul por ausencia de oxígeno], pero cuando revivió se acordaba de la enfermera que le había quitado las gafas y las había colocado en el carrito, mientras él estaba "muerto" y flotando fuera de su cuerpo. ¡Parece ser que a la misma enfermera casi le dio un infarto cuando le oyó contarlo!». Simultáneamente, durante las experiencias cercanas a la muerte, la gente experimenta un estado de gracia e iluminación. Suelen pasar por lo que los investigadores llaman una «revisión de sus vidas», en las que ven todo lo que han experimentado: cosas que lamentan y que tendrían que haber hecho de otro modo, y lo que hicieron con bondad y amor. Después, algunas personas desarrollan un nuevo tipo de curación y habilidades intuitivas.

Una experiencia cercana a la muerte suele ser algo que transforma, que proporciona ideas muy profundas sobre las vidas y las prioridades de los supervivientes (como por ejemplo expresar más amor). Los supervivientes ven que el amor es la fuerza que mantiene unido al mundo y que también nos conecta con el más allá. Y tal como le sucedió a Dannion Brinkley, quien tuvo una cuando fue alcanzado por un rayo, se dan cuenta de que no hay nada que temer. No es de extrañar que Dannion me dijera que no quiere reencarnarse en este mundo de nuevo una vez que su vida haya acabado. Puesto que los supervivientes de estas experiencias han visto que es evidente que existen fuera de sus cuerpos, desaparece su miedo a la muerte. Eso es lo que hace que estas experiencias cercanas a la muerte sean tan liberadoras.

Mi amigo Kheller tuvo una experiencia cercana a la muerte después de un accidente de motocicleta casi mortal cuando vivía en Bali. Experimentó la luz brillante y la sensación de que se recubría de amor. Me dijo: «Cuando recuperé la conciencia en un pequeño y primitivo hospital, me sentí contento y completo. Creí que me estaba muriendo, pero no sentía miedo. Un pequeño círculo de cariñosos amigos que también vivían en Bali se reunieron en torno a mi cama, y yo pensé sobre ellos: "Vosotros sois mis últimos momentos. Es una forma perfecta de marcharme". Aunque estoy agradecido por haber sobrevivido, la experiencia cercana a la muerte me transformó. Vislumbré, atónito, lo que Einstein llamaba "la emotiva belleza de lo eterno"».

En un artículo pionero publicado en la prestigiosa revista médica *Lancet*, Pim van Lommel explica que el fenómeno de las experiencias cercanas a la muerte es auténtico: que no puede atribuirse a la imaginación, al miedo a la muerte, alucinaciones, psicosis, efectos de drogas o deficiencia de oxígeno, como defienden algunos científicos. La mayoría de los pacientes quedan transformados de forma permanente y positiva por las experiencias cercanas a la muerte. Por eso, la perspectiva de la medicina convencional en relación con la conciencia y el cerebro debería ampliarse para entender de modo más exacto lo que sucede a estos pacientes.

Como médico, estoy interesada en lo que estas experiencias tienen en común. Durante mis talleres sobre intuición, experimento replicando estos descubrimientos. No obstante, para evitar dar pistas al grupo, al principio no revelo mis intenciones. Esto es lo que hago. Mediante un ejercicio, entreno a los participantes a conocer intuitivamente a otros con sólo sintonizar con un nombre. Elijo el nombre y lo repito en voz alta. Después pregunto al grupo que sintonicen con cualesquiera imágenes, ideas fugaces o sensaciones que les sugiera ese nombre. A continuación, proporciono información sobre la exactitud de sus intuiciones.

Me siento constantemente fascinada por lo que sucede cuando repito «Margaret», el nombre de una amiga. En todas las ocasiones, la gente empieza a compartir impresiones del estilo «Veo una luz blanca y brillante», «Parece el paraíso», «Me siento abrumado por tanto amor», «Tengo sensación de ligereza y euforia» y «Margaret estaba enferma, pero ya no lo está». Algunas personas llegan a decir que creen que ha fallecido. En realidad, mi amiga Margaret murió hace años, a la edad de ochenta años, por una enfermedad pulmonar que la debilitó. Puedes imaginar la intensidad que surge cuando el grupo descubre esto: que lo más probable es que estuvieran captando intuiciones del otro lado, tal vez incluso del cielo. Las descripciones que hace el grupo son sorprendentemente coherentes con las experiencias cercanas a la muerte más comunes. Sintonizar de esta forma –concentrarse en el nombre de alguien que ha fallecido y después observar lo que has captado intuitivamente– te permite mantener el contacto y captar cierto sentimiento sobre su bienestar.

Lo que indica todo esto es que nuestra conciencia, aquello que nos convierte en quienes somos, no muere sólo porque nos den por muertos. Max Planck, padre de la mecánica cuántica, dijo: «Considero a la materia un derivado de la conciencia…». Si tiene razón –que la materia (tú y yo) procede originalmente de la conciencia–, entonces tiene sentido que cuando nuestros cuerpos (materia) se hayan marchado, nos convirtamos en pura conciencia de nuevo. Espero que esto te ayude a estar seguro de que te encontrabas bien antes de llegar aquí y de que estarás bien después. Simplemente estás atravesando una metamorfosis que tiene lugar en toda vida consciente.

Como parte de tu entrega a la posibilidad de una vida después de la muerte, me gustaría que tuvieras en cuenta que tu conciencia tiene una enorme capacidad para existir de forma no local, independiente del espacio y del tiempo. Déjate absorber y contémplalo. Entender la enormidad de la perspectiva de tu espíritu y la versatilidad de tu conciencia te permitirá aproximarte a la muerte con menos aprensión.

### Comunicación después de la muerte: Médiums, tableros de güija, apariciones y sueños

En una historia reciente que apareció en la portada de la revista *Time*, «Rethinking Heaven»,[32] una encuesta Gallup reveló que el 85 por 100 de los estadounidenses creen en el cielo. ¿Qué es el cielo? ¿Es real? ¿Podemos nosotros conocerlo? En esta explicación sobre la comunicación después de la muerte, mi deseo no es convencerte de nada. Por el contrario, mi intención es ofrecer información. Después, tú podrás decidir por ti mismo de modo intuitivo.

Por el momento, ya sabes que yo tengo una profunda creencia en el espíritu y en la dulzura de la eternidad que todos nosotros tenemos por delante. Pero, en realidad, aceptarlo por ti mismo en una cuestión muy personal, y depende, al menos en parte, de en qué medida estés dispuesto a confiar en lo que sientes. No hay problema si no puedes entregarte por completo a la idea de una vida después de la muerte. No hay problema si quieres esperar un poco, o mucho, antes de extraer conclusiones. En este tema en particular, la mente analítica puede volverse loca intentan-

---

32. «Repensar el cielo». No hay versión en castellano. La portada a la que se refiere la autora de este libro puede verse en http://content.time.com/time/covers/0,16641,20120416,00. html, y el artículo puede leerse en http://www.odec.umd.edu/CD/RELIGION/%20 Meacham.pdf. *(N. del T.)*

do defender su versión materialista y limitada de la realidad. No fuerces nada, limítate a mostrar curiosidad. Sí, ha habido fraudes y charlatanería relacionados con la comunicación con la vida después de la muerte, que inducen a algunas personas a mostrarse recelosas, pero también hay parte de verdad en todo eso. Cuando puedas dejar que tu mente abra un simple resquicio hacia el tema, sin cinismo ni ponerse a la defensiva, entonces estarás invitando al misterio a que trabaje en tu favor, a que sea el compañero de tu propio despertar.

Desde los albores de la historia, los seres humanos han intentado entablar contacto con los muertos. Es un deseo primigenio el hecho de querer saber lo que les ocurre a los seres queridos, y a nosotros mismos, cuando termina nuestro tiempo en este mundo, especialmente cuando el momento del tránsito se aproxima. En las tradiciones de los norteamericanos nativos, los chamanes cumplen esta función como mensajeros entre los distintos mundos. En la antigua Grecia, personas de todo tipo, reyes incluidos, consultaban el oráculo de Delfos, un prestigioso adivino que proporcionaba consejos sobre todos los temas, desde amor hasta estrategias de guerra. En el Antiguo Testamento, se decía que la bruja de Endor había resucitado al espíritu del profeta Samuel, para que el rey hebreo Saúl pudiera consultar a su antiguo tutor acerca de un plan de batalla. Y, por supuesto, Jesús tenía el don de amar con la suficiente intensidad como para resucitar a los muertos, una profundidad de amor a la que yo rezo.

Sin embargo, la práctica de los médiums mediante sesiones espiritistas no se hizo popular en los Estados Unidos y Europa hasta la llegada del espiritismo, a mediados del siglo XIX. Médiums como Helena Blavatsky y otras personas que los apoyaban –como Arthur Conan Doyle, autor de las historias de Sherlock Holmes– ayudaron a dar credibilidad al espiritismo. Se celebraron sesiones espiritistas incluso en la Casa Blanca y en palacios reales. Actualmente, en el Reino Unido hay muchos médiums, quienes continúan la tradición del espiritismo.

¿Cuál es la función de los médiums? Los creyentes piensan que son un canal abierto que transmite mensajes procedentes del otro lado, intermediarios que conectan el espíritu de un individuo que ha fallecido con quienes aún estamos en este mundo. En términos de conciencia no local, se cree que los médiums llegan con su conciencia más allá del tiempo lineal, y que acceden a otros niveles de información. Si un médium solamente capta datos intuitivos sobre seres amados, o si de verdad se comunica con ellos, es un debate aún no resuelto entre los investigadores de la conciencia. Sin embargo, desde un punto de vista terapéutico, el gran valor potencial de los médiums es que pueden transmitirnos que los seres queridos que han fallecido están bien, y que no hay nada de lo que preocuparse. Se trata de una contribución útil al proceso de duelo que ayuda a los afligidos a encontrar consuelo y a estar en paz. Además, quizás por primera vez, asimilar que la vida después de la muerte es posible puede resultar increíblemente consolador para los familiares del fallecido. Pero ¿nos dice el médium sólo lo que queremos oír? ¿Son esos mensajes simplemente «cumplimientos de deseos», como afirman los freudianos estrictos? Ahí es donde tu intuición entra en juego. En este ámbito, no importa la opinión de ninguna otra persona. Lo más importante es que tú debes evaluar la autenticidad de los mensajes de los médiums confiando en tus impresiones intuitivas, en tus instintos más profundos, además de por cómo resuena la experiencia en tu interior.

A lo largo de los años, he tenido varias sesiones muy productivas con médiums. En el Reino Unido, acudí a una mujer puritana y formal, de unos sesenta años, que me contó importantes verdades sobre un antiguo colega con quien yo había tenido un problema y que me proporcionó ideas sobre relaciones actuales que necesitaba aclarar. También me hizo reír cuando me dijo: «¡Tienes más amigos en el otro lado que en éste!». Yo sabía exactamente a qué se refería. Me siento dichosa por tener amigos muy cariñosos, pero siempre he sabido que tengo un grupo mucho mayor en el otro lado. ¿Cómo sabía yo que ella no se limitaba a inventarse esas cosas? Si una persona –un amigo, un médium, quien sea– me dice algo, puedo sentir intuitivamente si es verdad. El músico Quincy Jones me dijo sobre su propia intuición: «¡Siento la piel de gallina!». Yo también. He llegado a un punto en que confío en mi intuición. Me entrego a ella. Hacerlo me ha servido durante mucho tiempo.

Puesto que tengo un tremendo respeto por el poder de la comunicación no local con el otro lado, te animo a que seas sensato con este asunto. He visto a algunas personas meterse en problemas «jugando» con tableros de güija. No se trata de un juego. Cuando dos personas ponen sus manos en el indicador (que deletrea el mensaje) e invocan a los espíritus para que les ofrezcan mensajes, no tienen ni idea de quién contestará, ni de la calidad de los consejos que recibirán. He tenido algunos pacientes que se han sentido aterrorizados por declaraciones horriblemente erróneas que les ha indicado el tablero de güija, como por ejemplo «Tu mujer te está engañando» o «Pronto te pondrás muy enfermo». Por eso te recomiendo mantenerte alejado de los tableros de güija y confiar en tu propia intuición o en algún consejero intuitivo al que recurras.

## Abriéndote a apariciones y sueños

¿Has soñado alguna vez con un ser querido que ha fallecido? Un aspecto intrigante de entregarse a la conciencia no local y a la posibilidad de una vida después de la muerte consiste en mostrarse receptivo a que nuestros seres queridos se comuniquen con nosotros en apariciones y sueños. Que esas personas no se comuniquen con nosotros de un modo convencional no significa que no puedan hacerlo de otras maneras. De nuevo, tu cerebro analítico puede creer que esto es algo extravagante, pero para tu intuición no hay nada sobrenatural en ello. Una vez que te hagas a la idea, ese tipo de comunicación puede parecer totalmente natural, e incluso estimulante.

¿Qué es una aparición? Es una visión procedente del otro lado. Considérala una visita de un amigo como cualquier otro, pero el visitante no es como tú o yo. Es la misma persona que conocías, pero en su versión como energía pura. Hablando en términos prácticos, para el propósito de interaccionar, no importa si estos visitantes están en sus cuerpos o no. Serás capaz de comunicarte de una forma amable, aunque más limitada. Una aparición puede tener lugar cuando estás despierto, en una especie de visión; en forma de sensación de la presencia de una persona; como una especie de olor, un roce, una voz, una canción; o bien en un sueño. Aunque la mayoría de nosotros no estamos acostumbrados a ese tipo de intensos contactos con otras realidades, no tienes por qué tener miedo. A lo largo de mis años de práctica médica, muchos pacientes me han relatado apariciones reconfortantes que han tenido de familiares, amigos y animales de compañía que han muerto. Lo más interesante es que estas apariciones tuvieron lugar independientemente de si mis pacientes creían o no previamente en este tipo de cosas.

Normalmente, en una aparición, un ser querido se muestra en la flor de su vida. Ya no está sufriendo. Habitualmente, quienes han fallecido desean asegurarte que se encuentran bien. Después de la reciente muerte del marido de una paciente, un orgulloso antiguo oficial del cuerpo de los Marines, ella me dijo: «Mientras estaba fregando los platos, Joe de repente apareció de forma que le pude ver por el rabillo del ojo. Tenía uniforme y me saludó, sonriendo y resplandeciendo de salud. Fue muy curativo para mí ver que tenía un aspecto tan maravilloso».

A menudo, las apariciones tienen lugar en el preciso momento de la muerte de alguien. Pueden variar entre suaves y conmovedoras hasta extremadamente dramáticas. A continuación cuento algunos ejemplos. En el momento en que murió el hermano de una paciente, ella estaba sentada en su salón y escuchó la guitarra de su hermano, que estaba apoyada contra la pared, y de repente tocó varios acordes de su canción favorita de Willie Nelson, *On the Road.* Ella se sorprendió, como es natural, pero después, cuando supo la hora de su muerte, no pudo sino sonreír: la canción era un perfecto preámbulo a su camino por la gran carretera que tenía por delante.[33] El reloj del abuelo de otra paciente, un recuerdo de familia, se detuvo en el mismo minuto en que murió su abuelo. Otra olió el aroma del perfume de su mejor amiga. Una paciente estaba vigilando a su hija de cinco años, y ésta le dijo: «La abuela está aquí, haciéndome cosquillas». Mi paciente contestó: «¿Dónde, mi amor?». Su hija señaló y después insistió en que estaba allí, al lado de la cama. Otro paciente sufrió la fuerza de un rayo contra su casa en el momento en que murió su inquieta suegra. Cuando mi tía falleció, sentí que me tocaba la mejilla mientras yo me quedaba dormida. Cuando un antiguo novio murió, sentí que venía a coger mi mano dulcemente.

De igual modo, a lo largo de los siglos, numerosas personas a punto de morir —astronautas, exploradores de los polos, pilotos, buceadores— han sentido amables presencias que les guiaron hasta lugar seguro. Este tipo de aparición se llama el «factor del tercer hombre».[34] Por ejemplo,

---

33. Haciendo referencia al título de la canción: «En la carretera» («On the road»). *(N. del T.)*
34. En inglés, «the third-man factor». Se trata de un concepto popularizado por John G. Geiger, mediante un libro que tiene ese título. Edición en castellano: *El tercer hombre: sobrevivir a lo imposible.* Ariel, Barcelona, 2009. *(N. del T.)*

Charles Lindberg, en su histórico vuelo trasatlántico, describió presencias que le tranquilizaron y le ofrecieron detalles sobre cómo volar para evitar peligros. También está la sorprendente historia de un superviviente del atentado del 11 de septiembre de 2001, un hombre de negocios que quedó casi inconsciente en un hueco de escalera lleno de humo, y que oyó cómo una invisible aparición le decía: «Levántate. Puedes hacerlo», y después notó que la presencia le levantaba literalmente, para que pudiera escapar del peligro. T. S. Eliot escribió en *La tierra baldía:*[35] «¿Quién es el tercero que camina siempre a tu lado? / Cuando yo cuento, sólo estamos tú y yo juntos. / Pero cuando miro hacia adelante, al camino blanco / siempre hay otro caminando a tu lado».

Se ha afirmado que la experiencia de estar próximo a la muerte puede desencadenar un «interruptor guardián» del cerebro que te lleva a un estado místico durante una situación de emergencia. Si sólo pocas personas hubieran experimentado el factor del tercer hombre, podría considerarse una alucinación generada por el estrés. Pero ayudados por esas apariciones, todos han escapado de situaciones difíciles, y pudieron salir del peligro para después contar historias sorprendentemente parecidas.

A veces, las apariciones pueden tener lugar en sueños. Soñar parece ser un lugar más propicio para que la persona fallecida entable contacto. Personas de todo el mundo me han hablado sobre seres queridos que se les han aparecido en sueños. Un estudiante de instituto dijo: «Soñé que me llamaban para ser capellán en el funeral de mi mejor amiga. Al día siguiente, supimos que había muerto en accidente de automóvil». De igual modo, ha habido seres queridos que se han aparecido en los sueños de mis pacientes, y en los míos propios, contándonos a los que aún estamos aquí que ellos están bien y que nos quieren; o para transmitir mensajes concretos que van desde lo más práctico hasta lo cósmico. Por ejemplo, la hermana muerta de una paciente llegó hasta ella en un sueño y le comunicó: «Cuida siempre de Philip», su hermano que tenía esquizofrenia.

---

35. Título original: *The Waste Land*. Edición en castellano de Ediciones Cátedra, Madrid, 2005. T. S. Eliot fue quien inauguró el concepto de esa tercera persona que camina al lado de alguien en este libro publicado en 1922. No obstante, se inspiró en las difíciles experiencias de sir Ernest Shackleton, explorador polar, en las islas Georgia del Sur, cercanas a la Antártida, que a su vez narró en su obra *South: The story of Shackleton's last expedition 1914-1917. (N. del T.)*

Y cuando yo soñé con mi madre, poco después de que ella muriera, me indicó: «Debes estar agradecida porque tu vida está llena de pasión». Escuché la sabiduría de mi madre y di por hecho, de forma extraña, la dicha que me produce mi pasión. Comunicarse con seres queridos que han fallecido no es algo que sólo puedan hacer los médiums. Tu amor es lo suficientemente fuerte para cruzar esos límites, para ser escuchado por compañeros que no están tan lejos como tú crees. Para experimentarlo, practica el siguiente ejercicio todos los días, durante una semana, hasta que te sientas cómodo con él. Registra tus impresiones en un diario.

### ENTRÉGATE AL AMOR ETERNO: SIENTE A TUS SERES QUERIDOS QUE ESTÁN EN EL OTRO LADO

Durante un momento de silencio, cierra los ojos. En un estado de relajación, concentra tu amor en quien haya fallecido. Olvida la idea de que hay un «aquí» y un «allí». No te preocupes por si la comunicación es posible o no. Limítate a sentarte y a estar presente en amor, fe y felicidad en torno al vínculo que os une. Invita interiormente a la otra persona a aproximarse. Con el corazón puro, dile que quieres sentirla, oírla o verla. Permanece abierto sin pretensiones ni expectativas. Después observa cualquier intuición que recibas en ese momento, más tarde o en sueños. ¿Sientes un leve movimiento o una ligera brisa? ¿Sientes que la persona está cerca? ¿Tienes una imagen vívida, un recuerdo olvidado hace mucho o escuchas alguna voz? ¿Estás sintiendo una emoción? Deja que las lágrimas, las risas u otros sentimientos fluyan. Esto te ayudará a recibir los mensajes de esa persona, sutiles o directos. No pidas a otros que te confirmen si son reales. Simplemente sabes lo que sabes por haber apreciado el vínculo que nos conecta a todos de forma invisible. Acepta cualquier signo de comunicación como una señal de bondad que procede del acto de entregarte humildemente al misterio.

## LA EXCELENCIA DE LA CONCLUSIÓN

Entregarse al misterio de la vida más allá de la muerte utilizando el ejercicio que he descrito y otras estrategias que he ofrecido puede ayudarte a encontrar una conclusión saludable después de una pérdida. Llegar a una conclusión conlleva darnos cuenta de que algo ha finalizado, que ha habido una aceptación de «así sea», por muy doloroso que resulte empezar a liberarte del apego físico hacia alguien. La conclusión te da una sensación de completitud, o al menos la sensación de saber que la relación ha llegado tan lejos como estaba predestinada a llegar. Te beneficias de la conclusión obteniendo más paz. Quienes han fallecido se benefician porque no los ata ningún asunto sin terminar, así que pueden seguir su camino tranquilamente. Para hacer honor a su viaje, y al tuyo propio, reflexiona sobre esta plegaria japonesa de consuelo y entrega:

> *Igual que el día de mi nacimiento,*
> *igual que el día de mi muerte*
> *es este día: el comienzo de un viaje.*

La conclusión señala el final de un período de una relación, pero no el final del amor. Aún está por ver que os volváis a encontrar de nuevo, en otro lugar o en otro tiempo. No obstante, de momento, la conclusión te permite entregarte a vivir por completo encarnado en el presente, en lugar de quedar arruinado por el pasado o por lo que has perdido. El poeta John O'Donohue escribió: «Cuando hayas llegado todo lo lejos que puedes llegar, espera tranquilamente tu siguiente comienzo». La conclusión te permite entregarte al futuro con fe y con el corazón abierto.

Hay fuerzas encantadoras y comprensivas que operan en el universo, si te permites abrirte a ellas. Hay manos invisibles trabajando –puedes llamarlas ángeles si quieres– que nos protegen a todos nosotros. Cuando tus seres queridos mueren, pueden convertirse en los ángeles que te protegen. Miguel Ángel dijo en cierta ocasión: «Vi el ángel en el mármol y lo esculpí hasta que le liberé». Por supuesto, no hay ningún método irrefutable para demostrar la existencia o no existencia de los pormenores del otro lado. Sin embargo, el gran poder que posees es el conocimiento que te proporciona tu intuición, más claro que el agua. Es mi deseo que puedas hacer honor a tu intuición cada vez más, y que celebres las explosiones de revelación que ofrece sobre los misterios. Una y otra vez, tu entrega conllevará la profundización del compromiso con aquello en lo que quieras confiar, seguir sus dictados y obtener consuelo gracias a ello.

El tremendo reto y la gran promesa de este libro, desde aceptar la muerte hasta triunfar en los negocios, pasando por el hecho de enamorarte, es dejarte catapultar más allá de lo ordinario para visualizar toda la existencia en términos de lo extraordinario. Los ciclos de luz –mortalidad e inmortalidad– forman parte de la sorprendente aventura de la entrega. Este camino del despertar a la totalidad está abierto a cualquiera que desee seguirlo. Toda experiencia por la que pasas –buena, mala o indiferente– puede ofrecer una enseñanza que enriquece la sagrada práctica de la entrega. El ingenio de la vida, la torpeza, la gracia, el desorden, la duda y la claridad son parte integral de esta danza. Respira profundamente con todo ello. Sigue entregándote mediante el placer y el dolor. Sigue liberando lo que te reprima, mientras sumerges tu cuerpo y tu alma en los ritmos cósmicos.

La vida es permeable y está en continuo cambio. No puedes hacerlo todo bien. No puedes hacerlo todo mal. Relájate: la imperfección forma parte de la belleza que persigues. Déjate llevar por las apasionadas perfección e imperfección de todo. Sólo tienes un imperativo: vive cada momento con el corazón más abierto y generoso que puedas tener, con la mayor cantidad de magia y fe que puedas reunir. Después esparce toda esa dicha que altera el corazón en torno a ti.

Sentirás alivio cuando puedas darte cuenta de que estamos muriendo en todo momento, y renaciendo una y otra vez en nuestras propias vidas, en los paraísos y los infiernos que forman nuestra exquisita experiencia humana. Fluir con las diversas –a veces contradictorios– facetas de ti mismo es tentador y sorprendente. No huyas de los cambios. Capéalos. Afronta el poder con tu poder. Constantemente, en la naturaleza, van emparejadas las sincronicidades del nacimiento y la muerte: tu abuela muere, tu hija nace; una relación se rompe, un nuevo amor se encuentra; el día y la noche se unen el uno con el otro, con el amanecer y el ocaso del sol.

Espero que la entrega sea tu plegaria a la totalidad que te reconforte en tu interminable camino de descubrimiento. De lo que estoy segura es de que si deseas entregarte, si deseas ser libre, todo en el universo contribuirá a ayudarte. Entonces estarás más vivo, serás más experimental, más interesante. Ríes. Lloras. Eres viejo. Eres joven. Eres inocente. Eres experto. Estás cantando a la eternidad. Estás cayendo hacia arriba, extáticamente hacia el cielo.

Estoy llena de optimismo por todos nosotros. Ha llegado tu momento. Nuestro momento ha llegado. Cuando la entrega sea una de tus prioridades, estarás listo para disfrutar de una vida más abundante y con menos miedo. Lo que has aprendido en este libro sobre abandonar el miedo y abrazar el éxtasis en constante crecimiento te mantendrá en sintonía con el latido de tu vida y con tu vitalidad. Tiende siempre hacia el interior de tu corazón. No reprimas la bondad ni la pasión. Valórate a ti mismo y a todos los demás. Nuestra esperanza, la esperanza de este planeta y de la evolución humana, nace de nuestra dedicación a entregarnos a la unidad y a la radiante fuerza vital del amor.

---

### AFIRMACIÓN DE ENTREGA EN ELOGIO AL MISTERIO

*Yo soy uno con mi cuerpo. Yo soy uno con la Tierra. Yo soy uno con el cielo. Yo no soy sólo mi cuerpo. Yo no soy sólo esta Tierra. Me entrego a la grandeza del espíritu, a la infinidad del amor, al éxtasis de lo inesperado y a la abundancia de felicidad que merezco. Me entrego al amor por todas las cosas de nuestro tiempo y del más allá.*

---

*Quinta parte*

# ACOGER EL ÉXTASIS
· · · · · · · · · · · · · · · · · · · · · · ·

*¡Es tanta la alegría!*

EMILY DICKINSON

# LA ENTREGA FINAL

## *Celebrar la bendición de la alegría*

La entrega es el elemento inesperado y poco común que te permite sentir la bendición de la alegría. Ésta nace del abandono del miedo y después darte permiso para experimentar el milagro diario de ser feliz. Llegarás a descubrir que la alegría es tanto un hábito como un don. Se hace más y más accesible una vez que eres consciente de que eres tú quien controla tu propia dicha. Los eventos externos pueden causarla: la música de la risa de tu hijo, tu éxito en tu trabajo, el cielo resplandeciente de color escarlata, tu ser querido mostrándote su respeto y su afecto. Aun así, con todo lo hermoso que esto pueda ser, la alegría es un ofrecimiento que en última instancia debes aceptar o rechazar. Sólo tú decides en qué medida quieres entregarte a ella. Tú eres el único que puede permitir que la alegría entre en ti y que te cure.

Ser alegre es una valiente decisión que hace que el camino de tu entrega sea vital y apasionante. Después, tu espíritu aventurero te conducirá a la tierra prometida del amor. A lo largo del camino, escucharás toneladas de argumentos «convincentes» dirigidos a perpetuar las visiones del mundo frías y basadas en el miedo. Utiliza tu intuición y tu sentido común para ver a través de todas ellas. Entrégate sólo a los principios, emociones y acciones que intuitivamente sientas que son buenos y correctos. Acogiendo conscientemente la alegría –que puede llegar a ser deliciosamente adictiva– estarás declarando: «Ésta es la persona que quiero ser y que puedo ser». Se trata de una decisión increíblemente sagaz contra el miedo. La alegría no es una cosa ingenua. Optando por ser feliz, consciente y libre, te vuelves poderoso.

Por supuesto, la vida es fluida: nadie está alegre en todo momento. Pero, cuanto más te acostumbres al sentimiento, más alegre serás. En cuanto a esas personas que te encontrarás, que quieren apagar tu alegría porque ésta amenaza su frágil sentido del ego, limítate a sonreírles, reza por su felicidad si puedes, pero deja que sigan con su enfermedad. Continúa agradeciendo cada instante de alegría con el que te ves bendecido.

Entregarte a la alegría te ayudará a hacer realidad tus sueños. Por ejemplo, digo a mis pacientes que una forma eficaz de atraer un empleo creativo o una pareja fiel consiste en permitirte experimentar la alegría de haberlo logrado. Imagina ese futuro como si fuera una realidad absoluta. Siéntete feliz haciendo el trabajo que deseas, o en los brazos de alguien por quien sientas pasión. Experimentando ese resultado como si ya fuese tuyo, estarás manifestando un objetivo y dirigiendo el poder de la alegría.

La entrega es totalmente necesaria para despertar no sólo a nivel personal, sino también a escala global. Las revoluciones prosperan sólo si los revolucionarios hacen el trabajo interior necesario. Los héroes también necesitan sanación. Para todos nosotros, el procedimiento para entregarnos a la alegría consiste en abandonar nuestro miedo. La forma de abandonar el miedo es aceptar nuestro corazón. La forma de abandonar la guerra es resolver todos los aspectos dolorosos, vergonzosos y beligerantes de nosotros mismos a fin de encontrar la paz. Piensa en esto: ¿qué sucedería si no quedara ningún enemigo por derrotar? ¿Qué sucedería si todo lo que tuviéramos fuera el uno al otro y la necesidad de prosperar, de cerrar el círculo y de entregarnos a la alegría de nuestra comunidad global? El activista social Howard Zinn dijo: «No puedes permanecer neutral dentro de un tren que no se detiene». Por tanto, toma posiciones. ¿Por qué está mal acabar con nuestros bosques y contaminar nuestros océanos? ¿Por qué está mal olvidar nuestra unidad con la madre Tierra? Es un gran sacrilegio, una deshonra hacia la naturaleza y hacia la vida. No esperes que venga algún líder para liberarte. Libérate tú mismo con tu actitud y tus decisiones, una y otra vez.

Los cambios colectivos tienen lugar cuando una masa crítica de personas modifican su conciencia sobre cómo quieren vivir. Te recomiendo que elijas la alegría, no el odio; que elijas la colaboración y la tolerancia, no la alienación ni el prejuicio. Creo que la compasión es tan poderosa que incluso puede arreglar los sistemas sociales que se han venido abajo e impulsarnos a curar nuestra Tierra. Cuando estamos al servicio del amor, no podemos equivocarnos. El Dalái Lama dijo: «Si queremos salvar el mundo, debemos tener un plan, pero a menos que meditemos, ningún plan funcionará». Con esto entiendo que el cambio no consiste sólo en pronunciar bonitas palabras o en tener propósitos altruistas. Nuestra vida interior debe reflejar auténticamente el cambio que queremos ver. Más allá de los buenos consejos, más allá de la retórica y las ideas sobre cómo mejorar el mundo, una masa crítica de personas debe entregarse a nuestra capacidad de tener compasión y una acción decidida. Eso conlleva una alegría sin fin y una precisa lealtad a la bondad intrínseca de la humanidad.

Para este fin, ofrezco esta plegaria de amor por nuestro planeta:

*Benditas sean todas las criaturas de la Tierra, luminosas, oscuras o bata- lladoras. Benditos sean todos los brillantes seres que hay dentro y en torno a nosotros. El amor es lo suficientemente grande para acogernos a todos nosotros. La alegría es expansiva sin límites, y no deja a nadie fuera. Deseo que nuestra entrega, nuestra dicha, nazcan de amarnos a nosotros mismos, los unos a los otros, y a la Tierra.*

Cuando termines de leer este libro, date permiso para disfrutar de la luminiscencia de lo que has aprendido sobre el acto de la entrega. Revisa lo que más ha resonado en tu interior. Conforme se desarrolle tu vida, sigue acudiendo a esos temas que tienen para ti más sentido. Asimila lentamente los beneficios de practicar el arte de la entrega. De los campeones de todos los ámbitos se dice que se toman el tiempo necesario. La entrega es el paradigma de la tranquilidad. Consiste en tomarse el tiempo necesario para investigar cualquier situación de forma inteligente e intuitiva. Consiste en absorber la alegría no sólo esporádicamente, sino durante períodos cada vez más prolongados, mientras persigues lo que permanece sin descubrir y sin explorar. Cada día, entrégate al éxtasis de las pequeñas cosas; un jugoso melocotón, un cariñoso beso, una palabra amable. Eso permitirá cultivar la sagrada práctica de tu felicidad, tu serenidad, el continuo milagro de sentirse tan bien.

Al llegar al final de este libro me siento tanto estimulada como reticente a dejarlo salir al mundo desde mi casa de los canales de Venice, California. Cuando comencé este sagrado camino, hace cuatro años, ansié experimentar la entrega más que ninguna otra cosa. Ahora, cuando estoy acabando de escribirlo, me doy cuenta de lo generoso que ha sido para mí este libro, en qué medida me he tranquilizado y he aprendido a dejarme llevar. Me encuentro en medio de una transformación radical; una gran plenitud por la que me siento profundamente agradecida. Y no obstante deseo entregarme aún más a medida que prosiga este camino espiritual. Sin duda, la vida me ofrecerá esa oportunidad.

Nuestra alegre tarea consiste en vivir bien, ser modelos positivos para todo lo mejor que podamos conseguir, aunque creamos que nos vamos a quedar cortos. A veces me siento muy joven, jugando maravillada con todo lo que se me pone delante. Date permiso tú también para jugar con las maravillas. Celebra tu alegría, tu valor y todas tus entregas conforme se te presenten. Te volverás más fuerte cada día. Cree en ti mismo tanto como yo creo en ti. Después, juntos, sembremos el mundo de esperanza. Atrevámonos a entregarnos a cualquier cosa que se interponga entre nosotros y nuestra alegría.

# LECTURAS SELECCIONADAS

Csikszentmihalyi, M.: *Flow: The Psychology of Optimal Experience*. Harper Perennial Modern Classics, 2008.

Dalái Lama. *The Art of Happiness: A Handbook for Living*. Riverhead Books, 1999. (Trad. cast.: *El arte de la felicidad*. Grijalbo, Barcelona, 1999).

Dass, R.: *Be Here Now*. Crown Publishing, 1971. (Trad. cast.: *Aquí todavía*. Kairós, Barcelona, 2002).

—: *Still Here: Embracing Aging, Changing, and Dying*. Riverhead Books, 2001.

Geiger, J.: *The Third Man Factor: Surviving the Impossible*. Weinstein Books, 2009. (Trad. cast.: *El tercer hombre: sobrevivir a lo imposible*. Ariel, Barcelona, 2009).

Greene, R.: *The 48 Laws of Power*. Penguin Books, 2000. (Trad. cast.: *Las 48 leyes del poder*. Espasa-Calpe, Madrid, 1999).

Hermano Lawrence. *The Practice of the Presence of God and Spiritual Maxims*. Dover Press, 2005.

Ingerman, S. y Wesselman, H.: *Awakening to the Spirit World: The Shamanic Path of Direct Revelation*. Sounds True, 2010.

Kabat-Zinn, J.: *Mindfulness for Beginners: Reclaiming the Present Moment and Your Life*. Sound True, 2011. (Trad. cast.: *Mindfulness para principiantes*. Kairós, Barcelona, 2013).

Muir, Ch. y C.: *Tantra: The Art of Conscious Loving*. Baby Book, 1989. (Trad. cast.: *Tantra: el arte del amor consciente*. Oasis, Barcelona, 1991).

Roche, L.: *The Radiance Sutras: 112 Getaways to the Yoga of Wonder and Delight*. Sounds True, 2014.

Rosenberg, M.: *Nonviolent Communications: A Language of Life*. Puddle Dance Press, 2003.

SOMERS, S.: *Bombshell: Explosive Medical Secrets That Will Redefine Aging.* Crown Archetype, 2012.

TODESCHI, K.: *Edgar Cayce on Soul Mates: Unlocking the Dynamics of Soul Attraction.* A.R.E. Press, 1999.

TOLLE, E.: *The Power of Now.* New World Library, 1999. (Trad. cast.: *El poder del ahora: un camino hacia la realización.* Gaia, Móstoles, 2007).

# AGRADECIMIENTOS

Estoy agradecida a las numerosas personas que han dado su apoyo a mi trabajo y a mi espíritu:

Richard Pine, agente literario y artífice de mi obra; Shaye Areheart, mi compañero editor, con quien he disfrutado editando capítulos sobre una mesa de merienda, junto a un faro, en el norte del estado de Nueva York; Gary Jansen, compañero de la editorial, que ha tenido una paciencia y una devoción sin fin, y quien me recuerda que debo bailar bajo la luna llena; Susan Golant y Thomas Farber, magos de la palabra que me ayudaron a definir este libro; Berenice Glass, mi mejor amiga, que ha estado conmigo en los buenos y en los malos momentos; y Rhonda Bryant, mi angélica ayudante, que es mi chamana, comunicadora social y amiga.

Mi profunda gratitud por el espectacular equipo de Harmony Books: Tina Constable, Mauro DiPreta, Meredith McGinnis, Tammy Blake, Lauren Cook, Linda Kaplan, Karin Schulze, Amanda O'Connor, Jessica Morphew, Cindy Berman y Wade Lucas.

Muestro también mi aprecio a mis amigos y mi familia, mis valiosos *anam cara:* Ron Alexander, Barbara Baird, Barbara Biziou, Dannion Brinkley, Reverenda Laurie Sue Brockway, Ann Buck, Roma Downey, Lily Dulan, Felice Dunas, Corey Folsom, Stephen Gaghan, Michael y Stephanie García, Sandra Ingerman, Amy Iverson-Adams, Pamela Kaplan, Cathy Lewis, Camille Maurine y Lorin Roche, Mignon McCarthy, Meg McLaughlin, Richard Metzner, Liz Olson, Dean Orloff, Charlotte Reznick, Robert Rosen, Al Saenz, Stephan Schwartz, Rabbin Don Singer, Leong Tan, Josh Touber, Roy Tuckman, Mary Williams, y, por último, mis padres, Maxine Ostrum-Orloff y Theodore Orloff, que están aún conmigo, aunque ahora se encuentren en el otro lado.

Además, debo mucho a mis pacientes y a los participantes en mis talleres, quienes siguen siendo mis maestros. He modificado sus nombres y rasgos personales para proteger su privacidad.

# ÍNDICE ANALÍTICO

# ÍNDICE

#### Cuarta parte
## MORTALIDAD E INMORTALIDAD: CICLOS LUMINOSOS

#### Quinta parte
## ACOGER EL ÉXTASIS